MARTIN HELD

Verkehrsmittelwahl der Verbraucher

WIRTSCHAFTSPSYCHOLOGISCHE SCHRIFTEN
der Universitäten München und Augsburg
Herausgeber: Prof. Dr. Arthur Mayer, Prof. Dr. Hermann Brandstätter

Band 8

Verkehrsmittelwahl der Verbraucher

Beitrag einer kognitiven Motivationstheorie zur Erklärung der Nutzung alternativer Verkehrsmittel

Von

Dr. Martin Held

DUNCKER & HUMBLOT / BERLIN

Als Dissertationsschrift gedruckt mit Unterstützung der
Deutschen Forschungsgemeinschaft

Bei dem vorliegenden Buch handelt es sich um die gekürzte Fassung einer Dissertation, die im SS 1980 an der Universität Augsburg, Wirtschafts- und Sozialwissenschaftliche Fakultät, eingereicht wurde

Gedruckt 1982 bei fotokop wilhelm weihert KG., Darmstadt
Printed in Germany

ISBN 3 428 05232 3

Vorwort

Der Verkehrsbereich ist sowohl für das Alltagsleben nahezu aller Bürger wie das Funktionieren der Wirtschaft und Gesellschaft von zentraler Bedeutung. Aufgrund der starken Zunahme des motorisierten Verkehrs in den 60iger und 70iger Jahren traten die damit einhergehenden Probleme immer stärker in das Bewußtsein der Bürger und in die öffentliche Diskussion. Bei dem Angehen dieser Probleme und der Ausgestaltung des Verkehrsbereiches stand lange Zeit eine technische Herangehens- und Sichtweise im Vordergrund. Obwohl die technischen Fragen nach wie vor von Bedeutung sind, wird doch zunehmend auch gesehen, daß es *Menschen* sind, die den Verkehr verursachen. Deshalb sind Fragen zu beantworten wie etwa: Warum nehmen sie Ortsveränderungen vor? Warum sind sie so häufig unterwegs? Welche geographischen Zielorte werden aus welchen Gründen aufgesucht? Welche Verkehrsmittel werden genutzt? Welche Ursachen sind dafür maßgeblich?

Im vorliegenden Buch wird ausführlich auf die bedeutsame Teilfrage der Gründe der Verkehrsmittelwahl eingegangen. In der sozialwissenschaftlich-ökonomischen Analyse steht dabei der individuelle Verkehrsteilnehmer in seiner Funktion als Verbraucher im Mittelpunkt der Untersuchung. Diese ist nicht auf eine unmittelbare praktische Verwertung etwa in der Art eines Handbuches sondern auf die Aufdeckung der Ursachen und das Verstehen der zugrundeliegenden Prozesse der Verkehrsmittelnutzung ausgerichtet. Dieses verbesserte Verständnis kann dann als Grundlage für die praktische Umsetzung dienen.

Der Untersuchungsgegenstand bringt – wie auch in vielen anderen Bereichen angewandter, problemorientierter Forschung – eine interdisziplinäre Herangehensweise mit sich. Betroffen und beteiligt sind insbesondere die *angewandte Psychologie,* die *Ökonomie* und die *Verkehrswissenschaft.* Da aufgrund dieser Interdisziplinarität vermutlich ein Teil der Leser vorrangig an einem bestimmten Ausschnitt der Themenstellung Interesse hat, hierzu einige kurze Anmerkungen: Die Kapitel 2 bis 4 können auch für sich allein genommen gelesen werden. Im zweiten Kapitel wird eine Übersicht über die bestehenden Verkehrsmittelansätze gegeben. Für die Sozioökonomen ist das dritte Kapitel über den Beitrag der ökonomischen Ansätze und für angewandte Psychologen ist das vierte Kapitel zu den psychologischen Grundlagen der Arbeit von vorrangigem Interesse. Durch die Zusammenfassungen am Ende der Kapitel kann man sich in Kürze eine Übersicht über die anderen Teile verschaffen und sich damit den Kontext des jeweiligen Kapitels im Rahmen der Gesamtarbeit verdeutlichen. Im Schlußkapitel wird eine zusammenfassende Übersicht über die wichtigsten

Ergebnisse gegeben und es werden die darauf aufbauenden Perspektiven aufgezeigt.

Ein kurzer Verweis zur Themenstellung sei noch angefügt: Der Begriff „alternative Verkehrsmittel" wird nicht in dem in jüngster Zeit üblich gewordenen Wortsinn gebraucht, eine „Alternative" zum Hergebrachten und „Etablierten" zu sein. Vielmehr wird es in dem in der Entscheidungsforschung üblichen, ursprünglichen Wortsinn verstanden, eine Auswahlmöglichkeit zwischen verschiedenen Verkehrsmitteln zu haben. Früher vernachlässigte Verkehrsmittel wie das Fahrrad oder das Zufußgehen werden jedoch berücksichtigt. An derartigen Bedeutungsverschiebungen kann man die Schnellebigkeit und das hohe Entwicklungstempo unserer Gesellschaft ersehen.

Die Veröffentlichung entstand im Rahmen der Projektgruppe Ökonomische Psychologie an der Universität Augsburg. Sie wurde in Teilen durch ein Forschungsstipendium der Fritz Thyssen Stiftung unterstützt, wofür ihr an dieser Stelle nochmals herzlich gedankt sei. Im Sommersemester 1980 wurde die Arbeit an der Wirtschafts- und Sozialwissenschaftlichen Fakultät der Universität Augsburg als Dissertation eingereicht und angenommen. Der vorliegende Text stellt eine gekürzte Fassung der Dissertation dar. Der Deutschen Forschungsgemeinschaft ist für ihre Druckbeihilfe zu danken. Dadurch wurde die vorliegende Veröffentlichung ermöglicht.

Zu danken habe ich Herrn Prof. Lutz von Rosenstiel (Universität München) als Erstgutachter für die Betreuung und Herrn Prof. Martin Pfaff (Universität Augsburg) als Zweitgutachter. Herrn Dr. Walter Molt habe ich als Leiter der Projektgruppe nicht nur die Anregung für die Themenstellung, sondern auch eine ständige Begleitung und viele Anregungen zu verdanken. Daneben gilt mein Dank meinen Kollegen Dipl.-oec. Manfred Neun, Dr. Ulf Pelzer und Dr. Ain Kompa, die mir viele wertvolle Hinweise und Unterstützung gaben. Bei der Durchführung der empirischen Untersuchungen halfen mir Dipl.-oec. Thomas Pensler, Dipl.-oec. Hans Beyrle und Dipl.-oec. Hans Ott. Von den Außenkontakten ist insbesondere die gute Zusammenarbeit mit Dipl.-Psych. Hedwig Verron und Dipl.-Ing. Gerd Martens (beide Technische Universität Berlin) zu nennen. Meiner Mutter bin ich für das nicht immer ganz leichte Tippen des Manuskripts dankbar.

Augsburg, Frühjahr 1982 *Martin Held*

Inhaltsverzeichnis

Verzeichnis der Tabellen

Verzeichnis der Darstellungen

1. Einführung

1.1. Problemhintergrund

Aufgrund des stark ansteigenden motorisierten Verkehrs und den damit verbundenen Veränderungen gewinnen die im Verkehrsbereich auftretenden bzw. mit ihm in Zusammenhang stehenden Probleme in der öffentlichen Diskussion und im politischen Geschehen zunehmend an Bedeutung. Beispielhaft seien einige der derzeit im Vordergrund stehenden Problembereiche aufgeführt:

- mangelnde Rentabilität bei den öffentlichen Verkehrsbetrieben;
- starke Ressourcenbeanspruchung des Verkehrs;
- trotz starker Ausbaumaßnahmen weiterhin viele Stauungen;
- Beeinträchtigung der Lebensqualität der Anwohner;
- starke Gefährdung der Sicherheit;
- trotz Zuschüssen aus Steuergeldern Schwierigkeiten ÖPNV in dünner besiedelten Regionen und Stadtteilen aufrecht zu erhalten;
- Wahlmöglichkeit vieler Bürger im Hinblick auf die Verkehrsmittelnutzung stark eingeschränkt.

Diese Beispiele verdeutlichen die Verschiedenartigkeit der in der Diskussion befindlichen Problembereiche. Sie liegen teilweise auf unterschiedlichen Aggregationsebenen und sind aus der Sichtweise verschiedener Gruppen und Funktionsträger formuliert. Sie lassen sich nach verschiedenen Gesichtspunkten ordnen. *Dickey* (1975, S. 43) schlägt beispielsweise als erste Grobgliederung vor, Probleme in drei Klassen einzuteilen:

1. Verkehrsmittelnutzung und die damit verbundenen Organisationsfragen;
2. Auswirkungen des Verkehrs (externe Effekte);
3. Wirkungen von außen auf den Verkehr.

Die aufgeführten Beispiele deuten an, daß die Probleme teilweise aus entgegengesetzten Interessen heraus formuliert werden. Die Behebung eines Problems kann die Verstärkung eines anderen Problembereiches bewirken. Beispielsweise kann die Beseitigung eines Parkplatzmangels die Auslastung im ÖPNV verringern. Diese Überlegungen zeigen zugleich auf, daß Probleme nicht als etwas Eindeutiges, Feststehendes aufgefaßt werden können. Bestimmte Gegebenheiten werden erst durch gesellschaftliche bzw. gruppenmäßige Bewertung und Übereinkunft in den Rang von Problemen eingestuft. Damit erweisen sie sich nicht nur aufgrund der Veränderlichkeit der objektiven sondern ebenso aufgrund einer unterschiedlichen Bewertung gleicher bzw. gleichartiger objektiver Gegebenheiten als wandelbar. Auch wenn im einzelnen in der Gesellschaft und in verschiedenen Gruppen Bewertungsunterschiede bezüglich der Vorrangigkeit bestimmter Problembereiche bestehen, ist es doch unstrittig, daß die mit dem Verkehr verbundenen Probleme derzeit eine große Bedeutung im Gesamtspektrum der Gesellschaft einnehmen.

Der Verkehr hat zentrale Bedeutung für das Funktionieren der Wirtschaft und Gesellschaft auf ihren verschiedenen Ebenen. Die adäquate Erfüllung der Transportfunktion ist eine der notwendigen Voraussetzungen jeder arbeitsteilig organisierten Wirtschaft. Engpässe in den Transportkapazitäten können zu Störungen im Wirtschaftsprozeß führen und insgesamt die Wachstumsmöglichkeiten einer Volkswirtschaft oder einer Region beschneiden. Die Kombination der Produktionsfaktoren setzt Raumüberwindungen voraus, und die Fertigprodukte müssen an die Endkonsumenten verteilt werden (ausführlich *Voigt* 1973, S. 8 ff.). Daneben nimmt der Verkehrsbereich durch den hohen prozentualen Anteil an der gesamten volkswirtschaftlichen Wertschöpfung direkt eine wichtige ökonomische Stellung ein. Insbesondere die PKW-Produktion ist inzwischen für die konjunkturelle Entwicklung der Industriestaaten von erheblicher Bedeutung. Die Verkehrsinfrastrukturmaßnahmen dienen neben dem Ziel der Bedarfsdeckung auch der Erschließung strukturschwacher Regionen.

Damit wird zugleich eine weitere wesentliche Funktion des Verkehrsbereichs deutlich, die über die ökonomischen Wirkungen hinausgeht. Das Transportwesen ist eine wichtige Voraussetzung für die Integration politischer Systeme der verschiedenen Ebenen (Staatenbünde, Staaten, Länder, Kommunen etc.; a.a.O., S. 12 f.). Beispielsweise ergibt sich aus einer Gemeindereform die Notwendigkeit, vorher nicht bzw. nur ungenügend verbundene Ortsteile einer neuen Einheitsgemeinde mit Wegen und einem öffentlichen Verkehrsmittelangebot zu verbinden. Die Integrationsfunktion gilt neben dieser politischen Ebene ebenso für die Integration anderer sozialer Organisationen unterschiedlicher Ebenen wie beispielsweise für Verbände und Parteien aber auch Familien und Gruppen.

Für die Individuen und Haushalte (allgemein: Mikrogruppen) stellt der Verkehr eine unverzichtbare Voraussetzung zur Erfüllung der bedeutsamen Daseinsgrundfunktionen wie Wohnen, Arbeiten etc. dar (s. Darstellung 1).

Aufgrund dieser Verbindungsfunktion hat das Verkehrssystem als bedeutsamer Teil der öffentlichen Versorgung einen starken Einfluß auf die Lebensqualität der Bürger (*Pfaff* 1978, S. 120 ff.). Der Verkehr ist aber nicht nur von der räumlichen Verteilung der Aktivitäten abhängig, sondern beeinflußt diese wiederum (*Thomson* 1978). Die Transportmöglichkeiten begrenzen und eröffnen den Spielraum für die verschiedensten Aktivitäten und den Grad der Wahlmöglichkeiten zwischen verschiedenen alternativen Zielorten und Aktivitäten (*Hägerstrand* 1974, S. 12 f.). Aufgrund dieser Gestaltungskraft des Verkehrssektors und der Tatsache, daß sich der Verkehr nicht in abschließbaren Räu-

Darstellung 1
Die raumrelevanten Daseinsgrundfunktionen

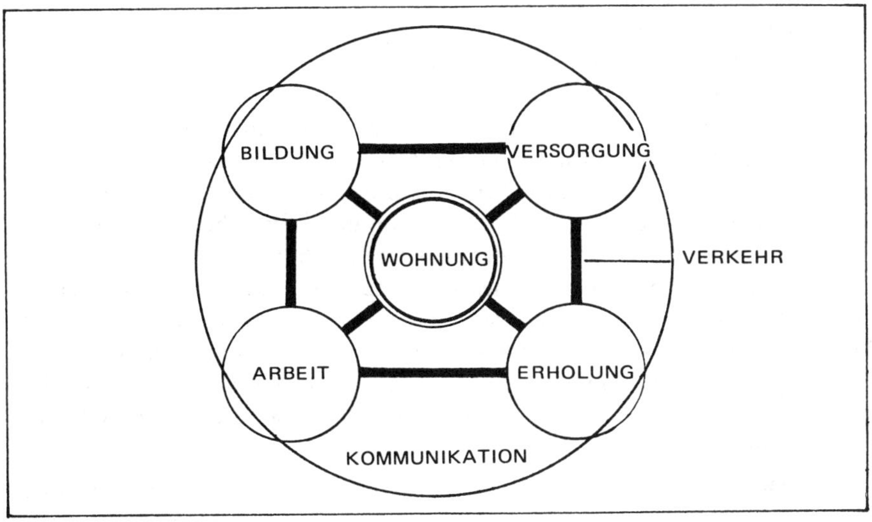

(*Quelle: Partzsch* 1970, S. 429 f.)

men sondern in der Öffentlichkeit abspielt, ist es „der Bereich externer Effekte par excellence" (*Thomson* 1978, S. 59).

Es stellt sich die Frage, welche Maßnahmen zur Reduzierung und Lösung der bestehenden bzw. zur Verhinderung des Auftretens neuer Probleme unter Berücksichtigung der gesellschaftlichen Werte und Normen adäquat sind. Aufgrund der Vielfalt und Unterschiedlichkeit der Problembereiche sind Kenntnisse aus den verschiedensten Fachgebieten wie der Geographie, Ingenieurwissenschaften, der Betriebswirtschaftslehre etc. notwendig. Im Zuge der Entwicklung kam es dabei zu einer Spezialisierung der Disziplinen auf einige bzw. telweise sogar ein einziges Problemfeld. Beispielsweise beschäftigt sich die traditionelle Verkehrspsychologie nahezu ausschließlich mit Sicherheitsfragen und dabei wiederum ganz überwiegend mit den Gefahren und Unfällen im Straßenverkehr.

In der verkehrswissenschaftlichen Forschung und Praxis dominierte lange Zeit ein Vertrauen auf die Lösung von Verkehrsproblemen durch ein technisch-ingenieursmäßiges Angehen. Dies bezieht sich auf die Konstruktion und Verbesserung von Verkehrsmitteln und Verkehrsanlagen sowie die Steuerung des Verkehrsablaufes.

Auch die Planung von Verkehrsanlagen wurde lange Zeit vorrangig als technisches Problem der richtigen Dimensionierung, der Trassenführung, Kurvenradien und Baumaterialien etc. angesehen. Diese Sichtweise und das korrespondierende Vorgehen wurden ergänzt durch analoge, ebenfalls mechanistische ökonomische Verfahrensweisen und Analysemethoden. Obwohl auch heute noch die technische Sichtweise stark vertreten ist, wird doch in letzter Zeit zunehmend deutlich, daß die Verkehrsprobleme damit allein nicht lösbar bzw. die Entstehung neuer und die Verschärfung bestehender Probleme zu verhindern sind (Beispiel: *Schaechterle* 1978). Dies ist vorrangig auf die starke Zunahme des motorisierten Verkehrs und die sich daraus ergebende zunehmende Quanität und Schwere der Probleme zurückzuführen. Insbesondere wird erkannt, daß eine – angeblich – rein bedarfsdeckende Erweiterung der Straßen nicht zur Lösung der früher als vorrangig angesehenen Stauungsprobleme führte. Stattdessen wurde dadurch die Zunahme der Motorisierung und PKW-Nutzung weiter angeregt. Dies führte zu einer erneuten Überlastung der erweiterten Straßenanlagen und verschärfte zugleich eine große Zahl weiterer Problembereiche wie insbesondere Abgase, Lärm, Energieressourcenvernichtung etc. Diese Zusammenhänge wurden erstmalig von einer englischen Untersuchungskommission im sogenannten *Buchanan*-Report (1964) herausgearbeitet.

Die Ortsveränderung von Personen impliziert definitionsgemäß menschliches Verhalten. Auch der Transport von Gütern wird mit wenigen Ausnahmen (Pipelines etc.) durch Menschen bewerkstelligt, die diesen Transport mit und ohne Zuhilfenahme von technischen Hilfsmitteln vornehmen. Die Übertragung der mechanisierten Sichtweise der Techniker und Ingenieure – und die analoge Verfahrensweise vieler Ökonomen – in den Transportbereich ist deshalb verkürzt (s. insbesondere *Höttler* 1978). Das bisher im Vordergrund stehende, technisch-ingenieurmäßige und das technisch-ökonomische Wissen ist ohne genaue Kenntnisse der Wirkungen von Maßnahmen auf die (potentiellen) Nutzer sowie der aus dem Nutzungsverhalten resultierenden Verhaltenskonsequenzen für die Bewältigung der Verkehrsprobleme allein nicht ausreichend.

Es ist deshalb erforderlich, den Untersuchungsgegenstand Verkehr und die damit verbundenen Probleme aus einer sozialwissenschaftlichen Perspektive zu analysieren. Im folgenden werden einige Grundzüge eines *sozioökonomischen Analyserahmens* des Verkehrsbereichs dargelegt. Stark vereinfacht – es wird vorläufig angenommen, daß das Verkehrssystem eindeutig von den übrigen Systemen abtrennbar ist – lassen sich zwei Handlungsebenen unterscheiden (*Molt* 1978):

1. die Ebene der tatsächlichen Nutzung von Verkehrsmitteln und Verkehrsanlagen (Handlungsträger 1. Ebene);
2. die Ebene der Handlungen und Entscheidungen, die das Angebot von Verkehrsmitteln und Verkehrsanlagen betreffen (Handlungsträger 2. Ebene).

Das Verhalten und dessen Konsequenzen der einen Ebene werden zu den Vorgaben der anderen Ebene, beeinflussen sich aber auch untereinander.

Darstellung 2
Vereinfachter Analyserahmen des Verkehrsbereiches

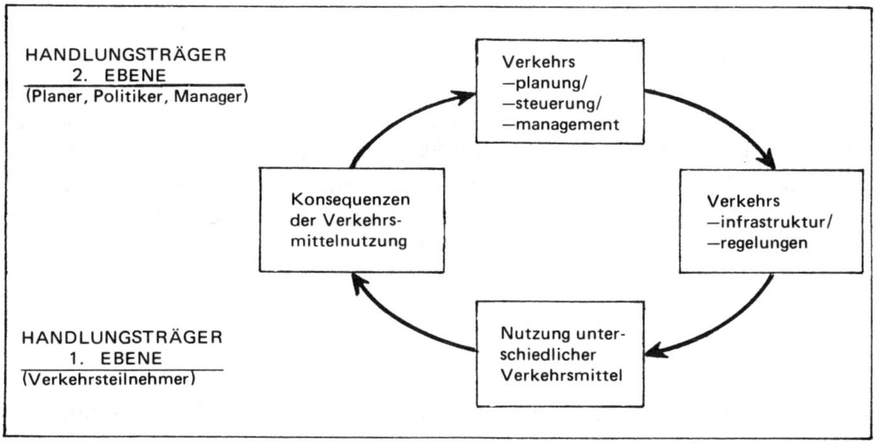

Dabei stellen beispielsweise die Planungen und deren Realisierungen staatlicher Entscheidungsträger, Planungsbüros etc. von den Bürgern und Wirtschaftseinheiten aus gesehen Maßnahmen dar, die einen bedeutsamen Teil ihrer Umwelt formen. Jede größere Veränderung der Umwelt durch – bewußt oder unbewußt – steuernde Maßnahmen der staatlichen Entscheidungsträger, wie beispielsweise die Veränderung des Fahrtaktes im ÖPNV, der Einstellung bzw. Neueröffnung von Buslinien etc., bewirkt eine Veränderung der Qualität bzw. der Nutzungsmöglichkeit der Verhaltensalternativen der Verkehrsmittelnutzer. Anderderseits stellen – vom Handlungsträger 2. Ebene aus gesehen – das Verhalten der Verkehrsteilnehmer und die daraus resultierenden Konsequenzen wie Energieverbrauch, Stauungen, Lärm, Verkehrsopfer etc. einen zentralen Teil seiner Umwelt dar, der für ihn die Notwendigkeit von Maßnahmen signalisiert. Dabei sind die unterschiedlichen Verhaltenshäufigkeiten und -arten der Nutzer sein wesentlicher Maßstab.

Dieser Analyserahmen erlaubt es, sowohl Vorgänge und Wechselwirkungen innerhalb einer Ebene (Beispiel: Einfluß der Zunahme des PKW-Verkehrs auf die Bedingungen für den Fahrrad- und Fußgängerverkehr) als auch die Wechselwirkungen zwischen den Ebenen zu untersuchen. Je nach spezifischer Problemstellung ist ein bestimmtes Teilverhalten auf einer adäquaten Aggregatstufe anzugehen.

Dieser bisher skizzierte Analyserahmen ist in einem zentralen Aspekt zu stark vereinfacht: der Verkehr wird zum einen aufgrund seiner Verbindungsfunktion in wesentlichem Ausmaße von der gesellschaftlich und ökonomisch bedingten Entwicklung der primären Tätigkeiten und einer Vielzahl von räumlichen Entwicklungsprozessen (Flächennutzung) und zeitlichen Regelungen (Arbeits-, Öffnungszeiten etc.) bestimmt. Damit werden die für die Ortsveränderungen relevanten Umweltbedingungen durch eine Vielzahl von Veränderungen in den unterschiedlichsten ökonomischen und gesellschaftlichen Bereichen beeinflußt. Zum anderen sind bei verkehrsrelevanten Maßnahmen neben den immanenten Überlegungen auch die positiven und negativen „Neben"-Wirkungen einzubeziehen, die aufgrund der angeführten Faktoren (Öffentlichkeit, Verbindungsfunktion) häufig gar nicht so nebensächlich sind. Selbst bei relativ geringfügigen, wenig weitreichenden Maßnahmen wie beispielsweise der Veränderung von Buslinien können die Nebenwirkungen beachtlich sein.

1.2. Eingrenzung der Thematik

Eine umfassende sozioökonomische Analyse des Verkehrssystems muß notwendigerweise sehr allgemein bleiben, um die verschiedenen relevanten Ebenen immanent und in ihren Wechselwirkungen erfassen zu können. Dies wird beispielsweise an einer im Auftrag der Eidgenössischen Kommission für die schweizerische Gesamtverkehrskonzeption (GVK-CH) erstellten Studie deutlich (*Chiesa* et. al. 1974), in der ein Analyserahmen für die Auswirkungen unterschiedlicher Gesamtverkehrskonzepte auf die Gesellschaft erarbeitet wurde. Aufgrund dieser Komplexität (s. auch *Heidemann* 1981) liegt eine Eingrenzung auf ein wichtiges Teilgebiet, eine bestimmte Fragestellung nahe.

Die Schwerpunktbildung wird in der vorliegenden Arbeit nicht im Hinblick auf einen spezifischen Problemkreis wie beispielsweise die Sicherheit vorgenommen. Statt dessen wird die Thematik auf einen Teilausschnitt des Verkehrsverhaltens eingegrenzt, wobei für die Auswahl zwei Kriterien von Bedeutung sind:

1. die gesellschaftliche Relevanz der jeweiligen Fragestellungen;
2. die Ausrichtung der Gruppe der Augsburger Ökonomischen Psychologen auf sozialwissenschaftlich fundierte Analysen ökonomischer Verhaltensweisen (s. verschiedene Beiträge in *Molt* et.al. 1981).

1.2.1. Verkehrsverhalten

Aus dem kurz aufgezeigten, umfassenderen Untersuchungsrahmen erscheint eine Analyse der Determinanten des Verkehrsverhaltens, also der *Ebene des eigentlichen Nutzungsverhaltens* vorrangig zu sein (zu den Begriffen ausführlich 2.1.). Ein vertieftes Verständnis der Ursachen der verschiedenen Teilkomponenten des Transportverhaltens ist Voraussetzung auch für die immanente Untersuchung der anderen Ebenen.

Mit dieser Eingrenzung werden zum einen die externen Effekte, die Konsequenzen des Verkehrsverhaltens auf andere Verhaltensbereiche wie Wohnen, Freizeit etc. ausgeklammert. Die Wirkungen, die von der Verkehrsmittelnutzung auf die Bedingungen der anderen Verkehrsteilnehmer ausgehen, bleiben jedoch als Determinanten von Verkehrsverhalten eingeschlossen. Zum anderen wird damit eine immanente Analyse der Organisation, der Entscheidungskoordination etc. der Handlungsträger 2. Ebene ausgeklammert. Die Maßnahmen dieser Handlungsträger, die als Umfeld der Verkehrsteilnehmer Determinanten des Verkehrsverhaltens repräsentieren, bleiben jedoch innerhalb des Blickfeldes.

Beim Verkehrsverhalten können, wie bei allen Verhaltensarten, verschiedene Teilkomponenten bzw. Dimensionen unterschieden werden. Beispielsweise lassen sich, orientiert an den traditionellen aggregierten Verkehrsnachfragemodellen (*Meyburg* 1976), unterscheiden:

- Art des Verkehrsmittels;
- Verbindung verschiedener Ausgangspunkte (Quellen) und Zielorte (Ziele);
- Nutzung unterschiedlicher Verkehrswege;
- Häufigkeit der Ortsveränderung.

1.2.2. Nutzung alternativer Verkehrsmittel

Diese Unterteilung macht deutlich, daß unter Verkehrsverhalten sehr Unterschiedliches verstanden werden kann. Wie aus dem Thema hervorgeht, wird in meiner Arbeit eine Eingrenzung auf den Aspekt der *Nutzung alternativer Verkehrsmittel* vorgenommen. Da in der Literatur (*INFAS* 1970, S. 1 und *Mäcke* et.al. 1973, S. 5 f.) der Begriff *Verkehrsmittelwahl* üblicher ist, wird dieser im Titel ebenfalls verwendet, obwohl dabei eine „Wahl bzw. Entscheidung" der Verkehrsteilnehmer vorausgesetzt wird.

Die Entscheidung für die Beschränkung auf den Aspekt der Nutzung alternativer Verkehrsmittel beruht auf mehreren Überlegungen:

- die Bedeutsamkeit dieses Teilaspektes erwächst vorrangig aus den stark differierenden Vor- und Nachteilen der verschiedenen Verkehrsmittel. Dies betrifft sowohl ihre individuelle Nutzung als auch gesellschaftliche und ökologische Auswirkungen.
- zugleich gehen von der Art des genutzten Verkehrsmittels bedeutsame Einflüsse auf andere Aspekte des Verkehrsverhaltens aus.
- bei anderen Aspekten, wie insbesondere der Wegehäufigkeit, kommen neben den Eigenschafen des Verkehrssystems auch die unübersehbare Vielfalt von äußeren Determinanten und primären Aktivitäten (2.4.4.) hinzu (Attraktivität der Zielorte/Tätigkeiten etc.); die Festlegung bedeutet also eine wesentliche Reduktion der Komplexität.

Im Unterschied zur Eingrenzung auf die Analyse des Nutzerverhaltens ergibt sich aus der weitergehenden Eingrenzung auf den Aspekt der Nutzung alternativer Verkehrsmittel ein theoretisches Grundproblem: ist es möglich und sinnvoll, diesen Aspekt von den anderen Teilen der Ortsveränderung abzutrennen? In der verkehrswissenschaftlichen Forschung wird diese Fragestellung unter dem Stichwort simultane vs. sequentielle Modelle abgehandelt (*Stopher & Meyburg* 1976a, S. 14 ff.). Diese Diskussion wird aber stark von den technischen Problemen und den Erfordernissen der Forscher bestimmt und bezieht sich nicht direkt auf den tatsächlichen Entscheidungs- und Verhaltensablauf der Verkehrsteilnehmer.

Auf der Nutzerebene bestehen je nach situativen Bedingungen verschiedenartige Zusammenhänge. Beispielsweise ist bei der Fahrt von der Wohnung zur Arbeit bei der Mehrzahl der Arbeitnehmer der Zielort und die Ankunftszeit fest vorgegeben und der Weg in starkem Maße vom genutzten Verkehrsmittel abhängig. Bei vielen Freizeitaktivitäten kann man dagegen zwischen verschiedenen Zielorten, Zeiten etc. wählen. Auch hier bestehen jedoch i.d.R. enge Zusammenhänge zwischen der Art der Aktivitäten und den entsprechenden Zielorten mit den Verkehrsmitteln, -wegen etc. Die bisherigen Untersuchungen und Ergebnisse des Human Activity Approaches (2.4.4.), der sich mit dem Zusammenhang der Ortsveränderungen und den anderen menschlichen Tätigkeiten beschäftigt, macht die Komplexität dieser Zusammenhänge deutlich. Beim derzeitigen Forschungsstand und wohl noch auf unabsehbar lange Zeit ist kein „Super-Modell" verfügbar, in dem alle relevanten Elemente des Verkehrsverhaltens angepaßt an die jeweiligen situativen Bedingungen adäquat und simultan enthalten sind.

Die Eingrenzung auf die Verkehrsmittelwahl bedeutet nicht, daß die Verkehrsteilnehmer in jedem Fall eine klare Alternative zwischen verschiedenen Verkehrsmitteln haben. Sehr häufig sind sie mit Alternativen der folgenden Art konfrontiert: „zu Fuß zu einem Geschäft in der Nachbarschaft oder mit dem PKW zu einem Supermarkt am Stadtrand", „jetzt mit dem öffentlichen Verkehrsmittel in das Stadtzentrum oder zu warten, bis der PKW des Haushalts verfügbar ist, und dann mit dem PKW zu fahren" etc. Die Attraktivität der Verkehrsmittel ist dabei jedoch ein zentraler Faktor der Wahrscheinlichkeit, die eine Alternative der anderen vorzuziehen.

1.2.3. Privater Personenverkehr

Wie aus dem Thema hervorgeht, wird der Untersuchungsgegenstand auf das *private Konsumverhalten* begrenzt und damit der Wirtschaftsverkehr ausgeklammert. Diese Eingrenzung macht deutlich, daß es sich bei meinem Untersuchungsgegenstand um *ökonomisches Verhalten* handelt und die Überlegungen und Ansätze der Haushalts- bzw. Konsumtheorien verwendbar sind. Damit wird der sozioökonomische Charakter dieser Studie unterstrichen.

Die Untersuchung wird noch weiter auf den Teil des privaten Konsumverhaltens eingegrenzt, der den *Personenverkehr* umfaßt (sei es mit oder ohne Gepäck). Bei der Analyse steht also die Ortsveränderung der betroffenen Personen im Vordergrund. Damit wird der private Güterverkehr (privater Briefverkehr, Umzüge etc.) ausgeklammert, soweit er nicht in Form von mitgeführtem Gepäck auftritt. Daneben wird damit der Bereich der Telekommunikation, wie insbesondere das Telefonieren als Alternative zur persönlichen Informationsübermittlung aus der Betrachtung ausgeschlossen.

1.2.4. Weitere Schwerpunktbildungen

Die bisherigen Ausführungen haben den Gegenstandsbereich dieser Arbeit auf die Nutzung alternativer Verkehrsmittel im privaten Personenverkehr eingegrenzt. Daneben werden weitere Schwerpunktsbildungen vorgenommen. So steht bei den Überlegungen der *Verkehr im Nahbereich* in städtischen Gebieten im Vordergrund. Dabei werden neue Verkehrsmittel, die sich derzeit erst in der Entwicklung bzw. Erprobung befinden (Kabinen-Taxi, H-Bahn etc.) aus der Betrachtung ausgeklammert.

Generell betrachtet bestehen keine systematischen Unterschiede in der Anwendbarkeit und Methodik zwischen dem Verkehr im Nahbereich und dem Fernverkehr. Praktisch gesehen bestehen aber wesentliche Unterschiede zwischen den jeweiligen Alternativensets, da in Nahbereichen bei den öffentlichen Verkehrsmitteln häufig ein Fahrttakt mit nicht zu großen Abständen besteht und die Füße und das Fahrrad als Verkehrsmittel mit deutlich abweichenden Charakteristika (verglichen mit den motorisierten Fahrzeugen) einzubeziehen sind. Gerade weil diese Mittel der Ortsveränderung von großer praktischer Bedeutung sind, in den bisherigen Untersuchungen aber weitgehend vernachlässigt werden, erscheint es vorteilhaft, den Stadtverkehr als Untersuchungsgegenstand zu wählen.

Neben dieser Betonung des Stadtverkehrs werden im Laufe der Arbeit verschiedene weitere Schwerpunktsetzungen vorgenommen, die jedoch nur einzelne Kapitel betreffen. So sind beispielsweise die empirischen Untersuchungen und die Diskussionen über die Umsetzungen des von mir gewählten Ansatzes schwerpunktmäßig auf die Verkehrsmittelwahl unter *kurzfristig gegebenen Bedingungen* begrenzt.

1.3. Auswahl des geeigneten Untersuchungsansatzes: kognitive Motivationstheorie

1.3.1. Ausgangspunkt: Stand der verkehrswissenschaftlichen Forschung

Welchen Stand hat nun die verkehrswissenschaftliche Forschung in bezug auf den aufgeworfenen Problemkreis? Welche Ansätze und Forschungsergebnisse gibt es bisher bereits zu der Fragestellung der Verkehrsmittelwahl, die direkt auf der Ebene der Verkehrsteilnehmer ansetzen? Man könnte zunächst aufgrund der aufgezeigten, mit dem Verkehrsbereich verbundenen Probleme, dessen enormer Bedeutung und den ungeheuren Aufwendungen vermuten, daß zu der Themenstellung eine große Zahl von Untersuchungen und Forschungsergebnissen vorliegt. Eine Literaturübersicht (*INFAS* 1970 und *Stopher & Meyburg* 1976a) ergibt jedoch, daß erst seit relativ kurzer Zeit spezifische Ansätze erarbeitet und Untersuchungen durchgeführt werden.

Die frühen, aggregierten Modelle (2.3.) tragen noch wenig zum Verständnis der Determinanten des Verkehrsverhaltens bei, da sie sozusagen „über das Verkehrsverhalten hinweggehend" nur einige wenige grobe Variablen heranziehen. Dies bedeutet nicht notwendigerweise, daß die verwendeten Faktoren wie Entfernungen, Bebauungsdichte, Anzahl der Beschäftigten etc. keine Relevanz besitzen. Die disaggregierte Richtung (2.4.1.) erbringt zwar einen wesentlichen Erkenntnisfortschritt, indem sie die Bedeutung des menschlichen Verhaltens für die bisher technisch-mechanistisch orientierten Verkehrsmodelle explizit formuliert. Aufgrund des Primats der praktischen Verwertbarkeit, der damit verbundenen Forderung nach sofortiger Quantifizierbarkeit und dem weiterhin von einer ingenieursmäßigen bzw. neoklassischen, mechanistischen Denkweise beeinflußten Vorgehen wird dieses Potential aber bei dem größeren Teil der Untersuchungen dieser Richtung nicht realisiert (s. insbesondere die Kritiken bei *Heggie* 1978 und *Höttler* 1978).

Aus diesem Grunde erscheinen erst die Weiterentwicklungen dieser disaggregierten Modelle und die explizit auf sozialwissenschaftlichen Ansätzen aufbauenden neueren Richtungen (2.4.2. – 2.4.5.) von größerer Relevanz zu sein. Diese können sich aber auf eine große Zahl einzelner Befunde der traditionellen Ansätze und insbesondere auf den bestehenden deskriptorischen Apparat stützen.

Diese Schlußfolgerungen stehen in Einklang mit Forderungen von Verkehrswissenschaftlern nach verstärkten verhaltensbezogenen und sozialwissenschaftlich orientierten Untersuchungen (s. beispielsweise *Manheim* 1976 und *Schaechterle* 1978). Die in dieser Arbeit eingeschlagene Richtung einer eingehenden, sozialwissenschaftlich und sozioökonomisch ausgerichteten Analyse des Verkehrsverhaltens liegt damit im Entwicklungstrend der verkehrswissenschaftlichen Forschung.

1.3.2. Begründung der Auswahl der kognitiven Motivationstheorie

Zu Beginn meiner Arbeiten im Jahre 1976 stellte sich die Frage, an welcher spezifischen Theorie des Verkehrsverhaltens angeknüpft und aufgebaut werden könnte. Wie die Übersichten in den Kapiteln 2 und 3 aufweisen, *begannen* die ersten systematisch konzipierten Untersuchungen in den *Jahren 1974 bis 1976.* Die theoretischen Grundlagen sind noch kaum erarbeitet und die Diskussion befindet sich erst am Anfang. Ihr sind jedoch Hinweise auf die Bedeutsamkeit bestimmter Aspekte zu entnehmen. Aufgrund dieses Forschungsstandes konnte nicht auf einen bereits vorliegenden Ansatz zurückgegriffen werden. Bei der *Herleitung eines eigenen Ansatzes* waren folgende Überlegungen von vorrangiger Bedeutung:

- die motivationalen Grundlagen, die Motive und Ziele des Handelns sind zu ermitteln (in bisherigen Arbeiten weitgehend vernachlässigt);
- der gewählte Ansatz muß entweder auf den Bereich des freien Handlungsspielraums eingegrenzt sein („volitional control") oder die verhaltenslimitierenden Determinanten sind einzubeziehen; letzteres ist zu präferieren (die zentrale Bedeutung dieses Aspekts ist eindeutig nachgewiesen und wird in einem Teil der vorliegenden Arbeiten einbezogen);
- es sind nicht pauschal subjektive Variablen zu verwenden, sondern die verschiedenen Konstrukte wie affektive Bewertung, Wahrnehmung/Kognition und Verhaltensintention müssen theoretisch und empirisch exakt verwendet werden (in den hierzu relevanten, „einstellungsorientierten" Modellen ist dies weitgehend noch in einem sehr unbefriedigenden Zustand);
- in bezug auf die Anwendung ist es nützlich und notwendig, nicht ausschließlich subjektive Erklärungsgrößen heranzuziehen; statt dessen sollten die Beziehungen zwischen objektiven Bedingungen und ihren subjektiven Wahrnehmungen und Bewertungen theoretisch analysiert werden (dies ist von großer Bedeutung, da damit bisher teilweise große Probleme bestehen; erst in einigen neuen Arbeiten wird das theoretisch sauber erfaßt, aber es liegen noch kaum systematische empirische Untersuchungen vor).

In der neueren Entwicklung der Motivationstheorien wird in einer Forschungsrichtung eine Integration kognitiver und motivationaler Aspekte vorgenommen (*Heckhausen* 1978). Eine im Bereich des Arbeits- und Organisationsverhaltens entwickelte Variante der *kognitiven Motivationstheorie* (grundlegende Arbeit von *Vroom* 1964) erweist sich als Ausgangspunkt für besonders geeignet (4.2. und 4.3.; s. auch *Held* 1978). Die oben ausgeführten Überlegungen können bei diesem Ansatz weitgehend berücksichtigt werden. Dazu sind jedoch teilweise Erweiterungen und Modifikationen erforderlich. Folgende drei Variablen sind die zentralen erklärenden Variablen der Theorie:

1. Valenz: Wert eines Zieles k (motivationale Grundlage; enthält die relevanten Zieldimensionen);

2. Instrumentalität: wahrgenommene Instrumentalität einer Handlungsalternative x zur Erreichung des Zieles k (kognitiv-wahrnehmungsmäßiger Aspekt bezüglich der Zieldimensionen je Alternative);
3. Erwartung: subjektive Wahrscheinlichkeit, die Handlung x ausführen zu können bzw. die Alternative x verfügbar zu haben (subjektive Erwartung bezüglich der Verhaltenslimitierungen/des -spielraums).

Diese Variablen werden mit einer linear-additiven Kombinationsregel zusammengefaßt und bestimmen gemäß einer subjektiv-maximierenden Entscheidungsregel die Handlungstendenz und Auswahl zwischen Handlungsalternativen (s. Darstellung 3).

Darstellung 3

Grundstruktur der Vroom'schen Motivationstheorie

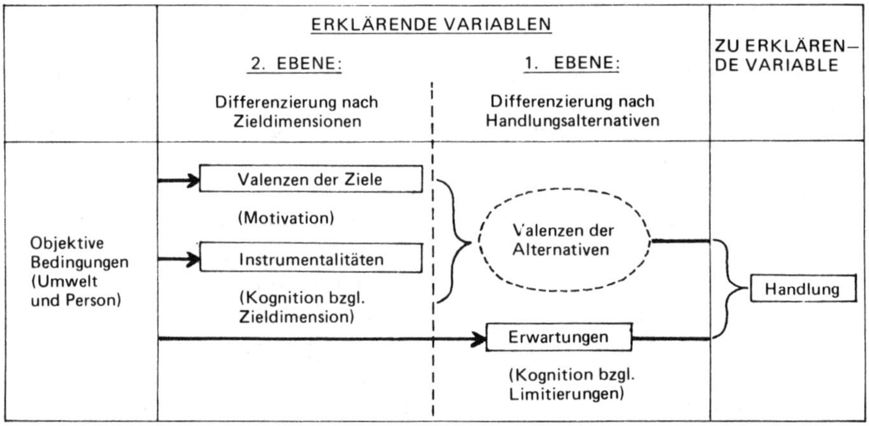

Wie an der stark vereinfachten Darstellung der Grundstruktur dieses kognitiv-motivationalen Ansatzes zu sehen ist, sind ausschließlich subjektive Größen als erklärende Variablen enthalten. Er bezieht sich in seiner Reichweite auf Individuen, denen ein bewußtes Abwägen zwischen den Handlungsalternativen unterstellt wird. Da – wie bereits ausgeführt – die Beziehung der objektiven Gegebenheiten zu den korrespondierenden subjektiven Variablen von großer Bedeutung ist, wird versucht, die subjektiven Erklärungsvariablen des Ansatzes in einen umfassenderen Person-Umwelt-Interaktionsrahmen einzufügen (4.5.).

Der von mir als Ausgangspunkt der Analyse der Nutzung alternativer Verkehrsmittel gewählte Ansatz weist große strukturelle Ähnlichkeiten mit Modellen der Entscheidungs- und der Einstellungstheorien auf (4.4.). Beispielsweise wird in *Fishbein*'s Arbeiten (1967) ebenfalls eine einfache, linear-additive Verknüpfungsregel verwendet und die analytische Aufteilung in Kognition und affektive Bewertung vorgenommen. Dieser Ansatz setzt aber von vornherein freie Auswahl, Handlungsfreiheit voraus, was für die Analyse meines Untersuchungsgegenstands nachteilhaft ist (2.4.1.). Daneben wird die motivationale Grundlage der Bewertung nahezu völlig außer acht gelassen (ausführlicher *Held* 1981b). Diese „benachbarten" Theorien und Modelle können für die Diskussion wichtiger Einzelaspekte herangezogen werden.

Diese Überlegungen verdeutlichen mein Verständnis und die Art der Verwendung der gewählten kognitiven Motivationstheorie: es wird keine schnelle, einmalige Testung im Verhaltensbereich „Verkehrsmittelwahl" angestrebt. Statt dessen dient sie als *Ausgangspunkt und Leitfaden* sowohl für die theoretische Strukturierung wie das empirische Vorgehen. Diese Verwendungsweise erweist sich als nützlich, da der Ansatz an die Besonderheiten des von mir untersuchten Verhaltensbereiches angepaßt werden muß. Dies betrifft insbesondere die Erwartungsvariable. Daneben sind wichtige neuere Theorie-Entwicklungen einzuarbeiten. Zur Vertiefung meines Verständnisses der kognitiven Motivationstheorie findet sich in den ausführlicheren Darlegungen (*Held* 1980, S. 20 ff.) eine eingehende Analyse des Stellenwerts dieser gewählten Theorie für die Analyse der Verkehrsmittelwahl.

1.4. Präzisierung der Zielsetzungen und Vorgehen

In den bisherigen Ausführungen wurden der Problemhintergrund, die Eingrenzung der Thematik und die Auswahl des theoretischen Ansatzes dargelegt und begründet. Damit ist die Zielrichtung meiner Arbeit bereits weitgehend umrissen. Deshalb ist es im folgenden nur notwendig, die Zielsetzungen zusammenzufassen und zu präzisieren.

Untersuchungsgegenstand ist eine Teilmenge des Verkehrsverhaltens der Verkehrsteilnehmer: die Nutzung alternativer Verkehrsmittel im privaten Personenverkehr mit dem Schwerpunkt Nahverkehr.

Dieser Untersuchungsgegenstand soll mit einer angepaßten Version der *Vroom'schen* kognitiven Motivationstheorie analysiert werden. Die Beantwortung der folgenden Ausgangsfragestellung ist deshalb die *allgemeine Zielsetzung* dieser Arbeit: welchen Beitrag kann die an den Untersuchungsgegenstand angepaßte kognitive Motivationstheorie *Vroom's* zur Erklärung der Nutzung alternativer Verkehrsmittel der Verbraucher liefern? Diese allgemeine Zielsetzung läßt sich in folgende *spezifische Zielsetzungen* unterteilen:

1. Es soll eine systematische Übersicht über die bestehenden Verkehrsmittelwahlansätze und -theorien erstellt werden. Dabei ist insbesondere eine eingehende Analyse der konsumtheoretisch fundierten Ansätze vorzunehmen.
2. Die gewählte kognitive Motivationstheorie soll dargelegt und an den Untersuchungsgegenstand angepaßt werden. Dabei sollen insbesondere das Verhältnis der subjektiven Wahrnehmungen und Bewertungen zu den objektiven

Bedingungen sowie die limitierenden Determinanten genauer abgeklärt werden.

3. Die durchgeführten, teilweise explorativen empirischen Arbeiten zu zwei Teilfragen sollen dargelegt und interpretiert werden:
   – Ermittlung der verhaltensbestimmenden Ziele/Bewertungsdimensionen (motivationale Grundlage)
   – Objektive und subjektive Wahlmöglichkeiten (limitierende Determinanten).

Aus diesen spezifischen Zielsetzungen ergibt sich bereits die einfache Grundstruktur, die der Arbeit zugrundeliegt. Diese wird in den einzelnen Blöcken durch weitere Gesichtspunkte differenziert. Beispielsweise werden bei der Übersicht die auf konsumtheoretischen Ansätzen basierenden Verkehrsmittelwahlmodelle eingehender untersucht und deshalb aus Zweckmäßigkeitsgründen in einem eigenen, der allgemeinen Übersicht folgenden Kapitel behandelt. Die *Struktur der Arbeit* ist der Darstellung 4 zu entnehmen.

1.5. Wissenschaftstheoretische Überlegungen

In der Verkehrsnachfrageforschung rückt der Aspekt der wissenschaftstheoretischen Fundierung nur bei ganz wenigen Autoren überhaupt in das Gesichtsfeld (als Ausnahmen beispielsweise *Höttler* 1981 und *Heggie & Jones* 1978), da die Interessen der Verkehrswissenschaftler nahezu ausschließlich auf die unmittelbare praktische Verwertung ausgerichtet sind. Deshalb werden auch kaum systematisch Grundlagen dargelegt, sondern i. d. R. wird mit einer Aufzählung von aktuellen Problemen begonnen, um daraus die Relevanz und Legitimation des Beitrags abzuleiten (s. auch den Beginn meiner Arbeit). Im Anschluß daran kommt man dann „direkt zur Sache".

Der vorliegenden Arbeit liegt nicht – wie dies in vielen Fachdisziplinen noch immer weit verbreitet ist – eine vereinfachte, popularisierte Form der *Popper'schen* Wissenschaftstheorie (1969) zugrunde. Diese bezieht sich nur auf einen, wenn auch bedeutsamen Teil des wissenschaftlichen Prozesses, die empirische Testung von Hypothesen. Die Forderung nach kritischer Prüfung ist jedoch auf die gesamte wissenschaftliche Tätigkeit einschließlich der Auswahl der Fragestellungen (Entstehungszusammenhang) und der Anwendung (Verwertungszusammenhang) zu beziehen (s. als wichtige Kritiken an *Popper* die Arbeiten von *Feyerabend* 1976 und *Habermas* 1971 a, b).

In der Verkehrsmittelwahlforschung ist nicht eine einzige Hypothese bzw. Theorie empirisch zu testen, sondern es müssen die Aussagen(systeme) verschiedener Wissenschaftsdisziplinen und Theorien, die auf den gleichen Untersuchungsgegenstand gerichtet sind, verglichen werden. Die jeweiligen Ansätze bestehen dabei aus einem Konglomerat unterschiedlicher Hypothesen und teilweise geprüfter Theoriestücke.

Darstellung 4
Aufbau der Arbeit

Block	Spezifizierung	Abschnitt
Allgemeine Grundlagen	1. Problemhintergrund und umfassender sozioökonomischer Analyserahmen	1.1.
	2. Wissenschaftstheoretische und normative Grundlagen	1.5./1.6.
Übersicht	1. Kennzeichnung des Untersuchungsgegenstandes (Begriffe, statist. Daten)	2.1./2.2.
	2. Allgemeine Übersicht und kritische Bewertung des Forschungsstandes (Historische Entwicklung, einzelne Untersuchungsansätze)	2.3./2.4.
	3. Spezifische Übersicht und kritische Bewertung der ökonomischen Ansätze	3.2./3.3.
	4. Eigenständige sozioökonomische Analyse des Untersuchungsgegenstandes	3.4.
Theoretischer Teil	1. Allgemeine Grundlagen der Motivationspsychologie und Auswahl der geeigneten Motivationstheorie	4.1./4.2.
	2. Diskussion der gewählten Theorie und Verhältnis zu strukturähnlichen Ansätzen	4.3./4.4.
	3. Einfügung der Theorie in umfassenden Person-Umwelt-Interaktionsrahmen	4.5.
	4. Umsetzung und Anpassung der kognitiven Motivationstheorie an den Untersuchungsgegenstand	5. gesamt
Empirische Untersuchungen	1. Analyse der verhaltensbestimmenden Ziele (motivationale Grundlagen)	6.2.
	2. Analyse der verhaltenslimitierenden Determinanten	6.3
Perspektiven	1. Stellenwert der Untersuchungsergebnisse und Ableitung von Forschungsvorschlägen	7.1./7.2.
	2. Überlegungen zur praktischen Umsetzung	7.3.

Hierzu sind die wissenschaftstheoretischen Arbeiten von *Kuhn* (1977, 1978) von Bedeutung. Er bezeichnet diese umfassenderen „Theorie-Bündel" als *Paradigmen* und macht ihren wesentlichen Stellenwert im Fortgang der wissenschaftlichen Theoriebildung deutlich. Diese kann man als ein Bündel gemeinsamer Grundüberzeugungen und akzeptierter Standards auffassen. Beispielsweise bilden die disaggregierten Verkehrsnachfragemodelle in diesem Sinne ein neues, die aggregierte Betrachtungsweise ablösendes Paradigma, das aber neben wichtigen Unterschieden weiterhin in einem mechanistischen Weltbild verhaftet ist (*Höttler* 1978 und *Heggie* 1978). Die dabei auftretenden Probleme versucht man so zu lösen, daß für den mit den objektiven Variablen nicht erklärbaren Teil einfach ein zusätzlicher Variablenkomplex als „subjektiver Rest" angehängt wird (*Stopher & Meyburg* 1976a). Die Fortschritte in dieser Richtung sind aber nicht sehr ermutigend, weil damit das Paradigma gesprengt wird, ohne dieses systematisch zu erweitern und dabei die neue Qualität dieser dazu addierten Variablen zu berücksichtigen. Diese Problematik wird bei der Übersicht der bestehenden Ansätze verdeutlicht (2.4.).

Zusammenfassend betrachtet sind für die Arbeit folgende wissenschaftstheoretischen Überlegungen von Bedeutung (eingehendere Darstellung und Begründung *Held* 1980, S. 29 ff.):

- die Hypothesen sollen mit empirischem Bezug aufgestellt und empirischen Tests unterzogen werden;
- dabei ist der Geltungsbereich, die Reichweite der Hypothesen genau anzugeben;
- die Forderung nach kritischer Prüfung erstreckt sich nicht allein auf die Testung der Theorie, sondern auf den gesamten wissenschaftlichen Prozeß, also auch den Entstehungs- und Verwertungszusammenhang;
- Konventionen und damit normative Einflüsse sind unvermeidlicherweise Bestandteil der wissenschaftlichen Tätigkeit;
- für die Erklärung des Verkehrsverhaltens und der -mittelwahl ist nicht die Aufstellung und Testung einer isolierten Theorie, sondern sind umfassendere Theoriebündel, Paradigmen erforderlich;
- die Zusammenhänge zwischen den verschiedenen Paradigmen, die sich mit dem gleichen Sachverhalt beschäftigen, sind zu analysieren.

1.6. Normative Grundlagen

Wie sich aus den wissenschaftstheoretischen Überlegungen ergibt, ist es erforderlich, die normativen Grundlagen des wissenschaftlichen Arbeitens offenzulegen. Die zugrundeliegenden Zielsetzungen werden von den Forschern in der Regel durch die Problemstellung wie beispielsweise die Sicherheit im Straßenverkehr als „vorgegeben" dargestellt und nur noch immanent diskutiert. Es ist jedoch zu hinterfragen, wie es dazu kommt, daß bestimmte

Sachverhalte als Probleme eingestuft werden, andere dagegen nicht. Wer beeinflußt die entsprechenden Normen, welche Interessengruppen stehen dahinter? Damit werden die normativen Festlegungen, die sie repräsentierenden Gruppen und Institutionen selbst zum Gegenstand der wissenschaftlichen Analyse (*Albert* 1972, S. 189).

a) Mechanismen der Zielfindung:

Als Mechanismen der Zielfindung können dabei verschiedenste Verfahren festgestellt werden, wie beispielsweise die Ableitung aus übergeordneten Wertkatalogen (*Hägerstrand* 1974), der Verfassung oder der Setzung durch Politiker (generell zur Diskussion von Zielen und Zielsystemen im Verkehrsbereich s. *Rommerskirchen* 1977, S. 137 ff.). Die Legitimation wird dabei aus dem Wahlmechanismus bzw. einem unterstellten Konsens bezüglich der grundsätzlichen Werte abgeleitet. Daneben werden Werte der Bevölkerung bzw. bestimmter Gruppen allgemein oder im Hinblick auf bestimmte Bereiche erfaßt. Wie problematisch jedoch pauschale demoskopische Befragungen sind, zeigen die Ergebnisse einer Schweizer Erhebung (*Scope* 1975): 82% der Befragten stimmen der Behauptung zu „Jeder soll das Recht und die Freiheit haben, das Verkehrsmittel zu wählen, das ihm am besten paßt." Zugleich stimmen jedoch auch 65% dem Statement zu „Wo die Verkehrsmisere zu groß wird, muß der Staat die Möglichkeit haben, bestimmte Verkehrsmittel zu verbieten."

Im Verkehrsbereich stellen die Untersuchungen der schweizerischen Kommission für den Gesamtverkehrsplan (GVK-CH 1974, 1975) eines der umfassendsten Projekte dar, da hier nicht isoliert einige Meinungen der Bevölkerung zum Verkehr und damit verbundenen Problemen erhoben werden. Statt dessen wird ein systematisches Zielsystem erarbeitet und auf seine logische Stimmigkeit geprüft. In Befragungen wird die Gewichtung der Ziele bei den Mitgliedern der Kommission und einem repräsentativen Bevölkerungsquerschnitt sowie durch eine nochmalige Befragung der Kommissionsmitglieder (mit gewissen Modifikationen der Ziele) ermittelt. Die drei übergeordneten Gesichtspunkte sind „Befriedigung der Verkehrsbedürfnisse", „Wirtschaftlichkeit des Verkehrssystems" und „Minimierung der Beeinträchtigung des Menschen und seiner Umwelt durch den Verkehr".

Im folgenden werden beispielhaft zwei Zielsetzungen diskutiert, die für meinen Untersuchungsgegenstand von besonderer Bedeutung sind und sowohl in der Öffentlichkeit wie in der Verkehrsforschung im Vordergrund stehen (s. auch den Ziel-Katalog GVK-CH 1974).

b) Zielsetzung: Freie Wahl des Verkehrsmittels:

Sowohl im politischen Bereich (*Der Spiegel* 1978) wie bei einer großen Zahl von Verkehrsplanern und -forschern (beispielsweise *Mäcke* et. al. 1973) wird der Grundsatz der freien Wahl des Verkehrsmittels als wichtige Zielsetzung angesehen und zumeist sogar trotz aller externen Effekte als eine Art „Vorgabe" betrachtet (Beispiel: *Farenholtz* et. al. 1971, S. 11). Zunächst klingt das akzeptabel, da eine Erhöhung von Freiheitsgraden für den Bürger sicherlich positiv zu werten ist. Auffällig ist dabei jedoch, daß diese Forderung vorrangig bei der Abwehr von lenkenden Maßnahmen und Restriktionen bezüglich des PKW's auftaucht, dagegen nahezu nie in bezug auf öffentliche Verkehrsmittel, Fahrrad, zu Fuß gehen etc. Beispielsweise ist im Zusammenhang mit den Streckenstillegungsplänen der Bundesbahn immer nur von ökonomischen Gründen die Rede, bei der Beschränkung von Parkmöglichkeiten für PKW's dagegen sieht man die Freiheit gefährdet.

Sozialpsychologisch gesehen könnte dies u. a. damit begründet werden, daß die betreffenden Herren (bzw. in seltenen Fällen Damen) in ihrem privaten Bereich nahezu durchgängig auf das Auto fixiert sind. Hinzu kommt jedoch die Macht der Interessenvertretungen (Verbände und Unternehmungen), die ihre Sichtweise wirkungsvoll durchsetzen (*Krämer-Badoni* et. al. 1971). Die Forderung nach freier Verkehrsmittelwahl hat in der bisherigen Diskussion vorrangig strategischen Charakter, um eine ideologische Rechtfertigung für die eigenen Maßnahmen und die Abwehr von Forderungen anderer zu haben.

Die mit dieser Zielsetzung verbundene Fixierung auf den PKW (extremes Beispiel: *Kessel* o. J., S. 15 ff.) hat bzw. hatte nun sehr nachteilige Folgen auf die Verkehrsforschung und deren Anwendung. Trotz des hohen Anteils der Fußwege am Gesamtverkehrsaufkommen werden die Füße aus der Untersuchung ausgeschlossen, ohne dies überhaupt zu begründen oder zu diskutieren (beispielsweise *Mäcke* et. al. 1973).

Zugleich wird die Verkehrsmittelnutzung nur unter den vorgegebenen Bedingungen analysiert, und aus den Ergebnissen gefolgert, daß der PKW eindeutig, sozusagen „naturgegeben" allen anderen Verkehrsmitteln überlegen ist. Vereinfacht gesagt, geht die Ansicht vieler Verkehrswissenschaftler soweit, daß sie den PKW-Besitz als einzigen zentralen Faktor ansehen: wer einen hat, fährt damit! Dabei wird unterschlagen, daß die Verkehrsmittelnutzung immer bereits durch die Maßnahmen der Verkehrsplanung und des -managements sowie anderer ökonomischer und gesellschaftlicher Entscheidungen der Vergangenheit beeinflußt sind, und nie absolute „Freiheit" möglich ist. Wenn also Verkehrsteilnehmer den PKW nutzen, kann daraus nicht – wie es bei der „revealed preference theory" unterstellt wird (3.2.2.) – abgeleitet werden, daß dies die „ursprünglich unbeeinflußten Präferenzen" widerspiegelt. Ein Teil der Verkehrsteilnehmer präferiert vielmehr Bedingungen, bei denen das Radfahren möglich und in der Qualität akzeptabel ist (*Hägerstrand* 1974, S. 16 und *BM Bau* 1978a).

Diese Überlegungen verdeutlichen, daß die Zielsetzungen und normativen Vorgaben wesentlichen Einfluß auf die Erfassung der Realität haben, indem sie die Selektion aus der Vielfalt der realen Erscheinungen und Charakteristika steuern. Zugleich sind sie ein Beispiel dafür, daß sie sich auch auf den Erkenntnisgehalt und die abgeleiteten Anwendungsvorschläge auswirken. Aufgrund des eingeengten Blickwinkels können sich PKW-fixierte Forscher mit dem Ergebnis begnügen, daß der PKW-Besitz der zentrale Einflußfaktor ist, während der Forscher, der die wechselseitigen Einflüsse von individuellem Nutzungsverhalten und gestaltenden Maßnahmen einbezieht, eine Stufe zurückgehen muß.

c) Zielsetzung: Erhöhung der Mobilitätschancen:

Eine zweite zentrale Zielsetzung der überwiegenden Zahl der Verkehrsplaner und -politiker ist es, die Möglichkeiten zur Ortsveränderung der Bevölkerung zu verbessern, da darin eine Erhöhung generell des Freiheitsspielraumes bezüglich der Aktivitätschancen gesehen wird. Implizit ist bei der überwiegenden Zahl der Verkehrsplaner – sozusagen als „Berufs-Vorgabe" – die Wertung enthalten, daß mehr Verkehr besser als weniger Verkehr ist, mehr Möglichkeiten besser als wenige sind (beispielsweise *Mäcke* et. al. o. J., S. 9).

Besonders problematisch ist es, daß dabei häufig die Qualität von Mobilitätschancen vernachlässigt wird. Eventuell ist es vielen Verkehrsteilnehmern nicht so wichtig, statt 1 Postamt nun 7 Postämter innerhalb 15 Minuten erreichen zu können, sondern wichtig ist es, daß überhaupt ein Postamt in günstiger Lage zu erreichen ist. Beispielsweise kann eine Situation mit Einkaufsgelegenheiten im fußläufigen Bereich und einem mit PKW erreichbaren Supermarkt einen größeren Freiheitsspielraum bieten als eine Situation mit einer größeren Zahl von Supermärkten, für deren Erreichung ein PKW Voraussetzung ist. Mit der Vernachlässigung der Qualität wird zugleich häufig übersehen, daß es von vielen Bürgern als vorteilhaft empfunden wird, keinem Zwang zur ständigen Teilnahme am technisierten Verkehr zu unterliegen.

Meine *eigene Grundhaltung* kann dahingehend zusammengefaßt werden: es ist erstrebenswert, daß eine tatsächliche Wahlfreiheit zwischen verschiedenen Verkehrsmitteln, Zielorten, unterschiedlichen Arten von Einkaufsmöglichkeiten etc. gewährleistet ist, die sowohl die Möglichkeit zu weiträumigen Ortsveränderungen wie zur fußläufigen, kleinräumigen Ortsveränderung einschließt. Dies umfaßt auch die Wahlmöglichkeit einer geringen Mobilität.

d) Kreis der (potentiellen) Anwender:

Abschließend ist die Frage zu beantworten, für welchen Anwenderkreis meine Arbeit gedacht ist. Die bisherigen Überlegungen und Forschungen im Bereich des Verkehrsverhaltens und der -mittelwahl werden vorrangig für die Verkehrsplanung gemacht, ohne daß diese Orientierung näher reflektiert wird. Daneben werden in letzter Zeit verstärkt Arbeiten für das Verkehrsmanagement durchgeführt (Beispiel: Marketingansatz von *Hauser & Koppel-*

man 1976 und *Koppelman & Pas* 1980). Die eigentlich Betroffenen, die Verkehrsteilnehmer, kommen bei vielen Ansätzen und Untersuchungen nur gerade soweit ins Bild, wie dies bei der Aufgabenstellung unvermeidlich ist. Dabei werden sie fast durchgängig aus dem Blickfeld der Planer oder der Verwaltung gesehen.

Das dabei produzierte Herrschaftswissen ist dennoch teilweise auch direkt für die unmittelbar Betroffenen und ihre Interessenorganisationen, Bürgerinitiativen etc. verwendbar, da bestimmte Mechanismen und Determinanten freigelegt werden. Dieses Wissen kann jedoch für die Seite der Verkehrsteilnehmer und der vom Verkehr Betroffenen nicht immer ausreichend sein, denn dabei werden wichtige Fragestellungen gar nicht oder nur unter spezifischen Gesichtspunkten untersucht. Als Beispiel sei wiederum die Vernachlässigung des Fußgänger- (*Garbrecht* 1981) und des Fahrradverkehrs (*BM Bau* 1978a) angesprochen.

Da die bisherigen Untersuchungen zum überwiegenden Teil nicht direkt auf der Nutzerebene ansetzen bzw. die Verkehrsmittelnutzung mit einer mechanistischen Sichtweise analysieren, ist zunächst eine systematische Analyse der Determinenten der Verkehrsmittelwahl notwendig. Die sozialwissenschaftlich orientierten Ansätze befinden sich erst ganz am Anfang ihrer Entwicklung. Aufgrund dieses Forschungsstandes ist meine Arbeit darauf gerichtet, die Diskussion und den Kenntnisstand weiter voranzutreiben. Damit ist sie sowohl als Grundlage für die Fragen der Regierbarkeit, der Entscheidungen und Handlungen zweiter Ebene, wie für die Betroffenen und ihre Interessenvereinigungen nützlich (*Inifes* 1979).

2. Übersicht über die Entwicklung der Untersuchungsansätze und den Forschungsstand

Aus pragmatischen Gründen wird bei der Übersicht folgende Unterteilung vorgenommen: im zweiten Kapitel werden die Ansätze allgemein dargelegt, während im dritten Kapitel die spezifisch auf ökonomischen, insbesondere Konsumtheorien aufbauenden Ansätze eingehender vorgestellt werden. Diese Unterscheidung ist nicht im strikten Sinne zu verstehen, da bei den verschiedenen Theorien und Modellen fließende Übergänge bestehen. Bei der Übersicht werden die strukturellen, theoretischen Aspekte besonders herausgearbeitet.

2.1. Abklärung der verkehrswissenschaftlichen Grundbegriffe

2.1.1. Verkehr, Verkehrsverhalten

Der Begriff *Verkehr* wird in der Literatur nicht einheitlich definiert. Überwiegend sind Festlegungen in der Form, wie sie bei *Voigt* (1973, S. 34) zu finden ist: „Verkehr ist die Überwindung von Raum durch Personen, Güter und Nachrichten." (ähnlich *Schroiff* 1970, Sp. 3566). Dagegen wird bei *Retzko* (1970, Sp. 3556) zusätzlich die Energie aufgeführt, während beispielsweise bei *Pegrum* (1973, S. 3) nur von der Ortsveränderung von Personen und Dingen gesprochen wird. Ähnlich wird in den Richtlinien der *Forschungsgesellschaft für das Straßenwesen* (1970) nur der Personen- und der Güterverkehr aufgeführt.

Übereinstimmung besteht demnach in dem zentralen Charakteristikum der Ortsveränderung bzw. der Raumüberwindung, während in der Frage, was übertragen wird, unterschiedlich weitgehende Festlegungen getroffen werden. Für meine Arbeit erwächst daraus jedoch kein Problem, da der Sachverhalt auf den Personenverkehr eingegrenzt ist. Vielmehr ergeben sich eher in der exakten Abgrenzung des Personen- und Güterverkehrs gewisse Schwierigkeiten, da die Grenze – beispielsweise im Einkaufsverkehr – fließend ist (*Rommerskirchen* 1977, S. 100 f.). In Ergänzung zu der allgemeinen Definition des Verkehrs ist es nützlich, nur die Ortsveränderungen einzuschließen, „die im öffentlichen Verkehrsraum stattfinden" (*Hautzinger & Kessel* 1977, S. 10). Damit werden Raumüberwindungen innerhalb von Privathaushalten, Gebäuden etc. ausgeschlossen (*Voigt* 1973, S. 34). Es ist jedoch darauf hinzuweisen, daß diese Unterscheidung eine klare Unterteilung in öffentliche und nichtöffentliche Bereiche voraussetzt, die selbst in unserem, die Funktionen stark trennenden Kulturkreis nicht immer exakt möglich ist (*Schwonke* 1974).

Bei dem Begriff *Verkehrsverhalten* ist auffällig, daß er nirgendwo exakt definiert, sondern immer bereits als etwas „Vorgegebenes" betrachtet wird (Beispiel: *Mäcke* et. al. o. J.). Aus der Art der Verwendung des Begriffes ergibt sich, bezogen auf den Personenverkehr, daß darunter die eigentliche Ortsveränderung, die Teilnahme am Verkehr bzw. entsprechende einzelne Elemente wie die Häufigkeit der Ortsveränderung, die Verkehrsmittelart etc. verstanden werden. Demnach wäre der Parkvorgang noch zum Verkehrsverhalten zu zählen, während das Tanken, der Fahrkartenkauf, die Informationsaufnahme über Verkehrswege etc. als auf den Verkehr bezogene Tätigkeiten, jedoch nicht direkt als Verkehrsverhalten im Sinne der Ortsveränderung zu kennzeichnen sind.

2.1.2. Verkehrsmittel, Verkehrswege

Nach *Voigt* (1973, S. 37) sind die „Verkehrsmittel und Verkehrswege ... die Mittel der Raumüberwindung". Die *Verkehrswege* werden bei ihm so umfassend definiert, daß sie neben den Wegen im üblichen Sprachverständnis auch die ortsfesten Anlagen wie Parkplätze etc. umfassen. Die *Verkehrsmittel* definiert er als „technische Einrichtungen zur Beförderung von Personen, Gütern und Nachrichten zu Lande, zu Wasser, in der Luft und im Weltraum." (a. a. O.). Bei den Verkehrsingenieuren werden unterschiedliche Begriffe wie Reise-, Transport- und Verkehrsmittel verwendet, wobei diese überwiegend mit *Fahrzeugen* gleichgesetzt werden (beispielsweise *Mäcke* et. al., o. J.). Bei den Fahrzeugen sind – adäquaterweise – die Füße etc. ausgeschlossen (*Forschungsgesellschaft F.D.S.* 1970, S. 10), wie beispielsweise aus der ausdrücklichen Benennung von Fußweg- und Fahrtenhäufigkeit bei *Hautzinger & Kessel* (1977) deutlich wird. Häufig wird auch das Fahrrad explizit oder implizit nicht unter den Begriff Verkehrsmittel eingeschlossen (beispielsweise *Brander* et. al. 1977, *Sozialforschung Brög* 1976a).

Diese Begriffsfestlegungen sind nicht exakt von der Definition des Verkehrs abgeleitet, da die Füße sicher genauso ein Mittel der Ortsveränderung darstellen wie bestimmte Tierarten oder technische Hilfsmittel. Vielmehr wird die Teilmenge mit dem Charakteristikum technische Mittel – Fahrzeuge – ausgesondert. Zwar sind prinzipiell verschiedene Definitionen möglich (Konvention), aber aus bestimmten Festlegungen können Probleme für die Analyse resultieren: dadurch werden einzelne, bezogen auf den Gegenstandsbereich Nahverkehr bedeutsame Elemente des Verkehrs ausgeblendet. Nach meiner Auffassung sollten alle Mittel der Ortsveränderung als Verkehrsmittel verstanden werden. Pointiert gesagt: ein funktionierender „fliegender Perser-Teppich" ist ebenso als Verkehrsmittel aufzufassen wie das PKW-Mitfahren.

Die Füße stellen darüberhinaus für die Verkehrsingenieure ein Problem dar, da sie nahezu durchgängig als Ergänzung der anderen Verkehrsmittel erforderlich sind, wenn auch teilweise nur mehr in rudimentärer Form. Inzwischen wird dieses Problem teilweise erkannt, da die einstmalige Euphorie der Verkehrsplaner mit technischen Verkehrsmitteln die Ortsveränderung von Haus zu Haus, von Tür zu Tür zu erreichen, im Zurückgehen begriffen ist. Dabei ergeben sich Abgrenzungsprobleme, was als eigenständige „Fahrt" und was als Anmarschweg, verkehrsbedingte Zwischenaufenthalte etc. (a.a.O., S. 31) zuzuordnen ist. Die bei der KONTIV-Erhebung (*Sozialforschung Brög* 1976a) verwendete Bezeichnung *Weg* für die realisierten Ortsveränderungen erscheint als umfassender Begriff, der auch die *Fahrt* umschließt, günstig zu sein. Damit ist die generelle Frage verknüpft, ob die Kombination von Verkehrsmitteln – beispielsweise „Bike + Ride", „Park + Ride" – als eigenständiges bzw. als getrennte Verkehrsmittel festgelegt werden sollen oder ob nur das Hauptverkehrsmittel Berücksichtigung finden soll (*Mäcke* et. al. 1973, S. 13 ff.). Die Berücksichtigung von Verkehrsmittelkombinationsmöglichkeiten hat wesentlichen Einfluß auf die Bestimmung der objektiven Wahlmöglichkeiten (3.4.2.).

Neben den bisher aufgeführten Problemen ist auch auf die ungenaue, widersprüchliche Verwendung des Begriffes *Individualverkehrsmittel* hinzuweisen. Beispielsweise schreibt *Kessel* (o. J., S. 12 f.) in einer Abbildung von „motorisiertem individuellen Verkehr", in der nächsten von „Personenfahrten im individuellen Verkehr", im Text abwechselnd von „Individualverkehr" und „individuellem Verkehr", der dann mit dem Kfz-Verkehr gleichgesetzt wird. Eingangs führt er dagegen das Fahrrad, Moped etc. als private Verkehrsmittel an (a. a. O., S. 1). Diese Ausführungen sollen die Ungenauigkeit der Begriffsfestlegungen und -verwendungen aufzeigen, die aus der technischen Orientierung (bias) und der damit verbundenen, normativen PKW-Fixierung resultiert.

Diese Überlegungen erbrachten nicht nur eine Abklärung der Begriffsinhalte, sondern sie zeigen auch deutlich auf, daß die Verkehrswissenschaftler trotz ihrer technischen Orientierung, die Exaktheit vermuten läßt, wichtige Begriffe ungenau festlegen und widersprüchlich verwenden. Wie bei den wissenschaftstheoretischen Überlegungen bereits angesprochen, sind für die Definitionen ebenso wie für die Meßvorgänge Konventionen notwendig. Zugleich gehen immer schon ein theoretisches Vorverständnis und inhaltliche Zielsetzungen in diese ein. Bei den Verkehrswissenschaftlern ist dieses Vorverständnis in starkem Maße technisch geprägt und inhaltlich bei vielen auf den PKW bzw. das Alternativenpaar PKW-ÖPNV orientiert.

Je nach Untersuchungszweck kann eine weitere Unterteilung der Verkehrsmittel von Nutzen sein. Üblich sind beispielsweise Einteilungen nach Kriterien wie der Entfernung (Nahverkehrsmittel etc.), der Art der benutzten Verkehrswege (Verkehrsmittel der Straße, Schiene etc.), der Menge der transportierten Personen (Massen-, Individualverkehrsmittel) etc.

Zusammenfassend läßt sich sagen:

- unter den Verkehrsmitteln sollen alle Mittel der Ortsveränderung verstanden werden;
- der Begriff Individualverkehrsmittel sollte nicht normativ auf den PKW-Verkehr verengt werden;
- die Abgrenzung „Weg/Ortsveränderung" und die Behandlung der Kombination von Verkehrsmitteln ist genau auszuweisen.

2.1.3. Verkehrsmittelwahl, Modal Split, Nutzung alternativer Verkehrsmittel

In den Verkehrswissenschaften sind verschiedene Begriffe üblich, die sich auf das gemeinsame Objekt Verkehrsmittel beziehen. Dieses wird dabei jedoch aus verschiedenen Blickwinkel betrachtet bzw. es werden verschiedene theoretische Konzepte verwendet. Der auch in Deutschland meistgebrauchte Begriff *Modal Split* – mit unterschiedlichen Übersetzungen wie Verkehrsteilung (*Baron* 1977) oder Verkehrsaufteilung (*Ruske* 1973) – bezieht sich auf ein Teilmodell der aggregierten Verkehrsplanungsmodelle (*Meyburg* 1976). Er bezeichnet nicht die Ebene der Verkehrsmittelnutzung, sondern bezieht sich auf die Auswirkungen der Verkehrsmittelentscheidungen bezüglich der Anteile der Verkehrsmittel am gesamten Verkehrsaufkommen. Der Begriff *Verkehrsmittelwahl* ist auf die Entscheidungen der Verkehrsteilnehmer gerichtet (*Hartgen* 1970, S. 2 und *Infas* 1970, S. 1). Der Begriff Verkehrsmittelwahl ist für unsere Fragestellung adäquater, da er auf der Ebene des Verkehrsteilnehmers ansetzt. Bei ihm wird jedoch unterstellt, daß der Teilnahme am Verkehr eine Entscheidung, eine Auswahl unter Alternativen vorausgeht. Da jedoch sicherlich ein großer Teil des Verkehrsverhaltens als habituelles Verhalten zu kennzeichnen ist, erscheint der Terminus *Nutzung alternativer Verkehrsmittel* am besten den Sachverhalt zu treffen. Der Begriff Verkehrsmittelwahl wird dafür als übliche, wenn auch weniger genaue Kurzform verwendet.

2.2. Statistische Angaben zur Nutzung alternativer Verkehrsmittel

Statistische Angaben zu den Anteilen der Verkehrsmittel und deren Determinanten finden sich in der *amtlichen Statistik* nur bruchstückhaft:

- In der „Fachserie 8 Verkehr" (früher H) des *Statistischen Bundesamtes* und den regionalen oder städtischen Statistischen Jahrbüchern (beispielsweise der Stadt Augsburg, *König* 1977) finden sich keine Angaben über die Verkehrsmittelanteile im Personenverkehr. Sie enthalten getrennte Daten zu den einzelnen Verkehrsmittelarten wie Beförderungsfälle, Personenkilometer etc. im öffentlichen Personenverkehr und Unfallzahlen, Zulassungsziffern etc. beim PKW (s. auch den „Zahlenspiegel des Verkehrsgeschehens" in der Fachzeitschrift Internationales Verkehrswesen).

- zum einen liegt dies wohl an den Schwierigkeiten einer an objektiven Kriterien ausgerichteten Erfassung von PKW-Verkehrsleistungen bei Privatpersonen (3.4.). Zum anderen ist die historisch bedingte Aufteilung und getrennte Behandlung der Verkehrsmittelarten zu nennen.
- in den neueren Statistiken des Statistischen Amtes der Europäischen Gemeinschaften finden sich Angaben zu den Verkehrsmittelanteilen des Arbeitsweges in den 9 EG-Staaten (*Eurostat* 1977). Außer einer Unterteilung nach dem Geschlecht finden sich keine weiteren Angaben über mögliche Einflußfaktoren.
- bei den Volkszählungen wird für den Arbeits- und Ausbildungsweg das genutzte Verkehrsmittel erhoben (s. beispielsweise Angaben bei *Voigt* et. al. 1976). Da jedoch nur die üblichen sozioökonomischen Merkmale wie Geschlecht, Alter etc., nicht dagegen Führerschein-, PKW-Besitz etc. erfragt werden, ist eine systematische Analyse der Determinanten der Verkehrsmitelwahl nur eingeschränkt möglich (*Merckens & Sparmann* 1978). Bei einer Auswertung von Zusatzdaten ergab sich das Geschlecht als wichtigstes Kriterium der Ungleichheit im Hinblick auf die Verkehrsmittelwahl. Dies dürfte aber in starkem Maße stellvertretend für die nichterfaßte PKW-Verfügbarkeit stehen (*Kutter* et. al. 1979).

Die Verkehrsforschung und -planung basiert vorrangig auf *speziellen Verkehrserhebungen,* die beispielsweise im Rahmen der Erstellung von Gesamtverkehrsplänen oder spezifischen Untersuchungen durchgeführt werden (*Forschungsgesellschaft F.D.S.* 1970). Seit einigen Jahren gibt es jedoch auch umfassendere Daten, wie sie im Rahmen von Zeit-Budget-Aktivitätsstudien erhoben werden (beispielsweise *Noortman & Van Es* 1978). Für die Bundesrepublik Deutschland ist die „Kontinuierliche Erhebung zum Verkehrsverhalten (KONTIV)" zu nennen. Dabei wurden bei einer repräsentativen Stichprobe von Bundesbürgern ab 10 Jahren alle Verkehrswege einschließlich der kurzen Fußwege für die Stichtage erfaßt.

Bei der Darstellung und dem Vergleich von Erhebungen ergibt sich das Problem, daß aufgrund der fehlenden Standardisierung die Daten nur teilweise vergleichbar sind (*Rommerskirchen* 1977, insbesondere S. 123 ff.). Beispielsweise wird bei der angesprochenen KONTIV-Erhebung die Altersgrenze bei 10 Jahren gezogen, während bei einer Schweizer Untersuchung mit ähnlicher Zielsetzung die über 16jährigen befragt wurden und die Eltern für die 6- bis 15jährigen Angaben machten (*Scope* 1975, Erhebung November 1974).

Um die *Größenordnungen* zu veranschaulichen, wird beispielhaft die Übersichtstabelle von KONTIV-Ergebnissen wiedergegeben, aus der die durchschnittlichen Verkehrsmittelanteile für die Jahre 1975 bis 1977 aufgeteilt nach Werktagen und Tagen am Wochenende zu ersehen sind (Tabelle 1). Bereits an dieser Übersicht lassen sich einige bedeutsame Aspekte darlegen:

- der Fußgängerverkehr nimmt einen sehr hohen Anteil ein;
- auch der Fahrrad/Mofa-Anteil liegt nur knapp unter dem Anteil des ÖPNV;
- PKW-Fahrer und -Mitfahrer werden getrennt; dies ist für die Erklärung der Determinanten der Verkehrsmittelwahl von großer Bedeutung, da insbesondere im Hinblick auf die Limitierungen große Unterschiede bestehen (2.4.3.);
- der Anteil der PKW-Mitfahrer bewegt sich immerhin noch in der Höhe von 2/3 des ÖPNV-Anteils;
- insgesamt gesehen ergeben sich bei einer derartigen vollständigen Erfassung erheblich andere Anteile als bei dem „klassischen Modal-Split" nach ÖPNV und motorisiertem IV (*Sozialforschung Brög* 1977, Tabelle 9). Trotz der PKW-orientierten Planung sind die Anteile der anderen Verkehrsmittel noch immer recht hoch;
- die Unterschiede zwischen Werktagen und dem Wochenende werden insbesondere beim PKW-Mitfahren deutlich;
- bei der Interpretation muß man jedoch Vorsicht üben: nicht die Tage an sich, sondern eine Vielzahl unterschiedlicher Faktoren sind hierfür ursächlich; von vorrangiger Bedeutung ist in diesem Zusammenhang die unterschiedliche Struktur der primären Aktivitäten.

Aus der Vielzahl der möglichen Unterteilung der Verkehrsmittelanteile – beispielsweise nach Fahrtzwecken, Witterungseinflüssen, nach verschiedenen zeitlichen Gliederungen (Tages-, Jahreszeit), nach Entfernungen etc. – soll nur ein Beispiel mit einer weiteren Tabelle veranschaulicht werden. Dabei wird eine Unterteilung der Anteile nach Gemeindegrößenklassen vorgenommen (Tabelle 2).

Aus diesen Angaben kann entnommen werden, daß zwischen den Größenordnungen der Gemeinden und den relativen Anteilen der einzelnen Verkehrsmittel starke Unterschiede bestehen. Besonders beim ÖPNV ergeben sich in den großen Städten deutlich höhere Anteile. Dieser Befund darf jedoch nicht dahingehend interpretiert werden, daß allein die Größe der Stadt bzw. der -region wesentlich für den Prozentsatz des ÖPNV ist. Vielmehr ist dies ein Ausdruck des Erschließungsniveaus mit öffentlichen Verkehrsmitteln (*Infas* 1970, S. 44 ff.), der Entfernungen und Zeitrelationen der alternativen Beförderungsmittel etc. Bei der Interpretation derartiger Daten sind einige *grundsätzliche Aspekte* zu beachten:

- es lassen sich eine Vielzahl korrelativer Zusammenhänge von soziodemographischen und geographischen Kennziffern mit der Verkehrsnachfrage

Tabelle 1

Verkehrsmittelanteile in der BRD nach Tagestypen (KONTIV)

Anteil aller Wege (in %)	Durchschnitt der Werktage				Durchschnitt der Tage am Wochenende				Durchschnitt aller Wochentage			
	Gesamt	1975	1976	1977	Gesamt	1975	1976	1977	Gesamt	1975	1976	1977
zu Fuß	32,8	32,7	33,5	32,2	33,3	32,1	34,7	33,0	32,9	32,7	33,7	32,2
Fahrrad/Mofa	10,9	10,4	10,6	11,6	6,4	6,0	6,9	6,1	9,9	9,3	9,8	10,6
Moped/Motorrad	0,9	0,9	0,8	1,0	0,7	0,6	0,7	0,8	0,9	0,8	0,8	0,9
Pkw als Fahrer	38,3	38,0	38,3	38,8	34,7	35,3	33,3	35,5	37,5	37,3	37,1	38,2
Pkw als Mitfahrer	8,1	8,1	8,0	8,3	20,1	20,7	20,3	19,2	10,8	11,1	10,8	10,5
ÖPVN	12,7	13,3	12,9	12,0	6,5	6,7	6,4	6,3	11,3	11,6	11,4	10,8

(Werte für 1975 u. 1977 auf volles Jahr umgerechnet)

(*Quelle: Brög et.al.* 1978, Tabelle XVIII)

Tabelle 2

Verkehrsmittelanteile in der BRD nach Gemeindegrößenklassen (KONTIV)

	Gesamt	bis unter 2 Tausend	2 bis unter 5 Tausend	5 bis unter 20 Tausend	20 bis unter 100 Tausend	100 bis unter 300 Tausend	300 bis unter 500 Tausend	500 Tausend u. mehr
Zu Fuß	100	78	97	95	101	99	113	114
Fahrrad/Mofa	100	115	97	122	119	91	31	47
Pkw als Fahrer	100	114	107	104	98	98	93	88
Pkw als Mitfahrer	100	102	100	102	104	100	109	86
ÖPVN	100	80	75	63	69	115	137	205

(*Quelle: Brög et.al.* 1978, Tabelle XXXV)

und den genutzten Verkehrsmitteln finden. Viele davon sind in starkem Maße überlappend (Geschlecht/PKW-Verfügbarkeit, Einkommen/PKW-Verfügbarkeit etc.). Es muß jeweils erst geklärt werden, welche Wirkungsketten tatsächlich bestehen (s. die beiden Beispiele in 2.4.1.).

– von zentraler Bedeutung ist die gleichzeitige Erfassung von objektiven Gegebenheiten der Verkehrsmittelerschließung, Nutzungsanteilen und anderen Merkmalen wie Berufe, Alter etc. Vereinfacht: wenn in einer Region nur ein minimales ÖPNV-Angebot besteht, kann dessen Anteil nicht hoch sein. Alle obigen Angaben sind also auf die tatsächliche Angebotssituation (Verkehrswege PKW, Fahrrad etc. und ÖPNV-Netz) zu beziehen. Hinter den Durchschnittswerten verbergen sich viele, nur schwer vergleichbare Gegebenheiten.

– bei den objektiven Gegebenheiten sind im interregionalen und internationalen Vergleich eine Vielzahl klimatischer und topographischer Gesichtspunkte von Bedeutung. Hinzu kommen unterschiedliche Anpassungen an diese Gegebenheiten im Lebensstil und in den gesellschaftlichen Regionen. Beispielsweise herrscht in den Niederlanden nicht beständig günstiges „Fahrrad-Wetter" und dennoch ist das Rad dort von großer Bedeutung. In einer holländischen Studie (*Richards & Ben-Akiva* 1975, S. 73) ergab sich bei schlechtem Wetter keine Zunahme des PKW- oder ÖPNV-Anteils, sondern nur eine Umschichtung vom Zufußgehen auf das Fahrrad (Ergebnis nur beispielhaft).

2.3. Historischer Abriß über die Entwicklungslinien der Ansätze zur Verkehrsmittelwahl

Ein kurzer historischer Abriß soll Aufschluß darüber geben, wie es zu der Fragestellung kam, mit welchen Ansätzen diese zunächst angegangen wurde und welche Entwicklung die Untersuchungsansätze nahmen. Dabei wird der Grundgedanke der wissenschaftstheoretischen Arbeiten *Kuhn's* (1.5.) herangezogen und die *Paradigmen,* die den Verkehrsmittelwahlansätzen zugrundeliegen, herausgearbeitet. Bei der notwendigerweise vereinfachten Darstellung halte ich mich sowohl in der Terminologie wie in der Einteilung weitgehend an die Übersichten von *Stopher & Meyburg* (1975, 1976a; deutsch *Meyburg* 1976) sowie die Ergänzung bei *Hensher & Stopher* (1979).

Bereits in den früheren verkehrswissenschaftlichen Arbeiten, beispielsweise der Verkehrsökonomie, war die Analyse der Verkehrsmittel, ihrer Besonderheiten und ihrer Bedeutung etc. sehr wichtig (*Sax* 1918, 1920). Diese waren jedoch zumeist eindeutig unterteilt in die einzelnen Verkehrsmittelarten und deren Träger. Die spezifische Fragestellung nach den Anteilen alternativer Verkehrsmittel am gesamten Verkehrsaufkommen und die Verkehrsmittelwahl war noch nicht als eigenständiger Untersuchungsgegenstand herausgebildet. Dies geschah vielmehr im Zuge der in den USA in den 50er Jahren durchgeführten, großangelegten Stadtverkehrsstudien und in dem dabei entwickelten Planungsprozeß. Dieser besteht aus „vier Hauptelementen: Bestandsaufnahme, Flächennutzungsvorhersage, Verkehrsnachfragemodelle und Verkehrsplanbewertung" (*Meyburg* 1976, S. 8). Die Verkehrsnachfragemodelle unterteilen sich dabei ihrerseits in vier Teilmodelle:

1. Verkehrserzeugung: Abschätzung der Höhe des Verkehrsaufkommens, das die Verkehrszelle verläßt oder anzieht (in *Stopher & Meyburg* 1975, S. 109 ff.);
2. Verkehrsverteilung: Verteilung der produzierten Gesamtfahrtenzahl auf die möglichen Zielzonen (a. a. O., S. 125 ff.);
3. Modal Split: Abschätzung der Anteile der verfügbaren Verkehrsmittel am Gesamtverkehr bzw. dem Ziel-Quell-Verkehr (a. a. O., S. 175 ff.); nahezu ausschließlich bezogen auf den öffentlichen Personenverkehr und den motorisierten Individual- bzw. PKW-Verkehr;
4. Verkehrsumlegung: Umlegung der nach Verkehrsmitteln verteilten Verkehrsströme auf die Verkehrswege (a. a. O., S. 199 ff.).

Durch die Aufteilung des Verkehrs und der Verkehrsströme in diese vier Teilmodelle bildete sich die Frage der Verkehrsmittelanteile als eigenständige Fragestellung heraus. Das Interesse war und ist dabei nicht auf das eigentliche Verkehrsverhalten und dessen Ursachen abgestellt, sondern es bezieht sich auf die aggregierten Auswirkungen der Verkehrsmittelentscheidungen. Wie bei allen Teilmodellen ist die Untersuchungseinheit nicht der individuelle Verkehrsteilnehmer, sondern es sind die nach räumlichen Gesichtspunkten eingeteilten Verkehrszellen. Deshalb werden diese traditionellen Verkehrsnachfragemodelle auch als aggregierte Modelle bezeichnet.

Im Gegensatz zur Verkehrserzeugung oder -umlegung, die einen einheitlichen Platz in dem Gesamtplanungsprozeß einnehmen und für die ein weitgehend anerkanntes Verfahren besteht, bereitet die Phase des Modal-Split die größten Probleme. Historisch gesehen wurden zunächst „Trip-End Models" entwickelt, die auf der zweiten Stufe direkt nach der Verkehrserzeugung ansetzen. Deshalb werden dabei vorrangig allgemeine Parameter wie etwa das durchschnittliche Einkommen, die Beschäftigtenzahl, die Bevölkerungsdichte, der PKW-Bestand etc. jeweils bezogen auf die Verkehrszelle verwendet. Bei diesem Modelltyp, bei dem das Gesamtverkehrsaufkommen noch nicht auf die Ziel-Quell-Beziehungen verteilt ist, können die Eigenschaften des Verkehrssystems nicht präzise einbezogen werden. Bei den später entwickelten „Trip-Interchange Models" wird die Bestimmung der Verkehrsmittelanteile dagegen erst im Anschluß an die Phase der Verkehrsverteilung vorgenommen. Deshalb können hier System- und Fahrteigenschaften wie Fahrtzeiten, -kosten etc. als Durchschnittswerte der Verkehrszellen aufgenommen werden. Eine graphische Übersicht der beiden Modellvarianten findet sich bei *Infas* (1970, S. 27).

Die kurze Beschreibung deutet an, daß in diesen Modellen bereits einige wichtige Faktoren der Verkehrsmittelwahl enthalten sind. Insbesondere der PKW-Besitz und die Fahrtzeiten sind auch in allen späteren Modellentwicklungen von großer Bedeutung.

Dennoch werfen diese Modelle viele *offene Fragen* auf. Das zentrale Problem der „Trip-End Models" besteht darin, daß sie Verkehrssystemeigenschaften bestenfalls in sehr allgemeiner Form aufnehmen können. Das impliziert die nicht akzeptable Annahme, daß die Anteile des ÖPNV's unabhängig sind von der Erschließungsqualität der öffentlichen Verkehrsmittel verglichen mit dem PKW-Verkehr. Bei diesen Modellen muß unterstellt werden, daß die wichtigen verkehrsrelevanten Beziehungen in etwa gleich bleiben. Sie sind demnach für Prognosen bezüglich der Wirkungen von Verkehrsinfrastrukturmaßnahmen (policy sensitivity) nicht geeignet.

Bei allen aggregierten Ansätzen besteht die Gefahr, daß die Variation innerhalb der Verkehrszellen größer ist als zwischen diesen (Beispiel bei *de Donnea* 1971, S. 33 ff.). Allen aggregierten Modellen liegt die mechanistische Annahme zugrunde, daß das Verhalten der Verkehrsteilnehmer vollkommen durch äußere, objektive Merkmale bestimmt wird und diese damit keinerlei Verhaltensspielraum besitzen. Alternativ könnte die Annahme verwendet werden, daß zwar Verhaltensspielräume bestehen, sich aber die Abweichungen der Verkehrsteilnehmer im Durchschnitt aufheben.

Aufgrund der dargelegten Schwächen und Probleme entwickelten sich *neue Forschungsrichtungen (Meyburg* 1976, S. 22 ff.), wobei die *disaggregierten verhaltensorientierten Verkehrsnachfragemodelle* von besonderer Bedeutung sind. Ein bedeutsamer auslösender Faktor waren dabei die praktischen Erfordernisse, die eine Abkehr von der ausschließlich PKW- und Straßen-orientierten Verkehrsplanung zur Folge haben und die Einführung von maßnahmenempfindlichen (policy sensitive) Modellen notwendig machten.

Im Gegensatz zu den konventionellen Verkehrsnachfragemodellen ist die Untersuchungseinheit jetzt der individuelle Verkehrsteilnehmer und sein Verhalten. Es wird also von der bisherigen aggregierten Betrachtungsweise der Verkehrsmittelanteile (Modal Split) auf die disaggregierte Ebene der Verkehrsmittelwahl übergegangen. Damit ist dieser Ansatz auf den Gegenstand meiner Arbeit ausgerichtet, wobei die Analysen ebenfalls vorrangig auf den Personenverkehr in Städten bzw. im Nahbereich eingegrenzt wurden. Daneben werden diese Modelle als verhaltensorientiert (*Schaechterle* 1978 und *Hautzinger* 1978) bzw. verhaltensgemäß (*Meyburg* 1976) bezeichnet, da sie am individuellen Verhalten ansetzen.

Die verwendeten Variablen weichen nicht grundsätzlich von denen des „Trip-Interchange Models" ab, sondern der zentrale Unterschied liegt vorrangig in der Untersuchungseinheit und damit dem unterschiedlichen Zeitpunkt der

Aggregierung. Es werden ebenfalls ausschließlich objektive Maße verwendet. Obwohl also zunächst keine wesentlichen anderen Erklärungsgrößen herangezogen wurden, wurde doch durch den Wechsel der Untersuchungseinheit die Anregung für die weitere Entwicklung gegeben. Frühzeitig wurde beispielsweise erkannt, daß andere nicht direkt quantitativ erfaßbare Variablen wie insbesondere der Komfort häufig ebenfalls von großer Bedeutung sein können. Dies stimulierte unterschiedliche Verfahren, um derartige Faktoren einzubeziehen (Beispiel: *Nicolaidis* 1975). Ebenso ergaben sich bei der Erfassung der objektiven PKW-Fahrtkosten Schwierigkeiten. Aufgrund dieser Probleme und aufbauend auf einigen früheren Arbeiten der 60er Jahre (Übersicht: *Hartgen* 1970) wurden sogenannte *einstellungsorientierte Modelle* entwikkelt, die nicht die objektiven Fahrtmerkmale, sondern die subjektiven Wahrnehmungen und Bewertungen der verschiedenen Verkehrsmittelalternativen als erklärende Variable heranziehen. Damit findet ein Übergang vom vereinfachten „Reiz-Reaktion-Paradigma" der frühen disaggregierten Modelle auf ein „Reiz-Organismus-Reaktion-Paradigma" statt. Gleichzeitig wurde die besondere Bedeutung der limitierenden Faktoren – insbesondere PKW-Besitz und Zugänglichkeit von öffentlichen Verkehrsmitteln – erkannt und darauf aufbauend Ansätze erarbeitet, die verschiedene *Abstufungen der Wahlmöglichkeiten* enthalten. Nahezu alle diese Ansätze wurden ganz überwiegend im Hinblick auf den Aspekt der Verkehrsmittelwahl erarbeitet und angewandt.

Die internationalen, seit 1973 im zweijährigen Turnus abgehaltenen „Behavioral Travel Demand Modeling Conferences" (*Hensher & Stopher* 1977), tragen zu einem relativ schnellen Informationsfluß zwischen den verschiedenen Forschungsrichtungen bei. Im Gegensaz zu dem Übergang von den aggregierten zu den disaggregierten Modellen ist derzeit eine exakte Trennung der in der Entwicklung befindlichen Ansätze nur schwer zu treffen. Dennoch lassen sich, wie in den nächsten Abschnitten gezeigt wird, Richtungen mit unterschiedlichen Schwerpunkten unterscheiden.

Diese stark vereinfachte Ablaufdarstellung bedeutet nicht, daß die zunächst vorhandenen Modelle mit dem Auftreten der neuen Richtung(en) verschwunden sind. Beispielsweise werden die aggregierten Verkehrsnachfragemodelle derzeit noch im breiten Umfang praktisch angewendet, ja sie sind noch immer vorherrschend, und es werden weitere Verfeinerungen vorgenommen (iterative Verfahren etc.). Dies läßt sich mit der Analogie der „Generationen-Abfolge" verdeutlichen (*Manheim* 1976).

2.4. Überblick über die Untersuchungsansätze

2.4.1. Disaggregierte, verhaltensorientierte Verkehrsmittelwahlmodelle

Zum Verständnis der Entwicklung und der Probleme der disaggregierten, verhaltensorientierten Verkehrsmittelwahlmodelle ist ihre bereits angesprochene *doppelte Zielsetzung* von großer Bedeutung:

1. Inhaltliche Zielsetzung: das Verhalten der Verkehrsteilnehmer ist zu erklären und zu prognostizieren.
2. Anwendbarkeit: alle Anstrengungen bei der Erstellung von Ansätzen und der Einbeziehung von Erklärungsdeterminanten sind auf die direkte Anwendbarkeit auszurichten.

   Damit gewinnen die Kriterien Quantifizierbarkeit, direkte Objektivierbarkeit und Kontrollierbarkeit sowie unmittelbare Maßnahmenempfindlichkeit überragende Bedeutung.

Die verschiedenen Modelle, die dieser Richtung zuzuordnen sind, verwenden nicht einheitlich die gleichen Hypothesen, Funktionstypen und Erklärungsfaktoren. Dennoch sind wesentliche gemeinsame Grundlagen vorhanden (zum folgenden insbesondere die Übersichten bei *Stopher & Meyburg* 1976a und *Meyburg* 1976; s. auch *Hautzinger* 1978). Zwei Postulate bilden den Ausgangspunkt:

Postulat 1: Die Individuen treffen Verkehrsentscheidungen auf der Grundlage eines Vergleiches des alternativen Servicequalitätsniveaus des Transport- und Aktivitätssystems; diese Entscheidung wird durch Charakteristika des Individuums modifiziert.

Postulat 2: Der Entscheidungsprozeß der Individuen muß nach der Wahrscheinlichkeit von Wahlen modelliert werden, wobei diese Wahrscheinlichkeiten den Grundregeln der Wahrscheinlichkeitstheorie entsprechen müssen (*Stopher & Meyburg* 1976a, S. 4).

Damit wird unterstellt, daß der Teilnahme am Verkehr Entscheidungen bezüglich der Zielorte, Verkehrsmittel etc. zugrundeliegen. Je nach theoretischer Ausrichtung und den damit verbundenen wissenschaftstheoretischen Standards wird dies nur als abstraktes Konstrukt und Analyseinstrumentarium (*Watson* 1974, S. 20) oder aber als adäquate, genügend genaue Annäherung an den realen Entscheidungsvorgang angesehen. Die *theoretische Ausgestaltung und Fundierung* der Ansätze wurde erst im nachhinein vorgenommen, wobei ausschließlich hochformalisierte Theorien in die Überlegungen einbezogen wurden. Zwei Hauptrichtungen sind dabei von Bedeutung:

Eine Richtung der mathematischen Psychologie erwies sich als geeignet, da sie die menschlichen Entscheidungen als probabilistisch ansieht und eine Evaluation des Nutzens der Alternativen unterstellt. Von besonderer Bedeutung für die Übertragung auf das Verkehrsverhalten ist die Anwendung von *Luce's* Axiom der Unabhängigkeit der Nutzeneinschätzung von irrelevanten Alternativen (*Luce & Raiffa* 1957). Damit wird unterstellt, daß die Bewertung der Vor- und Nachteile einer Alternative unabhängig von der Hinzunahme irgendeiner weiteren Alternative vorgenommen wird.

Die zweite, in der Folgezeit bedeutsamere theoretische Fundierung wurde mit der Übernahme – und Anpassung – der ökonomischen, neoklassisch orientierten Theorie vorgenommen. Dabei wird das Individuum im Gegensatz zur vorangehend dargestellten Richtung als deterministischer Nutzensmaximierer angesehen. Der Nutzen setzt sich aus zwei Elementen zusammen: das erste Element nimmt für alle Mitglieder einer Subpopulation – beispielsweise mit gleichem Einkommen – einen gemeinsamen Wert an, während das zweite den individuellen Nutzen angibt (nach *Stopher & Meyburg* 1976a, S. 8 f. und *Ben-Akiva* 1977, S. 7 f.):

(1) $$U_{ai} = V(X_{ai}, S_i) + \epsilon_{ai}$$

U_{ai} = Nutzen der Alternative a für das Individuum i
X_{ai} = ein Vektor der Attribute von Alternative a bezogen auf das Individuum i
S_i = ein Vektor der sozioökonomischen Charakteristika des Individuums i
ϵ_{ai} = eine nicht beobachtbare Zufallskomponente des Nutzens der Alternative a für das Individuum i.

Die spezifische, individuelle Nutzenskomponente kann nicht beobachtet werden. Durch einige zusätzliche Annahmen bezüglich der Verteilung, Unabhängigkeit etc. dieser Komponente erhält man ein stochastisches Nutzungsmodell, das der am stärksten verbreiteten Logit-Funktion entspricht (zu den ökonomischen Grundlagen s. 3.2.).

Die Darstellung der verschiedenen mathematischen Ableitungen und Verteilungen (zur neueren Entwicklung *Daganzo* 1981), die spezifischen Modelle für die Wahl zwischen zwei (binary choice) und mehreren Verkehrsmitteln (multiple choice) etc. tragen für das Verständnis der inhaltlichen Aussagen wenig bei. Statt dessen sollen zunächst einige *positive Aspekte* dieser Richtung herausgearbeitet werden:

- Verfügbare Alternativen: Bei der theoretischen Fundierung wird exakterweise von den verfügbaren Alternativen bzw. dem Set der verfügbaren Alternativen gesprochen. Damit wird einer der zentralen Punkte der Verkehrsmittelwahl berührt, da die Möglichkeit der Verkehrsmittelnutzung von großer Bedeutung ist (bei der Anwendung nicht immer adäquat berücksichtigt).
- Eindeutig abgegrenzte Alternativen: Ebenso wird das Problem herausgearbeitet, daß das psychologische Entscheidungsmodell die Definition von eindeutig abgegrenzten Alternativen voraussetzt. Die Theorie selbst gibt

dafür keine Ansatzpunkte, welche Kriterien für die Bestimmung von Alternativen konstituierend sind.

- Abtrennbarkeit von Teilbereichen: Die bereits angesprochene Annahme der Unabhängigkeit von irrelevanten Alternativen und die daran anschließenden Überlegungen sind ebenfalls von großer Bedeutung, da damit die Frage der Trennbarkeit von Teilbereichen des Verkehrsverhaltens und des Verkehrsverhaltens gesamt gesehen von den primären Aktivitäten betroffen sind. Gemäß dieser Annahme ist eine Trennung ohne weiteres möglich, was insbesondere aufgrund der Komplexität der verkehrsrelevanten Entscheidungen nützlich ist und deshalb implizit auch den konventionellen Verkehrsnachfragemodellen zugrunde liegt. Dennoch ist dies nicht realistisch, da die verschiedenen Elemente wie Zielort-, Verkehrsmittel-, Wegewahl etc. zumindest teilweise verbunden sind (*Stopher & Meyburg* 1976a, S. 14 ff.).
- Fristigkeit der Entscheidungen: Durch die disaggregierten Modelle wurde eine Einbeziehung weiterer verkehrsrelevanter Entscheidungen wie Wohnortwahl, PKW-Besitz etc. neben den vier, in den disaggregierten, sequentiellen Modellen enthaltenen Elementen vorgenommen. Dabei werden Überlegungen über die wechselseitigen Abhängigkeiten gemacht. Beispielsweise entwerfen *Ben-Akiva & Lerman* (1979) ein Modell einer zweistufigen Wahlhierarchie: zunächst werden längerfristige Mobilitätsentscheidungen wie Ort der Berufsausübung, Wohnortwahl etc. einschließlich des Verkehrsmittels zum Arbeitsplatz simultan getroffen. Davon sind die kürzerfristigen Fahrtentscheidungen wie Tageszeit, Wegewahl etc. abhängig, die ihrerseits simultan festgelegt werden. Bei *Noortman & van Es* (1978) werden dagegen drei Fristigkeiten unterschieden. Diese Überlegungen sind für die Analyse der Nutzung alternativer Verkehrsmittel vorteilhaft, da sie die je nach der zeitlichen Perspektive unterschiedlichen Freiheitsgrade und Wahlmöglichkeiten deutlich machen und den Zusammenhang der Determinanten der Verkehrsmittelwahl mit einer Vielzahl anderer Handlungen und Entscheidungen aufzeigen:

Darstellung 5

Klassifizierung verkehrsrelevanter Entscheidungen nach Fristigkeiten

FRISTIGKEIT DER WAHL	ART DER Wahl
Langfristig	Wahl des Arbeitsplatzes Wahl der Wohnung
Mittelfristig	Pkw-Besitz Verkehrsmittelwahl für Arbeitsweg
Kurzfristig	Fahrtfrequenz Zielortwahl Verkehrsmittelwahl (sonst.) Wahl der Tageszeit Routenwahl

Im folgenden werden die bisher allgemein dargestellten *Hypothesen inhaltlich näher ausgeführt* und dabei die *immanenten Probleme aufgezeigt.* In der Formulierung der neoklassisch orientierten Ansätze werden die objektiven Ausprägungen von Attributen der Alternativen als die zentralen Determinanten angesehen, die in direkter Weise auf die Entscheidungen einwirken. Damit wird ein vereinfachtes Reiz-Reaktions-Paradigma analog den Behavioristen unterstellt (explizit bei *Domencich & McFadden* 1975, S. 10).

Welche spezifischen Einflußfaktoren werden verwendet? Wie kommt man dazu? Welche Kriterien werden bei der Auswahl verwendet? (Zum folgenden insbesondere *Meyburg* 1976, S. 56 ff.). Bei der Verkehrsmittelwahl spielen bei der *ersten Komponente,* den Attributen der Alternativen, ausschließlich die Service-Qualitätsvariablen (Qualität nicht im ökonomischen Sinne verstanden, sondern das Kosten- bzw. Preisniveau mit einschließend) des Verkehrssystems bzw. die Charakteristika der Ortsveränderung eine Rolle. Dabei werden durchgängig die Kosten und die Zeit verwendet (Übersicht bei *Watson* 1974, S. 55). Bei den Zeiten wird dabei teilweise unterschieden zwischen der Gesamtzeit und der „Excess-Time", die Elemente wie Warte-, Fußwegzeiten etc. enthält (inhaltlich richtiger wäre eine Unterteilung in Fahrtzeit und „Excess-Time").

Die Diskussion der Einbeziehung von unterschiedlichen Zeitelementen macht auf eine immanent nicht lösbare Schwierigkeit aufmerksam: viele Autoren erkennen, daß die höhere Gewichtung der Fußweg- und Wartezeiten etc. gegenüber der Fahrtzeit nicht den Faktor Zeit betrifft, sondern dies durch den unterschiedlichen Komfort und andere Einflüsse bedingt ist. Damit stellen derartige Variablen im Prinzip behelfsmäßige Indikatoren für Faktoren wie Komfort dar, die nicht direkt quantifizierbar erscheinen (insbesondere *Hensher & Mc Leod* 1977). Noch deutlicher stellt sich das Problem bei der objektiven Erfassung der Autofahrtkosten, da selbst viele PKW-Selbstfahrer darüber nur sehr unzureichende Kenntnisse haben. Wie können aber – immanent gesehen – Personen den Nutzen „rational" abwägen, wenn sie die zugrundeliegenden objektiven Bedingungen gar nicht bzw. nur stark verzerrt kennen?

Mit der ausschließlichen Verwendung der Faktoren Kosten und Zeit ist zugleich ein weiteres zentrales Problem dieser Ansätze verbunden, solange sie ausschließlich ein einfaches S-R-Paradigma verwenden. Obwohl viele Forscher dieser Richtung erkennen, daß andere Variablen wie insbesondere der Komfort, aber auch die Sicherheit etc. ebenfalls von Bedeutung sind, können sie diese nicht bzw. nur in Form von Hilfsindikatoren oder verkehrsmittelspezifischen Regressionskoeffizienten berücksichtigen. Prinzipiell besteht jedoch für den Verkehrsteilnehmer kaum ein Unterschied darin, ob Alternativenattribute, die bedeutsame Motivbereiche betreffen, in physischen Einheiten meßbar sind oder nicht. Dies ist nur vom Forscher aus gesehen bedeutsam.

Diese Überlegungen sollten deutlich machen, daß auch immanent gesehen ein einfaches S-R-Paradigma schnell an seine Grenzen stößt und daß die Unterteilung in objektive, rationale und nicht quantifizierbare subjektive Faktoren sehr problematisch ist. Damit wird nicht behauptet, daß die Verwendung von objektiven Variablen der Umwelt als erklärende Faktoren nicht möglich ist. In vielen Fällen können sie für die praktische Planung bei entsprechenden Gegebenheiten sehr wohl als genügend genaue Annäherung dienen. Wie *Höttler* (1978) zutreffend schreibt, ist in diesen bisherigen Ansätzen ein breiter Grundstock an relevantem Wissen enthalten. Es ist aber notwendig, das Verhältnis der verschiedenen subjektiven und objektiven Variablen zu analysieren, genau anzugeben, ob objektive Messungen als Indikatoren für die subjektiven Variablen aufzufassen sind etc. (*Stopher & Meyburg* 1976b und *Manheim* 1976).

Das *zweite Variablenset* der disaggregierten Verkehrsmittelwahlmodelle sind die sozioökonomischen Charakteristika des Individuums. Dabei ist wiederum festzustellen, daß die Erkenntnis über deren Einflußart bei einigen Autoren dem sozialwissenschaftlichen Forschungsstand entspricht. So schreiben beispielsweise *Stopher & Meyburg* (1974a, S. 686), daß die Wahrnehmungen der Alternativenausprägungen und der subjektiven Bewertung der einzelnen Komponenten durch soziale und ökonomische Charakteristika beeinflußt sind. In der praktischen Anwendung der Modelle dagegen werden diese Variablen eher zufällig, teilweise nach der vorliegenden Datenbasis, teilweise nach dem statistischen „Fit" verwendet (exemplarisch in der Argumentation: *Watson* 1974, S. 61), ohne Analyse der zugrundeliegenden Wirkungsweise (Kritik bei *Heggie* 1978, S. 106). Im folgenden werden die wesentlichsten Problempunkte und die daraus erwachsenden Folgen für die Prognosen beispielhaft dargestellt:

- ein zentrales Problem besteht darin, daß Haushalts- bzw. Personenmerkmale wie der PKW-Besitz unterschiedslos neben anderen Merkmalen wie Alter, Geschlecht, Einkommen etc. verwendet werden. Damit wird eine der zentralen Bestandteile jeder Entscheidungstheorie verletzt, die sich entweder ausdrücklich auf die „verfügbaren Alternativen" bezieht (s. oben) oder die limitierenden Faktoren explizit als solche einführen muß (*Heggie* 1976b, S. 7).

- die Verwendungsweise nach der statistischen Signifikanz ohne Analyse der Wirkungsmechanismen kann Zufallskorrelationen ergeben. Dies ist insbesondere deshalb von Bedeutung, weil viele dieser Charakteristika in hohem Maße interkorreliert sind.

  Beispiel 1: das *Geschlecht* hat in vielen Studien einen besonders bedeutsamen Effekt (*Stopher & Meyburg* 1974a). Für Prognosen ist nun der Anteil der Geschlechter für den vorgesehenen Prognosezeitraum modellextern abzuschätzen. Dieser dürfte i. d. R. keine großen Veränderungen erfahren und deswegen der Einfluß in etwa gleich bleiben. Aber: möglicherweise wird gerade der Anteil der Frauen mit Führerschein und PKW-Verfügbarkeit überproportional zunehmen und damit der bisherige „Einfluß" (Korrelation), der durch den Zusammenhang mit direkt verkehrsrelevanten Faktoren bedingt ist, abnehmen.

Beispiel 2: das *Alter* wird ebenfalls in einer Vielzahl von Untersuchungen als Merkmal herangezogen, wobei sich je nach Altersgruppen der Untersuchungspopulation unterschiedliche Effekte ergeben. Das Verhalten der über 60- bzw. über 65jährigen weicht sicherlich deutlich von anderen Altersgruppen ab. Folgende Primärursachen können vermutet werden:

- die Art, Zusammensetzung, Häufigkeit der primären Aktivitäten weichen von anderen Bevölkerungsgruppen ab (*Heggie* 1978);
- geringere zeitliche Gebundenheiten, d. h. weniger fixe Termine etc.;
- im Durchschnitt mehr frei verfügbare Zeit vorhanden;
- die Verfügbarkeit von Verkehrsmitteln (PKW-Besitz etc.) und die physische Möglichkeit, Verkehrsmittel zu nutzen (Gehfähigkeit, Fähigkeit im Stadtverkehr radzufahren etc.) kann geringer sein;
- die Wahrnehmung und Bewertung von relevanten Motivdimensionen ist verändert (beispielsweise könnte ein ausgeprägteres Sicherheitsbewußtsein als bei Jüngeren vermutet werden etc.).

Ähnlich wie bei dem Merkmal Geschlecht aufgezeigt, ist dies für Prognosen bedeutsam: es erscheint nicht sinnvoll zu sein, für die heute 50jährigen ein gleichartiges Verkehrsverhalten und eine entsprechende Verkehrsmittelwahl in 20 Jahren zu prognostizieren wie für die jetzt 70jährigen.

– es werden sowohl Merkmale der Personen wie des Haushalts verwendet, ohne daß der grundsätzliche Charakter des sozialen Zusammenhangs und dessen Auswirkungen auf die zentrale Annahme der individuell unabhängigen Entscheidung berücksichtigt werden (*Heggie & Jones* 1978).

Im Abschnitt 3.2. werden die Ausführungen zu den disaggregierten, verhaltensorientierten Modellen im Hinblick auf die ökonomischen Aspekte und Grundlagen vertieft und ergänzt. Dabei wird deutlich, daß ihre Funktion vorrangig im Übergang in der Untersuchungseinheit und einer theoretischen Systematisierung besteht. Inhaltlich gesehen erbrachten sie keine Anregungen zur Aufnahme von Determinanten. Alle verwendeten Variablen sind bereits in den „Trip-Interchange Modellen" enthalten. I. d. R. ist das Attribut Zeit bzw. die in Fahrt-, Fußweg-/Wartezeit unterteilte Zeit bedeutsamer als die Kosten. Das Einkommen wirkt vorrangig indirekt über seinen Einfluß auf den PKW-Besitz (näher 3.2.3.).

2.4.2. Einstellungsorientierte Modelle

Die bisherigen Ausführungen machten bereits deutlich, daß ein wesentlicher Antrieb für die Entwicklung einstellungsorientierter Modelle vorrangig aus den immanenten Problemen der soeben dargestellten Modellgeneration erwuchs (*Hauser & Koppelman* 1976). Dabei wurde nicht, wie bei dem Übergang von den aggregierten zu den disaggregierten Ansätzen, ein Wechsel in der Untersuchungseinheit vorgenommen. Weiterhin steht die kurzfristige Entscheidung unabhängiger Individuen bezüglich der Nutzung alternativer Verkehrsmittel im Mittelpunkt der Untersuchung. Der *Hauptunterschied* besteht vielmehr darin, daß nicht mehr eine direkte Reiz-Reaktions-Beziehung unterstellt wird. Statt dessen wird angenommen, daß die Reize durch den Menschen, den Organismus vermittelt auf das Verhalten wirken.

Mit diesem Wechsel geht zugleich eine Veränderung der verwendeten Erklärungsvariablen einher. Statt den direkt, in physischen Einheiten quantifizierbaren Charakteristika der Alternativen Kosten und Zeit wird jetzt eine Vielzahl von Faktoren herangezogen. Dies kennzeichnet den Hauptvorteil dieser Ansätze: wesentliche Einflußgrößen, wie beispielsweise der Komfort, können einbezogen werden. Dies wird auch von Vertretern verhaltensorientierter Modelle anerkannt.

Unter den einstellungsorientierten Modellen wird nicht immer etwas Einheitliches verstanden:

- einstellungsorientierte Modelle im eigentlichen Sinne, bei denen die Wahl alternativer Verkehrsmittel durch subjektive Variablen wie wahrgenommene Befriedigungsqualitäten, Bedeutsamkeiten etc. erklärt wird (Beispiel: *Recker & Golob* 1976).
- Untersuchungen, die demoskopische Erhebungen einbeziehen, bei denen verkehrsrelevante Einstellungen und insbesondere Einstellungen zur Nutzung von Verkehrsmitteln erfragt werden (Übersicht über frühere amerikanische Studien bei *Hartgen* 1970; deutsches Beispiel: *Infratest* 1974, 1977). Derartige Studien enthalten häufig reichlich deskriptives Material, beispielsweise zu Vor- und Nachteilen der PKW-Nutzung. Sie zielen i. d. R. nicht auf die Erklärung der Verkehrsmittelwahl ab und bleiben deshalb unsystematisch in der Art der erhobenen Variablen.
- teilweise werden darunter umfassend alle Studien verstanden, in denen neben anderen Faktoren auch subjektive Variablen wie die Wahrnehmung von Fahrtmerkmalen, „nicht direkt (= objektiv) quantifizierbare" Faktoren durch psychometrische Verfahren erhoben werden. Diese unscharfe Verwendungsweise hängt mit den disaggregierten Ansätzen zusammen, bei denen zunächst der Begriff „Einstellung" als Synonym für alle subjektiven Variablen herhalten mußte (noch bei *Stopher* 1978 in dieser ungenauen Art verwendet).

Aus den verhaltensorientierten Verkehrsmittelwahlmodellen wurden *zwei negative „Erbschaften"* übernommen, die erst spät überwunden wurden:

1. Vorstellung unterschiedlicher Wirkungsweisen von objektiven „konventionellen" Attributen (Zeit und Kosten) und dem „subjektiven Rest";
2. inadäquate Behandlung der limitierenden Faktoren.

Zunächst werden diese Einflüsse beispielhaft dargestellt.

An den Einstellungs-Studien von *Johnson* (1975, 1977) werden die negativen Auswirkungen der Addition eines *„subjektiven Rests"* besonders deutlich. Er vermischt die Wirkungsweise der Variablen, da er für die konventionellen Variablen Kosten und Zeit das S-R-Paradigma als gültig anerkannt und nur für die sogenannten „weichen", psychologischen Variablen das S-O-R-Paradigma dazu addiert. Als Beispiel führt er die Sicherheit an, die angeblich nicht objektiv erfaßbar ist (*Johnson* 1975, S. 3). In einer weiteren Arbeit (1977) versucht er den „subjektiven Rest" in Form von „Basic Preference Attitudes", die sich auf die Evaluation von fundamentalen, stabilen Charakteristika des PKW bzw. des ÖPNV beziehen, zu den objektiven, variablen Fahrtmerkmalen Kosten und Zeit zu addieren. Diese allgemeinen Einstellungen weisen aber kaum einen Zusammenhang mit der Verkehrsmittelwahl auf und erbringen keinerlei Verbesserung der Erklärung gegenüber den nur mit den konventionellen Variablen durchgeführten Berechnungen.

Die Arbeiten von *Hartgen & Tanner* (1970, 1971) und *Hartgen* (1974) waren für die Entwicklung der einstellungsorientierten Verkehrsmittelwahlmodelle von großer Bedeutung. An ihnen läßt sich beispielhaft die negative Auswirkung der *ungenauen Verwendung der verhaltenslimitierenden Faktoren* aufzeigen (zum folgenden a. a. O.). Im Gegensatz zu *Johnson* werden die Einstellungen auf eine Vielzahl relevanter Transportcharakteristika bezogen und keine Unterscheidung zwischen den Dimensionen Sicherheit, Kosten, Komfort etc. gemacht. Er setzt jedoch die Situation bei seinen Festlegungen mit den Verhaltensbegrenzungen gleich, innerhalb der die Person auf ein Objekt reagiert. In der Operationalisierung ist er dabei höchst ungenau, indem er sowohl limitierende Faktoren wie den PKW-Besitz und gleichzeitig sozioökonomische Charakteristika einbezieht. In der Literatur wird seine Arbeit angeführt, ohne daß diese Vermengung von „Situation" und „Limitierung" bemerkt und kritisiert wird. Er testet die Hypothese, daß die – objektiven – situativen Variablen einen viel größeren Einfluß auf die Verkehrsmittelwahl als die – subjektiven – Einstellungen ausüben. Die mit einer Sekundärauswertung der Daten der berühmten „Marylandstudie" (*Paine* et. al. 1967, 1969) vorgenommene Überprüfung ergibt eine Bestätigung: die situativen Variablen PKW-Verfügbarkeit, Fahrtzweck und Familieneinkommen erbrachten einen deutlich höheren Erklärungsanteil als die Einstellungen, die selten mehr als 10% der Gesamtvarianz erklärten.

Obwohl *Hartgen* selbst in der Diskussion der Ergebnisse auf die Bedeutsamkeit der Gegebenheiten hinweist, hatte das Ergebnis auf die verkehrswissenschaftliche Diskussion negative Auswirkungen. Wiederum schien der vorrangige Einfluß objektiver Bedingungen gegenüber dem subjektiven Rest eindeutig erwiesen zu sein. Wenn man sich dagegen die zugrundeliegenden Daten genauer ansieht, kommt man zu einem anderen Schluß. Die Bedingungen sind vermutlich für den ganz überwiegenden Teil der Befragten bezüglich des ÖPNV's höchst ungünstig: bei den Zufriedenheits-Ratings der 33 Items ergeben sich sowohl für die Fahrt zur Arbeit als auch für die sonstigen Fahrten (also 66!) bei jedem einzelnen Item eine größere durchschnittliche Zufriedenheit in bezug auf den PKW als gegenüber dem ÖPNV (*Paine* et. al. 1969, S. 474 f.). Obwohl objektive Angaben fehlen und dies nur Gesamtdurchschnittswerte sind, ist die Dominanz des PKW eindeutig.

In Beiträgen von *Golob* (1973) und *Golob & Dobson* (1974) wurden erstmalig *allgemeine Übersichten* über verschiedene *Einstellungs*theorien wie *Rosenberg, Fishbein* etc. vorgenommen und im Hinblick auf ihre Eignung für die Verkehrsnachfrage und Verkehrsmittelwahl diskutiert. Diese Arbeiten waren noch recht allgemein und bleiben in wichtigen Aspekten ungenau. Der eigentliche Gegenstandsbereich, die Reichweite der zitierten Theorien, wurde nicht deutlich gemacht. Insbesondere deren ausdrückliche Eingrenzung auf die verfügbaren Alternativen wurde nicht expliziert. Von den Autoren wurde noch nicht erkannt, daß *Fishbein* (1967b, c) sowohl ein Einstellungsmodell wie ein davon eindeutig abgehobenes Verhaltensmodell entwickelt hat (4.4.2. und *Held* 1981b).

Erst in einigen neueren Arbeiten stehen *Ansätze* zur Verfügung, die die Nutzung alternativer Verkehrsmittel *systematisch innerhalb des S-O-R-Paradigmas* analysieren und empirische Prüfungen bezüglich der Anwendbarkeit vornehmen. Neben dem auf Marketinginstrumenten und verschiedenen psychologischen Richtungen aufbauenden Ansatz einer Forschungsgruppe an der Northwestern University in Evanston/Ill. (*Hauser & Koppelman* 1976 und *Koppelman & Pas* 1980) sind vorrangig neuere Studien der General Motors Research Laboratories in Warren/Mich. zu nennen (*Golob* et al. 1979 und *Recker & Golob* 1976). Im folgenden werden die *übereinstimmenden Grundzüge* dieser – in vielen einzelnen Aspekten voneinander abweichenden – Modelle dargelegt:

– es wird keine Addition eines „subjektiven Rests" zu den „erfolgreich verwendeten konventionellen Einflußgrößen" vorgenommen. Statt dessen wird die Gleichartigkeit der Wirkungsweise objektiver Gegebenheiten (Merkmale der Transportalternativen etc.) in ihrer Vermittlung über die Wahrnehmungs- und Bewertungsprozesse des Individuums herausgestellt (insbesondere *Tybout* et. al. 1977a).
– die Attribute werden nicht in physikalischen Einheiten (Zeit in Minuten etc.), sondern in psychologischen Einheiten (schnell-langsam etc.) erfaßt. Zusätzlich werden jedoch teilweise die Kenntnisse über Alternativencharakteristika in physikalischen Einheiten erhoben.
– die Einstellungsvariablen sind die im Vordergrund stehenden Erklärungsvariablen dieser Richtung. Sie werden theoretisch in Kognition und Evaluation/Bewertung unterteilt.

- allen Modellen liegt zunächst eine linear-additive Verknüpfungsregel zugrunde.
- es wird erkannt, daß Einstellungsvariablen für sich allein genommen für die Verhaltenserklärung nicht ausreichend sind, wenn nicht die Möglichkeit der Handlungsausführung gewährleistet ist. Deshalb sind Variablen bezüglich der Limitierungen bzw. Verfügbarkeit in das Erklärungsmodell aufzunehmen.
- die soziodemographischen Variablen werden nicht wie in einigen verhaltensorientierten Studien einfach addiert, sondern als objektive Stimulusbedingungen aufgefaßt, die sowohl auf die subjektive Verfügbarkeitswahrnehmung wie die Einstellungen wirken können (*Golob* et. al. 1979). Sie werden teilweise zur Segmentierung herangezogen (*Nicolaidis* et. al. 1976).

Mit einem vereinfachten Schaubild wird die *Grundstruktur* dieser Richtung wiedergegeben, bei dem das zugrundeliegende S-O-R-Paradigma gut verdeutlicht wird:

Darstellung 6

Grundstruktur der einstellungsorientierten Verkehrsmittelwahlmodelle

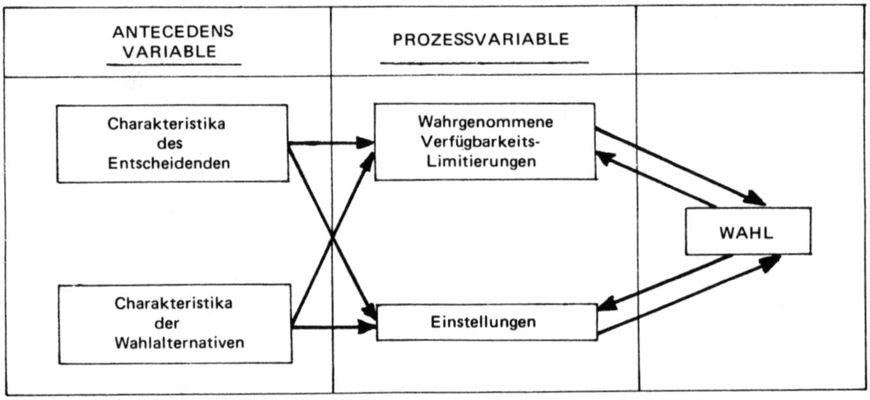

(Quelle: Golob et. al. 1979, S. 741)

Bevor nun auf Einzelheiten der Ansätze, ihre Probleme etc. eingegangen wird, ist der *Geltungsbereich* zu skizzieren, da dies in der bisherigen Diskussion leider weitgehend vernachlässigt wurde (*Held* 1981b und *Michon & Benwell* 1981). Dieser ist durch folgende *drei Elemente* gekennzeichnet:

- die Untersuchungseinheit ist das *Individuum.* Die Frage der Gültigkeit der individuellen Unabhängigkeit, der sozialen Verknüpfungen im und zwischen Haushalten werden kaum erörtert (*Heggie & Jones* 1978).
- es wird eine *Entscheidung unterstellt* bzw. als abhängige Variable wird die Verkehrsmittel*wahl* und nicht die Nutzung des Verkehrsmittels, das

Verhalten herangezogen (s. Darstellung 6). Dies wird nicht näher geprüft. Die empirische Behandlung ist ungenau, da „choice" und Verhalten vermischt werden (*Heggie* 1978).

– es wird eine kurzfristige Entscheidung untersucht. Auch – die wenigen – Arbeiten, die Feedback-Prozesse untersuchen, werden bisher ausschließlich auf eine kurze Sequenz eingegrenzt. Es werden sowohl einmaliges Verhalten („most recent trip") wie auch das „übliche", in einem bestimmten Zeitraum vorherrschende Verkehrsmittel verwendet. I. d. R. wird ausschließlich eine ex-post „Erklärung" vorgenommen, bei der vergangenes Verhalten mit darauffolgenden Einstellungen „erklärt" wird (als Ausnahme beispielsweise *Thomas* 1976).

Neben diesen generellen Aspekten der Reichweite sind *weitere Gesichtspunkte* für die Beurteilung dieser Ansätze von Bedeutung:

– bei den zeitpunktbezogenen Untersuchungen werden die bestehenden objektiven Bedingungen einbezogen. Allein aus derartigen Studien lassen sich keine adäquaten Aussagen über die Veränderbarkeit, den Spielraum für die Gestaltung dieser Gegebenheiten ableiten.
– die motivationale Grundlage der subjektiven Bewertungen bleibt – ähnlich wie bei vielen Einstellungstheorien – zumeist unbestimmt. Im Vordergrund stehen häufig die an der Oberfläche sichtbaren „Objektattribute", aus deren Vielzahl einige wenige herausgegriffen werden. Es gibt nahezu keine Untersuchungen bezüglich der Motive der Verkehrsmittelwahl. Die seltenen Ausnahmen (beispielsweise *Tehan & Wachs* 1972) sind sehr allgemein gehalten und ohne Beziehung zu den einstellungsorientierten Modellen.
– der gesellschaftliche Zusammenhang der individuellen Bewertungen bleibt ebenfalls weitgehend unbeachtet. Es werden nur immanent im Bereich der Verkehrsnachfrage „Gewichte" der einzelnen Attribute bestimmt.
– i. d. R. werden die Objektattribute und damit die relevanten Dimensionen den Befragten vorgegeben, ohne vorher ihre Relevanz ermittelt zu haben. Erst seit kurzem gibt es einige Ausnahmen, bei denen in Explorationen bei den Betroffenen ermittelt wird, was für sie von Bedeutung ist (beispielsweise *Tybout* et. al. 1977b).

Auf einzelne Ansätze, wie beispielsweise die Anwendung des *Fishbein*'schen Verhaltensmodells bei *Thomas* (1976), und wichtige Diskussionspunkte und Probleme der einstellungsorientierten Ansätze, wie beispielsweise die Gewichtungskontroverse, wird bei *Held* (1980, S. 78 ff.) ausführlicher eingegangen.

Zusammenfassend läßt sich zu den einstellungsorientierten Verkehrsmittelwahlmodellen sagen: zwar wurden bereits in den 60er Jahren erste Arbeiten durchgeführt, doch wurde bis etwa Mitte der 70er Jahre kein systematischer, sozialwissenschaftlicher Ansatz entwickelt und empirisch geprüft. Die theoretischen Präzisierungen, empirischen Prüfungen und die Behandlung bedeutsamer Einzelaspekte befinden sich noch völlig am Anfang. Trotz der geringen Vergleichbarkeit und dem niedrigen Entwicklungsstand der einstellungsorientierten Modelle lassen sich – bezogen auf den eingegrenzten Geltungsbereich (kurzfristig, individuelle Unabhängigkeit, Entscheidungssituation) – tendenziell erste zusammenfassende Aussagen im Vergleich zu der verhaltensorientierten Richtung treffen:

- eindeutig und unbestritten sind sogenannte „weiche" Variablen, wie beispielsweise der Komfort, in vielen Fällen wichtige Einflußgrößen.
- eine ausschließliche Verwendung von subjektiven Attributwahrnehmungen und -bewertungen ist zur Verhaltenserklärung nicht ausreichend, solange nicht Variablen für die Verfügbarkeit der Alternativen einbezogen bzw. die Untersuchungen auf eindeutige Auswahlsituationen eingegrenzt werden. Analoges gilt für die Verwendung objektiv gemessener Fahrtmerkmale.
- Erklärungsmodelle mit rein subjektiven Variablen sind möglich. Für die praktische Verwendung ist jedoch die kombinierte Analyse der Beziehungen der objektiven Gegebenheiten zu den subjektiven Einflußgrößen bedeutsam.
- vergleichende Aussagen über Erklärungsanteile objektiver Fahrtmerkmale vs. subjektiver Attritbutwahrnehmung/-bewertung können keine „festen" Relationen erbringen, da die Anteile von den Bedingungen abhängig sind.

2.4.3. Ansätze abgestufter Wahlmöglichkeiten

Bei den soeben dargestellten einstellungsorientierten Modellen liegt das Schwergewicht eindeutig auf der Analyse der Wahrnehmungen und Bewertungen der Charakteristika der Verkehrsmittelalternativen, auch wenn der Faktor (subjektive) Verfügbarkeit der Alternativen ebenfalls enthalten ist. Daneben gibt es Ansätze, die ebenfalls von einem S-O-R-Paradigma ausgehen und das Individuum bzw. den Haushalt als Untersuchungseinheit verwenden, bei denen aber die Betonung auf der Analyse der limitierenden Variablen liegt. Damit ergibt sich zugleich ein *wesentlicher Unterschied:* es wird nicht von vornherein eine Wahlentscheidung als Grundlage des Verkehrsverhaltens und der Nutzung alternativer Verkehrsmittel unterstellt, sondern es werden die verschiedenen Arten von Limitierungen untersucht und daraus Verkehrsteilnehmersegmente mit unterschiedlichen Graden von Wahlmöglichkeiten gebildet. Ähnlich wie bei den einstellungsorientierten Modellen wird die Verkehrsmittelnutzung unter kurzfristigen Aspekten bezogen auf eine gegebene Situation analysiert. Dies ist hier in besonderem Maße von Bedeutung, da die Wahlmöglichkeiten je nach Fristigkeit variieren können.

Die in diese Richtung einzuordnenden Studien und Ansätze werden in der einschlägigen Literatur bisher nicht gesondert aufgeführt und auch von den betreffenden Autoren selbst nicht entsprechend bezeichnet. Da sie aber einen eindeutig anderen Untersuchungsschwerpunkt haben und in einem zentralen Punkt, der Annahme der Wahlentscheidung, abweichend und präziser sind, werden sie gesondert dargestellt.

Schon relativ frühzeitig wurde die Bedeutung des PKW-Besitzes und die – mit der Stadtgröße variierende – Erschließungsdichte der öffentlichen Verkehrsmittel erkannt. Daran schlossen sich erste genaue Untersuchungen an, von denen die Arbeiten von *Infas* (1970, 1971) beispielhaft dargelegt werden sollen. Obwohl diese nicht von der Intention getragen waren, einen eigenständigen Ansatz zu entwickeln und theoretisch zu fundieren, sind bereits einige bedeutsame Elemente enthalten.

Der Ausgangspunkt der Analyse (*Infas* 1970, S. 44 ff.) ist die These, daß nicht der übliche Indikator „Vorhandensein eines PKW's im Haushalt" das günstigste Kriterium ist, sondern daß die Verfügbarkeit des PKW trennschärfer ist. Dabei sind die Fähigkeit des Fahrens (Indikator: Führerschein) und die Priorität des Verfügungsrechts (Indikator: Eigentümer/Fahrzeugpapiere) relevant. Nach für die BRD repräsentativen Umfrageergebnissen aus dem Frühsommer 1970 ergeben sich folgende prozentuale Häufigkeiten der Nutzung öffentlicher Verkehrsmittel von Erwachsenen (Kriterium: häufiger als 1 x monatlich):

Tabelle 3

Nutzungshäufigkeit öffentlicher Verkehrsmittel von Erwachsenen, BRD 1970

Grad der Pkw-Verfügbarkeit	Nutzung ÖV
Haushalte ohne PKW	55 %
PKW im Haushalt/kein Führerschein	38 %
PKW im Haushalt/Führerschein/kein Verfügungsrecht über PKW	24 %
PKW im Haushalt/Führerschein/Verfügungsrecht über PKW	13 %

(*Quelle:* INFAS 1970, S. 49)

Mit den verschiedenen Elementen „erhöht sich die Unabhängigkeit von den öffentlichen Verkehrsmitteln kumulativ." (a. a. O.) Damit ist also die Idee einer abgestuften Wahlmöglichkeit bereits enthalten.

Im Berufsverkehr ist das Ergebnis in dem Sinne eindeutiger, daß das Vorhandensein eines PKW's im Haushalt von sehr geringer Bedeutung ist und sich die Verteilung der Benutzerrelation „nahezu ausschließlich aus dem Verfügungsrecht über den PKW" ergibt (a. a. O., S. 64). Das *wesentlichste Problem* dieser Studie liegt darin, daß das in ihr enthaltene Erklärungspotential nicht systematisch, sondern nur auf den PKW bezogen ausgearbeitet wird. Es besteht – den damaligen Überzeugungen gemäß – ein durchgehendes Vorurteil zugunsten des PKW.

Bei den *Untersuchungen des Instituts Sozialforschung Brög* wird die Grundidee in vollständiger Form am Beispiel der „Verkehrsmittelwahl im Berufsverkehr für das Alternativenpaar PKW-ÖPNV" ausgearbeitet (Brög 1976). Dieser Ansatz ist im Gegensatz zu vielen anderen verkehrswissenschaftlichen Arbeiten sozialwissenschaftlich fundiert, wobei jedoch – beim derzeitigen Forschungsstand wohl unvermeidlich – eine gewisse „Lücke" zwischen den mikrosoziologischen Grundlagen und der konkreten Ausformulierung des Verkehrsmittelwahlmodells besteht. Folgende hierarchische Abstufung der individuellen Entscheidungssituation wird vorgenommen (Übersicht a. a. O., S. 11):

1. Objektive Wahlmöglichkeit zwischen den beiden alternativen Verkehrsmittelarten: wird durch die vorhandene Verkehrsinfrastruktur, gesetzliche Bedingungen (Führerschein, Mindestalter etc.) und Budgetrestriktion (in Extremfällen) bestimmt.
2. Sachzwänge zur Nutzung eines bestimmten Verkehrsmittels: damit werden „von außen auf das Individuum einwirkende Beschränkungen der individuellen Wahl- und Entscheidungsfreiheit bezeichnet, die beruflicher, gesundheitlicher oder familiärer Art sein können." (*Brander* et. al. 1977, S. 84). Dabei können weitere Unterschiede in der Unabwendbarkeit bzw. Notwendigkeit bestehen.
3. Information über das alternative Verkehrsmittelangebot: für einen bewußten Wahlakt sind ausreichende Informationen vorhanden. Dies wird in bisherigen Anwendungen nur für die PKW-Nutzer bezüglich des Parameters Gesamtfahrdauer mit dem ÖPNV erfaßt (a. a. O., S. 99 f.).
4. Subjektive Wahlmöglichkeit zwischen alternativen Verkehrsmittelarten: die Befragten geben ihre individuelle Bereitschaft zur Nutzung des jeweils alternativen Verkehrsmittels in binärer Form „möglich – nicht möglich" an (*Sozialforschung Brög* 1976a, S. 11).
5. Für die Verkehrsteilnehmer mit subjektiver Wahlmöglichkeit ist eine „Erklärung mit Hilfe psychologischer Untersuchungen des individuellen Wahlaktes erforderlich" (*Brög* 1976, S. 11).

Nach den vorliegenden Veröffentlichungen zu schließen, wurde daraus noch kein umfassendes Erklärungsmodell gebildet (erste Hinweise a. a. O., S. 7 ff.). Vielmehr wurden bisher nur deskriptiv vom tatsächlichen Verhalten aus zurückgehend die Abstufungen der Wahlsituation rekonstruiert. Die hierarchische Stufen-Struktur wird durch die Darstellung 7 verdeutlicht. Es lassen sich direkte Folgerungen für die Anwendung verkehrspolitischer Maßnahmen ziehen, da durch die Größe der Segmente bestimmt werden kann, welche Personen respektive Bevölkerungsanteile mit welchen Maßnahmen überhaupt erreicht werden können (*Brög & Schwerdtfeger* 1977, S. 18).

Darstellung 7

Brög'sches Modell abgestufter Wahlmöglichkeiten

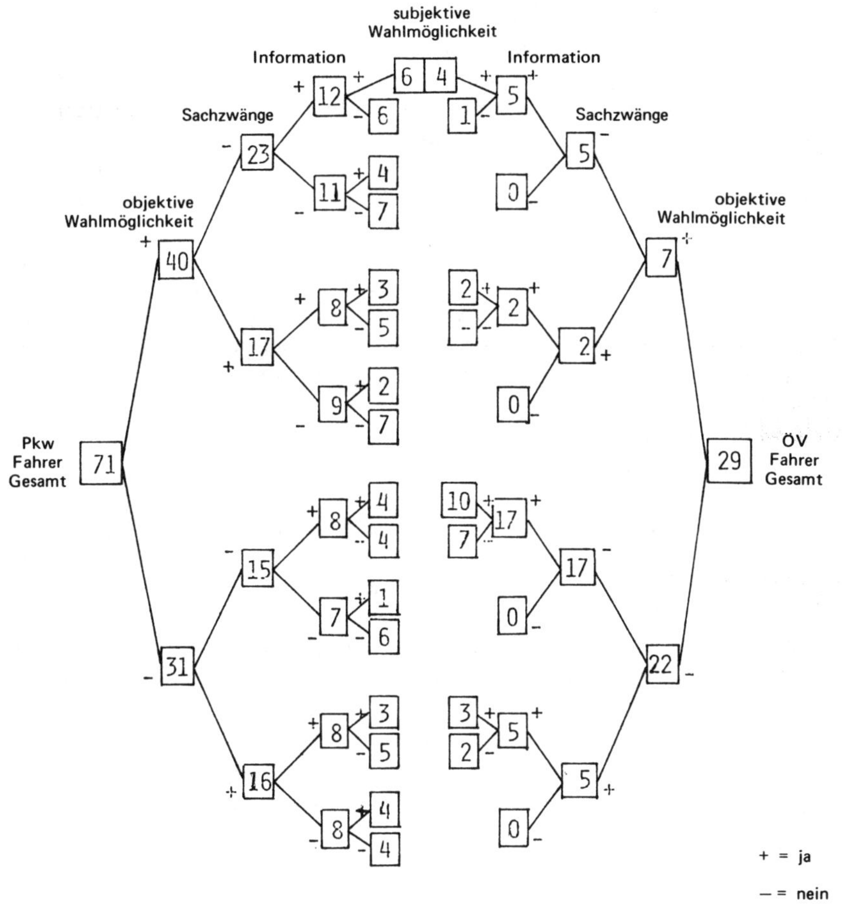

Angaben in %. Grundlage: 1.200 Fälle aus der schriftlichen Meinungsbefragung zur KONTIV 1975. Repräsentativ für Haushaltsvorstände in städtisch-strukturierten Regionen der Bundesrepublik.

(Quelle: Brög 1976, S. 15)

Dieser Ansatz bietet folgende *Vorteile und Anregungen:*

– es wird nicht einfach für alle Verkehrsteilnehmer eine Wahl unterstellt, sondern dies wird zum Untersuchungsgegenstand gemacht; damit werden die bisher vernachlässigten bzw. am Rande mitbehandelten limitierenden Faktoren eingehender analysiert.

- besonders positiv ist zu werten, daß nicht einfach eine Unterteilung in „Nutzung des Verkehrsmittels möglich – nicht möglich" vorgenommen wird, sondern unterschiedliche Arten von Limitierungen und deren Abstufung im Grade ihrer Eingrenzung herausgearbeitet werden.
- sogar innerhalb der jeweiligen Determinantenart können Differenzierungen im Grade der Eingrenzung bestehen: bei der Art der Sachzwänge wird zwischen zwingenden beruflichen/gesundheitlichen gegenüber sonstigen Gründen unterschieden, die nicht als absolute Notwendigkeit aufgefaßt werden können, wie Kinder zum Kindergarten bringen als Teil der Arbeitsteilung im Haushalt (*Brander* et. al. 1977, S. 84 ff. und *Brög & Schwerdtfeger* 1977, S. 15).
- die Aufnahme des Faktors Sachzwänge ist – unabhängig von der konkreten Festlegung, bei der unterschiedliche Kriterien angewendet werden können – nützlich, da damit zum einen die soziale Interdependenz in der Verfügbarkeit von Ressourcen innerhalb des Haushalts deutlich wird (vorrangig bezüglich der Nutzung des PKW); zum anderen wird deutlich, daß Limitierungen nicht nur direkt aus der Ortsveränderung selbst, sondern aus der Art der am Ziel- bzw. Quellort ausgeübten Tätigkeiten erwachsen können (insbesondere Art der beruflichen Tätigkeit).
- indirekt wird durch die Festlegungen der Kriterien der objektiven Möglichkeit der Nutzung öffentlicher Verkehrsmittel deutlich, daß auch zwischen den objektiven, unumgänglichen Limitierungen und der Limitierung durch unzumutbare Bedingungen Übergänge bestehen: als Kriterien einer zumutbaren Bedingung werden festgelegt eine Gesamtreisezeit für den Arbeitsweg, bei der die öffentlichen Verkehrsmittel maximal 15 Minuten länger oder nicht mehr als doppelt so lang wie der PKW benötigen (*Brander* et. al. 1977, S. 81).

Daneben ist jedoch auf *Probleme des Ansatzes* aufmerksam zu machen. In den bisherigen Veröffentlichungen der Autoren fehlt diese kritische Auseinandersetzung mit dem Ansatz in seiner vorliegenden Form:

- immanent gesehen besteht ein Problem in der Festlegung der objektiven Wahlmöglichkeit der PKW-Nutzung: einerseits gilt der Besitz eines Führerscheins als Voraussetzung für die objektive Möglichkeit der PKW-Nutzung, andererseits können aber Mitfahrer auftreten. Obwohl in einer Untersuchung 6 PKW-Mitfahrer – bei insgesamt 81 PKW-Nutzern – enthalten sind (a. a. O., S. 82 f.), wird dieses grundsätzliche Problem nicht näher angesprochen, sondern vielmehr durch einen „unauffällig" vorgenommenen Übergang von PKW-Fahrern zu PKW-Nutzern überdeckt.
- dies betrifft generell ein zentrales Problem dieses Ansatzes: sobald die Möglichkeiten zum PKW-Mitfahren explizit einbezogen werden, sobald Verkehrsmittelkombinationen wie Park + Ride, Kiss + Ride etc. dazu genommen werden, wird das zunächst einfache Modell sehr schnell kompliziert.

- generell müßte man das Schema umkehren und zu Erklärungszwecken verwenden: sind die Festlegungen dann in dem Sinne eindeutig, daß tatsächlich jemand „Sachzwängen" für Verkehrsmittel A unterliegt, dennoch das Verkehrsmittel B verwendet etc.?
- bei einer immanenten Analyse fällt auf, daß viele Personen eine subjektive Wahlmöglichkeit bejahen, obwohl sie nach den objektiven Kriterien bzw. den Sachzwängen das andere Verkehrsmittel nicht nutzen können. Beispielsweise besteht bei einer Untersuchung für 31% der PKW-Nutzer keine objektive Wahlmöglichkeit für ÖPNV, aber dennoch sehen 12% eine subjektive Wahlmöglichkeit (jeweils bezogen auf die Gesamtstichprobe; s. Darstellung 7).
- daran schließt sich ein grundsätzliches theoretisches Problem an: in allen Überlegungen bezüglich der Entscheidung beziehen sich die Autoren dieses Ansatzes auf die ökonomische Nutzenstheorie und weisen nach, daß eine freie und rationale Abwägung anhand objektiver und nachvollziehbarer Kriterien aufgrund des geringen Informationsstandes der überwältigenden Zahl der Befragten kaum gegeben ist (*Brög & Schwerdtfeger* 1977). Deshalb wird auch eine Stufe „ausreichende Information" aufgenommen. Dies wäre nützlich, solange diese sich auf die Kenntnis des Vorhandenseins der Alternative stützt. Die genauen Kenntnisse von Transportmerkmalen in objektiven Einheiten ist aber für eine subjektive Abwägung nicht erforderlich, ja aufgrund der begrenzten Informationsverarbeitungskapazitäten sogar absolut unmöglich. Offensichtlich haben auch viele schlecht Informierte das subjektive Gefühl der Wahlmöglichkeit (Darstellung 7).
- die letzte Stufe des Modells mit dem „subjektiven Rest" ist höchst problematisch: sie verdeckt, daß auch bei den anderen Personen Kognitionen und Bewertungen von Bedeutung sind bzw. sein können. Sowohl schlecht wie gut Informierte haben ihre Einstellungen zu den jeweiligen Verkehrsmitteln und ihrer Nutzung. M. E. liegt dieses Problem an dem Subtraktionsverfahren – analog den „10 kleinen Negerlein" –, das von der tatsächlichen Nutzung aus auf die verschiedenen Stufen der Wahlmöglichkeiten zurückgeht. Wenn man dies jedoch umgekehrt angeht, stellen sich präzisere Fragen: warum nutzt Person A unter gleichen äußeren Bedingungen ein anderes Verkehrsmittel als Person B? Warum hat die eine Person die Gewohnheit, mit dem PKW zur Arbeit zu fahren, während andere mit dem Fahrrad fahren? etc.

Ein in Teilen ähnliches Verkehrsmittelwahlmodell, das ebenfalls auf das Alternativenpaar PKW und öffentliche Verkehrsmittel eingegrenzt ist, wurde unabhängig davon von *Wermuth* (1978) entwickelt. Bei ihm wird aber ausschließlich eine hierarchische Abstufung der PKW-Verfügbarkeit vorgenommen: PKW-Besitz, ständige PKW-Verfügbarkeit, fahrtspezifische PKW-Verfügbarkeit, fahrtspezifische Verkehrsmittelwahl-Situation und fahrtspezifische Verkehrsmittelnutzung. Sein Ansatz ist stärker an die verhaltensorientierten Modelle angenähert. Für die Personengruppe, die bei einer spezifischen Fahrt freie Wahlmöglichkeit hat, wird das Prinzip des Rationalverhaltens mit all den zugrundeliegenden Hypothesen unterstellt und beispielsweise die objektive Gesamtfahrtzeit als Disutility-Variable verwendet.

An einer weiteren, hier einordenbaren Arbeit kann die mit den Ansätzen dieser Richtung (potentiell) verbundene Gefahr aufgezeigt werden. In einer englischen Untersuchung (*Gwilliam & Banister* 1977) wurden vergleichbare Ergebnisse wie bei der *Infas*-Studie gefunden: die öffentliche Verkehrsmittelnutzung ist nahezu ausschließlich von der PKW-Verfügbarkeit abhängig. Das Problem liegt darin, daß der ÖPNV als „Restkategorie" aufgefaßt wird, ohne daß die Abhängigkeit von den bestehenden Bedingungen aufgezeigt wird. Damit wird der Anschein einer „Naturgesetzlichkeit" erweckt, was in Wahrheit eine Widerspiegelung der herrschenden Bedingungen ist.

Die wichtigsten Aspekte dieser Ansätze für die Analyse der Determinanten der Nutzung alternativer Verkehrsmittel lassen sich folgendermaßen *zusammenfassen:*

- theoretisch gesehen sind sie bedeutsam, da sie nicht einfach eine Entscheidung als Grundlage der Verkehrsmittelnutzung unterstellen, sondern die verschiedenen Arten von Limitierungen eingehender untersuchen (ausschließlich für die Verkehrsmittelnutzung in kurzfristiger Perspektive).
- praktisch gesehen kann damit die Größe der Segmente bestimmt werden, die mit verschiedenen verkehrspolitischen Maßnahmen erreichbar sind.
- bei Einbeziehung von PKW-Mitfahrern und anderer Alternativen wird das zunächst einfache Modell sehr schnell kompliziert.
- es besteht die Gefahr, daß die Abhängigkeit der Verkehrsmittelnutzung von den Gegebenheiten vernachlässigt wird und der ÖPNV quasi naturgesetzlich als „Restkategorie" aufgefaßt wird.
- für die weitere Entwicklung der Verkehrsmittelerklärung ist der im *Brög*'schen Ansatz enthaltene Gesichtspunkt der (Un-)Zumutbarkeit und die damit verbundenen graduellen Übergänge von einer physisch eindeutigen und vollständigen Limitierung über Akzeptanzschwellen zu den qualitativen Unterschieden verwendbar.
- eine Realisierung des darin liegenden Erklärungspotentials bedeutet ein Verlassen dieses Ansatzes, da damit die Vorstellung eines kleinen „psychologischen Restes" inadäquat wird.

2.4.4. Human Activity Approach

Im Gegensatz zu den bisher dargelegten Forschungsrichtungen ist der „Human Activity Approach" nicht vorrangig auf die Erklärung der Nutzung alternativer Verkehrsmittel ausgerichtet, sondern untersucht umfassender den Zusammenhang der sogenannten primären menschlichen Aktivitäten (Arbeiten, Schlafen, Erholen etc.) mit den Verkehrsaktivitäten (als abgeleitete Tätigkeit). Es werden insbesondere Aussagen zum Teilaspekt Wegehäufigkeit (beispielsweise *Noortman & van Es* 1978), daneben jedoch auch Folgerungen für den nicht unmittelbar imVordergrund des Interesses stehenden Teilaspekt Verkehrsmittelwahl abgeleitet. Bisher gibt es noch keinen einheitlichen Ansatz, doch sind für meinen Untersuchungsgegenstand insbesondere die beiden folgenden Forschungsrichtungen von Bedeutung:

– der humangeographische Ansatz von *Hägerstrand* (1970, 1974 und *Lenntorp* 1978): nicht das tatsächliche Verhalten der Verkehrsteilnehmer, sondern die objektiven Möglichkeiten zur Ortsveränderung in quantitativer Form werden analysiert (wieviel „Gelegenheiten" können in einem vorgegebenem Zeitraum mit verschiedenen Verkehrsmitteln erreicht werden?).
– die Arbeiten der Transport Studies Unit der Universität Oxford (*Heggie & Jones* 1978): im Vordergrund stehen Untersuchungen zu Reaktionen der Individuen und Haushalte auf externe Veränderungen (PKW-Parkrestriktionen, Veränderungen von Schulzeiten und Bus-Fahrtzeiten etc.). Dabei werden die räumlich-zeitlichen und interpersonellen Verbindungen (linkages) betont.

Beiden Ansätzen ist neben dem bereits erwähnten grundsätzlichen Aspekt der Betonung des abgeleiteten Charakters des Verkehrs gemeinsam, daß sie nicht die qualitativen Aspekte, sondern die Eingrenzungen bzw. Möglichkeiten betonen (eingehendere Darstellung *Held* 1980, S. 94 ff.). Die wichtigsten verkehrsmittelrelevanten Aspekte dieser Ansätze sind in Darstellung 8 zusammengefaßt.

2.4.5. Sonstiges

Neben den bisher aufgeführten Richtungen gibt es eine Anzahl von Arbeiten, die nicht eindeutig zuordenbar sind. Hier ist beispielsweise die *Münchner S-Bahn-Studie (Eckstein* et. al. 1976) zu erwähnen, die eine der wenigen Vorher-Nachher-Untersuchungen darstellt. Die Zielsetzung ist umfassend auf die Ermittlung der Wirkung einer Verkehrsinfrastrukturänderung (Neueröffnung S-Bahn und Schaffung eines Tarif- und Verkehrsverbundes) auf das Verkehrsverhalten der Bevölkerung gerichtet. Dabei werden neben der Verkehrsmittelwahl auch Wohnortanpassungsreaktionen erfaßt (Erhebungen 1972 und 1973). Im Gegensatz zu den übrigen Studien werden nicht nur das Verkehrsverhalten und objektive Indikatoren sondern auch Imageprofile, subjektiver Kenntnisstand über objektive Fahrtmerkmale, Verhaltensintentionen etc. erfaßt. Es liegt noch kein geschlossenes Verkehrsmittelwahlkonzept zugrunde. Folgende Hinweise können entnommen werden:

– es wird deutlich, daß bei entsprechender Attraktivitätssteigerung im ÖPNV sehr wohl ein Wechsel vom PKW zum ÖPNV bewirkt werden kann (bei verschiedenen Fahrtzwecken!);

- nicht nur im Bereich der Verkehrsmittel werden Änderungen bewirkt, sondern es ergeben sich trotz des kurzen Zeitraums Zielortanpassungen, Orientierung bei Arbeitsplatzwechsel auf den ÖPNV etc.;
- die Polaritätenprofile der Verkehrsmittel und projektive Tests über Umsteigertypen sind inhaltlich anregend; beispielsweise wird die S-Bahn in erstaunlich vielen Eigenschaften im Durchschnitt positiver bewertet als der PKW (wobei zu prüfen wäre, wieweit dies durch die Neuheit bedingt ist). Erfahrungseinflüsse lassen sich deutlich nachweisen. Dennoch ist es schwierig, mit diesen Angaben eine Verhaltenserklärung durchzuführen (in der Studie selbst wird nur ein Modell einer gewichteten Nutzungsbereitschaft entwickelt).

In weiteren Arbeiten werden einzelne Aspekte eingehender untersucht. Beispielsweise wird in einem *„Fast-Null-Tarif-Experiment"* die Auswirkung eines billigen Tarifs auf die Nutzung des ÖPNV's im Berufsverkehr untersucht (*Franke* 1976). In Übereinstimmung mit sonstigen Untersuchungen ergibt sich, daß nur ein sehr geringer Prozentsatz (5,4% nutzen den ÖPNV regelmäßig, die vorher mit dem PKW fuhren) allein durch Veränderungen im Kostenbereich zum Wechsel veranlaßt werden kann (3.2.3.).

Neben diesen auf die Analyse der Verkehrsmittelwahl gerichteten Arbeiten gibt es *Untersuchungen* und *theoretische Beiträge*, die vorrangig oder ausschließlich *auf ein Verkehrsmittel gerichtet* sind. Beispielsweise gibt es einige, rein theoretische Überlegungen der Verkehrssoziologie insbesondere zum PKW, die Anregungen zu Einzelaspekten liefern können. So betont *Kob* in einem sehr spekulativen Beitrag, daß das Automobil nicht nur eine Funktion als Werkzeug erfüllt, sondern zugleich ein „Konsumgut mit Eigenwert und Machtsymbol mit demonstrativer Deutlichkeit zu werden vermag." (*Kob* 1966, S. 190). Bei *Reichardt* (1969) wird auf das Freiheitsgefühl verwiesen, das der PKW-Besitz vermittelt und andererseits deutlich gemacht, daß diesem aufgrund der Massenhaftigkeit, regulierende Maßnahmen von Behörden und die Abhängigkeit von kollektiven Maßnahmen wie Versorgung mit Treibstoff, dem Straßenbau etc. entgegenstehen.

Auch in der *praktischen Verkehrsplanung* und den hierbei entwickelten Kennwerten und Instrumenten ist eine Vielzahl einzelner Erkenntnisse enthalten, die für eine wissenschaftliche, systematische Erfassung der Determinanten der Verkehrsmittelwahl bedeutsam sind bzw. sein können. Beispielsweise werden bei den Berechnungen Zumutbarkeitsgrenzen für Fußwegentfernungen angesetzt, die aufgrund der Erfahrung und gestützt durch Untersuchungen festgelegt werden (bei *Müller* 1971 ergab sich ein Schwellenwert von 15 Minuten bzw. 1000 m). Darin steckt die bei der Darstellung der *Brög*'schen Untersuchungen bereits erwähnte Vorstellung von Akzeptanzschwellen. Das Problem ist vorrangig darin zu sehen, daß aus der Vielzahl der enthaltenen Elemente nicht alle gleichermaßen bedeutsam sind. Es handelt sich meist um reine ad-hoc Aussagen sehr geringer Reichweite. Für die Erklärung besteht die Aufgabe darin, bedeutsame Erkenntnisse herauszufiltern und diese in ein zusammenhängendes theoretisches Erklärungssystem einzufügen und zu testen.

Zusammenfassend lassen sich die Überlegungen dieses Abschnittes folgendermaßen charakterisieren: die Problematik für die Bestimmung der Determinanten der Verkehrsmittelwahl besteht nicht darin, daß es neben den oben dargelegten Ansätzen keine weiteren Aussagen gibt. Sie besteht vielmehr darin, daß diese weitgehend pragmatisch und isoliert voneinander bestehen, so daß sowohl über ihre Relevanz wie ihren Ort in einem systematischen Erklärungsansatz keine Klarheit herrscht.

2.5. Zusammenfassung

Um die Hauptaspekte der in diesem Kapitel referierten Ansätze und Forschungsrichtungen zusammenzufassen, wird in Darstellung 8 eine – notwendigerweise stark vereinfachende – tabellarische *Übersicht* gegeben. Zur Vermeidung einer zu weitgehenden Detaillierung und damit Komplizierung wird nur auf die vorherrschenden Überlegungen der jeweiligen Richtungen eingegangen: beispielsweise werden nicht in allen aggregierten Modellen Fahrtcharakteristika verwendet etc.

Die aggregierten Ansätze werden durch eine doppelte Linie abgetrennt. Dies soll anzeigen, daß sie nicht direkt das Verkehrsverhalten mit dem Teilaspekt Verkehrsmittel, sondern ausschließlich dessen Konsequenzen, den Modal Split, zum Untersuchungsgegenstand haben. Ebenso wird der Human Activity Approch doppelt abgetrennt, da er umfassender auf die Analyse des Zusammenhangs des Verkehrsverhaltens mit den anderen raumrelevanten menschlichen Aktivitäten gerichtet ist. Da aber zugleich wesentliche Aussagen in bezug auf die Verkehrsmittelwahl enthalten sind, wird er dennoch in diese Übersicht aufgenommen. Die Verkehrsmittelwahlansätze abgestufter Wahlmöglichkeiten werden in der verkehrswissenschaftlichen Literatur bisher nicht als eigenständige Richtung herausgestellt. Da sie aber eindeutig einen anderen Untersuchungsschwerpunkt und andere Annahmen haben, werden sie gesondert dargestellt.

Bei der Interpretation aller Ansätze ist die jeweilige *Reichweite* zu berücksichtigen: beispielsweise sind die verhaltens- und die einstellungsorientierten Modelle auf individuell unabhängig getroffene Entscheidungen unter kurzfristig gegebenen Bedingungen bezogen (mit gewissen Unschärfen insbesondere bei den soziodemographischen Merkmalen). Dies wird in der bisherigen Diskussion und der Anwendung nur in seltenen Ausnahmen (beispiels-

Darstellung 8

Übersicht über die wichtigsten Charakteristika der Verkehrsmittelwahlansätze

ANSÄTZE / KENNZEICHNUNG	AGGREGIERTE MODAL-SPLIT MODELLE	DISAGGREGIERTE, VERHALTENSORIENTIERTE VERKEHRSMITTELWAHLMODELLE	EINSTELLUNGSORIENTIERTE VERKEHRSMITTELWAHLMODELLE	ANSÄTZE ABGESTUFTER WAHLMÖGLICHKEITEN	HUMAN ACTIVITY APPROACH
VORRANGIGE ANWENDUNGSGEBIETE	Direkte Anwendung, Generalverkehrspläne ÖV – Pkw	Verkehrsplanung verschiedener Reichweite; vorrangig ÖV – Pkw, erste Erweiterungen	Verkehrsmanagement, neue Verkehrsmittel, Pkw-Mitfahrgemeinschaften etc.; verschiedenste Verkehrsmittel	Ermittlung von Gruppen unterschiedlicher Beeinflußbarkeit; ÖV-Pkw	a) Möglichkeiten zur Ortsveränderung – Vergleich der Verkehrsmittel b) Anpassungsprozeß (umfassend, nicht nur Verkehrsmittel)
UNTERSUCHUNGSZIEL	Modal Split	Verkehrsmittelwahl	Verkehrsmittelwahl	Nutzung alternativer Verkehrsmittel	Spielraum für Nutzung alternativer Verkehrsmittel
UNTERSUCHUNGSEINHEIT	Verkehrszellen (geographische Aggregation)	Individuum bzw. Haushalt	Individuum/selten Haushalt	Individuum mit sozialem Kontext	Individuum mit Betonung der sozialen Beziehungen (vorrangig im Haushalt)
PARADIGMA	(S-R) (aggregiertes Niveau)	S – R	S – O – R; Betonung auf qualitativen Determinanten	S – O – R; Betonung auf limitierenden Determinanten	$S_t - O_t - R_t$; Betonung auf limitierenden Determinanten und Anpassungsreaktionen auf verändertes S
ART DER ERKLÄRENDEN VARIABLEN	a) flächenbezogene b) soziodemographische c) objektive Fahrt-Charakteristika	vorrangig: objektive Fahrtcharakteristika; daneben: soziodemographische Charakteristika	vorrangig: subj. Attributwahrnehmung/Bewertung daneben: obj./subj. Verkehrsmittel-Verfügbarkeit, soziodemogr. Charakteristika (Segmentg.)	abgestuft verhaltenslimitierende Determinanten	verhaltenslimitierende Determinanten
VERWENDETE ERKLÄRENDE VARIABLEN	a) Beschäftigungsdichte etc.; b) Einkommen, Pkw-Besitz etc.; c) Fahrzeiten, Kosten	vorrangig: Kosten, Zeiten (teilweise unterteilt); daneben: verschiedenste Charakteristika wie Alter, Geschlecht, Einkommen, Pkw Besitz etc.	vorrangig: Vielzahl von Attributen wie Komfort etc; daneben: Pkw-Besitz etc. oder sub. Verfügbarkeit (Zugang als Mitfahrer. .)	abgestuft: obj. Wahlmöglichkeit; Sachzwänge; Information über alternatives Verkehrsmittel; subj. Wahlmöglichkeit	Eingrenzung durch Zeit-Raum-Gegebenheiten und notwendige/angestrebte primäre Aktivitäten; Entfernungen in Relation zu Geschwindigkeiten

MESSUNG	objektive Angaben, teilweise selbstberichtet in physischen Einheiten	vorrangig: obj. Messung; teilweise: selbstberichtet in physischen Einheiten	vorrangig: selbstberichtete Maße in psychologischen Einheiten	je nach Abstufung subj. Angaben als Indikatoren für obj. Variablen, subj. Wahrnehmungsangaben etc.	obj. Gegebenheiten und subj. Angaben zu tatsächlichem Verhalten/-sintentionen
VERARBEITUNG/AUSWERTUNG	Verschiedene Verfahren (Diversionskurve, Regressionsanalyse etc.) und Funktionstypen (Gompertz, Logit etc.)	hochformalisiert! indirekte Ermittlung der Gewichtung der Fahrtcharakteristika, vorrangig Logitfunktion; verschiedene Prüfverfahren (Pseudo-R^2 etc.)	indirekte Ermittlung der Gewichte der Attribut-Variablen; linear-additive Verknüpfungsregel vorherrschend; verschiedenste Prüfverfahren (Korrelationen, Anteile der korrekt zugeordn. Vpn. .)	deskriptiv; Unterteilung der Vpn nach Art der Wahlmöglichkeit (ergibt hierarchisch geordnete Segmente)	deskriptiv: a) Zahl der Gelegenheiten je Verkehrsmittel bzg. auf vorgegebenen Zeitraum; b) Unterteilung nach Art der Anpassungsreaktionen (real oder intendiert)
VORTEILE/ VORRANGIGE ANREGUNGEN	Unterteilung in Charakteristika „Verkehrsteilnehmer", „Fahrt" und „Transportsystem"	Übergang in der Untersuchungseinheit; Herausarbeitung der Bedeutsamkeit der Zeit; Verdeutlichung der Zusammenhänge zu anderen Entscheidungen (Pkw-Kauf, Arbeitsort etc.)	vorrangig: Verdeutlichung der Relevanz einer Vielzahl unterschiedlicher Attribute; daneben: Einfluß der Verhaltenslimitierungen/Verfügbarkeit wird gesehen und teilweise einbezogen	keine a priori Unterstellung von Entscheidungen; unterschiedliche Arten von Limitierungen/ Abstufungen im Grad der Verhaltensbestimmung; Übergang von direkten Limitierungen zu Akzeptanzschwellen ansatzweise enthalten	dynamische Betrachtung/Verdeutlichung der Vielfalt der Adaptationsmöglichkeiten; Abhängigkeit der Möglichkeiten vom Freiheitsgrad/Notwendigkeit zur Ortsveränderung; Bedeutung von Raum-Zeit und sozialen Interaktionen für Verhaltensspielraum
NACHTEILE/ VORRANGIGE PROBLEME	Art und Zeitpunkt der Aggregierung	Unterteilung in konventionelle „objektive" Determinanten und „subjektiven Rest"; inadäquate Behandlung der Voraussetzung „Verfügbarkeit der Alternativen"	theoretische Fundierung noch unpräzise (Kognition-Evaluation-Intention etc.); Diskussion noch ganz am Anfang	geeignet für Pkw-Selbstfahren – ÖV fixierte Fahrten; Komplizierung bei anderen Alternativen; immanente Unstimmigkeiten	nur limitierende Determinanten berücksichtigt; generell komplementär zu den anderen Ansätzen

weise in Beiträgen von *Höttler* 1981 und *Heggie* 1977b) deutlich gemacht. Dies schließt nicht von vorneherein aus, daß der betreffende Ansatz nicht auch bei abweichenden Gegebenheiten eine genügend genaue Annäherung erbringt. Dies ist jeweils zu prüfen.

3. Der Beitrag ökonomischer Ansätze: Neoklassische und sozialwissenschaftliche Konsumtheorien

Die Zielsetzung für dieses Kapitel ist es, den Beitrag und die Probleme der spezifisch ökonomischen Ansätze zu meinem Gegenstandsbereich herauszuarbeiten. Dabei wird nicht eine generelle Übersicht über die Fragestellungen und Forschungsrichtungen der Verkehrsökonomie gegeben. Beispielsweise beschäftigt sich die Betriebswirtschaftslehre mit dem Verkehr aus der Sicht der Verkehrsbetriebe und ihrer Aufgabengebiete (*Diederich* 1977). Die Volkswirtschaftslehre bearbeitet die Verkehrsinfrastrukturplanung, insbesondere Entscheidungsinstrumente wie Kosten-Nutzen-Analyse zur Beurteilung von Planungsalternativen, der wirtschaftlichen Gestaltungskraft von Verkehrssystemen etc. (*Thomson* 1976 und *Voigt* 1973).

Meine Themenstellung ist dagegen auf die Verkehrsnachfrage und ihre Determinanten eingegrenzt. Diese läßt sich vereinfacht gesagt in Verkehr als Endverbrauch und in Verkehr zu Distributions- und Produktionszwecken (Wirtschaftsverkehr) unterteilen. Obwohl die Themenstellung auf den Endverbrauch eingegrenzt ist, wird im einleitenden Abschnitt kurz darauf eingegangen, inwieweit die Überlegungen bezüglich des Konsumverkehrs auch für die verschiedenen Bereiche des Wirtschaftsverkehrs von Bedeutung sind.

Bezüglich der Ansätze zur Verkehrsmittelwahl der Verbraucher sind *zwei Hauptrichtungen* zu unterscheiden, die sich in starkem Maße auf Konsumtheorien stützen:

1. neoklassisch orientierte Konsumtheorie; weitgehend den disaggregierten, verhaltensorientierten Modellen zuzuordnen (auf eine Ausnahme wird hingewiesen);
2. marktpsychologisch bzw. marketing-orientierte Ansätze; den einstellungsorientierten Ansätzen zuzuordnen.

3.1. Verkehr für Produktion und Distribution (Wirtschaftsverkehr)

Wie *Schwerdtfeger* (1974, S. 143 ff.) schreibt, wird der Begriff „Wirtschaftsverkehr" nicht einheitlich verwendet. Häufig wird er mit dem Gütertransport von Wirtschaftsunternehmen gleichgesetzt. Bei anderen Autoren wiederum wird auch der Einkaufsverkehr von Privatpersonen dazu gerechnet (eine weitere Einteilungsart findet sich in *Voigt* et. al. 1976). Gemäß der in der Ökonomie gebräuchlichen Unterteilung in Produktion, Distribution und Konsumtion scheint es nützlich zu sein, auch den Verkehr entsprechend zu klassifizieren. Dabei kann der Verkehr zu Produktions- und Distributionszwecken gemäß der Festlegung *Schwerdtfeger's* (a. a. O., S. 146) als *Wirtschaftsverkehr* zusammengefaßt werden. Der Konsum ist in öffentlichen und privaten zu unterteilen, wobei in meiner Arbeit nur auf den privaten Endverbrauch eingegangen wird. Sowohl der Konsum- wie der Wirtschaftsverkehr können in Form von Güter- und Personenverkehr auftreten, wobei Mischformen möglich sind (s. auch *Rommerskirchen* 1977, S. 101 und Darstellung 9):

Darstellung 9

Einteilung des Güter- und Personenverkehrs nach ökonomischen Funktionen

Art des beförderten Gegenstandes / Ökonomische Funktion	Güter	Personen
Produktion/ Distribution	Unternehmerischer Güterverkehr Beispiel: Anlieferverkehr	Unternehmerischer Personenverkehr Beispiel: Geschäfts- und Dienstreiseverkehr
Konsumtion	Privater Güterverkehr Beispiel: Einkauf	Privater Personenverkehr Beispiel: Freizeitverkehr

Der Güterverkehr wird vorrangig zu Produktions- und Distributionszwecken unternommen. Privater Güterverkehr in reiner Form kommt nur selten vor, doch ist die Mischform, bei der Personen Güter zum privaten Bedarf transportieren – Einkaufsverkehr – von Bedeutung. Die aus den primären Tätigkeiten Einkaufen, aber auch dem Beruf etc. resultierenden Anforderungen an die Verkehrsmittel können dabei für die Verkehrsmittelwahl relevant sein. Gleiches gilt für den Wirtschaftsverkehr, bei dem ebenfalls Mischformen zwischen Personen- und Güterverkehr auftreten. Beispiele: Reparaturhandwerker mit Material und Werkzeug, Vertreter mit Mustern. Dies kann praktisch gesehen für die

Verkehrsmittelnutzung entscheidend sein, da die Wahlmöglichkeiten dadurch in unterschiedlichem Maße eingeschränkt sein können (Beispiele für Sachzwänge bei *Brander* et. al. 1977).

Sind nun die Ansätze, die bisher dargelegt wurden, und die von mir ausgewählte kognitive Motivationstheorie auch auf den Wirtschaftsverkehr anwendbar? Da im Rahmen der empirischen Untersuchungen der bisher erörterten Ansätze nahezu ausschließlich auf die Verkehrsmittelnutzung der Endverbraucher eingegangen wurde, sind nur tendenzielle Aussagen möglich. Bezogen auf den *Güterverkehr* könnte die Vermutung bestehen, daß die verfeinerten sozialwissenschaftlichen Überlegungen und Variablen (subjektive Wahrnehmung, Bewertung, Gewohnheiten etc.) inadäquat und die in der Ökonomie üblichen Faktoren und Konzepte wie insbesondere die Kosten und Preiselastizitäten etc. ausreichend sind. Dagegen sind aber die Untersuchungen *Voigt's* (1973) zu stellen. Er arbeitet eindeutig heraus, daß für den Gütertransport ebenso wie für den Personenverkehr neben den Kostenrelationen die Qualitätsanforderungen und die zeitliche Dimension nicht vernachlässigbar sind. Aus der Art des Transportgutes und der ökonomischen Transaktion ergeben sich unterschiedliche Anforderungen. Beispiel: aus der Verderblichkeit eines Gutes können Anforderungen bezüglich der Schnelligkeit, Stoßsicherheit etc. resultieren. Für den Gütertransport gilt prinzipiell wie für den Personenverkehr: die Affinitäten, d. h. die Qualitätsanforderungen der Nachfrager bestimmen im Zusammenwirken mit der potentiellen Leistungsfähigkeit die Datenkonstellation der Verkehrsnachfrage. Die Streuung der Anforderungen ist dabei i. d. R. jedoch anders (a. a. O., S. 442 f.).

Während dies im Regional- und Fernverkehr sehr wohl für die Verkehrsmittelwahl bedeutsam ist, besteht im Stadtverkehr bei den derzeit herrschenden Bedingungen überwiegend keine Auswahl zwischen grundsätzlich unterschiedlichen Arten von Verkehrsmitteln. Die Auswahlmöglichkeit besteht vorrangig in der geeigneten Größe des motorisierten Verkehrsmittels und teilweise zwischen Eigen- und Fremdtransport (*Dautel* 1977).

Für den *Personenverkehr* zu Produktions- und Distributionszwecken gilt ebenfalls, daß Kostengesichtspunkte zur Erklärung der Verkehrsmittelwahl i. d. R. nicht ausreichend sind. Aufgrund der vorliegenden Untersuchungen können folgende Gesichtspunkte als bedeutsam angesehen werden:

- prinzipiell ist der Personenverkehr im Bereich der Produktion und Distribution mit dem gleichen Instrumentarium angehbar, wie der private Personenverkehr. Das Kriterium der Profitmaximierung und reine Zeit-/Kostenabwägungen, wie sie beispielsweise bei *Dalvi* (1978) als Determinanten des Geschäftsreiseverkehrs unter Vernachlässigung sonstiger Einflußgrößen aufgeführt werden, sind inadäquat.
- bezüglich der qualitativen Faktoren wird dies durch die Studie *Stringer's* (1981) belegt, bei der die Verkehrsmittelwahl im zwischenstädtischen

Verkehr sowohl für Geschäfts- wie Erholungsreisen untersucht wurde; bei dem Vergleich anderer Verkehrszwecke ergaben sich unterschiedliche Tendenzen in der Betonung der einzelnen Aspekte, jedoch keine prinzipiellen Unterschiede. Eine Untersuchung von *Sozialforschung Brög* (1976b) erbrachte die Bedeutung der Faktoren Zeit, Komfort, Zuverlässigkeit und Sicherheit als Determinanten des Geschäfts- und Dienstreiseverkehrs.

- ähnlich wie beim privaten Personenverkehr können sich bestimmte Anforderungen an die Verkehrsmittel ergeben, die die Wahlmöglichkeiten eingrenzen (*Brander* et. al. 1977).
- das Verhalten wird neben den subjektiven Vorstellungen der Reisenden – in unterschiedlich starkem Maße – durch institutionelle Regelungen, wie Reisebestimmungen bezüglich Geschäfts- und Dienstreisen, beeinflußt (*Sozialforschung Brög* 1976b).
- je nach Striktheit der Regelungen kann es sich erübrigen, die subjektiven Intentionen, Attributbewertungen etc. des Reisenden zu erheben, da er/sie keinerlei Verhaltensspielraum mehr besitzt. Im zeitlichen Ablauf gesehen, gehen jedoch vermutlich seine/ihre Erfahrungen und subjektiven Präferenzen ebenso in die Gestaltung der Bestimmungen ein wie kosten- und statusmäßige Gesichtspunkte der Unternehmensinteressen.

3.2. Neoklassisch orientierte Konsumtheorien

3.2.1. Übersicht

Wie im vorangegangenen Kapitel bereits dargelegt, wurden die disaggregierten, verhaltensorientierten Verkehrsmittelwahlmodelle zunächst pragmatisch entwickelt und erst im nachhinein theoretisch begründet. Bei dieser theoretischen Fundierung hatte die neoklassisch orientierte Konsumtheorie eine vorrangige Bedeutung (*Mc Fadden* 1974). Dies führte zwar nicht zu einem in allen Details einheitlichen Ansatz, doch sind die wesentlichen Grundelemente gleich. Im folgenden sollen diese herausgearbeitet und ihre Funktion und Wirkung für die Entwicklung der Verkehrsmittelwahlmodelle aufgezeigt werden.

Die verhaltensorientierten Modelle bauen nicht auf den neoklassischen Konsumtheorien einfacher Prägung auf, wie sie in jedem mikroökonomischen Lehrbuch enthalten sind (beispielsweise *Henderson & Quandt* 1970). Bei diesen sind die Überlegungen auf Preise, Einkommen und Quantitäten der Konsumobjekte beschränkt. Die Qualitäten werden als homogen vorausgesetzt und in der Analyse vernachlässigt bzw. mit der c. p. Klausel ausgeschaltet. Damit wird der Nutzen direkt aus dem Konsumgut abgeleitet, ohne zu analysieren, welche Bedürfnisbefriedigungsqualitäten damit verbunden sind. Ein derartiges Analyseschema ist für den Untersuchungsgegenstand Verkehrsverhalten inadäquat, da neben den Kosten auch andere Faktoren, zunächst insbesondere die Zeit, relevant sind. Deshalb stützten sich alle Autoren auf den *Konsumansatz von Lancaster* (1966, 1971). Bei diesem wird das Konsumgut in verschiedene Charakteristika unterteilt und der Nutzen nicht direkt aus dem Konsumgut, sondern aus dessen Eigenschaften gezogen. Dies erlaubt prinzipiell die Hereinnahme einer Vielzahl verhaltensbeeinflussender Attribute, die die verschiedenen Qualitätsdimensionen und die Preise beinhalten. Für die Verkehrsmittelwahl bedeutet dies, daß die Fahrt- bzw. Verkehrsmitteleigenschaften und nicht nur die (relativen) Preise der Verkehrsmittel einzubeziehen sind.

Neben der Erkenntnis, daß bei der Analyse der Verkehrsverhaltensentscheidungen der qualitative Charakter zu berücksichtigen ist, wird als zweite bedeutsame Abweichung von dem vereinfachten neoklassischen Schema einbezogen, daß es sich hier um *diskrete Alternativen* handelt (*Dalvi* 1978, S. 69 f.). Damit ist die Voraussetzung der beliebig feinen Teilbarkeit der Güter nicht gegeben, und eine der wesentlichen Elemente der üblichen Marginalanalyse, bei der Mengenanpassungen als Reaktionen auf Preis- oder Einkommensveränderungen gemessen werden, entfällt. So analysieren *Domencich & Mc Fadden* (1975) das Verkehrsverhalten und die Nutzung alternativer Verkehrsmittel als Konsumverhalten bezüglich diskreter Alternativen. Auf eine größere Population gesehen, führen sie die Marginalanalyse in revidierter Form wieder ein: während einzelne Individuen vor diskreten Alternativen stehen und deshalb nur eine davon nutzen können, wirkt sich der Verhaltenswechsel einiger einzelner Individuen auf die Gesamtmasse gesehen als kontinuierliche Anpassung an „Geschmacks-", Einkommensveränderungen etc. aus (a. a. O., S. 49 f.).

Obwohl der Ansatz von *Lancaster* den wesentlichen Schritt der Einführung der Qualitäten als Bestimmungsgrößen der Konsumnachfrage vollzieht, hat dies aufgrund seiner weiteren zentralen Festlegungen keine so abweichenden Konsequenzen von der üblichen neoklassischen Konsumtheorie, wie man zunächst vermuten könnte. Er nimmt ohne nähere Begründung an, daß die objektiven Eigenschaften der Güter für alle Konsumenten gleich gelten. Das bedeutet, daß keinerlei Wahrnehmungsverzerrungen auftreten. Nur in der Gewichtung der Charakteristika besteht ein persönliches Element (*Lancaster* 1966, S. 134). Damit wird die Annahme der vollständigen Information über alle relevanten Charakteristika in ihrer objektiven Ausprägung unterstellt. Alle weiteren wichtigen Hypothesen der neoklassischen Konsumtheorie wie insbesondere die Nutzenmaximierung und ihrer Teilelemente (Transitivität der Rangordnungen etc.) werden ebenfalls übernommen. Von besonderer Bedeutung ist, daß die Annahmen der Theorie der bekundeten Präferenz (revealed preference theory) ebenfalls beibehalten werden (Lancaster 1971, S. 21). Diese besagt, daß der Konsument seine Präferenzen durch sein tatsächliches Verhalten kundtut. Dabei wird Nutzenmaximierung bezüglich der verfügbaren Charakteristika (sonst: Güter) unterstellt. Damit können die Gewichtungen der Charakteristika indirekt aus dem Verhalten ermittelt werden, und der gesamte Ansatz kann völlig ohne subjektiv erhobene Variablen auskommen. Sämtliche für ein vereinfachtes S-R-Paradigma notwendigen Annahmen wie das der Bewußtheit, völligen Informiertheit, des rationalen Abwägens etc. sind in diesem Ansatz enthalten.

Alle diese Festlegungen und Annahmen sind für die Entwicklung der spezifischen Verkehrsmittelwahlmodelle neoklassischer Prägung von großer Bedeutung. Trotz der Erweiterung der erklärenden Faktoren auf Qualitäten kann damit eine Eingrenzung auf die unmittelbar objektiv meßbaren Charakteristika vorgenommen werden.

Wie aus der Formel (1) in 2.4.1. hervorgeht, wird bei dieser Forschungsrichtung zwischen zwei Nutzenselementen unterschieden (*Stopher & Meyburg* 1976a, S. 8 ff. und *Domencich & Mc Fadden* 1975, S. 51 ff.):

1. das erste Element ist für alle Personen einer gemeinsamen, durch sozioökonomische Merkmale bestimmten Subpopulation gleich und wird durch die objektiven Attributausprägungen festgelegt. Diese Komponente reflektiert den „repräsentativen" Geschmack der Population bzw. entsprechenden Subgruppe (Beispiel: Personen mit einem bestimmten Einkommen).
2. das zweite Element ist personenspezifisch und spiegelt den individuellen Nutzen wider, der vom Forscher nicht beobachtet werden kann. Er beinhaltet die individuellen, vom allgemeinen Geschmack abweichenden Präferenzen und die nicht beobachtbaren, subjektiven Nutzensdimensionen.

Demnach bilden die Attribute der alternativen Verkehrsmittel und die sozioökonomischen Charakteristika des Individuums die Determinanten der Verkehrsmittelwahl. Aufgrund verschiedener Annahmen zu der nicht beobachtbaren, individuellen Nutzungskomponente wird ein Logit-Modell verwendet (*Stopher & Meyburg* 1976a, S. 5 ff.):

(2)
$$p_j^i = \frac{e^{[G_i(X_j)]}}{\sum_k e^{[G_i(X_k)]}} \qquad (k = 1, 2 \ldots, M)$$

M_i = die Gesamtzahl der alternativen Verkehrsmittel;
p_j = Wahrscheinlichkeit, daß das Individuum i das Verkehrsmittel j wählt.

Der Exponent des Logit-Modells wird üblicherweise als lineare Funktion des Vektors der Charakteristika der Alternativen bestimmt (*Daly* 1981). Die Funktion $G_i(X_k)$ kann deshalb allgemein beschrieben werden:

(3)
$$G_i(X_k) = a_o{}^i + \sum_{t=1}^{T} a_t^i X_{kt}$$

T = Zahl der Attribute von Alternative k;
a_t^i = Koeffizienten der Attribute X_{kt}.

Die Koeffizienten der Attribute drücken die Gewichtung aus, die das jeweilige Attribut in der Nutzensfunktion einnimmt. Aufgrund der Annahme der bekundeten Präferenz ist es möglich, diese Gewichte indirekt aus dem tatsächlichen Verhalten (genutztes Verkehrsmittel) abzuleiten. Nach dem Modell nehmen diese Koeffizienten für die Personen einer sozioökonomischen Gruppe gleiche Werte an. In der Anwendung auf die Auswahl zwischen dem PKW und dem ÖPNV (dieses Alternativenpaar wird vorrangig untersucht) wird häufig folgende vereinfachte Operationalisierung vorgenommen (*Stopher & Meyburg* 1976a, S. 30 f.):

$$G(X) = a_o + a_1 \Delta T + a_2 \Delta C \tag{4}$$

ΔT = Fahrtzeitdifferenz zwischen PKW und ÖV;
ΔC = Fahrtkostendifferenz zwischen PKW und ÖV.

Wie in verschiedenen Übersichten (beispielsweise *Dalvi* 1978 und *Goodwin & Hensher* 1978, insbesondere S. 26) deutlich wird, spielt die *Dimension Zeit* in den neoklassisch orientierten Verkehrsnachfragemodellen eine sehr große Bedeutung. Während in der traditionellen neoklassischen Konsumtheorie von der Zeit abstrahiert wurde, wird sie hier als eine den Kosten theoretisch gleichrangige, in ihrer praktischen Bedeutung zumeist dominierende Determinante der Verkehrsmittelwahl angesehen. Ihr ökonomischer Charakter wird häufig durch die Verwendung des Begriffs Zeitkosten unterstrichen. Hier schließt sich direkt eine weitere zentrale Besonderheit dieser Modelle an. Sie werden nicht nur für die Bestimmung der Verkehrsmittelwahl, sondern zugleich für die Bestimmung des in monetäre Einheiten erfaßten Zeitwertes (value of time) verwendet (Grundlage für Kosten-Nutzen-Analyse als Instrument der Planungsbewertung).

3.2.2. Diskussion

Aus der Darlegung der wichtigsten Komponenten der neoklassisch orientierten Verkehrsmittelwahlmodelle und der entsprechenden Formalisierung wird zugleich die *bedeutsamste Funktion* dieser Richtung für die Entwicklung der disaggregierten, verhaltensorientierten Modelle deutlich. Diese liegt in der Systematisierung der zunächst rein pragmatisch entwickelten Ansätze. Die *positiven Aspekte* der neoklassisch fundierten Verkehrsmittelwahlmodelle ergeben sich vorrangig an den Punkten, die gegenüber der ursprünglichen neoklassischen Konsumtheorie abgeändert wurden:

- es wird nicht nur eine Mengenanpassung an veränderte Preise untersucht, sondern der Charakter von diskreten Alternativen einbezogen.
- zugleich wird die Bedeutung der Qualität für die Entscheidungen zwischen den Alternativen – im Prinzip – gesehen und ansatzweise einbezogen. Vorrangig geschieht dies über die Einbeziehung des Attributs Zeit zusätzlich zu den Kosten. Damit wird die besondere Bedeutung der Zeit für die Verkehrsmittelwahl erkennbar.
- daneben werden immanent einige weitere Präzisierungen vorgenommen; beispielsweise werden die sozioökonomischen Merkmale in der theoretischen Formulierung nicht einfach wie in frühen empirischen Arbeiten (Beispiel *Warner* 1962) zu den Fahrtmerkmalen addiert, sondern zur Homogenisierung der Nutzenseffekte herangezogen (*Stopher & Meyburg* 1976a).

Bei der *Diskussion der Reichweite* und *der immanenten Probleme* wird nur auf einige bedeutsamere Aspekte eingegangen, die sich ausschließlich auf die neoklassische Fundierung der disaggregierten Ansätze beziehen (dies ist in Ergänzung zu den Ausführungen in 2.4.1. zu sehen):

a) Unterscheidung in objektive, direkt meßbare und subjektive, nicht direkt meßbare Nutzensanteile:

- diese Unterscheidung legte den Grundstein für die Probleme in der weiteren Entwicklung, da damit die Vorstellung verschiedenartiger Wirkungsmechanismen von objektiven Faktoren und subjektiven „Einstellungen" nahegelegt wurde (näher 2.4.1.).
- immanent gesehen wurde das Potential des Ansatzes von *Lancaster* nur zum geringen Teil ausgeschöpft, da vorrangig die bereits in den pragmatischen Ansätzen verwendeten Attribute Kosten und Zeit als objektiv direkt erfaßbar angesehen wurden. Andere potentiell ebenfalls bedeutsame Faktoren wie Sicherheit, Komfort etc. wurden ausgeklammert (s. dagegen *Lancaster* 1971). Diese anderen Faktoren sind jedoch ebenso mit objektiven Indikatoren erfaßbar.
- es wird nicht untersucht, welche Dimensionen für die Verkehrsteilnehmer von ausschlaggebender Bedeutung sind und dafür entsprechende, objektive Indikatoren gesucht.
- mit der Einbeziehung der als nicht-beobachtbar angenommenen Nutzungskomponente wird angedeutet, daß es individuelle Nutzensvariationen gibt. In diesem bedeutsamen Aspekt sind die Aussagen jedoch höchst ungenau und teilweise sogar wiedersprüchlich (Beispiel: *Domencich & Mc Fadden* 1975). Es wird nicht exakt herausgearbeitet, daß in dieser Komponente mindestens folgende Elemente enthalten sind: Fehlende Information, Wahrnehmungsabweichungen und individuelle Wertungsunterschiede bezüglich der in die Untersuchung einbezogenen Attribute sowie nicht enthaltene, „subjektive" Faktoren wie Komfort, Sicherheit etc. Letztere können aber teilweise in die Koeffizienten der verwendeten Attribute eingehen (Beispiel: Komfort in die Zeiten).
- in der praktischen Anwendung werden vorzugsweise objektiv ermittelte

Daten, teilweise aber auch, wenn das „praktikabler" ist, berichtete Maße verwendet (*Daly* 1981). Generell ist in dieser Beziehung eine große Nachlässigkeit festzustellen, obwohl inzwischen erwiesen ist, daß systematische Wahrnehmungsverzerrungen auftreten können (*Louviere* 1981).

b) Voraussetzung der Verfügbarkeit der Alternativen:

– in nahezu allen theoretischen Darstellungen der neoklassisch orientierten Verkehrsnachfragemodelle wird die Reichweite der Ansätze auf das Set der verfügbaren Alternativen eingegrenzt und damit nur der Bereich analysiert, in dem Handlungsfreiheit besteht (*Daly* 1981). In der praktischen Anwendung wird diese Eingrenzung der Reichweite i. d. R. nicht eingehalten, sondern limitierende Faktoren, wie insbesondere der PKW-Besitz, als erklärende Variablen eingeführt.

c) Annahme der bekundeten („revealed") Präferenz:

– die Hypothese der bekundeten Präferenz ermöglicht es, ausschließlich mit objektiv meßbaren Daten die Gewichtung der verwendeten Attribute zu bestimmen. Dabei muß aber für alle Personen Wahlfreiheit bestehen, da die Ausführung der auf den subjektiven Präferenzen aufbauenden Verhaltensintentionen durch Limitierungen verhindert werden kann (insbesondere *Golob* et. al. 1979). Damit hat die in b) dargelegte Ungenauigkeit weitreichende Folgen für die Brauchbarkeit des Ansatzes und der damit ermittelten Koeffizienten. Gewichte von Personen, die Verkehrsmittel nicht verfügbar haben, sind wenig aussagekräftig.

– diese Hypothese setzt die Annahme vollständiger Information über alle relevanten Alternativen und deren Attribute voraus. Bereits in 2.4.1. wurde dargelegt, daß dies auch immanent betrachtet nicht problemlos ist. Dies wurde insbesondere bei der Verwendung der PKW-Fahrtkosten sehr schnell deutlich. Statt nur einfach die Information als gegeben vorauszusetzen und in Problemfällen Hilfskonstruktionen einzuführen, erscheint eine systematische Analyse der objektiven Gegebenheiten und ihrer subjektiven Wahrnehmung notwendig zu sein (*Tybout* et. al. 1977a).

– es werden vereinfachte Annahmen über die Modellform vorausgesetzt (ausführlich *Goodwin & Hensher* 1978, S. 11 ff.) wie beispielsweise die Kompensierbarkeit von Nachteilen, das Fehlen von Gewohnheiten und damit die Unterstellung der für jeden Zeitpunkt gegebenen, maximal möglichen Nutzensmenge.

– für die praktische Planung ist darin ein grundsätzliches Problem enthalten: Das gezeigte Verhalten des Menschen ist immer nur Verhalten zu einem Zeitpunkt, das innerhalb eines Sets von existierenden Limitierungen auftritt. Sie spiegeln nicht notwendigerweise optimale oder erwünschte Verhaltensweisen wider (*Hanson & Burnett* 1981).

d) Konsumverhalten:

– wie bereits mehrfach angesprochen, wird die neoklassisch orientierte Konsumtheorie in Fortführung des Ansatzes von *Lancaster* als theoretische

Fundierung der verhaltensorientierten Verkehrsmittelwahlmodelle herangezogen. Es wird allgemein von Konsum-, Nachfrageverhalten (consumer demand) und Angebot und Nachfrage gesprochen. Eine eingehende Analyse, auf welchen Teil des Konsumentenverhaltens sich die Verkehrsmittelnutzung bezieht, wird nicht vorgenommen.

– dies ist deshalb von besonderer Bedeutung, weil die neoklassische Haushalt- bzw. Konsumtheorie ausschließlich auf die Marktentnahme von Konsumobjektiven bzw. das Kaufverhalten bezogen ist (Konsum im engeren Sinne, *Streissler* 1974, S. 9). Eine Analyse der Verkehrsmittelnutzung macht deutlich, daß diese nicht einfach auf einer Kaufentscheidung mit Auswahl unter mehreren verfügbaren Marktgütern aufbaut und auch nicht eindeutig ein Anbieter des jeweiligen Verkehrsmittels auszumachen ist. Dies wird im Abschnitt 3.4. eingehender dargelegt, und die Folgen für die Erklärung und die Anwendung werden aufgezeigt.

3.2.3. Der Einfluß ökonomischer Determinanten

Die Darlegung und Diskussion der neoklassisch orientierten Verkehrsmittelwahlmodelle bezog sich vorrangig auf die theoretischen Aspekte. Abschließend wird noch kurz auf den Einfluß der spezifisch ökonomischen Determinanten eingegangen. Dabei werden – eingegrenzt auf den Stadt- bzw. Nahbereichsverkehr – das Einkommen und die Kosten sowie als abgeleitete ökonomische Größe die Zeit angesprochen. Die spezifischen Probleme der Wahrnehmung etc. bleiben in diesem Abschnitt ausgeklammert.

a) Einkommen:

In der neoklassisch orientierten Konsumtheorie ist das Haushaltseinkommen in Form der Budgetrestriktion von großer Bedeutung. Sowohl von den Vertretern dieser Richtung im Bereich der Verkehrsnachfragemodelle (Beispiel: *Adler* 1981) wie ihren Kritikern (Beispiel: *Heggie* 1978, S. 113 ff.) wird jedoch gesehen, daß die Budgetrestriktion bezogen auf die Verkehrsmittelwahl in konkreten, zeitlich abgegrenzten Situationen vernachlässigbar ist, da dabei i. d. R. nur kleine Bruchteile des Einkommens beansprucht werden. Dennoch ist das Einkommen bedeutsam, da es zum einen eine wichtige Voraussetzung für den PKW-Besitz ist und zum anderen die Gesamtkosten aller Fahrten und damit die Fahrtenhäufigkeit beeinflußt (*Infas* 1970, S. 19).

Allgemein kann gesagt werden, daß alle vorliegenden Ergebnisse einen korrelativen Zusammenhang zwischen dem PKW-Besitz und der Höhe des Einkommens bestätigen (beispielsweise *Mäcke* et. al. 1973). Diese Untersuchungen machen aber zugleich deutlich, daß nicht zwingend bei niedrigem Einkommen kein PKW und bei hohem Einkommen mindestens ein PKW je Haushalt vorhanden ist (beispielsweise a.a.O., S. 59 ff. und *Stopher & Meyburg* 1974a). Deshalb werden die eindeutigeren Variablen PKW-Besitz und -Verfügbarkeit häufig vorgezogen.

Neben der Wirkung auf den PKW-Besitz ist zu vermuten, daß die Höhe des Einkommens einen Einfluß auf die subjektive Bedeutsamkeit der Einflußgrößen Kosten und Zeit, aber auch Komfort etc. ausübt (*Goodwin & Hensher* 1978, S. 29 f.). Dies ist in den neoklassisch orientierten Modellen in der theoretischen Formulierung enthalten, da für unterschiedliche sozioökonomische Gruppen unterschiedliche Gewichtungskoeffizienten bestimmt werden müssen (*Stopher & Meyburg* 1976a). In der praktischen Anwendung wurde dies bisher jedoch nur selten durchgeführt, da eine Vielzahl verschiedenster sozioökonomischer Faktoren berücksichtigt werden müßten.

b) Kosten:

In den ökononomischen Untersuchungen zur Verkehrsmittelwahl wurden aufgrund der Zielrichtung der Ökonomen selbstverständlich die Kosten vorrangig analysiert. Wie bereits ausgeführt ergab sich aber bald, daß daneben andere Faktoren wie insbesondere die Zeit ebenfalls einen Einfluß ausüben, ja häufig sogar dominant sind (*Goodwin & Hensher* 1978, S. 25 f.). Es stellt sich deshalb die Frage, welches Gewicht den Kosten als Determinante der Verkehrsmittelwahl zukommt. Aufgrund des vorliegenden Materials muß die Argumentation leider weitgehend auf den ÖPNV und den PKW beschränkt werden.

Bei einigen Untersuchungen zum Arbeitsweg mit disaggregierten Modellen kommen den Kosten eine relativ geringe Bedeutung zu. Bei einer Studie in den Niederlanden ergibt sich sogar ein nicht signifikanter Gewichtungskoeffizient für die laufenden Fahrtkosten (*Richards & Ben-Akiva* 1975, S. 78). Dieses Resultat bezieht sich auf einen Arbeitsweg mit relativ kurzen Entfernungen und geringen Unterschieden in den Kosten der alternativen Verkehrsmittel. I.d.R. haben aber die Kosten signifikante Gewichte, die jedoch fast durchgängig geringer sind als die Zeit. Genauere Aussagen sind aufgrund der mangelnden Standardisierung und der damit reduzierten Vergleichbarkeit nur schwer möglich (*Louviere* 1981). Diese tendenziellen Befunde sind in Übereinstimmung mit Ergebnissen, die mit anderen Erhebungsmethoden gefunden wurden: auch bei der direkten Abfrage nach der subjektiven Bedeutsamkeit verschiedener Fahrtdimensionen wie Komfort, Zeit etc. und qualitativen Ermittlungen sind die Kosten nicht unerheblich, jedoch nahezu regelmäßig anderen Faktoren nachgeordnet (Beispiel: *Stringer* 1981 und *Mäcke* et. al. 1973).

Der Bedeutsamkeitsgrad der Kosten ist von den jeweils gegebenen Bedingungen und dabei insbesondere der Streuung der Attributausprägungen abhängig (Eigenpreis- und Kreuzpreiselastizitäten). Daneben ist die absolute Höhe der Kosten bezogen auf das Einkommen von Bedeutung (Einkommenselastizitäten). Dieser zuletzt genannte Aspekt wird beispielsweise in einigen neueren Untersuchungen des disaggregierten Ansatzes berücksichtigt (Beispiel: *Train* 1979, S. 12).

Es wäre jedoch verfehlt, die Kosten aufgrund dieser Ergebnisse als unwichtige Determinante des Verkehrsverhaltens im Nahbereich aufzufassen: es gibt relativ durchgängig Hinweise darauf, daß die *Fahrtenhäufigkeit* von den Kosten eindeutig beeinflußt wird. Verschiedene Untersuchungen ergeben bei Preissenkungen im ÖPNV wachsende Fahrgästezahlen, jedoch kaum bzw. nur in geringem Umfang einen Wechsel vom PKW auf das betreffende öffentliche Verkehrsmittel (*Heggie* 1977a). In diese Tendenz fügen sich auch die Ergebnisse von Experimenten mit Null- bzw. Fast-Null-Tarifen ein (*Franke* 1976): in einem Experiment im Berufsverkehr (Nordrhein-Westfalen) nutzen bei drastisch reduziertem Tarif 5,4 % der ehemaligen PKW-Fahrer regelmäßig das Angebot. Die Ergebnisse legen die Vermutung nahe, daß die Kosten neben anderen Faktoren von Bedeutung sind, jedoch zumindest im Berufsverkehr nicht dominant sind. Bei der Interpretation muß berücksichtigt werden, daß die Untersuchung nur einen kurzen Zeitraum (3/4 Jahr) betraf und die Maßnahme nur vorübergehender Natur war. Längerfristige Anpassungsprozesse bleiben damit ausgeschlossen. Weiteres ausführliches Material zu den Wirkungen von Fahrpeisänderungen findet sich bei Verkehrsbetrieben (beispielsweise Ausgabe von Schüler- und Seniorenkarten, allgemeine Tariferhöhungen etc.). Vermutlich sind neben veränderten Fahrtfrequenzen auch weitere Anpassungsreaktionen wie Fahrtkettenbildung, Zielortänderungen etc. zu berücksichtigen.

Hier ist auch ein Hinweis auf die in der deutschen Literatur vereinzelt auftauchenden Preiselastizitäten im ÖPNV erforderlich (*Kindt* 1971 und *Pudenz* 1974). Deren Ergebnisse sind in bezug auf meine Fragestellung schwer interpretierbar, da sie sich auf einem anderen Aggregationsniveau befinden und zudem nur die Eigenpreiselastizität der öffentlichen Verkehrsmittel beinhalten. Die Entwicklung der Fahrtkosten für den PKW als wichtige Alternative (Kreuzpreiselastizitäten; nach *Menke* 1975, S. 37 nicht vorhanden) und die Entwicklung des Einkommens (Einkommenselastizität) müßten ebenfalls berechnet werden, um zu einem aussagefähigen Ergebnis zu kommen.

Die zahlenmäßigen Angaben über die Nachfrageelastizitäten zum ÖPNV, wie sie etwa auch bei *Heggie* (1977a, S. 54) mit –0.3 auftauchen, sind in ihrem Vorzeichen in der Tendenz jedoch übereinstimmend und plausibel. Die Angaben sind aber dennoch mit Vorsicht zu behandeln, da alle Personen unabhängig von ihren tatsächlichen Alternativen zusammengefaßt werden. Bei *Mullen* (1975) ergeben sich in einem Vergleich britischer Städte ebenfalls durchschnittliche Tarifelastizitäten von –0.3. Es werden jedoch Ergebnisse angeführt, die ausweisen, daß im Berufsverkehr eine viel geringere Elastizität als im Einkaufsverkehr etc. auftritt. Ähnliches gilt für den – damit korrelierten – Verkehr in Stoßzeiten. Diese Resultate deuten auf einen starken Einfluß des Grades der Variabilität bzw. der Notwendigkeit der Fahrt hin (s. auch *Moran & Jones* 1975).

c) Zeit:

Wie bereits häufig erwähnt, ist der Faktor Zeit relativ durchgängig eine der bedeutsamsten Einflußgrößen der Verkehrsmittelwahl (bezogen auf kurzfristige Situationen). Für die Ökonomen wurde das sozusagen zum „Rettungsanker", da sie sich relativ leicht als abgleitete ökonomische Größe (Umrechnung über die Arbeitszeit, Zeitkosten etc.) darstellen läßt. Damit konnte man mit wenigen ökonomischen Variablen brauchbare Verkehrsmittelwahlmodelle erstellen, obwohl die eigentliche ökonomische Größe Kosten/Preise keinen dominanten Einfluß besitzt. Da die Ergebnisse bezüglich dieser Determinante recht eindeutig sind, soll hierauf nicht näher eingegangen werden. Je nach Art der Tätigkeit wird die Zeit unterschiedlich gewichtet. Damit ergibt sich die Möglichkeit, durch die Unterteilung der Zeit Indikatoren für andere Determinanten wie insbesondere dem Komfort einbeziehen zu können und damit die Genauigkeit des Ansatzes zu verbessern. Am eindeutigsten und umfassendsten wird dieser Aspekt bei *Hensher & McLeod* (1977) berücksichtigt.

3.3. Marktpsychologisch orientierte Ansätze der Verkehrsmittelwahl

Eine zweite Richtung, die die Verkehrsmittelnutzung mit Hilfe der in der Konsumtheorie gewonnenen Erkenntnisse und Theorien angeht, stellen marktpsychologisch- bzw. marketingorientierte Ansätze dar. Diese sind eindeutig in die einstellungsorientierten Verkehrsmittelwahlmodelle einzuordnen.

Bereits in frühen Arbeiten, in denen Einstellungsvariablen verwendet werden, wird vom Konsumenten als Untersuchungseinheit gesprochen, ohne daß dies jedoch auf die Theoriebildung einen erkennbaren Einfluß ausübt (Beispiel: *Paine* et. al. 1969). Der Terminus „Konsument" ist jederzeit mit „Verkehrsteilnehmer" austauschbar, ohne daß sich irgend etwas an den Aussagen dieser Untersuchungen ändert. In den folgenden Studien (s. beispielsweise die Arbeiten von *Hartgen*) wird der ökonomische Charakter nicht explizit einbezogen, sondern nur allgemein von Verkehrsteilnehmern gesprochen.

In der weiteren Entwicklung werden von den Ansätzen, die explizit den Verkehrsteilnehmer in seiner ökonomischen Funktion als Endverbraucher betrachten, Methoden und Theorien der Marktpsychologie bzw. des Marketing auf den Bereich Verkehrsmittelwahl übertragen. Dabei wird insbesondere der Aspekt der Verhaltenseingrenzung durch limitierende Faktoren eindeutig eingeordnet, und das Verhältnis der objektiven Eigenschaftsausprägungen der Alternativen und deren subjektiver Wahrnehmung und Bewertung als zentraler Analysegegenstand herausgestellt. Zum einen sind hier die Vielzahl der Arbeiten der General Motors Research Laboratories zu nennen (beispielsweise *Golob* 1973 und *Horowitz & Sheth* 1977), die wesentliche Impulse aus der Theorie des Käuferverhaltens von *Howard & Sheth* (1969) und *Sheth*

(1974) aufnehmen. Zum anderen sind die Untersuchungen einer Arbeitsgruppe an der Northwestern University/Evanston von Bedeutung, die einen Marketingansatz für öffentliche Verkehrsmittel ausarbeiten (*Hauser & Koppelman* 1976 und *Tybout* et. al. 1977a).

Diese Ansätze erbringen ähnlich wie die neoklassisch orientierte Richtung für die verhaltensorientierten Modelle eine Systematisierung und theoretische Fundierung der einstellungsorientierten Ansätze. Im Gegensatz dazu ist jedoch noch keine so weitgehende Vereinheitlichung erreicht. Diese Arbeiten dienten vorrangig als Augangspunkt für die Untersuchung einer Vielzahl von Fragestellungen (Kombinationsregeln, Verhältnis subjektiver Wahrnehmungen und objektiver Gegebenheiten etc.). Die Beziehungen zwischen der neoklassischen, objektiven Nutzenstheorie und diesen Ansätzen werden bei *Golob & Dobson* (1974) kurz dargelegt. Dabei wird insbesondere die Bedeutung der *Lancaster*'schen Arbeit zur Aufteilung der globalen Nutzensvorstellung je Konsumgut in die Attribute deutlich.

Es ist nicht erforderlich, auf die Grundlagen dieser marktpsychologisch orientierten Ansätze näher einzugehen, da diese im Abschnitt 2.4.2. bereits dargestellt wurden. Statt dessen werden einige der *spezifischen Beiträge* der marktpsychologischen Konsumtheorie für die Analyse der Verkehrsmittelwahl angesprochen:

- da die Marktpsychologen ebensowenig wie die Verkehrsforscher am Einzelnen an sich, sondern an Segmenten der Bevölkerung mit möglichst großer Homogenität interessiert sind, wurden die Verfahren der Marktsegmentierung übertragen.
- im Gegensatz zu „reinen" Einstellungstheorien, die ausschließlich subjektive Kognitionen und Bewertungen erfassen (beispielsweise *Paine* et. al. 1969), wird die Bedeutung des Zusammenhangs der objektiven Attributausprägungen und der subjektiven Wahrnehmung, dem Informationsstand und der Bewertung herausgestellt und zumindest für die Faktoren Zeit und Kosten erfaßt (beispielsweise *Levin* 1981b und *Tybout* et. al. 1977a).
- daneben ist der Anstoß zur Verwendung qualitativer Verfahren wie Gruppendiskussionen etc. von Bedeutung (Beispiel: *Krishnan & Golob* 1977). Damit wurde die bisherige Methode der Vorgabe von Fahrtmerkmalen durchbrochen und versucht, bei den Betroffenen selbst deren Bedürfnisse und Zielvorstellungen zu ermitteln, die Zahl der relevanten Dimensionen zu bestimmen etc. Die Vielfalt menschlicher Verhaltensgründe wird nicht nur angesprochen, sondern es wird versucht, diese tatsächlich einzubeziehen.

Diese Ansätze übernahmen aber aus der Marktpsychologie bzw. der Marketingforschung nicht nur bestimmte Methoden und Theorien, sondern zugleich auch deren Schwerpunktbildungen, Verengungen und Interessenrichtung. Im folgenden soll dabei nur der m. E. *bedeutsamste Problembereich* herausgegriffen werden.

Wie bereits angesprochen, wird in allen konsumtheoretischen Ansätzen der Verkehrsmittelwahl allgemein von Konsumverhalten und Nachfrage gesprochen, ohne anzugeben oder zu analysieren, in welchen Teil des Konsumprozesses die Nutzung alternativer Verkehrsmittel einzuordnen ist. Wie die – unreflektierte – Verwendung des Begriffs Konsumentennachfrage und die Übernahme der Theorie des Käuferverhaltens von *Howard & Sheth* (1969) andeuten (Übersicht bei *v. Rosenstiel & Ewald* 1979, S. 69 ff.), stellen sich die Autoren den Gegenstandsbereich Verkehrsmittelwahl in Analogie zum *Kaufverhalten* bzw. der *Marktentnahme* von auf dem Markt angebotenen Konsumobjekten vor bzw. sie fassen dies vereinfacht als Kaufverhalten von Marktgütern/-diensten auf. Wie im nächsten Abschnitt (3.4.) gezeigt wird, ist diese Analogie bzw. Einordnung inadäquat und verhindert die systematische Einbeziehung wichtiger empirischer Befunde.

Diese Einengung ist nur auf dem Hintergrund der Interessenausrichtung der Marketingforschung zu verstehen: aufgrund der ausschließlichen Anbieterorientierung ist das Interesse auf das Kaufverhalten und dessen Determinanten ausgerichtet.

Die Problematik dieser Einengung auf den Gegenstandsbereich *Verkehrsmittelnutzung* liegt auf der Hand, da hier die eigentliche *Konsumtion* im Mittelpunkt des Interesses steht. Bei den betreffenden Autoren wird darauf jedoch nicht eingegangen. Es wird nicht analysiert, inwieweit die Ansätze dennoch verwendbar sind und eine genügend genaue Annäherung gestatten.

3.4. Sozioökonomische Analyse der privaten Nutzung alternativer Verkehrsmittel

3.4.1. Allgemeine Grundlagen

Die sehr unterschiedlichen Zielsetzungen der verschiedenen ökonomischen Konsumtheorien haben eine einheitliche Begriffsbildung bisher erschwert. Beispielsweise werden bei *Kolms* (1959) die Begriffe Marktentnahme, Wertvernichtung und der Bedürfnisbefriedigung angeführt. Alle diese Begriffsmerkmale betreffen nur Teile des Konsums (*Held* 1976). Häufig wird der Begriff verengt auf die realisierte Nachfrage als Vorgang der endgültigen Marktentnahme. Bei *Streissler* (1974, insbesondere S. 5 und 9) werden die einzelnen Begriffe in Kürze dargelegt, wobei zwischen der Marktentnahme der benötigten Güter durch Kauf als „Konsum i. e. S." und der Nutzung als „Konsum i. w. S." unterschieden wird.

Eine sozioökonomische Analyse des Konsumverhaltens sollte den Konsum nicht von vornherein verengt als Marktentnahme oder als Kaufverhalten definieren. Sie sollte vielmehr die ganze Breite der verschiedenen Elemente des

Konsumprozesses – begehren, erwerben, besitzen, nutzen etc. von Konsumobjekten (*Albert* 1965, S. 151 und *Hillmann* 1971, S. 17) – umfassen. Dabei kann dieser Prozeß je nach Zielsetzung verschieden und unterschiedlich detailliert untergliedert werden. Wie bereits angeführt, stehen beispielsweise in der Konsumpsychologie bisheriger Prägung die Überlegungen und Handlungen vor dem Kaufakt und der Kaufakt selbst im Vordergrund. Deshalb wird dieser Teil des Konsumprozesses weiter unterteilt (*Jacoby* 1976, S. 340 und *Rüttinger* et. al. 1974, S. 137). Die Unterteilung des Konsumprozesses in Phasen dient heuristischen Zwecken. Die Phasen treten in der Realität nur selten in Reinform auf. Zur Verdeutlichung der für die Analyse der privaten Nutzung alternativer Verkehrsmittel wichtigen Aspekte erscheint folgende *Untergliederung des Konsumprozesses* adäquat zu sein:

- Überlegungen und Handlungen vor der Aneignung des Konsumobjektes (Informationssuche, Alternativenbewertung etc.);
- Aneignung des Konsumobjektes (Erwerb, Kaufakt, Mieten etc.);
- Verfügbarkeit des Konsumobjektes (Besitz und Eigentum, das die Verfügung über die Art, den Zeitpunkt etc. der Nutzung im Rahmen der rechtlichen Voraussetzungen gewährt);
- Nutzung des Konsumobjektes (Verbrauch, Gebrauch, Inanspruchnahme);
- Überlegungen und Handlungen nach der Nutzung (veränderte Einstellungen aufgrund der Nutzungserfahrung etc.).

Bei der *Art der Konsumobjekte* läßt sich folgende Unterteilung vornehmen:

- Verbrauchsgüter (werden bei Nutzung verbraucht, so daß sie ohne weitere Hinzusetzung von Ressourcen und Arbeitskraft nicht mehr verwendet werden können; unterschiedliche Lagerfähigkeit. Beispiel: Benzin);
- Gebrauchsgüter (wiederholte Nutzung möglich; unterschiedliche Nutzungsdauer. Beispiel: PKW);
- Dienstleistungen (nicht lagerfähig, direkte Nutzung. Beispiel: Taxifahrt);
- Versicherungen (beinhalten als Leistung eine Risikoabsicherung. Beispiel: Kfz-Haftpflicht- und Insassen-Unfallversicherung).

Für die Analyse der Verkehrsmittelnutzung ist zu beachten, daß bei den einzelnen Konsumarten verschiedene Stufen des Konsumprozesses von besonderer Bedeutung sind und teilweise bestimmte Phasen zeitlich zusammenfallen: beispielsweise ist es das Kennzeichen von Dienstleistungen, daß hier die Aneignung direkt mit der Nutzung verbunden ist und eine eigenständige Verfügungsgewalt nicht auftritt (in Sonderformen können Reservierungen möglich sein). Bei langlebigen Gebrauchsgütern ist dagegen die Verfügbarkeit von großer Bedeutung, da sie die Nutzung von den spezifischen Angebotsbedingungen – wie beispielsweise Öffnungszeiten etc. – unabhängig macht.

Diese beiden Typologien stellen noch immer ein recht unvollständiges Bild der *realen Konsumtion* dar. *Weitere Aspekte* sind zu ergänzen:

- der Käufer und der Nutzer des Konsumobjektes müssen nicht zusammenfallen (*Rüttinger* et. al. 1974, S. 144; s. auch die interessante Feldstudie von *Lewin* 1963).
- es wird in beiden Typologien noch nichts über den monetären Leistungsstrom ausgesagt (*Molt* 1977). Bei Verbrauchs-, Gebrauchsgütern und Diensten fällt die Bezahlung zumeist mit der Aneignung zeitlich direkt zusammen (Sonderformen wie Ratenkauf etc.). Für langlebige Gebrauchsgüter entsteht damit das Problem der Kostenzuschreibung zu der eigentlichen Nutzung. Aber auch bei Dienstleistungen kann der Zusammenhang durch besondere Zahlungsformen wie Dauer- und Monatskarten gelockert sein. Hinzu kommen die verschiedenen Formen des bargeldlosen Zahlungsverkehrs, die eine unterschiedliche Aufmerksamkeit erfordern (Kontinuum: Barzahlung – Lastschriftverfahren).
- in der üblichen ökonomischen Theoriebildung wird strikt zwischen Produktion und Konsumtion getrennt. Die innerhalb des Haushaltes erbrachten Eigenleistungen wie beispielsweise Hausfrauentätigkeit, selbst PKW-Fahren etc. werden nicht berücksichtigt, da sie nicht direkt in den Wirtschaftskreislauf eingehen. Für die Analyse der Nutzung ist dagegen bedeutsam, daß vom Konsumenten häufig noch eine Eigenleistung zugesetzt wird (*Scherhorn* 1969). Diese ist in vielen Fällen eine unverzichtbare Voraussetzung, um den angestrebten Nutzen der Konsumobjekte erreichen zu können. Beispielsweise müssen die meisten Nahrungsmittel noch zubereitet werden.
- wenn man soweit geht und die aufgewendete Zeit als Eigenleistung betrachtet, ist für jede Konsumhandlung eine eigene Leistung erforderlich.
- die bisherigen Überlegungen beziehen sich alle – gemäß der vorherrschenden ökonomischen Betrachtungsweise – auf die Aneignung und Nutzung von Konsumobjekten, die auf dem Markt angeboten und nachgefragt werden. Dabei wird vernachlässigt, daß für die Konsumtion die Inanspruchnahme von Transfers (*Boulding & Pfaff* 1972) häufig von großer Bedeutung und teilweise sogar unerläßlich ist.
- zudem wird teilweise aufgrund von finanzrechtlichen Vorschriften und Gesetzen die Nutzung von Konsumobjekten von der Zahlung von Transfers in Form von Steuern, Abgaben etc. abhängig gemacht.
- generell muß bei einer Analyse des eigentlichen Konsums geprüft werden, welche Voraussetzungen hierzu erforderlich sind. Wie *Streissler* (1974, S. 12) zusammenfassend schreibt, werden in der neoklassischen Theorie der Marktentnahme die Güter als allgemein erhältlich angenommen. Als einzige Beschränkung ihrer subjektiven Verfügbarkeit wird die Kaufkraft in Form der Budgetrestriktion berücksichtigt. In konsumpsychologischen Arbeiten wird neben der Zahlungsfähigkeit häufig die Zugängigkeit der Konsumgüter als weitere Voraussetzung für den Kaufakt aufgenommen (beispielsweise *Hoepfner* 1975). Wie aus den bisherigen Ausführungen deutlich wurde, können für die Nutzung daneben eine Vielzahl weiterer Voraussetzungen wie öffentliche Vorleistungen/Transfers, Eigenleistungen, Vorliegen rechtlicher Regelungen etc. erforderlich sein.

- daneben sind für eine Vielzahl von Konsumgütern weitere Marktgüter als Komplemente unverzichtbare Voraussetzung für die Nutzung. Von besonderer Bedeutung ist dabei die Energie, die in den Industriestaaten für eine sehr große Zahl der bedeutsamsten Konsumgüter ein notwendiges Komplement darstellt.
- damit wird eine Unterscheidung in zwei verschiedene Arten von Komplementen erforderlich: bei den notwendigen Komplementen ist das eine Gut allein – Beispiel: PKW – für den angestrebten Konsumzweck – Beispiel: Ortsveränderung – nicht ausreichend, sondern man kann nur zusammen mit dem Komplement – Beispiel: Sprit – den angegebenen Zweck erreichen. Bei der anderen Art von Komplementen ist die Nutzung des einen Gutes allein zwar möglich, der gemeinsame Verbrauch bzw. Gebrauch stiftet aber einen größeren Nutzen als die Summe ihrer Nutzen aus der separaten Verfügung (*Streissler* 1974, S. 12).

3.4.2. Anwendung auf die Nutzung alternativer Verkehrsmittel

Diese Ausführungen deuten bereits an, daß die Analyse der Nutzung alternativer Verkehrsmittel mit der üblichen, auf die Marktentnahme bzw. das Kaufverhalten eingeengten Betrachtungsweise nicht adäquat vorgenommen werden kann. Im folgenden wird nun anhand dieser allgemeinen Überlegungen und Unterteilungen die Verkehrsmittelnutzung analysiert. Dabei wird verdeutlicht, daß eine Vielzahl von „Eigenheiten" systematisch einordenbar werden. Die Ursachen von Problemen, wie die inadäquate Behandlung der Limitierungen bzw. der Verfügbarkeit in den neoklassisch orientierten Modellen, werden offengelegt.

a) Unterschiedlichkeit der Verkehrsmittel:

Eine sozioökonomische Analyse der verschiedenen Verkehrsmittel zeigt sehr deutlich ihre große Unterschiedlichkeit auf:

- bei der Verkehrsmittelnutzung handelt es sich nicht um ein einfaches Verhalten, das auf der Auswahl unter sehr ähnlichen bzw. homogenen Alternativen beruht (wie beispielsweise beim Kauf von Waschmitteln, Benzin etc.).
- die Verkehrsmittel sind bezüglich der zeitlichen Nähe von Kauf und Nutzung sehr unterschiedlich geartet.
- bei der Mehrzahl der Verkehrsmittel fallen Kosten an, doch gibt es im Nahbereich auch freie Güter.
- aufgrund der Gegebenheiten tritt eine Interessenparallelität der Ökonomen und Techniker auf (technische Aufwendigkeit und Kosten korrelieren).

b) Verkehrsmittel als Komplemente und Substitute:

In den Untersuchungen zum Kaufverhalten wird i. d. R. die Auswahl unter eindeutigen Substituten wie verschiedene PKW-Typen, Whisky-Sorten etc. oder der Zusammenhang eindeutiger Komplemente wie Schallplatten, Schallplattenspielgerät etc. als Gegenstand herangezogen. Im Verkehrsbereich ist eine Analyse von notwendigen Komplementen insbesondere bei der PKW-Nutzung im Hinblick auf Energieprobleme von Bedeutung. Bezüglich der Verkehrsmittelwahl ist jedoch die Bestimmung der Substitute/Alternativen die interessierende Fragestellung:

– *Substitute:*
  - in der üblichen Betrachtungsweise werden die Verkehrsmittel auf die Hauptverkehrsmittel vereinfacht und entsprechende Alternativenpaare wie PKW vs. ÖPNV gegenübergestellt.
  - es stellt sich die Frage, was als eigenständige Alternative und was als Variante einer Verkehrsmittelalternative aufzufassen ist (2.4.1.). Beispielsweise wurde das PKW-Fahren nur in wenigen Untersuchungen in Selbst- und Mitfahren getrennt, obwohl unterschiedliche Limitierungen zu berücksichtigen sind und potentiell auch unterschiedliche Qualitäten gegeben sind.

– *Notwendige Komplemente:*
  - als Besonderheit ist zu nennen, daß kaum eine Ortsveränderung ausschließlich mit einem Verkehrsmittel allein möglich ist („Tür-zu-Tür-Transport"), sondern daß unter den bei uns gegebenen Bedingungen fast immer die Füße als Komplement notwendig sind.
  - dabei ist es möglich, daß die Füße einerseits eine Alternative darstellen und zugleich ein notwendiges Komplement des alternativen Verkehrsmittels sind.
  - aufgrund eigener Explorationen und Ergebnissen der Verkehrsforschung kann vermutet werden, daß die Füße bei kurzen Wegen nicht als eigenständiges Mittel der Ortsveränderung bewußt sind bzw. unvollständiger als mit Fahrzeugen durchgeführte, weitere Wege repräsentiert sind (*Schwerdtfeger* et. al. 1977, S. 9).
  - im ÖPNV sind häufig Verbindungen mit nur einem Verkehrsmittel nicht möglich, sondern man ist auf mehrere angewiesen. Beispiel: Busse dienen in Außenbezirken häufig als Zubringer zum schienengebundenen ÖPNV. Teilweise bestehen aber verschiedene öffentliche Verkehrsmittel parallel zueinander und sind damit (potentiell) Substitute.

– *Nicht-Notwendige Komplemente:*
  - Verkehrsmittel, die einerseits Substitute darstellen, können evtl. auch als Komplemente den gleichen Zweck erfüllen (dabei muß festgelegt werden, ob diese Kombination als eigenständige Alternative definiert wird). Beispiel: Park + Ride vs. ausschließlich PKW und aussschließlich ÖPNV (mit Füßen als Ergänzung).

dabei ist die Verteilung der relativen Vor- und Nachteile der verschiedenen Verkehrsmittel von Bedeutung. Im Fall einer stark ungleichen Verteilung der Vor- und Nachteile kann die Kombination zweier Verkehrsmittel eine attraktive Alternative darstellen. Dies ist beispielsweise gegeben, wenn der ÖPNV in Außenbezirken eine relativ geringe Erschließungsdichte aufweist und zugleich aber in den Innenbezirken gegenüber dem PKW im Vorteil ist (Prinzip des Park + Ride).

durch entsprechende Anreizgestaltung wie PKW-Parkplätze und überdachte Fahrradständer an Haltestellen öffentlicher Verkehrsmittel wird die entsprechende Kombination den Bürgern ermöglicht bzw. bewußt gemacht.

Zur Veranschaulichung der vielfältigen Beziehung der Verkehrsmittel werden in Darstellung 10 die verschiedenen Fahrttypen aus einer australischen Untersuchung in Sydney wiedergegeben. Dabei wird die besondere Bedeutung des Zufußgehens als notwendiges Komplement deutlich. Aufgrund des Untersuchungsdesigns (Entfernung) tritt es hier nicht als eigenständige Alternative auf:

Darstellung 10

Fahrt-Typen auf dem Arbeitsweg einer australischen Untersuchung

1. *Pkw-Fahrer*/Zufuß	6. Zufuß/Bus/*Zug*/Bus/Zufuß
2. *Pkw-Fahrer*/zug/Zufuß	7. Pkw-Fahrer/*Zug*/Bus/Zufuß
3. *Pkw-Fahrer*/Bus/Zufuß	8. Pkw-Fahrer/*Zug*/Zufuß
4. Zufuß/*Zug*/Zufuß	9. Zufuß/Bus/*Zug*/Zufuß
5. Zufuß/*Zug*/Bus/Zufuß	
	Hauptverkehrsmittel kursiv !

(Quelle: Hensher & McLeod 1977, S. 81)

c) Angebot und Nachfrage:

Bei der Betrachtung des Kaufverhaltens bezüglich auf dem Markt angebotener, alternativer Konsumobjekte sind die Anbieter und Nachfrager eindeutig und i. d. R. problemlos feststellbar. In den bisherigen Ausführungen wurden bereits einige Aspekte angesprochen, die die Problematik des „Angebots" und der „Nachfrage" von Verkehrsleistungen aufzeigen: bei den öffentlichen Verkehrsmitteln ist direkt ein Anbieter der Verkehrsleistung Ortsveränderung (zu bestimmter Zeit etc.) zu bestimmen, dessen Leistung alle Voraussetzungen des Verkehrs umfaßt. Der Nachfrager ist „nur" für den Weg von und zu den Stationen zuständig und muß die Zeit verfügbar haben. Es handelt sich jedoch selten um ein Markt-Angebot, da der öffentliche Verkehr fast durchweg nach gemeinwirtschaftlichen Prinzipien arbeitet und beispielsweise in der BRD eine

Beförderungspflicht besteht etc. (*Pudenz* 1974, S. 2 ff. und *Kindt* 1971, S. 4 ff.). Auch bei den Taxifahrten handelt es sich nicht um ein reines Marktangebot, da zumindest in der BRD kommunale Zulassungs- und Preisgenehmigungen vorgeschrieben sind.

Trotz dieser Besonderheiten dürfte das Angebot an Taxifahrten von den Verkehrsteilnehmern ähnlich wie sonstige auf dem Markt angebotene Dienstleistungen aufgefaßt werden. Auch das Angebot von öffentlichen Verkehrsbetrieben wird wohl als ähnlich erlebt (beispielsweise werden die tatsächlich zu bezahlenden Fahrpreise und nicht die Gesamtkosten einschließlich der Subventionen als Kosten angesehen). Dennoch können hier die (potentiellen) Verkehrsteilnehmer versuchen, in ihrer Eigenschaft als Bürger Einfluß auf die Angebotsgestaltung zu nehmen.

Das *zentrale Problem* besteht darin, daß ein großer Teil der intendierten und realisierten Ortsveränderungen nicht durch Inanspruchnahme eines Angebotes, sondern mit eigenen Verkehrsmitteln in Form des *Eigenverkehrs* (*Voigt* 1973, S. 38) durchgeführt wird. Bei der Nutzung individueller Verkehrsmittel gibt es keinen eindeutig benennbaren Anbieter der Verkehrsleistung, sondern es werden zu verschiedenen Zeiten verschiedene Teilmärkte berührt wie insbesondere ein Verkehrsmittelmarkt und ein Markt für Kraftstoffe sowie weitere Sondermärkte wie Transportversicherung, Reparaturen etc. (ausführlicher a. a. O., S. 235 ff.). Dies geschieht in teilweise ziemlich großem zeitlichen Abstand wie insbesondere beim Kauf und der Nutzung des PKW's. Die verschiedenen Teilmärkte sind dabei von der Art und Zahl der für die Nutzung des Verkehrsmittels erforderlichen Komplemente abhängig. Beispielsweise ist für die PKW-Nutzung der Treibstoff von überragender Bedeutung, während beim Fahrrad die notwendige Energie in Eigenleistung erbracht wird (könnte in Kette „Nahrungsmittel als Energieträger" etc. weiter verfolgt werden; in diesem Zusammenhang unerheblich). Bei allen individuellen Verkehrsmitteln wird eine Eigenleistung in Form der Steuerung des Verkehrsmittels erbracht. Teilweise ist zusätzlich ein Mit-Fahrer möglich. Neben der Eigenleistung und den verschiedenen Teilmärkten ist für die Verkehrsleistung die Bereitstellung von Verkehrswegen und Abstellflächen erforderlich. Die Abstellflächen sind teilweise privat aneigenbar (Garage in Wohnungsnähe etc.) oder werden über Märkte angeboten. In ihrer überwiegenden Zahl werden sie jedoch transfermäßig bereitgehalten. Die Verkehrswege werden im städtischen Bereich nahezu ausschließlich in Form von Transfers ohne direkte ökonomische Gegenleistung angeboten, und auch auf Überlandstrecken ist dies überwiegend – in vielen Ländern sogar vollständig – der Fall.

Gesamt betrachtet gibt es also unter den derzeit bestehenden Gegebenheiten keinen einheitlichen Markt für Personenverkehrsleistungen (ausführliche Diskussion zum Marktbegriff a. a. O.). Interessant ist dabei gerade das

Nebeneinander von Alternativen, die als einheitliche Verkehrsleistung angeboten werden und anderen, die bereits in der Verfügungsgewalt der (potentiellen) Nachfrager sind. Insbesondere bei der Nutzung von individuellen Verkehrsmitteln gibt es keinen Anbieter der Verkehrsleistung. Dennoch erscheint es mit *Voigt* (a. a. O., S. 287) zweckmäßig zu sein, sowohl den Eigen- wie den Fremdverkehr zusammenfassend als Nachfrage nach Verkehrsleistungen zu betrachten. Die Nachfrage beim Eigenverkehr bezeichnet etwas anderes, als das in der Markttheorie sonst üblich ist. Damit kann man von einer Nachfrage nach Verkehrswegen, d. h. der Bereitstellung von Transfers sprechen. Beispielsweise betrachtet der englische Verkehrsökonom *Thomson* (1978, S. 60 ff.) unter dem Angebot ausschließlich das Angebot an Verkehrsinfrastruktur. Auch *Stopher & Meyburg* (1975, S. 45 ff.) sprechen allgemein von Angebot und Nachfrage und beziehen das Angebot dabei auf die Bereitstellung von Transporteinrichtungen.

Die hier ausgeführten Präzisierungen bezüglich des Angebots und der Nachfrage nach Verkehrsleistungen sind in Studien der Verkehrsforschung bereits enthalten. Insbesondere in der unter makroökonomischer Zielrichtung stehenden Arbeit von *Voigt* wird dies detailliert dargestellt. Auch in der Verkehrsbetriebswirtschaftslehre von *Diederich* (1977, S. 19 ff.) wird die große Bedeutung der in Eigenleistung erbrachten Ortsveränderungen herausgestellt und die Überlegungen der Betriebswirtschaftslehre ausdrücklich auf die am Markt geäußerten Nachfragewünsche nach Ortsveränderung eingegrenzt.

In den für meine Fragestellung direkt relevanten Verkehrsmittelwahlmodellen, die auf konsumtheoretischen Ansätzen und Überlegungen aufbauen, wird die Komplexität der Verkehrsmittelnutzung dagegen vernachlässigt und diese ausschließlich als Kaufverhalten bzw. in Analogie dazu behandelt (3.3.).

d) Verfügbarkeit der Alternativen:

Bei der Analyse des Kaufverhaltens von auf dem Markt angebotenen Konsumobjekten wird – wie oben ausgeführt – zumeist eine allgemeine Erhältlichkeit der Objekte angenommen und nur die Kaufkraft als Voraussetzung explizit aufgeführt. In den neoklassisch orientierten Verkehrsmittelwahlmodellen wird zwar theoretisch noch zusätzlich die zeitliche Limitierung in Form des Zeitbudgets angeführt, für die konkrete Analyse sind aber beide Arten der Limitierung unerheblich. Aus der inadäquaten Gleichsetzung der Verkehrsmittelnutzung mit dem Teilaspekt Kaufverhalten ergeben sich die bereits mehrfach aufgeführten Probleme dieser Modelle bei der adäquaten Einbeziehung der limitierenden Faktoren und der Bestimmung der tatsächlich verfügbaren Alternativen (s. auch *Heggie* 1978).

In marktpsychologischen Studien wird neben der Einkommens- und Zeitbudget-Restriktion noch teilweise die Zugänglichkeit der Konsumgüter als weitere Voraussetzung für den Kauf in die Untersuchung einbezogen. Damit werden ansatzweise weitere bedeutsame Faktoren wie gerade die Verfügbarkeit von Verkehrsmitteln etc. (*Hoepfner* 1975, S. 96 ff.), explizit analysiert. Deshalb wird auch bei den marktpsychologisch fundierten Verkehrsmittelwahlmodellen die Verfügbarkeit der Alternativen und deren zugrundeliegenden Faktoren als Determinanten der Verkehrsmittelnutzung erkannt und ansatzweise einbezogen. Aufgrund der Verengung auf das Kaufverhalten wird das jedoch noch nicht in systematischer Weise vorgenommen.

Bei der Analyse der Verkehrsmittelnutzung muß systematisch geprüft werden, welche Voraussetzungen erforderlich sind. Aufgrund der Verschiedenartigkeit der Verkehrsmittel ist dabei der Einfluß der einzelnen Aspekte höchst unterschiedlich. Beispielsweise ist bei den öffentlichen Verkehrsmitteln der Anbieter für die Energieversorgung verantwortlich, beim PKW ist dafür der Nutzer zuständig und seinerseits auf den Teilmarkt Treibstoffe angewiesen, während beim Fahrrad und den Füßen der Nutzer die Energie in Eigenleistung erbringt. Folgende Voraussetzungen können allgemein aufgelistet werden (s. auch *Voigt* 1973, S. 35):

– *Technische Voraussetzungen:*
  - Funktionsfähiges Verkehrsmittel (Füße freies Gut, individuelle Fahrzeuge auf Märkten – bei gegebener Kauffähigkeit – privat aneigenbar, bei ÖPNV in Verkehrsleistung enthalten);
  - Verkehrswege (bei ÖPNV in angebotener Verkehrsleistung enthalten, wobei teilweise eigene Wege wie teilweise allgemein bereitgehaltene Wege; bei IV ist Nutzer auf öffentliche Bereitstellung angewiesen);
  - Verkehrsstellflächen/Haltestellen (Abstellflächen und Haltemöglichkeiten für individuelle Fahrzeuge teilweise privat aneigenbar, ansonsten ist Nutzer auf öffentliche Bereitstellung und Marktangebot angewiesen; bei Stationen im ÖPNV ist Nutzer nicht zuständig);
  - Energie (ÖPNV in Zuständigkeit des Anbieters, bei Fahrrad/Füße Eigenleistung und bei motorisiertem Nutzer auf Teilmärkte angewiesen).

– *Rechtliche Voraussetzungen:*
  - Fahrerlaubnis Person (bei den motorisierten Individualverkehrsmitteln erforderlich, bei denen die Verkehrsmittelsteuerung in Eigenleistung erbracht wird; entsprechende Unterteilung in Mit- und Selbstfahren; an weitere Voraussetzungen wie beispielsweise Erreichen von Altersgrenzen etc. gebunden);
  - Zulassung Fahrzeug (in BRD sicherheits-, haftungs- und finanzrechtliche Regelungen bei motorisierten Individualverkehrsmitteln; technische Zulassung und Steuern/Mindestversicherung).

– *Persönliche Voraussetzungen:*
  - Kauffähigkeit (in bezug auf PKW-Besitz relevant; wenn Verkehrsmittel-

nutzung im Nahbereich in gegebener Situation betrachtet wird dagegen geringere Bedeutung; evtl. bei Taxifahrten gewisse Relevanz);

- Zeitliche Fähigkeit/Möglichkeit (betrifft alle Verkehrsmittel gleichermaßen; zu unterscheiden ist Gesamt-Zeitbudget und frei verfügbare Zeit in konkreter Situation);
- Fertigkeit der Fahrzeugsteuerung (bei allen individuellen Fahrzeugen erforderlich, bei denen die Verkehrsmittelsteuerung in Eigenleistung erbracht wird; damit bestehen für das Mitfahren geringere Voraussetzungen als für das Selbstfahren; bei motorisierten Fahrzeugen eng mit Vorliegen der juristischen Fahrberechtigung gekoppelt);
- Gesundheitlicher Zustand (vorrangig für bestimmte Gruppen, wie beispielsweise sehr alte Personen von Bedeutung; je nach Art der Beeinträchtigung Verkehrsmittel unterschiedlich betroffen).

Die Auflistung zeigt auf, wie fruchtbar es ist, die allgemein dargelegten, sozioökonomischen Aspekte bezüglich der Voraussetzungen wie Bereitstellung von Transfers, Beitrag von Eigenleistungen etc. auf die Analyse der Verkehrsmittelwahl anzuwenden. Durch die Art der Voraussetzungen kann ein Verkehrsmittel in deutlich zu unterscheidende Varianten aufgeteilt werden (PKW-Selbst- und -Mitfahren).

e) Unterschiedliche Flexibilität der Verkehrsmittel:

Aus einer Analyse der Voraussetzungen bezüglich der verschiedenartigen Verkehrsmittel lassen sich unmittelbar einige Ableitungen vornehmen, die vorrangig etwas über die Flexibilität der verschiedenen Verkehrsmittel aussagen:

– beim ÖPNV ist der Nutzer auf die Bedingungen des Angebots angewiesen; insbesondere bei liniengebundenen Verkehrsmitteln mit festen Fahrplänen ist dies relevant. Der Grad der Abhängigkeit ist dabei vorrangig von der Netzdichte und den Fahrtfrequenzen abhängig.
– bei individuellen Verkehrsmitteln ist durch die private Aneigenbarkeit und die damit gegebene Verfügbarkeit eine stärkere Flexibilität gegeben (sofern die anderen Voraussetzungen gewährleistet sind). Dies schlägt subjektiv in positiven Bewertungen im Vergleich zu den angebotenen Verkehrsmitteln durch. Dies geschieht teilweise auch in den Fällen, in denen die Möglichkeiten faktisch gar nicht oder nur in geringem Maße genutzt werden (beispielsweise auf dem Arbeitsweg).
– die Bedeutung der sonst häufig vernachlässigten Stufe „Verfügbarkeit des Konsumobjekts" kann am Beispiel der Abstellflächen für PKW's weiter verdeutlicht werden: die private Verfügbarkeit einer Garage bzw. eines „sicheren" Parkplatzes in Wohnungsnähe reduziert die Abhängigkeit von der Bereitstellung von Parkflächen. Andererseits ergeben sich aus den Parkproblemen in bestimmten Zielgebieten – insbesondere dem Innenstadtbereich – wesentliche Einschränkungen der Flexibilität des PKW.

- die erhöhte Flexibilität der individuellen Verkehrsmittel ist auch durch die – mit der privaten Verfügbarkeit verbundenen – Zusetzung einer eigenen Leistung in Form der eigenen Steuerung des Verkehrsmittels bedingt; damit wird die Nutzung unabhängig von den Arbeitszeiten der Beschäftigten des Anbieters etc.
- wie aufgezeigt, ist der Verkehrsteilnehmer bei der Nutzung der individuellen Verkehrsmittel zugleich immer auf die Bereitstellung von Verkehrswegen, beim PKW zusätzlich auf notwendige Komplemente wie den Treibstoff angewiesen und müssen bestimmte rechtliche und persönliche Voraussetzungen gegeben sein. Damit wird die hohe Flexibilität potentiell eingeengt.
- dies verdeutlicht die bei *Reichardt* (1969, S. 188) aufgezeigte Problematik: einerseits vermittelt der PKW ein starkes Freiheitsgefühl, zum anderen besteht faktisch aber eine große Abhängigkeit von kollektiven Maßnahmen. Wie *Voigt* (1973, S. 287) schreibt, wird jedoch vom Fahrer i. d. R. als selbstverständlich angenommen, „daß ihm gute Wege zur Verfügung gestellt werden und für die weitgehende Sicherheit und Bequemlichkeit gesorgt wird." Da in der BRD die Verkehrsplanung relativ durchgängig auf den PKW hin orientiert war – selbst bei Maßnahmen für den ÖPNV wurde fast ausschließlich eine Parallelplanung durchgeführt (*Weber* 1981) – wurde diese Erwartung bisher relativ gut erfüllt.
- die aktuell (Frühsommer 1979) aufgetretenen Treibstoffversorgungsprobleme in einigen Bundesstaaten der USA machen den Stellenwert einer Analyse der Voraussetzungen deutlich: solange diese „problemlos" erfüllt werden, sind sie den Betroffenen i. d. R. nicht bzw. kaum bewußt und spielen auch in den Überlegungen der Verkehrsforscher und -planer keine Rolle (sie werden als „gegeben" vorausgesetzt). Sobald jedoch Probleme auftreten, gewinnen – sofern vorhanden – öffentliche Nahverkehrsmittel an Bedeutung, da bei diesen hierfür der Anbieter zuständig ist (und aus politischen Gründen wohl versorgt werden muß). Im Einzugsbereich des Fahrrads und der Füße werden diese Verkehrsmittel attraktiv, da die Energie hier in Eigenleistung erstellt wird.

Zusammenfassend kann gesagt werden: die individuellen Verkehrsmittel besitzen durch die individuelle Aneignungsmöglichkeit/Verfügbarkeit und der Eigenleistung gegenüber öffentlichen Verkehrsmitteln tendenziell einen Flexibilitätsvorteil. Die Realisierungsmöglichkeit dieses potentiellen Vorteils ist jedoch von der Bereitstellung der erforderlichen Transfers (Quantität und Qualität der bereitgestellten Verkehrswege und -stellflächen) sowie von der Verfügbarkeit komplementärer Marktgüter (beim PKW Treibstoff) abhängig. Dieser potentielle Vorteil kann zudem durch die Qualität des ÖPNV's (Netzdichte, Fahrttakt etc.) kompensiert werden.

Bei der Interpretation dieser Aussagen ist zu berücksichtigen, daß sie nur einen Ausschnitt der relevanten Dimensionen betreffen: beispielsweise ergeben sich bei dem festen Linienverkehr in Form abgetrennter, schienengebundener Verkehrsmittel zwar Nachteile hinsichtlich der Flexibilität, zugleich aber auch wesentliche Vorteile in bezug auf Schnelligkeit, Sicherheit, Orientierung etc. Aus der privaten Aneigenbarkeit und der Eigenleistung bei individuellen Verkehrsmitteln lassen sich noch weitere Aspekte an potentiellen Vor- und Nachteilen ableiten. Beispielhaft seien hier einige genannt:

- der private Besitz und die Verfügungsgewalt von Fahrzeugen kann evtl. eine Art „Besitzerstolz" bewirken.
- das Selbst-Steuern kann einerseits Streß und Anstrengung verursachen, andererseits aber auch Möglichkeiten zur eigenen Entfaltung und Selbstbestätigung, Befriedigungsmöglichkeiten für Leistungsmotivation etc. bieten.
- der Eigenbeitrag Energie beim Fahrrad und Zufußgehen kann einerseits Anstrengung und Komforteinbuße bedeuten, andererseits aber auch Spaß an körperlicher Betätigung vermitteln.
- generell kann ein erhöhtes Gefühl der Beeinflußbarkeit entstehen, das sich auf eine Vielzahl von wesentlichen Determinanten wie die Zeit (Geschwindigkeitsvaration), Kosten (Parken, Treibstoffverbrauch), Sicherheit (Fahrstil), Bequemlichkeit (Fahrstil, Ausstattung des Fahrzeugs) etc. erstrecken kann. Dies läßt vermuten, daß bei den Instrumentalitätseinschätzungen starke subjektive Variationen auftreten.

f) Kosten und Kostenwahrnehmung:

Im üblichen Betrachtungsfall des Kaufverhaltens von alternativen Konsumobjekten, die auf dem Markt angeboten werden, sind die jeweiligen Preise i. d. R. problemlos zu bestimmen und auch aus der Sicht der Nachfrager eindeutig zuordenbar, sofern die Information gesucht wird bzw. durch frühere Erfahrungen bekannt ist. Hier hat man es also „nur" mit den üblichen Wahrnehmungsvariationen und -selektionen zu tun. Wenn man dagegen die Nutzung so unterschiedlicher, alternativer Leistungen wie im Verkehr analysiert, ergibt sich ein komplexeres Bild. Alle Überlegungen beziehen sich auf die Kosten, die sich für die Verkehrsteilnehmer ergeben, während die allgemeinen Kostenzuordnungsfragen aus betriebs- und volkswirtschaftlicher Sicht ausgeklammert werden (hierzu *Voigt* 1973 und *Diederich* 1977):

- wie aufgeführt, fallen beim ÖPNV die Aneignung und die Nutzung zeitlich direkt zusammen bzw. stehen in engem Zusammenhang: damit ist i. d. R. eine eindeutige Zuordenbarkeit der Kosten zur Nutzung und deren Einheiten („eine Fahrt von Ort A nach Ort B") gegeben. Auch durch Abtrennung der monetären Vorgänge in Form von Streifen-, Monatskarten etc. wird dieser enge Zusammenhang nur teilweise geschwächt.
- beim PKW besteht dagegen für die Verkehrsteilnehmer ein großer Zuordnungsspielraum, da verschiedene Kostenarten relevant sind, die in sehr unterschiedlich engem Zusammenhang zur Nutzung stehen: die Anschaffungskosten und die Nutzung fallen aufgrund der Eigenschaft des dauer-

haften Gebrauchsgutes weit auseinander. Der Verbrauch des Treibstoffes geht direkt mit der Inanspruchnahme einher, doch bleibt zumindest im städtischen Verkehr aufgrund der Vorratshaltung ein subjektiver Wahrnehmungsspielraum offen. Die Kfz-Steuer und -Versicherungen fallen diskontinuierlich und unabhängig von der Nutzung an. Sie werden zudem meist im bargeldlosen Zahlungsverkehr, teilweise sogar im Einzugsverfahren etc. erhoben, so daß der Bewußtheitsgrad noch geringer sein dürfte (ähnlich lassen sich die anderen Kostenarten wie Reparaturen, Wartung, TÜV, Parkgebühren, Garage etc. analysieren).

- gesamt betrachtet besteht unter den derzeitigen Bedingungen nur zwischen den Treibstoffkosten und einem Teil der Parkkosten ein enger Zusammenhang mit der Nutzung und damit eine relativ eindeutige Zuordenbarkeit der Kosten. Es ist wahrscheinlich, daß diese Kosten in stärkerem Maße in die Kostenwahrnehmung der Verkehrsteilnehmer eingehen als die anderen variablen, nutzungsabhängigen und die -unabhängigen Kosten. Es bestehen jedoch breite Attribuierungsspielräume (*Molt* 1977).
- durch die Variation der Zahl der Mitfahrer können die Pro-Kopf-Kosten beim PKW in einem großen Bereich variieren.
- beim Fahrrad fallen die Kosten – für Kauf und Reparaturen – ebenfalls nicht mit der Nutzung zusammen und sind in der BRD gemessen am Einkommen so niedrig, daß die Fahrradnutzung von den Verkehrsteilnehmern wohl tendenziell als freies Gut eingestuft wird. Wie eine interessante Feldstudie über die Bedeutung des Fahrrads in einem nigerianischen Dorf beispielhaft aufweist, ist dies jedoch stark vom verfügbaren Einkommen und den sonstigen Gegebenheiten abhängig (*Ugorji & Achinivu* 1977).
- die Füße sind ebenfalls ein freies Gut.

g) Individuelle Unabhängigkeit und sozialer Kontext:

Die neoklassisch orientierten Verkehrsmittelwahlmodelle untersuchen i. d. R. einzelne Verkehrsteilnehmer und setzen sie implizit als unabhängige Entscheidungseinheiten voraus. Dies geschieht aber nicht in konsequenter Weise, da insbesondere bei den soziodemographischen Merkmalen soziale Zusammenhänge (Haushaltseinkommen, PKW je Haushalt etc.) einbezogen werden. Die zugrundeliegende Problematik wird aber trotz ihrer Bedeutsamkeit nicht klar herausgearbeitet. Dies ist in vollem Übereinklang mit der allgemeinen neoklassischen Konsumtheorie: dort wird theoretisch von Konsumenten und Nachfragern gesprochen und wird deren individuelle Unabhängigkeit unterstellt. Bei empirischen Arbeiten wird dann mit haushaltsbezogenen Größen gearbeitet (*Streissler* 1974, S. 8).

In marktpsychologischen Untersuchungen und Ansätzen ist dies unterschiedlich. In einigen Beiträgen wird die zugrundeliegende Problematik näher behandelt. So führt beispielsweise *Hoepfner* (1975, S. 36 f.) den Begriff Konsumeinheit ein, die aus nur einer Person aber auch mehreren bzw. Kleingruppen (Haushalt, Familie) bestehen kann. Wenn nun die Betrachtung über die

Determinanten des Kaufaktes hinausgehend auf den gesamten Konsumprozeß ausgedehnt wird, ist die soziale Interdependenz von noch größerer Bedeutung. Orientiert an der Unterteilung des Konsumprozesses lassen sich beispielhaft einige Aspekte zeigen:

- gemeinsame Nutzung eines Konsumobjektes (zusammen ÖPNV, radfahren etc.);
- gemeinsame Verfügung über ein Konsumobjekt (der PKW steht für unterschiedliche Fahrtziele nur einer Person zur Verfügung; zeitliche Absprachen sind teilweise möglich);
- gemeinsamer Kauf bzw. Kauf von einer Person stellvertretend für gesamte Konsumeinheit (kann beispielsweise im Hinblick auf Kostenwahrnehmung bedeutsam sein);
- gemeinsame Verfügung über monetäre Ressourcen (Haushaltseinkommen);
- gemeinschaftliche Eigenproduktion bzw. Eigenproduktion eines Mitglieds für die gesamte Konsumeinheit (insbesondere für PKW-Mitfahrgelegenheit im Hinblick auf die Person ohne Fahrlizenz bedeutsam).

Folgende Aspekte sind aus der sozialen Interdependenz für die Analyse der Nutzung alternativer Verkehrsmittel vorrangig ableitbar (umfassendere Überlegungen finden sich in den Arbeiten von *Heggie* und seinen Kollegen in Oxford):

- der soziale Zusammenhang ist vorrangig für die Bestimmung der Verfügbarkeit des PKW (bzw. anderer individueller Fahrzeuge) von Bedeutung. Dies betrifft indirekt die Verfügbarkeit des PKW-Mitfahrens, da hier erheblich andere Limitierungen als beim PKW-Selbstfahren auftreten.
- die objektiven Ausprägungen der relevanten Attribute/Zieldimensionen können dadurch verändert werden: beispielsweise variieren die Kosten je Person beim PKW, können sich die Zeiten und der Grad der Flexibilität ändern (relevant bei Mitfahrgemeinschaften), werden die Bedingungen für soziale Kontakte beeinflußt etc.
- dies hat vermutlich auch Auswirkungen auf die subjektiven Wahrnehmungen und Bewertungen.
- bei unterschiedlichen Verkehrsmittelpräferenzen muß bei gemeinschaftlichen Ortsveränderungen eine Einigung herbeigeführt werden.
- es können Besonderheiten auftreten (Beispiele: Mutter mit Kleinkind, Rücksichtnahme auf Behinderungen anderer Personen).

Diese Überlegungen sind keineswegs neu. Im Gegensatz zu den neoklassisch orientierten Modellen wird damit jedoch auf die zugrundeliegende Problematik der Annahme der individuellen Unabhängigkeit eindeutig eingegangen, und es werden die wichtigsten Punkte einer (potentiellen) Abweichung herausgearbeitet. Damit ist man nicht auf pragmatische, ad-hoc konstruierte Ersatzindikatoren angewiesen. Die in der praktischen Anwendung unvermeidlichen Vereinfachungen können gezielter vorgenommen werden. Da auch die von mir als Ausgangspunkt meiner Überlegungen gewählte kognitive Motivationstheorie Individuen als Untersuchungseinheit nimmt, ist dies dort ebenfalls zu berücksichtigen.

3.5. Zusammenfassung

Die ökonomischen Ansätze, die den disaggregierten, verhaltensorientierten Verkehrsmittelwahlmodellen zuordenbar sind, bauen auf der *neoklassischen Konsumtheorie* auf:

- in Anlehnung an die Weiterentwicklung *Lancaster's* vollziehen sie den Übergang zur Analyse diskreter Entscheidungen und beziehen die Qualitäten in Form verschiedener Attribute der Konsumobjekte ein.
- sie schöpfen aber das in diesem Ansatz enthaltene Potential nicht aus, sondern ergänzen zu dem üblicherweise verwendeten Parameter Kosten nur die Zeit.
- ihre Funktion besteht vorrangig in einer Systematisierung der ersten, pragmatisch gebildeten Verkehrsmittelwahlmodelle disaggregierter Prägung. Eine direkte Anregung zur Aufnahme und Analyse weiterer, vorher noch nicht enthaltener Verhaltensdeterminanten geht nicht aus.
- aufgrund immanenter Probleme wie beispielsweise der (angeblichen) Nichteinbeziehbarkeit „qualitativer Faktoren" ergeben sich indirekte Impulse für die weitere Entwicklung.
- die Unterteilung in objektiv wirkende Determinanten und subjektiven Rest ist theoretisch gesehen unexakt und hat negative Folgen für die adäquate Weiterentwicklung (insbesondere die frühe Phase der einstellungsorientierten Ansätze).
- die Verfügbarkeit der Alternativen und Limitierungen des Handlungsspielraums werden entgegen der theoretischen Formulierung in den empirischen Untersuchungen nicht korrekt verwendet. Dies hat ebenfalls negative Wirkungen auf andere Richtungen.
- die Verkehrsmittelnutzung wird vereinfacht mit Ansätzen der Marktentnahme bzw. des Kaufverhaltens behandelt, ohne die größere Komplexität zu sehen. Damit ist ein großer Teil der Probleme dieser Ansätze verbunden.

Die auf *marktpsychologischen* bzw. *Marketing-Ansätzen* aufbauenden Konsumtheorien sind in die einstellungsorientierten Verkehrsmittelwahlmodelle einzuordnen:

- sie erbringen neben einer Systematisierung zugleich auch Anregungen für inhaltliche Erweiterungen.
- dies wird vorrangig durch den Anstoß zur Verwendung qualitativer Verfahren bewirkt. Dabei werden Dimensionen wie Zuverlässigkeit, Sicherheit, Wahrung der Privatsphäre etc. als potentiell bedeutsam erkannt.

– aufgrund der Anbieterorientierung werden die Überlegungen auf das Kaufverhalten eingeengt und damit das Potential der sozioökonomischen Konsumtheorie nur teilweise ausgeschöpft.

Die *zentrale Problematik* sowohl der neoklassischen wie der marketingorientierten Verkehrsmittelwahlansätze besteht darin, daß sie die Nutzung alternativer Verkehrsmittel vereinfacht als *Kauf*verhalten betrachten. Das Kaufverhalten ist jedoch nur ein Teil des gesamten Konsumprozesses. Bei meinem Untersuchungsgegenstand steht dagegen der eigentliche *Konsum*, die *Nutzung* im Mittelpunkt des Interesses. Die Schwierigkeiten dieser beiden grundlegenden Paradigmen der Verkehrsmittelwahlforschung lassen sich weitgehend auf diese bisher kaum erkannte und diskutierte Problematik zurückführen.

In einer anschließend durchgeführten *sozioökonomischen Analyse* der privaten Nutzung alternativer Verkehrsmittel wird aufbauend auf den allgemeinen Grundlagen sozioökonomischer Konsumtheorien (Untergliederung des Konsumprozesses, Arten der Konsumobjekte, Eigenproduktion, Transfers etc.) diese Problematik näher behandelt. Dabei werden eine Fülle von einzelnen Aspekten herausgearbeitet, die für die Verkehrsmittelwahl von Bedeutung sind: die starke Unterschiedlichkeit der Verkehrsmittel, die einzelnen Voraussetzungen der Verfügbarkeit der Verkehrsmittel, deren Verhältnis als Substitute und Komplemente etc.

Die wichtigsten Ergebnisse dieser Analyse werden in Darstellung 11 in Form einer *Übersicht* über die sozioökonomisch bedeutsamen Charakteristika der derzeit vorrangig genutzten (Tabelle 1) Personennahverkehrsmittel zusammengefaßt. Dabei wird nicht eine den Kriterien Ausschließlichkeit und Vollständigkeit entsprechende Typologie angestrebt. Vielmehr werden die wichtigsten Aspekte herausgehoben, die teilweise in engem Zusammenhang stehen. Der PKW und der ÖPNV werden nicht weiter unterteilt, sondern es werden innerhalb der Matrix Ansatzpunkte der Differenzierung angegeben. Bei der Interpretation muß berücksichtigt werden, daß nur ein Teil der Folgerungen enthalten sind. Beispielsweise ergibt sich aus den Eigenleistungen bei individuellen Verkehrsmitteln nicht nur (potentiell) Flexibilität, sondern können auch eine Zahl weiterer Vor- und Nachteile bewirkt werden (Anstrengung und Streß, aber auch Möglichkeiten zur eigenen Entfaltung etc.).

Im Gegensatz zu den Problemen insbesondere der neoklassisch fundierten Verkehrsmittelwahlansätze (Behandlung der Limitierungen, PKW-Fahrtkosten etc.) stehen die Überlegungen und Ableitungen der sozioökonomischen Analyse mit den *vorliegenden empirischen Befunden in Übereinklang*. Insbesondere besteht kein Gegensatz zu den psychologischen Theorien, wie dies bei den neoklassisch beeinflußten, disaggregierten Modellen der Fall ist. Vielmehr werden dabei nur unterschiedliche Analyseschwerpunkte gesetzt. Die Überlegungen und Ergebnisse der sozioökonomischen Analyse können direkt als

Grundlage für die folgenden Ausführungen zur kognitiven Motivationstheorie und die empirischen Erhebungen dienen (Bestimmung der Verhaltensalternativen, Voraussetzungen bzw. Verhaltenslimitierungen, Individuen als Untersuchungseinheit etc.).

Insbesondere sei ein Ergebnis hervorgehoben, das in der bisherigen Verkehrsmittelwahlforschung noch nicht genügend berücksichtigt wird: aus der Übersicht läßt sich sehr deutlich die *Unterschiedlichkeit der Verkehrsmittel* ablesen. Dies bezieht sich auf nahezu alle bedeutsamen Aspekte der sozioökonomischen Analyse wie Eigenproduktion, Notwendigkeit der Bereitstellung von Transfers, unterschiedliche Stellung in den Phasen des Konsumprozesses etc.

Darstellung 11

Übersicht über die sozioökonomischen Charakteristika der Personennahverkehrsmittel

Verkehrs-Mittel / Sozioökonomische Charakteristika	zu Fuß	Fahrrad	Pkw	ÖPNV
Anbieter der Verkehrsleistung	kein Anbieter der Verkehrsleistung vorhanden (nur Teilbereiche: Wege)	kein Anbieter der Verkehrsleistung vorhanden (nur Teilbereiche: vorrangig Wege)	kein Anbieter der Verkehrsleistung vorhanden (nur Teilbereiche: vorrangig Wege, Stellflächen, Energie)	Anbieter eindeutig bestimmbar
Private Aneigenbarkeit/Verfügbarkeit der Verkehrsmittel	als freies Gut gegeben (keine Kauffähigkeit erforderlich); individuell verfügbar	privat aneigenbares, dauerhaftes Gebrauchsgut (Kauffähigkeit in der BRD unproblematisch); privat verfügbar (eine/mehrere Personen)	privat aneigenbares, dauerhaftes Gebrauchsgut (Kauffähigkeit Voraussetzung); privat verfügbar (eine oder mehrere Personen)	nicht privat aneigenbare/verfügbare Dienstleistung (mit Transferanteilen)
Beziehung Aneignung – Nutzung	(keine Aneignung)	zeitlich stark auseinanderfallend	zeitlich stark auseinanderfallend	zeitlich zusammenfallend bzw. nahe beieinander
Kosten und deren Zuordenbarkeit	keine Kosten (gehen gegen Null)	zwei Kostenarten (Anschaffung, Reparatur/Wartung), relativ gering im Schnitt je gefahrenen km; schwer zuordenbar	recht unterschiedliche Kostenarten (Anschaffung, Reparatur/Wartung, Treibstoff, Parken, Steuern, Versicherungen, TÜV etc.); Kosten abhängig von Personenzahl/Fahrt (Unterschied Selbst-/Mitfahren); unterschiedliche Zuordenbarkeit (z. B. Treibstoff noch relativ eindeutig zuordenbar, andere Arten breiter Spielraum)	Gesamtkosten im Fahrpreis enthalten, i.d.R. der Nutzung relativ eindeutig zuordenbar (gewisse Auflockerung durch Monatskarten etc.)
Eigenanteil an der Verkehrsleistung	Energie und „Steuerung“	Energie und Steuerung	beim Selbstfahren Steuerung (Unterschied Selbst-/Mitfahren), evtl. auch Teile der Abstellmöglichkeit und der Wartung	keine (es sei denn, die Zeit wird als Eigenleistung betrachtet; gilt für alle Verkehrsmittel!)
Inanspruchnahme von Transfers	Verkehrswege	vorrangig Verkehrswege, daneben teilweise Abstellfächen	Wege und Stellflächen	in Angebotsleistung enthalten (Transferempfänger ist Anbieter)
Erforderliche Voraussetzungen für Ortsveränderungen	vorrangig gesundheitlicher Zustand, zeitliche Fähigkeit und Verkehrswege	vorrangig Verfügbarkeit eines funktionsfähigen Fahrzeugs, Wege, zeitliche Fähigkeit, Fertigkeit der Fahrzeugsteuerung und gesundheitlicher Zustand	vorrangig Verfügbarkeit eines funktionsfähigen Fahrzeugs, Verkehrswege und Stellflächen (teilweise), Energie, Fahrerlaubnis bzw. Fahrer (differenziert Voraussetzung Selbst-/Mitfahren), Fahrzeug-Zulassung und zeitliche Fähigkeit	vorrangig entsprechendes Angebot für gewünschte Quell-Zielort Beziehung und zeitliche Fähigkeit

Flexibilität der Verkehrsmittel	durch starken Eigenanteil und Charakter des freien Gutes große Flexibilität; stark eingegrenzt durch zeitliche Fähigkeit in Relation zur relativen Geschwindigkeit (Distanzen); Eingrenzung durch gesundheitliche Beeinträchtigungen	durch starken Eigenanteil, private Aneigenbarkeit und damit Verfügbarkeit sowie relativ geringe Kosten in Relation zur Kauffähigkeit große Flexibilität; in stärkerem Maße auf Bereitstellung von Wegen angewiesen; durch zeitliche Fähigkeit in Relation zur Geschwindigkeit Eingrenzung des Radius; Eingrenzung teilweise durch fehlende Fertigkeit und gesundheitlichen Zustand sowie topographische Bedingungen	a) Selbstfahren: durch eigene Steuerung private Aneigenbarkeit/Verfügbarkeit bei Vorliegen der notwendigen Transfers, problemlosem Teilmarkt Energie potentiell große Flexibilität; in starkem Maß von Qualität dieser Voraussetzungen abhängig (Stauungen, Parkprobleme etc.); für private Aneignung Kauffähigkeit Voraussetzung; Fahrerlaubnis eingrenzend b) Mitfahren: ähnlich wie bei ÖPVN auf „Angebot" angewiesen (Mitfahrgelegenheit), eng verbunden mit Fahrtzweck und soz. Kontext	abhängig von der Art des Angebots, ergibt Differenzierung in linien-/fahrplan(takt) gebundene und flexible Alternativen (Taxi, Rufbus); bei gebundenem ÖPVN Netzdichte und Fahrtfrequenzen vorrangig
Auswirkungen sozialer Interaktion	kaum Einflüsse auf Verhaltenslimitierungen, teilweise Veränderungen in den Qualitäten (Beispiel: Kontaktmöglichkeit)	bei gemeinsamer Verfügung vorrangig Einfluß auf Verfügbarkeit, daneben teilweise Veränderungen in den Qualitäten	a) Selbstfahren (allein): bei gemeinsamer Verfügung vorrangig Einfluß auf Verfügbarkeit b) Mitfahren (mehrere Personen): nur bei einer Person muß Fahrerlaubnis vorliegen, „mitgenommene" Person muß für Fahrten mit eigenem Ziel Fahrer finden etc.; allgem.: teilw. Einflüsse auf Attributausprägungen	kaum Einflüsse auf Verhaltenslimitierungen, teilweise Veränderungen in den Qualitäten
Verkehrsmittel als Substitute und Komplemente	bei fast allen Ortsveränderungen als Komplement anderer Verkehrsmittel notwendig (in unterschiedlich ausgeprägter Form); im engen Umkreis auch Substitut	in der Regel Substitut, teilweise aber auch Komplement (beispielsweise als Zubringer zum ÖPVN: „Bike and Ride")	vorrangig Substitut, teilweise aber auch gleichzeitig Komplement und Substitut zum ÖPVN („Park & Ride" vs. nur Pkw oder nur ÖPVN); häufig auf Zufußgehen als notwendigem Komplement angewiesen (besonders im Innenstadtbereich)	vorrangig Substitut, teilweise ÖV untereinander notwendige Komplemente (Zubringerbusse etc.) oder Substitute (Parallellinien von Bus u. Straßen-, S-Bahn etc.); in starkem auf Zufußgehen als notwendigem Komplement angewiesen

4. Kognitive Motivationstheorie

In diesem Kapitel wird die von mir ausgewählte kognitive Motivationstheorie dargelegt und die Auswahl begründet. Dabei ist es nicht möglich und für die Fragestellung auch nicht notwendig, eine umfassende Übersicht über die Motivationstheorien und deren Grundlagen zu geben. Beispielsweise sind sie in verschiedenen Richtungen der Ökonomie – unter dem Begriff Bedürfnis – von Bedeutung (*Scherhorn* 1959 und *Held & Kompa* 1976). Auch in verschiedenen Strömungen der Soziologie sind bedürfnistheoretische Ansätze enthalten. Bedürfnisse nehmen dabei eine zentrale Stellung als Schaltstelle für Austauschprozesse zwischen personalem, sozialem und materiellem System ein (*Hondrich* 1973, 1975 und *Held & Kompa* 1976). Die Arbeiten *Madsen's* (1968, 1973, 1974) bieten eine sehr ausführliche Übersicht über die Entwicklung der psychologischen Motivationstheorien.

4.1. Allgemeine motivationstheoretische Grundlagen

4.1.1. Motivation und Verhalten

Sowohl umgangssprachlich als auch in wissenschaftlichen Analysen wird die Motivation als „die Frage nach dem „Warum" menschlichen Verhaltens" verstanden (*Thomae* 1965a, S. 14). Die abhängige Variable, das Verhalten, wird häufig als einfach und unproblematisch angesehen, da es der Beobachtung zugänglich ist. Wie in 1.2.1. in bezug auf das Verkehrsverhalten angedeutet wurde, können jedoch je nach Zielsetzung eine Vielzahl unterschiedlicher Aspekte und Dimensionen des Verhaltens unterschieden werden (*Matalon* 1978). Auch bei den unter dem Begriff Motivationstheorien zusammengefaßten Ansätzen und Richtungen stehen unterschiedliche Aspekte des Verhaltensprozesses im Vordergrund. Ein Teil der Auseinandersetzungen beruht auf der Frage der Abgrenzungen und Schwerpunktbildung.

In einer ersten, relativ allgemein üblichen Eingrenzung (*Madsen* 1973, S. 683) wird die Motivation auf die Erklärung *zielgerichteten, zweckhaften Verhaltens* bezogen. Damit werden einfache Reflexe ausgeschlossen. *Rüttinger* et. al. (1974, S. 13) verdeutlichen dies mit einem schönen Beispiel: Wenn ein Fußballspieler sich im gegnerischen Strafraum fallen läßt, um einen Strafstoß zu erzwingen, sind motivationale Gründe zu vermuten. Wenn er dagegen ausschließlich durch äußere Einwirkungen, beispielsweise Beinstellen des Gegners, zu Fall kommt, läßt sich das Verhalten ausschließlich darauf zurückführen. Bezogen auf die Verkehrsmittelnutzung bedeutet diese Eingrenzung, daß beispielsweise der Transport eines Unfallverletzten in das Krankenhaus aus der Betrachtung ausgeschlossen wird. Im Gegensatz etwa zur Verhaltenstheorie *Fishbein's* wird nicht eine vollständige Kontrolle durch das handelnde Individuum vorausgesetzt, sondern unterschiedliche Grade von Fähigkeiten und Fertigkeiten bezogen auf die Aufgabenschwere etc. berücksichtigt. Dies ist für die Auswahl einer geeigneten Theorie von Bedeutung (4.2.2.).

Die Entwicklung der Motivationstheorie hatte zum Ergebnis, daß vorrangig zwei grundsätzliche Aspekte des Verhaltens mit Motivationstheorien zu erklären sind (*Madsen* 1973, S. 683): Verhaltensintensität und Verhaltensrichtung. Bei der Motivation wird damit vorrangig ein *energetisierendes,* die Antriebsenergie bestimmendes, und ein *richtendes,* auf ein Ziel hin ausgerichtetes Moment unterschieden (*Thomae* 1965a, S. 41 ff.). In einigen frühen Ansätzen wurde der menschliche Organismus als passiv verstanden und die Aufgabe darin gesehen, die Aktivität an sich zu erklären. Demgegenüber besteht inzwischen weitgehend Übereinstimmung darin, das Verhalten des Menschen als *Aktivitätskontinuum* aufzufassen und die Motivation zur Erklärung der Änderung der Intensität und der Richtung des Verhaltens heranzuziehen (a. a. O., S. 33 ff.). Teilweise werden noch weitere Aspekte wie beispielsweise die Dauer, Ausdauer abgetrennt (*Heckhausen* 1977, S. 177). Damit kann man mit *Thomae* (1965a, S. 43), eine erste Definition der Motivation festlegen:

Definition: „Motive bzw. Motivationsprozesse sind Abstraktionen aus dem Sinnzusammenhang der menschlichen Aktivität, die in ihrem (sinnvollen) Zusammenhang mit Veränderungen jener Aktivität in bezug auf Intensität, Richtung und Form gesehen werden."

Auf das Verhältnis der Motivation zu anderen psychischen Phänomenen wie den Gefühlen etc. kann nicht näher eingegangen werden (*Rüttinger* et. al. 1974, S. 17 ff.). Aus diesen einführenden Darlegungen zur Motivation können bereits einige wichtige Aussagen in bezug auf meinen Untersuchungsgegenstand abgeleitet werden:

- Die Motivationstheorien werden nicht zur Erklärung der Aktivität schlechthin, sondern für verschiedene Verhaltensaspekte herangezogen. Die in meiner Arbeit bedeutsame Fragestellung der Auswahl unter alternativen Handlungsmöglichkeiten betrifft dabei den zentralen Aspekt der Richtung des Verhaltens (*Heckhausen* 1977, S. 177).
- Handlungen bilden als „Abstraktionen aus dem Aktivitätskontinuum „thematische Einheiten" (*Thomae* 1965b, S. 54). Die Nutzung von Verkehrsmitteln zur Ortsveränderung stellt eine derartige thematische Einheit dar.

4.1.2. Motive, Motivation und Bewußtheitsgrad

Eine wesentliche Frage besteht darin, ob es sich bei den Motiven um theoretische Konstrukte handelt oder ob sie dem Erleben zugänglich sind. Zur Beantwortung dieser Frage ist die Unterscheidung in überdauernde Verhaltensbereitschaften (Dispositionen) und aktivierte Motive heranzuziehen (*v. Rosenstiel* 1975, S. 38 ff.). Die Verhaltensbereitschaften stellen reine Konstrukte dar, die der unmittelbaren Beobachtung nicht zugänglich sind. Sie werden nach inhaltlichen Gesichtspunkten, zumeist nach den angestrebten Zielen, gegliedert. Innerhalb dieser Klassifikation isoliert erscheinende Verhaltensbereitschaften werden als *Motive* und ihre Gesamtheit als *Motivstruktur* bezeichnet. Diese überdauernden Verhaltensbereitschaften können aktiviert werden, was i. d. R. durch die Wahrnehmung bestimmter Umweltgegebenheiten geschieht, die als Anreiz dienen. Daneben können sie durch innere Reize aktiviert werden. Dies kann naturgemäß bei den körpernahen Motiven wie Hunger und Durst von Bedeutung sein. Aktivierte Motive werden auf Ziele gerichtet erlebt (Richtung) und können mit unterschiedlichen Intensitätsstärken (Energie) auftreten. Der Aktivierung folgt das zielgerichtete, „motivierte" Verhalten. Aktivierte Motive sind damit als dem Erleben zugänglich gekennzeichnet. Es muß jedoch betont werden, daß sehr unterschiedliche Grade der Bewußtheit auftreten können. In der Mehrzahl der alltäglichen Situationen wird nicht ein isoliertes Motiv, sondern eine Vielzahl von Motiven aktiviert. Dies wird als *Motivation* bezeichnet. Isolierte aktivierte Motive zeigen sich nur bei stark eingeschränkter Betrachtung oder bei entsprechender Gestaltung in Laborexperimenten. Das Verhältnis der verschiedenen Begriffe zeigt die Darstellung 12.

In der Entwicklung der Motivationstheorien wurden eine Vielzahl von Begriffen für die motivationalen Beweggründe des Verhaltens verwendet: Trieb, Neigung, Bedürfnis, Wunsch etc. Wie in *Madsen* (1973) ausführlich dargelegt wird, ist dabei keine einheitliche Verwendungsweise gegeben, sondern unterschiedliche Autoren bezeichnen mit dem gleichen Begriff etwas Unterschiedliches bzw. mit verschiedenen etwas Gleichartiges. Aufgrund dieser Uneinheitlichkeit ist es bedeutsam, die Verwendungsweise in der jeweiligen Theorie genau zu beachten. In meiner Arbeit sollen Bedürfnisse – ähnlich wie bei anderen Autoren – synonym mit Motiven gemäß den oben getroffenen Festlegungen verstanden werden. Inhaltlich gesehen werden unterschiedliche Definitionen vorgenommen, die eng mit der theoretischen Ausrichtung verknüpft sind. Aufgrund verschiedener Forschungsergebnisse können dabei die Nachteile und Eingegrenztheit einiger Festlegungen aufgezeigt werden:

- die Verwendung des Motivs als *Spannung*, die auf den Spannungsabbau hingerichtet ist, ist begrifflich problematisch, da es auch Motive nach mehr Spannung, Aufregung, Neuem gibt (*Thomae* 1965c, S. 443 ff.).

Darstellung 12
Verhältnis von Motiv, Motivstruktur, aktiviertem Motiv und Motivation

Umfang / Aktivierung	Innerhalb eines bestimmten Klassifikationssystems sich als isoliert darstellender Tatbestand	Zusammenhang mehrerer Bestandteile darstellender Tatbestand
aktivierte Verhaltensbereitschaft (äußere, innere Anregungsbedingungen; unterschiedlicher Bewußtheitsgrad)	aktiviertes Motiv	Motivation
spezifische Verhaltensbereitschaft (nicht unmittelbar beobachtbar; Konstrukt)	Motiv	Motivstruktur

(Nach: *v. Rosenstiel* 1975, S. 40)

– die bereits in der alten Definition von *v. Hermann* (1832, nach *Scherhorn* 1959) enthaltene Vorstellung des Motivs bzw. Bedürfnissen als *Mangel* und dem Streben, diesen zu beseitigen, ist auch in psychologischen Motivationstheorien weit verbreitet. Sofern der Terminus Mangel neutral verstanden wird, und damit auch einen „Mangel", ein Defizit an Selbstverwirklichung etc. (d. h. die „Wachstumsmotive" nach *Maslow* 1954) enthält, kann eine derartige Festlegung als umfassend akzeptiert werden.
– da aber der Begriff umgangssprachlich enger aufgefaßt wird, erscheinen neutralere Formulierungen wie *Zielorientierung* und *Zieldiskrepanz* sowie, noch formaler, *Sollwert-Istwert-Diskrepanz* geeignet zu sein (*Hartmann* 1978).
– alle diese Festlegungen enthalten implizit eine *Gleichgewichtsvorstellung,* sofern diese nicht starr aufgefaßt wird, sondern sich verändernde Gleichgewichts-, Zielpunkte mit einschließt.

Neben dieser Festlegung ist die Frage des *Grades der Bewußtheit* der Motivation von Bedeutung. Diese hat sowohl für die Anwendbarkeit bestimmter Meßmethoden wie die Auswahl der geeigneten Theorie große Bedeutung. Die allgemeine Aussage, daß die aktivierten Motive und die Motivation dem Erleben offenstehen und dabei unterschiedliche Grade an Bewußtheit auftreten, ist zu differenzieren. Zum einen kann dabei Bewußtheit bezüglich verschiedener Elemente des Motivationsprozesses unterschieden werden: auslösende

Reize, Wahl der Mittel, der einzelnen Wirkungen, Effekte der Mittel etc. (*Thomae* 1965b, S. 87 ff.). Laut *Thomae* weisen verschiedene Forschungsergebnisse auf einen „fließenden Übergang zwischen völlig unbewußt ausgelösten Motivationen und bewußten hin" (a. a. O., S. 90). Daneben kann eine Unterscheidung nach dem Zeitpunkt im Motivationsgeschehen getroffen werden:

- während der Aktivierung des Motivs bzw. der Motive: dabei ist die Antizipation der Folgen von Handlungen theoretisch bedeutsam. Um teleologische Erklärungen zu vermeiden, muß eine Antizipation zukünftiger Ereignisse angenommen werden. Damit ist jedoch noch nichts über den Bewußtheitsgrad ausgesagt.
- während der Handlung: hierzu sind die Ergebnisse der Informationstheorie, Aussagen über Informationsverarbeitungskapazitäten etc. heranzuziehen. Bereits während des Handelns können Verdrängungs- und Abwehrmechanismen den Grad der Bewußtheit reduzieren.
- nach der Handlung: in der Erinnerung können sowohl ein zeitlich bedingter Effekt des Vergessens, Überlagerungen mit weiteren Informationen als auch Verdrängungs- und Abwehrmechanismen auftreten. Letztere sind nicht nur im Bereich der von *Freud* betonten Sexualität bedeutsam, sondern können beispielsweise in Form der sozialen Erwünschtheit bezüglich einer Vielzahl von Zielen wirksam sein. Insbesondere bei Handlungen, denen eine größere Zahl von Motiven zugrundeliegt, werden bestimmte, „passende" Motive eher eingestanden und bleiben stärker bewußt (*v. Rosenstiel* 1975, S. 52 ff.).

Bei allen Aussagen ist zu unterscheiden zwischen den realen Vorgängen und deren Messung (*Rüttinger* et. al. 1974, S. 31 f.). Beispielsweise können Mechanismen wie die soziale Erwünschtheit sowohl auf den tatsächlichen Bewußtseinsgrad unterschiedlicher Motive und zugleich auf die Angaben in Befragungen wirken. Methodisch gesehen ist auch die Fähigkeit zur Verbalisierung von Bedeutung. Diese kann bezüglich verschiedener Zielorientierungen des Handelns unterschiedlich sein. Aus den Ausführungen dieses Abschnittes können einige Aussagen für meinen Untersuchungsgegenstand abgeleitet werden:

- in den komplexen Situationen des Alltags werden in der Regel nicht isolierte Motive, sondern eine Vielzahl von Motiven als Beweggründe des Handelns erlebt. Bei *Heckhausen* (1977) wird dies als *multithematisch motiviertes Handeln* bezeichnet.
- äußere Bedingungen können über die Wahrnehmung vermittelt zum Anreiz für die Aktivierung von Motiven werden.
- es ist zu prüfen, welcher Bewußtheitsgrad bezüglich der Nutzung alternativer Verkehrsmittel und den Elementen des (potentiellen) Auswahlprozesses angenommen werden kann. Dies ist sowohl für die Auswahl der geeigneten Theorie wie die Möglichkeiten und Probleme der Messung relevant.

4.1.3. Ziele und Mittel

Wie bereits dargelegt, wird die Motivation zur Erklärung zielgerichteten Verhaltens herangezogen. Hierfür sind die Arbeiten von *Tolman* und *Lewin* als Ausgangspunkt bedeutsam (*Madsen* 1968, 1973). Die Gerichtetheit, Zielorientierung des motivational bestimmten Handelns ist eines der zentralen Merkmale des Motivationsprozesses. Trotz dieser großen Bedeutung der Ziele und der Zielorientierungen besteht darüber keine einheitliche Auffassung. Unter *Zielen* werden beispielsweise verstanden:

- die Gegenstände, Ziel-Objekte, auf die das Verhalten gerichtet ist;
- die (Schlüssel-) Reize, die die Motive aktivieren;
- die Mittel, die zur Motivbefriedigung verwendet werden;
- das Streben nach Motivbefriedigung, Mangelbeseitigung etc.

Diese unterschiedlichen Begriffsinhalte sind nun nicht zufällig, sondern zum einen durch die Charakteristika von Zielen und des Motivationsprozesses und zum anderen durch den unterschiedlichen Komplexitätsgrad des untersuchten Verhaltens bedingt:

- es besteht ein enger Zusammenhang zwischen angestrebten Zielen und den zu ihrer Erreichung notwendigen *Mitteln*.
- bei den Mitteln handelt es sich i. d. R. um Objekte der Umwelt, deren Nutzung bzw. mit deren instrumenteller Verwendung das Ziel erreicht werden kann (zum Umweltbezug 4.1.4.).
- die Ziel-Mittel-Relation ist nicht eindeutig, feststehend gegeben, sondern Mittel können selbst Eigenwertigkeit gewinnen, zu Zielen werden. *Allport* (1937) führt hierfür den Begriff „funktionelle Autonomie" ein (zur Dynamik der Motivstruktur 4.1.4.).
- die angestrebten Ziele sind nicht völlig unabhängig voneinander, sondern sie sind Teil eines umfassenderen Geflechts von über- und untergeordneten, teilweise konfligierenden, teilweise komplementären Zielen. So können kurzfristige Ziele instrumentellen Charakter zur Erreichung längerfristiger Ziele haben (*v. Rosenstiel* 1975, S. 46).
- je nach dem Grad der Komplexität des untersuchten Verhaltens besteht ein mehr oder weniger enger Zusammenhang zwischen der angestrebten Befriedigung von Motiven, den als Mittel verwendbaren Objekten und deren instrumenteller Nutzung. Beispiel: in dem von *Graumann* (1969, S. 6 f.) dargestellten, einfachen „Paradigma einer motivational ausgeprägten Situation" ist es das Ziel, den Durst zu löschen. Das Mittel Bier und dessen Konsumtion führen eindeutig zu dem angestrebten Ziel. In alltäglichen Situationen ist dies jedoch selten so eindeutig abgegrenzt. Eine Handlungsart kann sehr verschiedenartige Ziele tangieren, ein Ziel mit sehr unterschiedlichen Handlungen erreicht werden.

Bei der Auswahl der Motivationstheorie ist deshalb darauf zu achten, ob sie vorrangig auf ein Ziel ausgerichtet ist, oder ob sie für multithematisch motiviertes Verhalten verwendbar ist. Je nach der theoretischen Ausrichtung werden weitere Unterscheidungen vorgenommen. Beispielsweise nimmt *Heckhausen* (1977) in seiner „kognitionspsychologischen Aufspaltung eines summarischen Konstrukts" bei der Bestimmung von Zielen eine Trennung zwischen dem Handlungsergebnis und den daraus resultierenden Folgen vor. Relativ breite Anerkennung findet die Einteilung in positive und negative Ziele, d. h. in Ziele, die man erreichen, bewahren, denen man sich annähern und in Ziele, die man vermeiden, verlassen, von denen man sich entfernen will (*v. Rosenstiel* 1975, S. 45).

Die *Klassifikation der Motive* nach angestrebten Zielen ist die eindeutig vorherrschende Art (*Rüttinger* et. al. 1974, S. 22 ff. und *Thomae* 1965c). Das vorrangige Problem besteht darin, daß die Ziele nicht starr gegeben, sondern in starkem Maße überformbar sind. Deshalb besteht zu einem gegebenen Zeitpunkt für ein Individuum eine spezifische Motivstruktur, die je nach Klassen- und Schichtzugehörigkeit, kulturellen Gegebenheiten etc. unterschiedlich starke Ähnlichkeit zu den Motivstrukturen anderer Individuen aufweist. Um zu vergleichbaren Aussagen zu kommen, ist deshalb ein mittlerer Abstraktionsgrad zu wählen. Dies ist bei der Klassifikation von Zielen der Verkehrsmittelnutzung zu berücksichtigen (6.2.).

4.1.4. Umweltabhängigkeit der Motivation

a) Kurzfristig:

Wie bereits angesprochen, besteht in kurzfristiger Betrachtungsweise eine mehrfache Umweltabhängigkeit des Motivationsprozesses:

- Bestandteile der Umwelt können über die Wahrnehmung vermittelt zum Anreiz werden, der ein Motiv bzw. Motivbündel aktiviert.
- die Instrumente, deren Nutzung, Ge- oder Verbrauch der Zielerreichung dient, sind ebenfalls zum großen Prozentsatz Bestandteil der Umwelt. Die Art und Qualität von Mitteln, das Vorhandensein von alternativen Mitteln hat – über die Erwartungen, die Antizipation der Zielerreichung vermittelt – einen Einfluß auf das Verhalten.
- die Umwelt wirkt nicht nur über die Bereitstellung von Mitteln, sondern komplementär dazu über die Limitierungen des Verhaltensspielraums.

Der Mensch ist nicht ein passives Wesen, das automatisch auf Umwelteinflüsse reagiert. Das Verhalten wird vielmehr in der *Interaktion von Person und Umwelt* bestimmt:

- verschiedene Individuen reagieren auf gleiche Anregungsbedingungen unterschiedlich. Dies ist eine der wichtigen Gründe für die Verwendung von motivationalen Variablen.

- einerseits werden Motive durch äußere Reize motiviert. Andererseits beeinflußt die überdauernde Motivstärke bzw. der Grad der Aktivierung die Wahrnehmung und Interpretation der Aufforderungsgehalte der Umwelt (*Heckhausen* 1977, S. 181) und der Mittel. Beispielsweise nimmt ein durstiges Individuum verstärkt durstlöschende Gegenstände der Umwelt wahr. Eine hoch leistungsorientierte Person nimmt eine Umweltkonstellation mit Leistungsgehalt stärker wahr als eine Person mit niedriger Leistungsorientierung (dies liegt dem Meßverfahren des TAT's zugrunde, *Atkinson* 1958). Bei *Graumann* (1956) findet sich eine Zusammenfassung über wichtige Komponenten der Wahrnehmungswirkung der Motivation.
- innerhalb des Handlungsspielraums beeinflußt die Motivation die Auswahl von Handlungsalternativen. Damit sucht das Individuum Umwelten, in denen es sich aufhält, teilweise selbst aus.
- wenn man dies noch umfassender analysiert, gestaltet das Individuum durch seine motivgesteuerten Handlungen die Umwelt, es „produziert Mittel" (dies ist ökonomisch gesehen bedeutsam) und verändert damit zugleich den Handlungsspielraum. Eine derartige Analyse geht jedoch über die bisherige, kurzfristige Betrachtungsweise hinaus.

Das Verhalten wird, bezogen auf eine kurzfristige Situation, durch die Interaktion von Person und Umwelt bestimmt. Diese bilden unter motivationspsychologischem Aspekt eine Einheit (*Rüttinger* et. al. 1974, S. 21). Da diese Interaktion auch bei meinem Untersuchungsgegenstand von großer Bedeutung ist, wird darauf in einem gesonderten Abschnitt näher eingegangen (4.5.).

b) Langfristig:

Langfristig gesehen werden die Motive und die Motivstrukturen durch die Umweltbedingungen geprägt und überformt. Damit ist die Fragestellung der *Genese und Dynamik der Motivstrukturen* angesprochen. Bei der Behandlung dieser Problematik steht häufig folgende Unterscheidung im Vordergrund (*Madsen* 1973):

1. Primäre Motive: sie werden als angeboren, ungelernt, organisch, biogen etc. bezeichnet.
2. Sekundäre Motive: sie werden den primären Motiven als gelernt, erworben, psychogen etc. gegenübergestellt.

Dieser Unterscheidung kann ein heuristischer Wert nicht abgesprochen werden, da die verschiedenen Motive unterschiedliche „Körper-Nähe" aufweisen. Andererseits sind auch die Mehrzahl der sogenannten primären Motive wie etwa Hunger/Nahrungsaufnahme und Durst/Flüssigkeitsaufnahme in starkem Maße durch die Umwelt und ihre sozialen und kulturellen Gegebenheiten überformbar. Dabei sind insbesondere die Erfahrungen mit den unterschiedlichen Mitteln der Motivbefriedigung, deren Gewinnung von Eigenwertigkeit etc. für die Entwicklung und Ausdifferenzierung der Motivstruktur von Bedeutung. Damit können aufgrund der großen Plastizität, Überformbarkeit der Motive die Motivstrukturen von Erwachsenen als gelernt betrachtet werden. In extremen Ausnahmesituationen können jedoch die weniger differenzierten, ursprünglichen Grundtendenzen wieder zutage treten (Beispiel: extremer Hunger, *Thomae* 1965b, S. 84). In der folgenden Darstellung 13 wird eine Übersicht über verschiedene Prozesse der Entwicklung der Motivstruktur gegeben:

Darstellung 13
Entwicklungsprozesse der Motivstruktur

Allgemeine Kennzeichnung	Prozesse der Entwicklung
Expansion der Motivstruktur	Entstehung neuer Motive (Lernprozesse, Erfahrung) Differenzierung (bereits vorhandene Motive werden spezialisiert)
Rückbildung der Motivstruktur	Löschung (vorhandener Motive) Entdifferenzierung
Mischprozeß (gleichzeitige Expansion und Rückbildung)	Verlagerung

(*Quelle: Held* 1976, S. 97)

Für den Untersuchungsgegenstand Nutzung alternativer Verkehrsmittel hat die große Formbarkeit der Motivstrukturen zur Folge, daß nicht ohne weiteres eine Übertragbarkeit zwischen unterschiedlichen kulturellen, wirtschaftlichen und geographischen Gegebenheiten unterstellt werden kann.

4.2. Die Auswahl der geeigneten Motivationstheorie

4.2.1. Übersicht über die grundlegenden theoretischen Leitvorstellungen

Aufgrund der sehr verschiedenartigen Untersuchungsschwerpunkte, Unterschiede in den Methoden und in der Festlegung hypothetischer Konstrukte gibt es trotz der inzwischen langjährigen Tradition der Motivationsforschung keine einheitliche Theorie der Motivation (*Neuberger* 1974a, S. 31 ff.). Für eine begründete Auswahl der Motivationstheorie ist es deshalb erforderlich, eine Übersicht über die wichtigsten Richtungen zu geben. Hierfür bietet sich die von *Madsen* (1973) vorgenommene Einteilung in vier grundsätzliche Motivationshypothesen – als einzige mir bekannte Systematisierung – an. Diese entspricht nicht den strengen Kriterien einer Typologie (Eindeutigkeit, Vollständigkeit etc.), sondern sie charakterisiert vielmehr die theoretischen Leitvorstellungen, die den wichtigsten Richtungen zugrunde liegen.

a) Das Prinzip der Homöostase:

In der ursprünglichen, strengen Fassung (*Cannon;* s. a.a.O., S. 692) bezeichnet Homöostase die optimalen Gleichgewichtsbedingungen des Organismus: jede Abweichung von diesem Gleichgewicht bewirkt Reaktionen und Reaktionstendenzen in Richtung auf dessen Wiederherstellung. Die Betonung liegt auf den biologischen Prozessen und den sogenannten primären Motiven. Es werden jeweils einzelne Bedürfnisse untersucht. Eingegrenzt auf körpernahe, isolierte Motive wurde diese Hypothese mit Erfolg angewendet. Sie wurde jedoch immanent von biologisch orientierten Forschern als zu verengt kritisiert, die andere biologische Primärmotive (Exploration etc.) nachweisen konnten (s. a. a. O., S. 692 f. und *Thomae* 1965c, S. 441 ff.). Da auch die Mehrzahl der wichtigen Primärmotive wie Sexualität, Nahrung, Trinken etc. stark überformbar sind, ist die Reichweite des ursprünglichen, biologisch geprägten, auf „starre Ziele" ausgerichteten Konzepts (*v. Rosenstiel* 1975, S. 50 f.) sehr eingegrenzt.

Deshalb wurde es in Richtung auf das Postulat eines allgemeinen Gleichgewichtsstrebens ausgeweitet, bei dem auch Änderungen des optimalen Gleichgewichts (Fließgleichgewichte) zulässig sind (ausführlicher *Neuberger* 1974a, S. 24 ff.). Damit werden die Probleme des eng umgrenzten Ausgangsmodells behoben. Es stellt in dieser Form jedoch kein eigenständiges Konzept mehr dar, sondern ist in vielen motivationstheoretischen Ansätzen enthalten (*Fuchs* 1976, S. 224 f.).

b) Anreiztheorien:

Während in der ursprünglichen Fassung des homöostatischen Prinzips die inneren Reize im Vordergrund stehen, wird in den Anreiztheorien die Bedeutung der äußeren Reize und der Umweltabhängigkeit betont. Nach *Madsen* (1973, S. 693) liegt dieser Gruppe von Theorien das hedonistische Prinzip zugrunde, Unlust zu vermeiden und Lust aufzusuchen. In Tierversuchen konnten dafür empirische Belege erbracht werden.

Diese Richtung bewirkte zugleich eine Tendenz zur Einbeziehung kognitiver Variablen, da die Anreize und deren Befriedigungsqualitäten mit unterschiedlichem Bewußtseinsgrad antizipiert werden. Bei *Tolman* und *Lewin* wurde diese kognitive Komponente der Antizipation der Anreizwerte erstmalig ausgearbeitet (*Bolles* 1974 und *Madsen* 1968). Damit ist bereits der Übergang zu der nächsten grundlegenden Leitvorstellung aufgezeigt.

c) Kognitive Hypothesen:

Bei *Tolman* wurde die Erwartung explizit als Verhaltensdeterminante einbezogen, welche die subjektive Wahrscheinlichkeit der Zielerreichung bezeichnet. Es wird angenommen, daß sie zusammen mit dem subjektiven Nutzen gemäß dem hedonistischen Prinzip der Nutzensmaximierung das Verhalten bestimmt. Dies fand in verschiedenen Weiterentwicklungen und Anwendungen seinen Niederschlag, wie der von *Atkinson* in bezug auf Leistungsverhalten ausformulierten Erwartungs-Wert-Theorie und der von *Vroom* ausgehenden Valenz-Instrumentalität-Erwartungs-Theorie im Bereich des Arbeitsverhaltens.

Daneben sind die Ansätze zum kognitiven Ungleichgewicht zu nennen, wobei die Theorie der kognitiven Dissonanz von *Festinger* (1957, 1958) den größten Einfluß erlangte. Widersprüchliche Kognitionen lösen im Individuum Verhaltenstendenzen aus, die auf den Abbau der Diskrepanzen abzielen. Damit liegt explizit eine Gleichgewichtsannahme zugrunde, die jedoch nicht wie in der ursprünglichen Fassung des Homöostaseprinzips aufgrund biologisch fundierter, primärer Motive, sondern kognitiv begründet ist.

d) Humanistische Ansätze:

Diese Ansätze haben einen anderen Ansatzpunkt als die bisher genannten Leitvorstellungen. Sie betrachten den Menschen als von den anderen Lebewesen verschieden. Eine sinnverstehende, umfassende Analyse der Entwicklung der menschlichen Motivstruktur steht im Vordergrund. Dabei betonen sie deren Überformbarkeit und Entwicklungsfähigkeit, wie dies in der Grundhypothese *Allport's* (1937) der funktionellen Autonomie deutlich zum Ausdruck kommt. *Maslow* (1954) stellt der „Defizit-Motivation", die durch die grundlegenden physiologischen Bedürfnisse, Sicherheits- und die sozialen Bedürfnisse bestimmt ist, die für gesunde, erwachsene Menschen bedeutsame „Wachstums-Motivation" gegenüber. Diese schließt die Selbstverwirklichungstendenz, das Streben nach Entfaltung und der Schaffung neuer Möglichkeiten ein. Die Berechtigung und Bedeutung dieser Richtung liegt darin, daß sie der stark verbreiteten Tier- und Ratten-Psychologie – selbst *Tolman,* der die kognitive Komponente einbezog, arbeitete vorrangig mit Tierexperimenten – explizit die Untersuchung der menschlichen Motivation gegenüberstellte und dabei insbesondere deren starke Überformbarkeit herausarbeitete.

4.2.2. Auswahl der geeigneten Theorie

Aus dieser Übersicht wird bereits deutlich, daß die aufgezeigten Leitvorstellungen zumeist nicht direkt widersprüchlich sind, sondern auf verschiedene Schwerpunkte ausgerichtet sind und in unterschiedlichen Untersuchungsgebieten angewendet werden. Das *Prinzip der Homöostase* kann für die Untersuchung körpernaher, relativ starrer Ziele durchaus von Nutzen sein. Für meinen Untersuchungsgegenstand ist diese Richtung jedoch sowohl wegen der Art der Motive wie ihrer Beschränkung auf die Analyse einzelner Motive ungeeignet. Durch die Ausdehnung auf eine allgemeine Gleichgewichtsvorstellung und der Tendenz der Diskrepanzbeseitigung wird sie dagegen so allgemein, daß sie kein eigenständiges Konzept darstellt, das für die Analyse der Verkehrsmittelnutzung herangezogen werden könnte.

Der wesentlichste Beitrag der *humanistischen Ansätze* besteht in der Herausarbeitung der Überformbarkeit der Motivstruktur und der expansiven Thematik. Dies ist jedoch ebenfalls in der Mehrzahl der anderen Ansätze integrierbar. Beispielsweise ist in der weitgefaßten homöostatischen Konzeption eine Veränderung und Expansion der Gleichgewichtszustände in Form von Fließgleichgewichten zulässig. Der Beitrag dieser Richtung wurde bereits in die allgemeinen Ausführungen zur Entwicklung der Motivstruktur einbezogen (4.1.4.). Aufgrund des Allgemeinheitsgrades und der fehlenden Operationalisierungen ist sie jedoch als Grundlage für ein Analyseschema der Verkehrsmittelnutzung nicht geeignet.

Bei den *Anreiztheorien* wird die Bedeutung der äußeren Bedingungen und deren Anreizqualitäten betont (*Neuberger* 1974, S. 83). Dies ist für meinen Untersuchungsgegenstand günstig, da damit die Anreizqualitäten der alternativen Verkehrsmittel explizit einbezogen werden können. Eines ihrer wesentlichen Kennzeichen ist es, daß die Zielantizipation immer bereits mit enthalten ist. Dabei wird zwischen negativen und positiven Anreizen und deren Antizipation unterschieden (a. a. O., S. 77 ff.). Dieser Aspekt ist auch in den nachstehend diskutierten, *kognitiven Motivationstheorien* enthalten. Beispielsweise wird in der Theorie der Leistungsmotivation von *Atkinson* eine Trennung in Hoffnung auf Erfolg und Furcht vor Mißerfolg vorgenommen (ausführlich *Heckhausen* 1963). Durch die Betonung der Zielantizipation besteht die naheliegende Konsequenz darin, kognitive Aspekte wie Erwartungen explizit einzubeziehen. Deshalb wird die Anreiztheorie zumeist in Verbindung mit kognitiven Komponenten und entsprechenden Ansätzen angewendet. Kognition ist dabei „der Sammelbegriff für alle Erkenntnisleistungen der Person, die ihrer Orientierung in der Umwelt dienen (z. B. Wahrnehmung, Gedächtnis, Denken usw.)" (*Neuberger* 1978, S. 222).

Allgemein kann die *Entwicklung der Motivationstheorien* in Richtung auf die Einbeziehung kognitiver Variablen gekennzeichnet werden: von streng biologisch fundierten Hypothesen und einer engen Verbindung von Tier- und Menschenpsychologie ausgehend, entwickeln sie sich zu der Analyse der Motivation von entscheidenden, informationsverarbeitenden Menschen (*Madsen* 1973, S. 695). Verstärkt werden Motive wie Leistung und Macht untersucht, deren physiologische Grundlagen noch offen sind. Aufbauend auf den Arbeiten von *Tolman* und *Lewin* werden die Zielantizipationen, Erwartungen einbezogen. Die einseitig situationsspezifischen summarischen Konstrukte wie Anreiz, Anregungsgehalt und die einseitig personenspezifischen summarischen Konstrukte wie das Motiv werden in Einzelkomponenten aufgegliedert (*Schmalt & Meyer* 1976, S. 11 ff. und *Heckhausen* 1977). Zunehmend wird die Bedeutung der subjektiven Einschätzungen des Individuums als Verhaltensdeterminanten betont (*Bolles* 1974 und *Kaufmann-Mall* 1978).

In der praktischen Entwicklung *kognitiver Motivationstheorien* waren insbesondere die Arbeiten zum Leistungsverhalten und dabei wiederum die Erwartung-Wert-Theorie der Leistungsmotivation von *Atkinson* (1964) bestimmend (*Schmalt & Meyer* 1976). Diese hat den Vorteil, daß sie „anwendungsnah" formuliert ist und beispielsweise im Bereich der Ausbildung auf Aufgabenverhalten angewendet wird. Dieser Ansatz hat aber eine im Hinblick auf meinen Untersuchungsgegenstand entscheidende Einschränkung der Reichweite: es wird nur der Zusammenhang *einer* Inhaltsklasse, eines Themas (Leistungsmotivation; aufgeteilt in Hoffnung auf Erfolg und Furcht vor Mißerfolg) mit *einer* korrespondierenden thematischen Einheit des Aktivitätskontinuums (Leistungsverhalten) untersucht.

Wie bereits in 4.1.2. angeführt, sind bei meinem Gegenstandsbereich potentiell eine größere Zahl von Handlungsfolgen relevant. Es wird nicht ein Motiv isoliert und rein angesprochen, etwa das Leistungs- oder das Machtmotiv, sondern es kann potentiell eine größere Zahl von Motiven angeregt werden (analog zur Arbeitssituation, *Neuberger* 1974, S. 61). Bei einer Analyse der vorhandenen Motivationstheorien nach einem deshalb erforderlichen *multithematischen Ansatz* stößt man vorrangig auf Untersuchungen im Bereich der Arbeits- und Organisationspsychologie. Dabei bildet die *Ausarbeitung Vroom's* (1964) einer *Valenz-Instrumentalität-Erwartung* (VIE) *Theorie* den Ausgangspunkt der Diskussion. Interessanterweise zielt diese Richtung ebenfalls auf die Erklärung von Leistungsverhalten ab. Wie die Beiträge in der Annual Review of Psychology zum Stichwort „Personnel Attitudes and Motivation" belegen (*Miner & Dachler* 1973; *Locke* 1975 und *Korman* et. al. 1977) wird dieser Ansatz vorrangig im Bereich der Arbeitspsychologie angewendet. Parallel zu meiner Arbeit wird derzeit eine Übertragung auf die Erklärung gesundheitsrelevanten Verhaltens (*Kompa* 1981) und des generativen Verhaltens (*v. Rosenstiel* et. al. 1979) vorgenommen. In einer verkehrspsychologischen Literaturstudie von *Hoyos & v. Pupka* (1976), die sich vorrangig mit dem PKW-Fahrverhalten beschäftigt, wird diese Variante der kognitiven Motivationstheorien zur Erklärung des Fahrverhaltens vorgeschlagen. Daneben enthält sie den Hinweis, daß sie auch für die Motivation der Verkehrsmittelwahl heranzuziehen ist.

Wie in der Einführung (1.3.2.) bereits kurz dargelegt wurde, wird die *Vroom*'sche Variante der kognitiven Motivationstheorie ähnlich wie in der Arbeitspsychologie nur als Ausgangspunkt genommen. Diese Theorie bietet *kein Patentrezept* für die Analyse der Nutzung alternativer Verkehrsmittel, ist aber aufgrund der aufgeführten Argumente gut als Ausgangspunkt geeignet (ähnlich *Vroom* selbst, 1964, S. 285 ff. für seinen Bereich).

4.2.3. Vroom's VIE-Theorie

Vroom baut sein Modell einer kognitiven Motivationstheorie auf den Ergebnissen und Trends der allgemeinen Motivationstheorie auf. Er betont dabei den Einfluß der hedonistischen Anreiztheorien und der kognitiven Theorien von *Tolman* und *Lewin* (*Vroom* 1964, S. 8 ff.). Das dabei entwickelte Modell wird häufig aufgrund der drei erklärenden Variablen als VIE-Theorie bezeichnet (*Miner & Dachler* 1973). Bei anderen Autoren wird es in Abhebung von *Atkinsons's* Erwartung-Wert-Theorie auch als Instrumentalitätstheorie gekennzeichnet (*Kleinbeck & Schmidt* 1976). Obwohl diese Theorie im Hinblick auf die Erklärung von Verhalten in Arbeit und Beruf entwickelt wurde, stellt *Vroom* das zugrunde liegende Modell kognitiver Motivation allgemein dar. Trotz der relativ formal-abstrakten Darstellungsweise halte ich mich eng an das ursprüngliche Konzept *Vroom's* (1964, S. 15 ff.), um eine Vermischung verschiedener Varianten der VIE-Theorie zu vermeiden.

a) Das Valenz-Konzept:

Der auf *Lewin* zurückgehende Terminus Valenz ist anderen Konzepten wie dem Anreiz, dem erwarteten Nutzen etc. ähnlich, die alle als auf Ergebnisse bezogene, affektive Orientierungen zu charakterisieren sind. Die Valenz kann positive oder negative Werte annehmen oder die Person ist gegenüber dem Ergebnis indifferent. Im Gegensatz zu dem Terminus Wert stellt sie eine Erwartungsgröße, die Antizipierung der mit dem Ergebnis gewinnbaren Befriedigung dar.

Definition: die Valenz bezeichnet affektive Orientierungen, die auf bestimmte Ergebnisse bezogen sind.

Viele Ergebnisse sind positiv oder negativ valent, obwohl sie selbst keinen Befriedigungswert haben. Die positive oder negative Valenz basiert nicht auf ihren intrinsischen Eigenschaften, sondern auf der antizipierten Befriedigung oder Frustration von anderen Ergebnissen, zu denen sie wahrscheinlich führen. Damit wird vermutet, daß Mittel ihre Valenz aufgrund ihrer erwarteten

Beziehung zu Zwecken erhalten. Die Einführung der Ziel-Mittel-Relation erlaubt es *Vroom* – im Gefolge von *Peak* (1955) –, zwei Determinanten der Valenz zu unterscheiden:

1. die wahrgenommene Instrumentalität eines Objektes bzw. Handlungsergebnisses für die Erreichung verschiedener anderer Folgen;
2. die Art und Stärke des Affektes, die von diesen Folgen erwartet werden.

Ohne eine Begründung anzugeben, nimmt er dann folgende funktionale Beziehung zwischen den Ergebnis-Valenzen und ihren erwarteten Konsequenzen an:

Satz 1: für eine Person ist die Valenz eines Ergebnisses eine monoton ansteigende Funktion der algebraischen Summe der Produkte der Valenzen aller anderen Ergebnisse und seiner Konzeptionen der Instrumentalität für die Erreichung dieser anderen Ergebnisse.

(5) $$V_j = f_j \left[\sum_{k=1}^{n} (V_k \cdot I_{jk}) \right] \quad (j = 1, 2, \ldots, n)$$

V_j = Valenz des Ergebnisses j (outcome 1. Ebene);
I_{jk} = die wahrgenommene Instrumentalität ($-1 \leq I_{jk} \leq 1$) von Ergebnis j (1. Ebene) für die Erreichung des Ergebnisses k (2. Ebene);
V_k = Valenz des Ergebnisses k (outcome 2. Ebene).

Bei dieser Formulierung ist auffällig, daß sie zwei Arten von Valenzen enthält, die sich auf unterschiedliche „outcomes", Ergebnisse beziehen. Weil das in der weiteren Entwicklung Verwirrung stiftete, wurden diese später zur besseren Unterscheidung in Ergebnisse 1. und 2. Ordnung bzw. 1. und 2. Ebene unterteilt (*Hoyos* 1974, S. 189). Analog dazu wird bei *Heckhausen* (1977) und *Kleinbeck & Schmidt* (1976) von Handlungsergebnis und Folgen dieses Ergebnisses gesprochen.

Die Valenz der zweiten Ebene entspricht in etwa dem Motiv in der in 4.1. festgelegten Form und die Instrumentalität dem antizipierten Anreizwert als kognitiver Erwartungsgröße. Durch diese „Verschachtelung" wird klar, daß im Sinne dieser Motivationstheorie Motivation und Kognition immer bereits „verwoben" sind. Die Instrumentalität ist als subjektive Variable festgelegt, die aber über kognitive Prozesse (Wahrnehmung, Erinnern, Informationsverarbeitung etc.) vermittelt auf die Umwelt und deren Merkmalsausprägungen bezogen ist. Damit ist die Motivation durch die Interaktion von Person und Umwelt bestimmt.

Ein *Beispiel* soll diese bisher sehr allgemeinen Darlegungen verdeutlichen (nach *v. Rosenstiel* 1975, S. 69): wenn ein Student Kontakt zu ihm ähnlichen Personen, berufliche Karriere und gesellschaftliche Geltung hoch bewertet (Valenzen 2. Ebene) und glaubt, daß die Mitgliedschaft in einer studentischen Verbindung mit hoher Wahrscheinlichkeit zum Erreichen der genannten Ziele führt (Instrumentalitäten), so wird die Mitgliedschaft in der Verbindung selbst eine hohe Wertigkeit erlangen (Valenz 1. Ebene).

b) Das Erwartungs-Konzept:

Die Person kann in Entscheidungssituationen nicht alle Ereignisse kontrollieren, sie enthalten häufig ein Element der Unsicherheit, des Risikos. Immer wenn ein Individuum eine Auswahl unter Alternativen treffen muß, die unsichere Ergebnisse beinhalten, wird das Verhalten nicht nur durch die Präferenzen dieser Ergebnisse, sondern ebenso durch den Grad bestimmt, in dem es diese Ergebnisse für wahrscheinlich hält. Aus dem für diese Überzeugungen (beliefs) üblichen Begriffen wie subjektive Wahrscheinlichkeiten und Erwartungen wählt *Vroom* den Begriff Erwartung aus:

Definition: die Erwartung bezeichnet die gegenwärtige Überzeugung bezüglich der Wahrscheinlichkeit, daß ein bestimmtes Ergebnis einer bestimmten Handlung folgt.

Im Gegensatz zur Instrumentalität kann die Erwartung keine negativen Werte annehmen, sondern gemäß der allgemeinen Festlegung der Wahrscheinlichkeit Werte von 0 bis + 1. *Dachler & Mobley* (1973) stellten deshalb die Erwartung als *subjektive Wahrscheinlichkeit* der Instrumentalität als *subjektiver Korrelation* gegenüber. Die Erwartung bezieht sich auf den Zusammenhang Handlung-Ergebnis, während die Instrumentalität eine Ergebnis-Ergebnis-Beziehung repräsentiert. Ähnlich wie die Instrumentalität ist die Erwartung eine kognitive Variable, die auf eine Person-Umwelt-Interaktion gerichtet ist.

c) Das Kraft-Konzept:

Zur Bestimmung der Kombination von Valenzen 1. Ebene und Erwartungen als Verhaltensdeterminanten führt *Vroom* in Anlehnung an *Lewin* das Konzept der Kraft (force) ein. Das Verhalten wird als das Resultat von Feldkräften angenommen, die jeweils unterschiedliche Richtung und Stärke haben. Die Kraft stellt dabei die Stärke der Handlungstendenz dar. Mathematisch gesehen gibt es nach *Vroom* viele Möglichkeiten, die Valenzen und Erwartungen zu diesen hypothetischen Kräften zu kombinieren. Unter der Annahme, daß die Wahlen subjektiv rational vorgenommen werden, ergibt sich folgende funktionale Beziehung:

Satz 2: die Kraft, die auf eine Person ausgeübt wird, um eine Handlung auszuführen, ist eine monoton ansteigende Funktion der algebraischen Summe der Produkte der Valenzen aller Ergebnisse und der Stärke der

Erwartungen, daß die Erreichung dieser Ergebnisse auf die Handlung folgt.

(6) $$F_i = f_i \left[\sum_{j=1}^{n} (E_{ij} \cdot V_j) \right] \qquad (i = n + 1, 2, \ldots, m)$$

F_i = Kraft um die Handlung i auszuführen (Handlungstendenz);
E_{ij} = Stärke der Erwartung ($0 \leq E_{ij} \leq 1$), daß das Ergebnis j (1. Ebene) der Handlung i folgt;
V_j = Valenz des Ergebnisses j (1. Ebene).

Vroom nimmt zusätzlich an, daß Individuen aus alternativen Handlungen diejenige auswählen, auf die die stärkste positive oder schwächste negative Kraft gerichtet ist. Ausdrücklich weist er auf die Ähnlichkeit dieser Annahme zur SEU-Entscheidungstheorie hin.

In Fortführung des beim Valenz-Konzept angeführten Beispiels soll auch dieser Teil des *Vroom*'schen Modells mit einem *Beispiel* illustriert werden (nach *v. Rosenstiel* 1975, S. 68): wenn der genannte Student die Mitgliedschaft in einer studentischen Verbindung noch bewertet (Valenz 1. Ebene) und glaubt, diese Mitgliedschaft durch seine Bewerbung mit relativ hoher Wahrscheinlichkeit erreichen zu können (Erwartung), so wird er sich bei der Bewerbung besonders anstrengen (Kraft).

Abschließend sei das theoretische Grundkonzept *Vroom's* in graphischer Form dargestellt. In dieser Darstellung wird die Kraft als Handlungstendenz bezeichnet. Die Ergebnisse 1. und 2. Ebene werden als Ergebnis und dessen Folgen auseinandergehalten (s. Darstellung 14).

d) Die Arbeitsleistung:

Dieses theoretische Grundkonzept wird von *Vroom* zur Erklärung der Berufswahl, Kündigungsentscheidungen und Anstrengung (effort) bzw. Anstrengungsbereitschaft angewandt. Für die Erklärung der Leistung (performance), d. h. dem tatsächlich erreichten Leistungsergebnis, zieht er zusätzlich zu der nach dem Modell bestimmten Motivation die *objektiven* Fähigkeiten heran. Die Fähigkeiten stehen dabei als umfassender Sammelbegriff für überdauernde Fähigkeiten, spezifische Fertigkeiten etc. Im Gegensatz zu der Erstellung des theoretischen Grundkonzepts beläßt es *Vroom* (1964, S. 203) mit der allgemeinen Formulierung einer interaktiven Wirkung beider Verhaltensdeterminanten:

(7) Leistung = f (Fähigkeiten x Motivation)

Darstellung 14
Komponenten des Vroom'schen Motivationsmodells

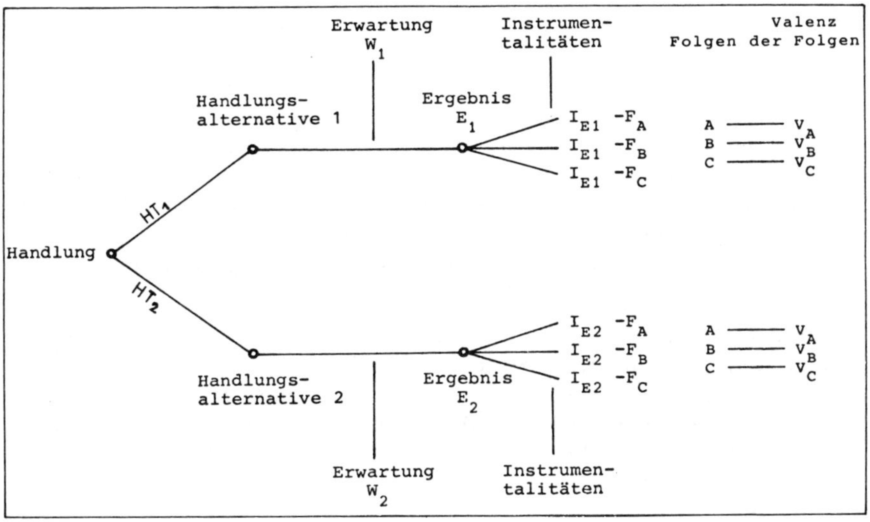

(*Quelle: Kleinbeck & Schmidt* 1976, S. 62)

Diese allgemeine Formel wird erst in der folgenden Diskussion der VIE-Ansätze durch das Aufzeigen der genaueren Zusammenhänge der objektiven Limitierungen und der verschiedenen Komponenten der motivationalen Determinanten präzisiert.

4.3. Diskussion der VIE-Theorie

4.3.1. Vorzüge

Wie jede Theorie hat auch die VIE-Theorie eine eingegrenzte Reichweite. Wenn im folgenden zunächst die wichtigsten Vorzüge dieser Richtung für die Erklärung meines Untersuchungsgegenstandes angesprochen werden, sind diese also nicht in einem absoluten Sinne zu verstehen. Dies wird insbesondere bei der sich im folgenden Abschnitt anschließenden Diskussion einiger bedeutsamer Problemfelder deutlich, da ein Teil der Probleme direkt mit Vorzügen verknüpft sind. Die in der Auswahl der geeigneten Theorie (4.2.2.) angeführten Überlegungen werden noch einmal aufgeführt, um die Übersicht zu erleichtern:

– der Ansatz ist explizit multithematisch formuliert, d. h. er bezieht eine größere Zahl von relevanten Zielen ein (besonders herausgearbeitet bei *Kleinbeck & Schmidt* 1976).

- er enthält sowohl kognitive wie motivationale Elemente als Determinanten der Verhaltenstendenz, die systematisch aufeinander bezogen sind. Dies ist für die Anwendung auf die Verkehrsmittelwahl von Vorteil, da damit die Wahrnehmung der Ausprägungen der Handlungsfolgen und deren Bewertung getrennt erfaßt werden.
- ebenso werden nicht ausschließlich personale oder Umwelt-Variablen verwendet, sondern es wird deren Interaktion als verhaltensbestimmend erfaßt, wenn auch die Umwelt nur indirekt, über die Wahrnehmung vermittelt, enthalten ist. Damit sind Variationen in objektiven Merkmalsausprägungen der verschiedenen alternativen Verkehrsmittel erfaßbar. Dies entspricht der Entwicklung der Motivationstheorien.
- die Art der Erwartungsvariablen und deren Einbeziehung macht deutlich,
- die Art der Erwartungsvariablen und deren Einbeziehung macht deutlich, daß der Ansatz nicht einfach völlige Handlungsfreiheit (volitional control) voraussetzt. Wie in der Übersicht im 2. Kapitel herausgearbeitet wurde, ist es für die Erklärung der Verkehrsmittelnutzung günstiger, keine Eingrenzung auf den Bereich der völligen Wahlfreiheit vorzunehmen, sondern statt dessen die verhaltenslimitierenden Determinanten zusammen mit den Determinanten der Verhaltensintention zu erfassen. Hierzu ist aber eine Anpassung der Erwartungs-Variablen erforderlich.
- der Charakter alternativer Handlungen ist im theoretischen Grundkonzept enthalten. Dies ist im Vergleich zu den Einstellungstheorien von Vorteil (4.4.2. und *Held* 1981b), da dieser Aspekt der Auswahl unter Handlungsalternativen meinen Untersuchungsgegenstand kennzeichnet.
- im Gegensatz zu Motivationstheorien mit spezifischen Inhaltsklassen (Leistungs-, Machtmotivation etc.) ist dieser Ansatz inhaltlich nicht festgelegt. Je nach Verhaltensbereich, Personengruppen und sonstigen Einflußgrößen können die jeweils relevanten Ziele eingesetzt werden. Damit ist die Übertragbarkeit auf die Verkehrsmittelnutzung gewährleistet.
- trotz der allgemeinen Formulierung des Ansatzes sind die Variablen des Ansatzes operationalisierbar und der empirischen Prüfung zugänglich (zu den dabei bestehenden Problemen 4.3.2.).
- für die praktische Anwendung bietet er bezüglich der Wirkungsanalyse von Maßnahmen – die Bewältigung von Meßproblemen etc. vorausgesetzt – ein großes Potential. Insbesondere die Differenzierung der Bewertung und Wahrnehmung von Determinanten und deren Ausprägungen ist vergleichbar der Einstellungstheorie *Fishbein's* (4.4.2.) von Vorteil.

4.3.2. Problemfelder und Reichweite

Wie bei der Anwendung jeder allgemeinen Theorie ist auch hier eine *Übertragung* in den Verhaltensbereich Verkehrsmittelnutzung *erforderlich:*

- vorrangig ist eine Präzisierung des zu untersuchenden Verhaltens und der Alternativen (5.1.1. und 6.3.).

- es können nicht die beim Arbeitsverhalten vorrangigen Ziele übernommen werden, sondern es ist eine Bestimmung der verhaltensrelevanten Ziele der Verkehrsmittelnutzung vorzunehmen (5.1.2. und 6.2.).

Bei dieser Übertragung ist teilweise zugleich eine *Anpassung* des Konzepts an die besonderen Charakteristika des zu untersuchenden Verhaltensausschnittes *erforderlich:*

- das *Vroom*'sche Modell wurde im Hinblick auf die Erklärung von Leistungsverhalten entwickelt. Deshalb ist es plausibel, daß die subjektive Wahrnehmung der Möglichkeit der Handlungsausführung als subjektive Wahrscheinlichkeit mit Werten von 0 bis 1 festgelegt wird. Bei der Verkehrsmittelnutzung steht dagegen – bezogen auf eine Situation – die Verfügbarkeit als dichotome Variable im Vordergrund (4.5.3.).
- zugleich ist damit eine Spezifizierung der bei *Vroom* nur unter dem Sammelbegriff „Fähigkeiten" aufgeführten, objektiv limitierenden Faktoren und eine Analyse deren Beziehungen zu der subjektiven Verfügbarkeit erforderlich (4.5.2.).

Aufgrund der Erfordernisse der praktischen Anwendung ist eine *Erweiterung* des ursprünglichen Konzepts *nützlich:*

- wie dargelegt, bezieht der Ansatz die Person-Umwelt-Interaktion ein. Dies geschieht jedoch ausschließlich über die subjektive Interpretation der Situation durch das Individuum. Da für die praktische Gestaltung von Maßnahmen und deren Wirkungsanalyse das Verhältnis der objektiven Veränderungen zu deren subjektiven Wahrnehmungen und Bewertungen von vorrangigem Interesse ist, ist eine Erweiterung des Konzepts durch die ausdrückliche Einbeziehung der objektiven Gegebenheiten erforderlich.

Eine derartige Übertragung, Anpassung und Erweiterung des Konzepts im Hinblick auf die Charakteristika des Untersuchungsgegenstandes ist bei jeder Theorie erforderlich und nützlich. Der Ansatz liegt jedoch nicht problemlos, sozusagen „fertig verpackt" für diese Übertragung vor, sondern es bestehen auch immanent eine Reihe von Problemen (*Locke* 1975). Bei der folgenden Darstellung der wichtigsten *Problemfelder* ist zu berücksichtigen, daß sie zum großen Teil nicht für diesen Ansatz spezifisch sind, sondern für konkurrierende Erklärungskonzepte ebenfalls bestehen:

a) Probleme des kognitiven Ansatzes:

Dem Ansatz liegt die Annahme zugrunde, daß das motivierte Verhalten durch eine subjektive Kalkulation von vor- und nachteilhaften Folgen und Begleitumständen von alternativen Handlungen bestimmt wird. Dabei wird eine kompensatorische Kombinations- und damit verbunden eine nutzenmaximierende Entscheidungsregel unterstellt. Dies wird als subjektiv rationales Verhalten bezeichnet (*Vroom* 1964, S. 18). Nach *Vroom* wird dabei von den Individuen eine umfassende Abwägung „aller anderen Ergebnisse

(2. Ebene)" (Satz 1 in 4.2.3.) und „allen Ergebnissen (1. Ebene)" (Satz 2 in 4.2.3.) vorgenommen.

Obwohl *Vroom* dies selbst nicht ausdrücklich formuliert, liegt dem Ansatz eine mentalistische Grundhaltung zugrunde: das Verhalten wird (vorrangig) durch das bestimmt, was bewußt ist. *Locke* (1975, S. 463) formuliert das so: zugrunde liegt „die implizite Annahme, daß alle Motivation bewußt ist." In den bisherigen Ausführungen wurde bereits auf einige Aspekte aufmerksam gemacht, die diese Annahme relativieren bzw. ihre Reichweite eingrenzen:

- aus der Informationsverarbeitungstheorie ergibt sich, daß die informationsverarbeitenden Kapazitäten begrenzt sind und unterschiedliche Grade der Bewußtheit gegeben sind (5.2.5.).
- bei verschiedenen Verhaltensarten – wie dem impulsiven und dem habituellen Verhalten – liegen unterschiedliche Bewußtheitsgrade und Entscheidungsprozesse zugrunde. Da die Verkehrsmittelnutzung in starkem Maße habitualisiert ist, ist dies für die Reichweite des Ansatzes von besonderer Bedeutung (5.2.4.).

Die aufgeführten Aspekte sind nicht spezifisch für die VIE-Theorie in der *Vroom*'schen Konzeption, sondern betreffen generell alle Ansätze, die eine „subjektive Rationalität" dieser Prägung unterstellen. Die Problematik läßt sich auch nicht einfach dadurch „lösen", daß die kognitiven Komponenten eliminiert werden. Wie in 4.2.2. eingehend dargelegt wurde, ist es gerade einer der Vorzüge dieser Forschungsrichtung, diese in den motivationalen Prozeß zu integrieren. Damit erhält man jedoch *unvermeidlicherweise* neue Probleme (s. insbesondere die Arbeiten von *Simon).*

b) Probleme des multithematischen Ansatzes:

Analog dazu ergeben sich aus dem zweiten wichtigen Vorteil der VIE-Theorien, ihrem multithematischen Charakter, ebenso zwangsläufig Probleme. Sobald die Erklärung von einer Inhaltsklasse auf mehrere Ziele erweitert wird, stellt sich die Frage, wie diese kombiniert werden (*Pfaff* 1978, S. 106). Durch die weitere Unterteilung in verschiedene Variablenarten (Valenz, Instrumentalität und Erwartung) wird dies weiter kompliziert. *Vroom* legte dieser Fragestellung noch keine große Bedeutung bei (1964, S. 276) und führte ohne nähere Begründung die damals allgemein übliche linear-additive, kompensatorische Kombinationsregel ein (a. a. O., S. 18). Wie die Entwicklung der Entscheidungstheorien jedoch aufzeigt, ist dies eine der grundlegenden Probleme jeder multithematischen Verhaltenserklärung (5.2.2.).

c) Probleme bezüglich der Variablen des Ansatzes:

Die Darstellung der *Vroom*'schen VIE-Theorie in 4.2.3. könnte den Eindruck vermitteln, daß die grundlegenden Variablen des Ansatzes eindeutig festgelegt sind. Wie alle vorliegenden Übersichtsartikel übereinstimmend feststellen, bestehen jedoch bei der Anwendung der Variablen Probleme hinsichtlich der Übereinstimmung und es liegen erst bruchstückhafte Kenntnisse über die Beziehungen der Variablen und das Gesamt-Modell vor (*Miner & Dachler* 1973 und *Campbell & Pritchard* 1976).

d) Methodische Probleme:

Wie angeführt, kann nicht von vorneherein Bewußtheit bezüglich der verhaltensbestimmenden Determinanten vorausgesetzt werden. Dies hat Folgen für die Verwendbarkeit der direkten Befragung und von selbstberichteten Angaben (5.2.5.). Daneben ergeben sich aus der Art der Kombinationsregel Probleme (Unabhängigkeit der Variablen und Skalenniveau, s. 5.3.1.).

Wie jede andere Theorie wurde auch die VIE-Theorie für die Erklärung eines Teilausschnittes aus dem gesamten Aktivitätskontinuum konzipiert, d. h. sie hat eine eingegrenzte Reichweite. In der ursprünglichen Formulierung von *Vroom* läßt sich diese Reichweite etwa folgendermaßen kennzeichnen:

– kurzfristige Erklärung individuellen Verhaltens, dem ein bewußtes Abwägen der damit verbundenen Vor- und Nachteile zugrundeliegt.
– bezüglich der Eingrenzung auf Auswahlverhalten unter frei verfügbaren Alternativen ist der Ansatz nicht eindeutig: einerseits wird eingangs (*Vroom* 1964, S. 8 f.) die Voraussetzung der „voluntary control" gemacht und andererseits wird aber mit der Variable Erwartungen die subjektive Einschätzung von limitierenden Faktoren einbezogen. Bei der Darlegung des Person-Umwelt-Interaktionsrahmens (4.5.) wird dies präzisiert.

Wissenschaftstheoretisch betrachtet, sind bezüglich der Reichweite unterschiedliche Strategien möglich. Dies soll am Beispiel der Kombinations- und Entscheidungsregeln verdeutlicht werden: wenn die bei *Vroom* unterstellten Regeln empirisch nicht bestätigt werden, kann man zum einen die Regeln völlig verwerfen und nach besser geeigneten suchen. Zum anderen aber kann man versuchen, die Bedingungen zu ermitteln, unter denen sie Gültigkeit haben. Damit wird dann der Geltungsbereich der Theorie eingegrenzt. Je nach dem gewünschten Genauigkeitsgrad können eingeschränktere Ansätze als genügend genaue Annäherung an die Realität Verwendung finden.

4.3.3. Empirische Befunde

Vroom (1964) nahm selbst keine empirische Testung seiner Theorie vor. Diese diente ihm vielmehr zur Strukturierung der Übersicht der vorliegenden Studien zum Arbeitsverhalten. Da diese aber nahezu durchgängig mit anderen theoretischen Festlegungen und Konstrukten, zumeist mit reinem ad-hoc-

Charakter und unterschiedlichsten Zielsetzungen durchgeführt wurden (a.a.O., S. 276 f.), können daraus keine Ableitungen über die Gültigkeit und Erklärungskraft des Ansatzes abgeleitet werden. Er präferiert in seinen Überlegungen experimentelle Prüfungen (a. a. O., S. 272 ff.), gibt aber zugleich an, daß dies praktisch gesehen wohl schwierig ist. Er legt sich in den anzuwendenden Methoden und der Operationalisierung der Variablen nicht fest. Dies hatte zur Folge, daß in den folgenden empirischen Studien sehr unterschiedliche Operationalisierungen vorgenommen wurden. Dies mußte zwangsläufig auf die Vergleichbarkeit und Qualität der Ergebnisse Auswirkungen haben.

Es liegen kaum Tests umfassender Art vor, bei denen das gesamte Modell einschließlich der Interaktionshypothesen geprüft wird. Die einzelnen Variablen erbringen i. d. R. Erklärungsbeiträge in der prognistizierten Richtung, jedoch nur in relativ geringer Höhe. Die Verknüpfung der Variablen erbringt zumeist leicht höhere Erklärungsanteile, wobei die Befunde bezüglich additiver vs. multiplikativer Verknüpfung widersprüchlich sind. Die häufig mit multiplen Regressionen ermittelten Koeffizienten betragen im Durchschnitt etwa 0.30 (*Wahba & House* 1974, S. 122). Diese *wenig befriedigenden Ergebnisse* werden in den Übersichtsartikeln (*Heneman & Schwab* 1972, *Miner & Dachler* 1973 und *Campbell & Pritchard* 1976) einer *Vielzahl von Gründen* zugeschrieben: den Meßproblemen, der Unvollständigkeit bezüglich der relevanten Ziele und bezüglich der Variablen (häufig wird die Erwartungsvariable weggelassen), der geringen Kontrolle bezüglich störender Einflüsse etc.

Es werden ganz überwiegend korrelative Feldstudien durchgeführt, bei denen die zu erklärenden und die erklärenden Variablen zu einem Zeitpunkt gemessen und bei der Auswertung korreliert werden (ex-post design). Nur in sehr wenigen Untersuchungen wird ein experimentelles Design verwendet, wobei davon die wenigsten wirkliche Testungen der VIE-Theorie darstellen (a. a. O., S. 85). Am interessantesten sind die vereinzelten Arbeiten, bei denen die Daten im Panel erhoben werden. Zwar wird auch hier eine korrelative Auswertung vorgenommen, doch lassen sich durch die Zeitzuordnung Wirkungseffekte eindeutiger zuschreiben (Beispiel: *Lawler* 1968).

Es ergibt sich ein *nicht sehr positives Gesamtbild:* zwar konnten i. d. R. Effekte in der prognostizierten Richtung nachgewiesen werden. Diese waren jedoch relativ schwach. Das Wissen über das Grundmodell ist noch immer unvollständig. Dennoch können aus den vorliegenden Untersuchungen einige *Anregungen* entnommen werden, die aus den in diesen Studien gewonnenen Erfahrungen abzuleiten sind:

– es wurden sehr unterschiedliche Variablen wie Anstrengungsstärke (effort), Leistung (performance) und Zufriedenheit als abhängige Variablen herangezogen. Dabei wurden verschiedene Ebenen von Anstrengungsstärken und Leistungen als Alternativen unterstellt (besonders deutlich *Dachler*

& Mobley 1973, S. 398). Praktisch gesehen handelte es sich dabei aber nicht um eindeutig abgegrenzte Handlungsalternativen. Damit ist die zentrale Voraussetzung des Ansatzes der Bewußtheit kaum erfüllbar. Die Verkehrsmittel sind dagegen viel eindeutiger als Alternativen erkennbar.

- dies wird in einer vergleichenden Untersuchung (a. a. O., S. 412 ff.) zweier verschiedener Organisationen bestätigt: in der Organisation, in der Bedingungen für eine akkurate Wahrnehmung über die Konsequenzen der alternativen Leistungsniveaus gewährleistet waren, wurden die Hypothesen der VIE-Theorie bestätigt. In der anderen Organisation, in der die Zuordnung kaum möglich war, wurden sie dagegen nicht konsistent bestätigt. Damit wird die zentrale Bedeutung der Voraussetzung der Bewußtheit der relevanten Konsequenzen unterstrichen.
- die adäquate Auswahl der relevanten Ziele ist für die Erklärungskraft von vorrangiger Bedeutung. Sie dürfen nicht einfach durch den Forscher aufgrund seiner Intuition vorgegeben werden. Dies wird durchgängig in allen Übersichtsbeiträgen betont.
- auf die Kontrolle äußerer, die Realisierung der Verhaltensintention behindernder Einflußgrößen muß besser geachtet werden, um die vorliegende Theorie adäquat testen zu können. In der Mehrzahl der vorliegenden Arbeiten wurde dies nur in geringem Maße berücksichtigt.

4.3.4. Das zugrundeliegende Menschenbild

Vroom (1964, S. 9 f.) ordnet seine Theorie selbst in die Tradition des *Hedonismus* ein und unterstellt eine bestimmte Art von – subjektiver – Rationalität. Wie bei *Held* (1980, S. 197 ff.) ausführlich begründet wird, ist diese verengte Fassung dessen, was als „rational" und damit als „irrational" zu kennzeichnen ist, jedoch kein konstitutierender Bestandteil des Ansatzes:

- es ist problematisch, den Begriff der Rationalität an bestimmte Kombinations- und Entscheidungsregeln zu knüpfen, da damit andere Regeln und Verhaltensweisen als unvernünftig definiert werden.
- insbesondere die weithin vorherrschende Festlegung der Rationalität durch die Maximierungshypothese in Verbindung mit einer kompensatorischen linear-additiven Verknüpfungsregel ist ungünstig, wenn man die im realen Verhaltensprozeß wirkenden begrenzten kognitiven Kapazitäten berücksichtigt.
- meine Auswahl der VIE-Theorie als Ausgangspunkt der Analyse der Verkehrsmittelnutzung bedeutet also nicht, daß die von *Vroom* vorgenommene und auch sonst übliche Definition der Rationalität übernommen wird.
- m. E. ist eine derartige Festlegung für eine deskriptive und erklärende Verhaltenstheorie auch *überflüssig*. Die empirischen Untersuchungen und die theoretische Entwicklung sollten für geeignete alternative Konzepte offenstehen, ohne diese zuvor als irrational abqualifiziert zu haben.

– auch für eine normative Entscheidungstheorie ist die übliche Art rationaler Entscheidungen nur für sehr eingegrenzte Problemstellungen und einen Teil des Auswahlprozesses geeignet. Für den Suchprozeß von geeigneten Alternativen bieten sich andere Vorgehensweisen an. Ebenso sind bei der Bewertung von Objekten mit extrem ungünstigen Eigenschaften ergänzende Regeln „vorteilhaft". Als Anschauungsmaterial können die Testberichte der Stiftung Warentest dienen, die bei extremen Mängeln (insbesondere beim Aspekt Sicherheit) die übliche Bewertung aussetzen und das Objekt unabhängig von seinen anderen Qualitäten mit der schlechtesten Bewertung einstufen (5.2.3.).

4.4. Strukturähnliche Ansätze

4.4.1. Allgemeiner Hintergrund

Die VIE-Theorien sind keine isolierte Forschungsrichtung, sondern stehen wie dargestellt in der Tradition des Hedonismus. Damit weisen sie Ähnlichkeiten mit einer Vielzahl von anderen Theorien und Richtungen auf, die in die gleiche philosophische Tradition einzuordnen sind bzw. durch diese Anregungen erhielten. In der Aufklärung wird das Menschenbild des kalkulierenden, Vor- und Nachteile des Handelns abwägenden Individuums in den Vordergrund gerückt. Dies spiegelt sich in den Entscheidungstheorien von Mathematikern (*Bernoulli*) und Ökonomen wider (Übersicht bei *Edwards* 1954).

In vereinfachter Betrachtung bestehen dabei folgende *strukturelle Ähnlichkeiten (Wahba & House* 1974, S. 123 ff.):

– es wird eine Nutzens- und eine Erwartungskomponente unterschieden.
– die Art der Verknüpfung dieser Komponenten ist multiplikativ. Die Produkte werden aufsummiert.
– bei der Entscheidung wird eine Nutzensmaximierung angenommen.

Es darf bei all diesen Ähnlichkeiten jedoch nicht übersehen werden, daß in der genauen Festlegung und Operationalisierung der Nutzens- und Erwartungskomponente *wesentliche Unterschiede* bestehen, die sowohl theoretisch bedeutsam sind, wie in der Erklärungskraft durchschlagen. Da die *Vroom'sche* kognitive Motivationstheorie nur als Ausgangspunkt hergenommen wird und im 5. Kapitel wichtige Ergänzungen und Präzisierungen vorgenommen werden, die auf den Einstellungs- und Entscheidungstheorien basieren, sollen diese strukturähnlichen Ansätze kurz angerissen werden.

4.4.2. Einstellungstheorien: Der Ansatz Fishbein's

Bei den Einstellungstheorien ist insbesondere der Ansatz von *Fishbein* (1967b, c) von Interesse, da er dem *Vroom'schen* Ansatz zum einen sehr ähnlich und zum anderen komplementär ist. So geht aus der Übersichtsdarstellung 15 hervor, daß in diesem Modell neben den subjektiven Einstellungen auch eine normative Komponente als verhaltensbestimmend angesehen wird. Dies ist in dem Ausgangsmodell von *Vroom* nicht enthalten. Bei *Fishbein* wird durch das Konzept der einstellungswirksamen Beliefs („salient beliefs") explizit die Begrenztheit der Informationsverarbeitungskapazitäten einbezogen, während *Vroom* in diesem wichtigen Aspekt noch unpräzise war. Damit wird die adäquate Auswahl der verhaltensrelevanten Ziele unterstrichen.

Es ist zu beachten, daß der Ansatz zwei Modelle enthält (ausführliche Darstellung *Held* 1980, S. 203 ff.): im ersten ist die Einstellung gegenüber einem Objekt die abhängige Variable (Einstellungsmodell). Im zweiten ist die Verhaltensintention die abhängige Variable (Verhaltensmodell). *Fishbein* differenziert zwischen Einstellungen gegenüber einem Objekt und gegenüber einem Verhalten, das auf dieses Objekt bezogen ist. In der mangelnden Unterscheidung sieht er eine der Hauptursachen für den Fehlschlag der klassischen Einstellungsarbeiten, das Verhalten zu erklären (insbesondere *Fishbein* 1973). Die Intention, ein spezifisches Verhalten auszuführen, wird zum einen durch die Einstellung zu diesem spezifischen Verhalten und zum anderen durch normative Überlegungen bestimmt (*Ajzen & Fishbein* 1973; s. Darstellung 15):

Darstellung 15
Grundstruktur des Fishbein'schen Verhaltensmodells

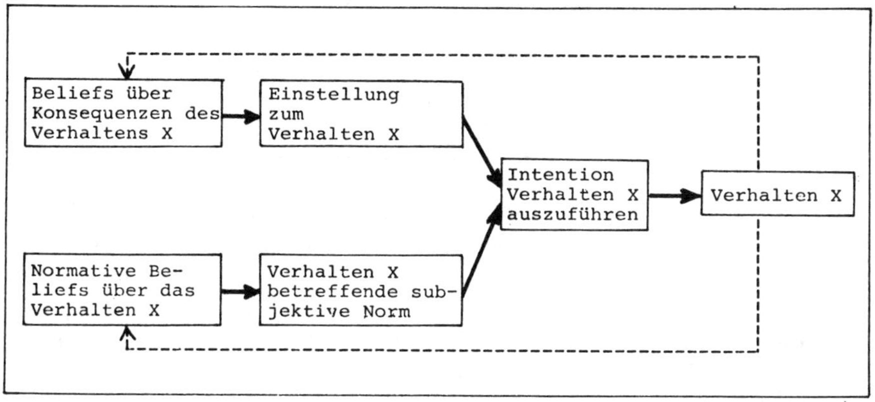

(*Quelle: Fishbein & Ajzen* 1975, S. 16)

Bei *Fishbein* wird der Auswahlaspekt unter Alternativen nicht berücksichtigt, sondern nur die Einstellung zu einem Objekt bzw. einem Verhaltensakt untersucht (*Fishbein* 1973). Neben dieser Vernachlässigung des Alternativencharakters ist für meinen Untersuchungsgegenstand die Eingrenzung auf Verhalten nachteilhaft, das unter der völligen Kontrolle des Individuums steht. Daneben fehlt die motivationale Grundlage der Bewertung.

4.4.3. Entscheidungstheorien: SEU-Modelle

Bei den Entscheidungstheorien steht der bei *Fishbein* vernachlässigte Aspekt der Auswahl zwischen alternativen Handlungen im Vordergrund. Dabei ist die Analyse der Kombinations- und Entscheidungsregel von vorrangigem Interesse. Aus der Vielzahl verschiedener Entscheidungstheorien sind die SEU-Modelle dem *Vroom'schen* Ansatz in ihrer Struktur am ähnlichsten. Dies beruht darauf, daß *Vroom* an einer eingehenden Analyse der adäquaten Regeln nicht interessiert ist (*Vroom* 1964, S. 276), sondern diese ohne nähere Begründung von der damals bei den Entscheidungstheorien vorherrschenden Richtung übernimmt (a.a.O., S. 18 f.). Zum damaligen Zeitpunkt waren das die mit dem Sammelbegriff SEU-Modelle zusammengefaßten Ansätze (*Edwards* 1961).

Diese Modelle wurden in der Zusammenarbeit von Mathematikern, Statistikern, Ökonomen und Psychologen erarbeitet. Ihr Hauptcharakteristikum besteht darin, daß sie im Gegensatz zu vorangegangenen Modellen sowohl die Nutzens- wie die Erwartungs-/Wahrscheinlichkeitskomponente in subjektiver Form verwenden. Deshalb werden sie als „subjective expected utility" (subjektiv erwarteter Nutzen) Modelle bezeichnet (*Edwards* 1954, 1961). Im übrigen werden die damals üblichen Regeln der Entscheidungstheorien angenommen. Der subjektiv erwartete Nutzen (SEU), den ein entscheidendes Individuum einem Set von *n* unabhängigen Ergebnissen X_j ($j = 1, \ldots, n$) zuschreibt, ergibt sich aus der Multiplikation des Nutzens $u(X_j)$ und der subjektiven Wahrscheinlichkeit $p(X_j)$ des Auftretens des Ergebnisses X_j:

(8) $$SEU = \sum_{j=1}^{n} p(X_j) \cdot u(X_j)$$

Gemäß der Hypothese der Nutzensmaximierung wird die Handlungsalternative mit dem größten Nutzen gewählt, wobei deterministische und stochastische Modelle zu unterscheiden sind. Trotz der strukturellen Ähnlichkeiten zur VIE-Theorie *Vroom's* bestehen in der Zielsetzung und den Analyseschwerpunkten kaum Gemeinsamkeiten. Sie sind vielmehr in starkem Maße zueinander komplementär. Bei den Vertretern der SEU-Modelle ist das Interesse auf die formalen Charakteristika und die grundsätzlichen Annahmen wie die der Transitivität gerichtet. Die Untersuchungen werden lange Zeit in sehr eingegrenzten Laborsituationen durchgeführt, in denen keine Probleme mit Fähigkeitsanforderungen, limitierenden Faktoren auftreten können. Die Alternativen und deren Folgen sind durch den Forscher eindeutig gegeben etc.

Gerade an dieser Eingegrenztheit der Fragestellung wird später Kritik geübt und dem gegenübergestellt, daß in realen Entscheidungssituationen beispielsweise das Suchen von Alternativen und Informationen und die Vorauswahl unter einer großen Zahl objektiv möglicher Alternativen von großer Bedeutung sind (*Kozielecki* 1971). Es werden unterschiedlichste Kombinations- und Entscheidungsregeln und dabei insbesondere verschiedene Varianten von nichtkompensatorischen Modellen entwickelt (*Aschenbrenner* 1977 und *Slovic* et.al. 1977).

4.5. Person-Umwelt-Interaktionsrahmen

4.5.1. Umweltpsychologie

Bereits bei der Darlegung der allgemeinen motivationstheoretischen Grundlagen wurde auf einige der wichtigsten Aspekte der Beziehung Motivation – Umwelt eingegangen. Bei der Darstellung des *Vroom'schen* Ansatzes wurde die Einbeziehung der Person- und Umwelt-Variablen hervorgehoben, wenn auch letztere nur in vermittelter Form. Für diese Beziehung ist die Entwicklung der sogenannten Umweltpsychologie von großer Bedeutung.

In der Entwicklung der Psychologie war die Umwelt bereits immer von Interesse, wie beispielsweise in den Untersuchungen der Psychophysik und den auf dem S-R Paradigma aufbauenden Arbeiten der Behavioristen. Es wurden jedoch nur isolierte äußere Stimuli herausgegriffen und deren Wahrnehmungen durch die Individuen, deren Reaktionen etc. untersucht. Erst später wurde die Umwelt als reale Lebensumwelt der Person explizit einbezogen. Diese Entwicklung steht noch ganz am Anfang und ist von einer großen Vielfalt von Themenstellungen, theoretischen Konzepten, Methoden und sehr unterschiedlich starkem Anwendungsbezug gekennzeichnet (zur Übersicht: *Stokols* 1978).

Neben den Untersuchungen zu einzelnen Fragestellungen – wie der Analyse „kognitiver Landkarten" als kognitive Repräsentation der räumlichen Umwelt (a.a.O., S. 260 ff.) und den Arbeiten zur Privatsphäre und Crowding (*Altman* 1975) – ist für die Verkehrsmittelwahl die grundlegend neue Perspektive des *Interaktionismus* von vorrangiger Bedeutung. Während in der Psychologie personale und „situative" Variablen zumeist getrennt als Verhaltensdeterminanten verwendet wurden, wurde durch die Entwicklung der Umweltpsychologie die Sicht vorangetrieben, daß das Verhalten durch die Interaktion von Person und Umwelt bestimmt wird (*Sells* 1963). Zugleich wird die Analyse erweitert, und die Austauschprozesse zwischen Person und Umwelt werden in ihrem *wechselseitigen* Verhältnis gesehen (*Stokols* 1978, S. 258 f.). Damit wird das S-O-R Paradigma, in dem einzelne Situationsausschnitte in ihrer Wirkung auf das Verhalten analysiert werden, zu einem umfassenderen Paradigma ausgeweitet. Dieses ist jedoch noch nicht eindeutig ausformuliert, sondern die Psychologie bewegt sich erst tendenziell in diese Richtung.

Die interaktionistische Perspektive ist generell als Grundlage für die Erklärung des Verkehrsverhaltens erforderlich. Der übergeordnete Rahmen bietet die Möglichkeit, Untersuchungen zu isolierten Fragestellungen wie der Wahrnehmung von Umweltreizen und der Verarbeitung von Wahrnehmungen zueinander in Beziehung zu setzen. Obwohl dies bei dem derzeitigen Stand noch weitgehend Zukunftsmusik ist, können bereits jetzt Hinweise auf die Präzisierung der theoretischen Grundstruktur entnommen werden:

- der Begriff Um-welt macht die aufeinanderbezogene Festlegung von Person und Umwelt deutlich. Aus der Welt wird ein Objekt (entity) herausgegriffen. Seine Grenzen bestimmen die umgebende Welt (*Barker* 1960, S. 9 ff.). Die Eindeutigkeit der Abgrenzung ist nicht immer problemlos, da unterschiedliche Grade der Nähe zur Person bestehen. Insbesondere zu gleichen Entitäten, hier also Personen, können sehr enge Beziehungen bestehen, obwohl sie nach der Festlegung zu der sozialen Umwelt zu rechnen sind.
- auch in umweltpsychologischen Beiträgen werden *Umwelt* und *Situation* häufig synonym bzw. ungenau verwendet. Bei der Präzisierung der Begriffe ist das Kriterium der Fristigkeit von Bedeutung. Die Situation wird umgangssprachlich als die Bezeichnung für die in einem bestimmten Zeitpunkt gegebenen Umstände verwendet. Da die Person ebenfalls Bestandteil der Situation ist, sollte diese als zeitlich eingegrenzte Einheit aufgefaßt werden, die die Relation von der Person zu ihrer Umwelt bezeichnet.
- damit wird zugleich deutlich, daß die Situation nicht mit den Verhaltensbegrenzungen gleichzusetzen ist, wie dies etwa bei *Hartgen* (1974) geschieht (2.4.2.). Sowohl Variablen der Person wie der Umwelt können den Verhaltensspielraum bestimmen (*Simon* 1957, S. 243).
- die Unterscheidung subjektiv-objektiv ist nicht mit der Einteilung in personale- und Umwelt-Variablen gleichzusetzen. Subjektive Variablen sind Variablen, die einen Sachverhalt, Wert etc. aus der Sicht des betroffenen Individuums bezeichnen. Diese können sich sowohl auf Eigenschaften der Person wie auf verschiedenste Sachverhalte der Umwelt beziehen.

4.5.2. Erweiterung und Präzisierung der Vroom'schen Theorie

Das Valenz-Konzept *Vroom's* enthält die Interaktion von Person und Umwelt, da sowohl die Anreizqualitäten des Objektes wie deren Bewertung durch die Person enthalten sind. Die Anreizqualitäten gehen jedoch nicht in direkter Form, sondern subjektiv über kognitive Prozesse der Person vermittelt, als Instrumentalitäten ein. Damit ist die Interaktion im Grundkonzept nur indirekt enthalten. In der Anwendung im Arbeitsbereich geht *Vroom* (1964, S. 81 ff.) jedoch auf das Verhältnis der objektiven Gegebenheiten und Merkmalsausprägungen im Verhältnis zu ihrer subjektiven Wahrnehmung und Bewertung ein. Um das in diesem Ansatz enthaltene Erklärungspotential ausschöpfen zu können, ist es erforderlich, die *Analyseeinheit zu erweitern:* zusätzlich zu der subjektiven Wahrnehmung bzw. Antizipation werden die korrespondierenden objektiven Bedingungen und Attributsausprägungen einbezogen. Damit kann der Grad der Übereinstimmung zwischen den objektiven Gegebenheiten und deren subjektiver Repräsentation bestimmt werden (s. auch *Pfaff* 1978, S. 120 ff.).

Auch bei der im Kraft-Konzept zur Bestimmung der Handlungstendenz zusätzlich enthaltenen Variable Erwartung handelt es sich um eine subjektiv definierte Erklärungsvariable. Im Gegensatz zu den Instrumentalitäten ist hier jedoch nicht problemlos eine Erweiterung der Analyseeinheit durch die Aufnahme der korrespondierenden objektiven Gegebenheiten möglich. Es handelt sich bei dem damit verbundenen Themenkomplex um ein zentrales Problem von allgemeiner Bedeutung für jede Verhaltenserklärung. Deshalb wird dies im folgenden ausführlicher dargelegt.

Vroom (a.a.O., S. 8 f.) schränkt einerseits seinen Untersuchungsgegenstand auf Verhalten ein, das unter der willentlichen Kontrolle des Individuums steht. Damit schließt er aber nur einfache Reflexe aus. Die Erwartungsvariable führt er in der Unterscheidung zur Instrumentalitätsvariable mit der Begründung ein, daß die Ergebnisse der Handlungen auch auf Ereignissen beruhen, die nicht in der Kontrolle des Individuums liegen (a.a.O., S. 17). Im Konzept der Leistung ergänzt er dann die objektiven Fähigkeiten (a.a.O., S. 197 ff.). Er geht nicht darauf ein, daß die objektiven Fähigkeiten einen Teil der objektiven Limitierungen darstellen, die in der subjektiv festgelegten Erwartung mehr oder weniger korrekt widergespiegelt werden. Bei *Ajzen & Fishbein* (1973, S. 42) wird die Reichweite noch expliziter auf einen Verhaltensbereich eingegrenzt, der der Kontrolle des Betroffenen unterliegt. Bei den Kriterien, die den Zusammenhang von Intention und Verhalten bestimmen, wird jedoch der Grad der Kontrolle durch das Individuum als ein wesentlicher Faktor angesprochen (a.a.O., S. 44 und *Fishbein & Ajzen* 1975, S. 371 f.). Damit wird die Argumentation über die Grenzen der ursprünglich konzipierten Reichweite des Ansatzes hinaus ausgedehnt.

Die *Limitierungen* und *Ermöglichungen* des Verhaltens sind direkt aufeinander bezogen; wenn beispielsweise eine Person keinen Führerschein besitzt, wirkt sich dies als Begrenzung des Handlungsspielraums aus. Wenn dieser dagegen vorhanden ist, dient er – in Zusammenwirken mit dem Gegebensein anderer Erfordernisse – als Ermöglichung für die Alternative Selbst-PKW-Fahren. Für jedes Modell ist es erforderlich, die Limitierungen bezüglich der gewählten Reichweite genau anzugeben. Nur wenige wirken auf das Verhalten absolut gesehen und in bezug auf jedes Modell. Für den Verkehr sind beispielsweise die Begrenzungen bedeutsam, die sich aus den Tatsachen ergeben, daß eine Person physisch nicht gleichzeitig an zwei verschiedenen Orten sein kann und dem Zeitbudget von 24 Stunden pro Tag (*Michon & Benwell* 1981). Die Mehrzahl der Limitierungen wird jedoch durch die Grenzen des Modells und der zu untersuchenden Verhaltenseinheit bestimmt. Kurzfristig betrachtet können eine Vielzahl von Bedingungen verhaltenslimitierend wirken, die bei der Erklärung des gleichen Verhaltens in längerfristiger Perspektive verändert werden können. Verkehrsmittelrelevante Beispiele sind die Wohnung, der Arbeitsort und der PKW-Besitz. Bei den durch die Untersuchungseinheit bestimmten Verhaltensbegrenzungen ist eine Unterscheidung zwischen selbst- und von außen auferlegten Limitierungen nützlich.

Die aufgeführten Beispiele machen bereits deutlich, daß es sowohl *personale* wie der *Umwelt zuordenbare Verhaltenslimitierungen* gibt. In vielen Fällen sind sie eng aufeinander bezogen – Beispiel: juristische Regelung und persönlicher Besitz eines Führerscheins – so daß erst durch die *Interaktion* beider Variablenarten der Handlungsspielraum bestimmt wird.

Ebenso wie die objektiven Merkmalsausprägungen subjektiv wahrgenommen bzw. antizipiert werden (können), sind die objektiven Limitierungen subjektiv wahrnehmbar bzw. antizipierbar. Die *Vroom'sche* Erwartung entspricht dieser subjektiven Variable, die die objektiven Begrenzungen mehr oder weniger korrekt widerspiegelt. Hierbei sind Täuschungen möglich und es können unvorhergesehenene situative Einflüsse auftreten.

Aus diesen Überlegungen läßt sich der umfassende Person-Umwelt-Interaktionsrahmen ableiten, in den die Variablen des *Vroom'schen* Ansatzes eingebettet sind (Darstellung 16). In diese Darstellung flossen Anregungen aus den Übersichten bei *v. Rosenstiel* (1975, S. 32) und bei *Dachler & Mobley* (1973, S. 399) ein. Sie enthält übersichtsartig die *erweiterte theoretische Grundkonzeption* meiner Arbeit. In der Darstellung wird notwendigerweise abstrahiert von dem ständigen Verhaltensfluß, dem begleitenden Wahrnehmungsprozeß und der ständigen Anpassung an die bzw. Beeinflussung der Umwelt. Die Funktion der Wahrnehmung als „Scharnier" zwischen Umwelt und Person wird jedoch deutlich.

Durch die Einarbeitung in den übergeordneten Rahmen wird nochmals unterstrichen, daß der *Vroom'sche* Ansatz im Hinblick auf die Erklärung einer thematischen Einheit aus dem Aktivitätskontinuum konzipiert ist. Für die Erklärung von Handlungssequenzen und der Durchführung von Handlungsplänen sind übergeordnete Ansätze erforderlich (*Miller* et. al. 1973 und *Hacker* 1978).

4.5.3. Verkehrsmittelnutzung und Interaktionsrahmen

a) Limitierungen und Möglichkeiten:

Während es im ursprünglichen Anwendungsgebiet der *Vroom'schen* Theorie beim Leistungsverhalten vorrangig um die Erklärung der Auswahl verschiedener Anstrengungsniveaus geht, ist bei meinem Untersuchungsgegenstand die Auswahl unter diskreten Alternativen zu erklären. Dabei ist nicht so sehr die Abstufung der Fähigkeiten/Fertigkeiten im Verhältnis zu den Anforderungen

Darstellung 16

Motiviertes Verhalten im Interaktionsprozeß von Person und Umwelt

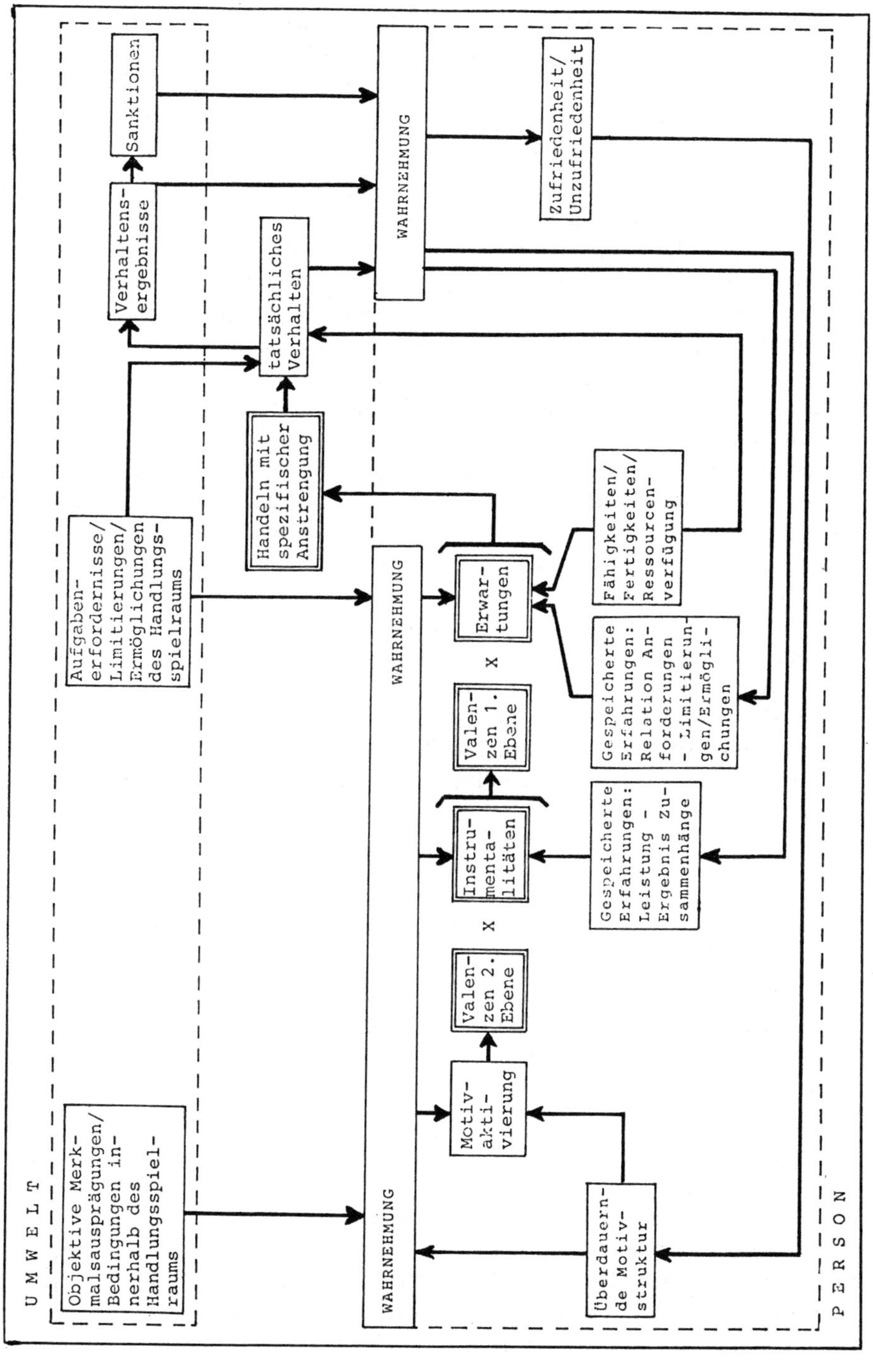

der Aufgabe bedeutsam, sondern es steht die dichotome Unterscheidung Verhaltensalternative möglich – nicht möglich im Vordergrund (bezogen auf eine einmalige Situation). Deshalb wird in der Verkehrsliteratur vorrangig von der *Möglichkeit* gesprochen, während *Vroom* eine subjektiv bestimmte *Erreichenswahrscheinlichkeit* verwendet.

Die Unterscheidung zwischen der Ausführung der Handlungsintention und dem erfolgreichen Abschluß der Handlung ist ebenfalls von untergeordneter Bedeutung. Zwar wird bei Unfällen das angestrebte Ziel nicht oder zu einem unverhältnismäßig späten Zeitpunkt erreicht. Bei extremen Wetterumschwüngen (mit Glatteis, starken Schneeverwehungen etc.) kann dies ebenfalls auftreten. Bezogen auf die Gesamtzahl der Fahrten ist dies jedoch zu vernachlässigen. Derartige Faktoren wirken nicht so sehr auf das Set der objektiven Möglichkeiten, sondern vorrangig auf die interindividuelle Streuung der objektiven Sicherheit und Zuverlässigkeit der betreffenden Verkehrsmittel. Ebenso ist zu vermuten, daß sich die unterschiedlichen Fähigkeiten, der unterschiedliche Informationsstand (über Routen, Fahrpläne etc.) sich vorrangig in der Ausprägung der objektiven Fahrtzeiten, -kosten, der Sicherheit etc. und deren Wahrnehmung niederschlagen. Bezogen auf die Erklärung eines Verhaltens in einer einmaligen Situation ist damit eine Aufteilung in möglich – nicht möglich ausreichend. Wenn sich jedoch das zu erklärende Verhalten über einen Zeitraum erstreckt, kann es sein, daß eine Alternative nur in einem Teil der Fälle verfügbar ist. Insbesondere beim PKW-Mitfahren und der gemeinschaftlichen Nutzung eines PKW's zum Selbstfahren kann dies aufgrund der sozialen Interdependenz relevant sein. Beispielsweise wird bei *Recker & Golob* (1976, S. 301) zwischen keiner, gelegentlicher und ständiger Verfügung des PKW's als Fahrer unterschieden.

b) Anreizqualitäten:

Aus der Darstellung 16 und den Ausführungen im Abschnitt 4.5.2. geht hervor, daß die objektiven Ausprägungen der die Verkehrsmittelnutzung bestimmenden Attribute über die Wahrnehmung der Individuen vermittelt zu Anreizqualitäten werden. Diese objektiven Ausprägungen sind teilweise eindeutig vorgegeben und durch den Betroffenen nicht bzw. kaum beeinflußbar wie beispielsweise die Treibstoffmindestpreise, Fahrtzeiten im ÖPNV-Linienverkehr, Sicherheit im ÖPNV etc. Teilweise sind sie jedoch von dessen Fähigkeiten, seinem Informationsstand und seinen Entscheidungen beeinflußbar. Beispielsweise kann das Individuum durch seine Fahrweise den Treibstoffverbrauch und damit die Fahrtkosten beim PKW ebenso beeinflussen wie die Sicherheit, den Zeitaufwand etc. Durch einen entsprechenden Informationsstand und darauf abgestelltes Verhalten kann er die durchschnittlichen Wartezeiten beim ÖPNV verkürzen. Der Grad der Beeinflußbarkeit ist je nach Art des Verkehrsmittels unterschiedlich (3.4.2.). Damit wird deutlich, daß auch die objektiven Attributausprägungen teilweise durch den Verkehrsteilnehmer beeinflußbar sind und sich in der Interaktion aus Person und Umwelt ergeben. Die praktische Bedeutung dieses Aspekts hängt von der damit verbundenen Streuung der Merkmalsausprägungen ab. Zusätzlich kommen Wahrnehmungsspielräume hinzu.

4.6. Zusammenfassung

Die *Motivation* wird zur Erklärung der Intensität und Richtung zielgerichteten, zweckhaften Verhaltens verwendet. Die als Konstrukte definierten, überdauernden Motive stellen inhaltlich umgrenzte Dispositionen dar, die durch innere und äußere Reize aktiviert werden können. Die aktivierten, auf Ziele ausgerichteten Motive treten mit unterschiedlichen Graden der Bewußtheit auf. In den komplexen Situationen des Alltags werden i. d. R. nicht isolierte Motive, sondern eine Vielzahl von Motiven als Beweggründe des Handelns erlebt. Je nach dem Grad der Komplexität des zu untersuchenden Verhaltens besteht ein mehr oder weniger enger Zusammenhang zwischen der angestrebten Befriedigung von Motiven, den als Mittel verwendbaren Objekten und deren instrumenteller Nutzung. Kurzfristig gesehen können die Reizqualitäten der Umwelt über die Wahrnehmung vermittelt Motive aktivieren, stellt die Umwelt Instrumente zur Zielerreichung bereit und limitiert zugleich den Verhaltensspielraum. Das Verhalten wird jedoch in der Interaktion von Person und Umwelt bestimmt. In längerfristiger Betrachtungsweise werden die Motive und Motivstrukturen durch die Umweltbedingungen geprägt und überformt.

Aus der Übersicht über die verschiedenen Richtungen der Motivationstheorien werden die *kognitiven Motivationstheorien ausgewählt:*

1. dort werden die kognitiven Komponenten in den motivationalen Prozeß einbezogen.
2. die Interaktion von Person und Umwelt wird berücksichtigt.

Da für meinen Untersuchungsgegenstand nicht ein einzelnes Ziel, sondern potentiell eine größere Zahl von Handlungskonsequenzen relevant ist, wird die *multithematisch* formulierte *VIE-Theorie von Vroom* (Valenz-Instrumentalität-Erwartung) als Ausgangspunkt gewählt. Dabei ist für die Untersuchung der Nutzung alternativer Verkehrsmittel vorteilhaft, daß in diesem Ansatz die subjektiven Erwartungen bezüglich der Alternativenverfügbarkeit enthalten sind. Damit können die Verhaltenslimitierungen zusammen mit den qualitativen Determinanten analysiert werden. Die grundlegenden Variablen dieser Theorie und deren Verknüpfung zur Bestimmung der Handlungstendenz als zu erklärender Variable werden dargelegt (zur Übersicht Darstellung 14).

In der *Diskussion* wird deutlich gemacht, daß gerade aus den Vorzügen dieses Ansatzes wie insbesondere der Einbeziehung von kognitiven Variablen und ihrem multithematischen Charakter auch Probleme erwachsen. Diese sind jedoch unvermeidlich, da die Berücksichtigung dieser Aspekte aufgrund der Eigenschaften meines Untersuchungsgegenstandes erforderlich ist. Wie bei allen Theorien ist eine Übertragung und teilweise Anpassung des ursprünglichen Konzepts durchzuführen. Für die Anwendung des Ansatzes ist eine Erweiterung durch die explizite Einbeziehung der objektiven Bedingungen erforderlich, die in den subjektiven Variablen der Theorie mehr oder weniger zutreffend widergespiegelt werden. In den vorliegenden empirischen Studien werden Effekte in der prognostizierten Richtung ermittelt, die jedoch nicht sehr stark sind. Es liegen kaum vergleichende, umfassende Testungen vor. Aus den Erfahrungen dieser Studien ergeben sich Hinweise auf die große Bedeutung der adäquaten Auswahl der relevanten Ziele, der Kontrolle verhaltenslimitierender Determinanten und der Bewußtheit der verhaltensrelevanten Konsequenzen der Handlungsalternativen.

Die Umweltpsychologie bietet für meinen Untersuchungsgegenstand neben Ergebnissen zu Einzelaspekten (Wahrung der Privatsphäre als motivierendes Ziel etc.) vorrangig das für die notwendige Erweiterung des *Vroom'schen* Ansatzes erforderliche *Person-Umwelt-Interaktionsparadigma.* Hierzu werden Präzisierungen bezüglich wichtiger Unterscheidungen und deren Bezüge vorgenommen:

– Person, Umwelt und Situation;
– subjektive und objektive Variablen;
– limitierende/ermöglichende und qualitative Variablen.

Das *Vroom'sche* Valenzkonzept wird durch die den Instrumentalitäten korrespondierenden, objektiven Merkmalsausprägungen erweitert. Zu dem Konzept der Handlungstendenz werden die zu den Erwartungen korrespondierenden, objektiven Verhaltenslimitierungen/Ermöglichungen hinzugenommen. Diese ergeben sich aus der Interaktion der Fähigkeiten und Ressourcen der Person zu den Anforderungen und Begrenzungen der Umwelt. In Darstellung 16 wird die Stellung der erklärenden Variablen des *Vroom'schen* Ansatzes im übergeordneten Person-Umwelt-Interaktionsrahmen verdeutlicht. Diese Darstellung enthält übersichtsartig die *erweiterte theoretische Grundkonzeption meiner Arbeit.*

5. Umsetzung der kognitiven Motivationstheorie

In diesem Kapitel wird auf die wichtigsten Aspekte der Umsetzung der dargelegten kognitiven Motivationstheorie auf meine Fragestellung eingegangen. Dabei sind sowohl die mehr praktischen Überlegungen zur Anpassung an die Charakteristika der Nutzung alternativer Verkehrsmittel auszuführen, wie die in 4.3.2. angesprochenen, grundsätzlichen Problemfelder zu behandeln.

5.1. Die Variablen des Ansatzes

5.1.1. Bestimmung der Verhaltensalternativen

Wie bei jeder Theorie ist auch bei der Anwendung des *Vroom'schen* Ansatzes zunächst das Verhalten als die zu erklärende Variable genauer festzulegen. Bei meinem Untersuchungsgegenstand erfordert dies die Bestimmung der *alternativen Verkehrsmittel.* In Laboruntersuchungen ist dies relativ problemlos, da der Forscher die Alternativen durch das Design selbst festlegen kann. Auch bei Feldstudien in realen Alltagssituationen kann der Forscher die Alternativen je nach Zielsetzung selbst festlegen. Dabei können jedoch diese Festlegungen und die Sicht der Betroffenen über die im Verhaltensablauf tatsächlich subjektiv repräsentierten Alternativen weit auseinanderklaffen.

Beispiel: üblicherweise wird in Verkehrsmittelwahlstudien eine Entscheidung zwischen den Alternativen PKW und ÖPNV unterstellt. Häufig erleben aber viele Verkehrsteilnehmer nicht diese beiden Verkehrsmittel als Alternativen, sondern sie überlegen beispielsweise, ob sie jetzt mit dem PKW an den Stadtrand oder später, bei günstigeren Bedingungen, mit dem PKW in das Stadtzentrum fahren. Dabei ist nicht von vorneherein ausgeschlossen, daß die Betroffenen realistisch Auskunft geben können, warum das andere Verkehrsmittel für sie persönlich nicht infragekommt. Bei den von mir durchgeführten Gruppendiskussionen und Intensivinterviews (s. 6.2.) konnten beispielsweise auch die „eingefleischten" PKW-Fahrer ohne Schwierigkeiten angeben, warum die öffentlichen Verkehrsmittel für sie außerhalb ihres subjektiven Alternativensets liegen.

Die untersuchten Verhaltensalternativen stellen sich damit folgendermaßen dar: sie entsprechen dem Forschungsinteresse, das nicht notwendigerweise mit den tatsächlichen, im realen Verhaltensprozeß relevanten Alternativen übereinstimmen muß. Dies wird in der bisherigen Verkehrsnachfrageforschung mit wenigen Ausnahmen (beispielsweise *Heggie* 1976a) nicht berücksichtigt. Der Grad der Übereinstimmung hängt dabei in starkem Maße davon ab, welche Elemente des Verkehrsverhaltens für den Betroffenen fest vorgegeben sind. Bei fixem Arbeitsplatz und festen Arbeitszeiten besteht eine geringere Wahrscheinlichkeit der Abweichung als beispielsweise bei flexiblen Arbeitszeiten oder Einkäufen (a.a.O.). Dieser Aspekt berührt zugleich die grundsätzliche Problematik, in welchem Maße das Verkehrsverhalten überhaupt auf Entscheidungen beruht (5.2.).

Bei der Bestimmung der Alternativen ist die Abgrenzbarkeit der Handlungen von großer Bedeutung. Im Gegensatz etwa zu den Festlegungen im Bereich des Arbeitsverhaltens sind die Handlungsalternativen bei meinem Untersuchungsgegenstand relativ eindeutig abgrenzbar. Wie die von mir durchgeführten, explorativen Studien und weitere Untersuchungen (Beispiel: *Tybout* et. al. 1977b) belegen, haben die Verkehrsteilnehmer mit der vorgegebenen Einteilung kaum Probleme. Auch wenn die Ortsveränderungen eng mit anderen, „primären" Aktivitäten zusammenhängen, sind sie dennoch gut abtrennbar. Die einzelnen Verkehrsmittel sind bei den Betroffenen als unterschiedliche Konzepte repräsentiert. Detailprobleme können sich beispielsweise in der Unterscheidung zwischen PKW-Selbst- und -Mitfahren ergeben (6.3.6.).

Die Unterscheidung der Verkehrsmittel ist für die Festlegung der Handlungsalternativen nicht ausreichend. Daneben sind die weiteren Elemente des zu erklärenden Verhaltens – bestimmter Zielort, Zweck – genau festzulegen. Damit wird der *Spezifizierungsgrad des Verhaltens* nach den Umständen und dem Zeitpunkt etc. festgelegt. Dieser ist bei den erklärenden Variablen gemäß *Fishbein & Ajzen* (1975, S. 292 ff.) ebenso einzuhalten. Besonders bedeutsam ist es, ob es sich um ein *einmaliges* Verhalten in einer Situation oder um ein *mehrfach auftretendes* Verhalten in einem bestimmten Zeitraum handelt (5.1.4).

Bei empirischen Erhebungen ist zunächst das zu untersuchende, *objektive Alternativenset* festzulegen. Welche Alternativen in die Untersuchung einzubeziehen sind, ergibt sich daraus, ob die Kombination von Verkehrsmitteln als eigenständige Alternativen aufzufassen sind, der PKW in Selbst- und Mitfahren zu unterteilen ist etc. Aufgrund der sozioökonomischen Analyse (3.4.2) lassen sich für die Festlegungen folgende Kriterien anführen:

1. Verkehrsmittel sind nur dann als Alternativen zu bezeichnen, wenn sie als Substitute verwendet werden können (Beispiel: parallele Bus- und S-Bahnlinien). Wenn sie dagegen notwendige Komplemente darstellen, da ein Verkehrsmittel allein zur Zielorterreichung nicht ausreicht (Beispiel: Zubringerbus zur S-Bahn), sind sie keine Alternativen.
2. wenn bezüglich der Wahlmöglichkeit wesentliche Unterschiede bestehen, ist eine Trennung sinnvoll. Nach diesem Aspekt kann eine Unterteilung des PKW-Fahrens erforderlich sein.

3. bei gleichartigen Voraussetzungen und damit Wahlmöglichkeiten können Verkehrsmittel auch aufgrund unterschiedlicher Merkmale und Qualitätsausprägungen in verschiedene Alternativen getrennt werden. Wie in 2.4.1. dargelegt wurde, ist eine derartige Untersuchung jedoch nicht vorrangig aufgrund technischer Unterschiede, sondern gemäß der Einschätzung der Verkehrsteilnehmer vorzunehmen.

Anschließend sind die Kriterien anzugeben, nach denen die Bestimmung der für ein Individuum *objektiv möglichen Alternativen* vorgenommen wird. Da sich die Wahlmöglichkeit aus dem Zusammenwirken verschiedener Erfordernisse ergibt, ist hierzu die Bestimmung der *objektiv verhaltenslimitierenden/ -ermöglichenden Determinanten* vorzunehmen. In 3.4.2. wurden die erforderlichen Voraussetzungen bereits ausführlich aufgelistet, so daß sich eine nochmalige Aufzählung erübrigt. Aus dieser Darstellung wird ersichtlich, wie unterschiedlich die limitierenden Faktoren bei den einzelnen Verkehrsmitteln sind. Im Rahmen der jeweiligen Untersuchung tauchen eine größere Zahl von Voraussetzungen nicht auf, da sie für alle Betroffenen unter den bestehenden Bedingungen als gegeben angenommen werden können. Beispielsweise werden die Treibstoffversorgung und ein ausgebautes, zusammenhängendes Straßennetz für den Kfz-Verkehr in fast allen bisherigen Untersuchungen vorausgesetzt. Man muß sich aber verdeutlichen, daß diese Voraussetzungen nur unter bestimmten Bedingungen gewährleistet sind. Sie stellen potentielle Limitierungen dar.

Da die Mehrzahl der verhaltensbegrenzenden Determinanten nicht absolut wirkt, sondern diese durch die Grenzen des Modells und der zu untersuchenden Verhaltenseinheit bestimmt werden (4.5.2.), sind auch die Wahlmöglichkeiten hiervon abhängig. Folgende Aspekte sind zu berücksichtigen:

- je nach *Fristigkeit* besteht ein unterschiedlicher Grad der Beeinflußbarkeit der derzeit gegebenen Wahlmöglichkeiten.
- *soziale Interdependenzen* können sowohl eingrenzende wie ermöglichende Wirkungen haben (3.4.2).
- durch *Einbeziehung von Komplementen* kann es zusätzliche Alternativen geben.

In den bisherigen Ausführungen wurde implizit unterstellt, daß limitierende/ ermöglichende Determinanten entweder eindeutig die Nutzung einer Alternative verhindern oder ermöglichen. Wenn man jedoch die Art der einzelnen Determinanten genauer analysiert und dabei die Anregungen aus dem *Brög' schen* Ansatz der *abgestuften Wahlmöglichkeiten* berücksichtigt (2.4.3.), ergibt sich ein differenzierteres Bild. Zum einen bestehen direkte, physisch eindeutig wirkende Limitierungen (Beispiel: zum erforderlichen Zeitpunkt fahren keine öffentlichen Verkehrsmittel). Zum anderen ist ein Teil der üblicherweise als objektive Limitierungen angesehenen Determinanten weniger eindeutig (Beispiel: Führerscheinentzug aufgrund von Alkoholdelikten).

Gemäß dem *Vroom'schen* Ansatz wird die Handlungstendenz durch die subjektive Wahrnehmung der Erreichenswahrscheinlichkeit bestimmt. Damit ist in bezug auf meinen Untersuchungsgegenstand die angepaßte Variable *subjektive Möglichkeit der Alternative* zu erfassen, die zu den objektiv möglichen Alternativen korrespondiert. Von wenigen Ausnahmen abgesehen, wie beispielsweise der subjektiven Bestimmung der PKW-Fahrtmöglichkeit bei *Recker & Golob* (1976), liegen hierzu keinerlei Ergebnisse vor. Ähnlich wie die objektiven Möglichkeiten durch die objektiv limitierenden Determinanten bestimmt werden, liegen den subjektiven Möglichkeitseinschätzungen die *Wahrnehmungen bzw. Erwartungen der limitierenden Determinanten* zugrunde. Eine Überprüfung des Grades der Übereinstimmung bzw. Diskrepanz der beiden Variablensets wurde bisher in der Verkehrsforschung nicht vorgenommen. Dies ist nicht so sehr für die offensichtlichen Determinanten wie Führerschein- und PKW-Besitz, sondern für die vom Forscher oder Planer in Anlehnung an Zumutbarkeitsschwellen festgelegten Begrenzungen etc. bedeutsam (6.3.4.).

In Ergänzung zu den beiden subjektiv festgelegten Variablen, die sich direkt auf die objektiven Gegebenheiten beziehen, kann eine weitere subjektiv definierte Variable erfaßt werden, die *subjektiv infrage kommenden Alternativen.* Diese Variable entspricht in etwa dem „evoked set" bei *March & Simon* (1958) und *Howard & Sheth* (1969). Im Unterschied zu der Angabe der Wahrnehmung der objektiven Möglichkeiten soll mit dieser Variable erfaßt werden, welche objektiv und subjektiv möglichen Alternativen vom Betroffenen aus gesehen tatsächlich erwägenswerte Alternativen darstellen (6.3.3.).

Zusammenfassend läßt sich feststellen, daß der Umsetzung des Ansatzes bei der Bestimmung der Verhaltensalternativen keine grundsätzlichen Probleme entgegenstehen, da die Alternativen gut abgrenzbar und für die Verkehrsteilnehmer unterscheidbar sind.

5.1.2. Bestimmung der verhaltensrelevanten Ziele

Neben der Bestimmung der Alternativen ist die adäquate Auswahl der Ziele, die das Verhalten innerhalb der bestehenden Möglichkeiten bestimmen, eine wesentliche Voraussetzung für die Erklärungskraft des Ansatzes. Wie aus der Darstellung der *Vroom'schen* Grundkonzeption hervorgeht, liegen diese Ziele der Valenz- und der Instrumentalitäts-Variable zugrunde. Folgende Aspekte sind bei der Bestimmung der relevanten Ziele und Zieldimensionen zu berücksichtigen:

a) Allgemeinheitsgrad:

Bei der Bestimmung der verhaltensrelevanten, „qualitativen" Determinanten stellt sich die Frage, mit welchem Grad der Allgemeinheit bzw. Spezifizierung diese festgelegt werden sollen. An der „Verschachtelung" der Valenzen 1. und 2. Ebene kann man erkennen, daß je nach zu untersuchendem Gegenstand bzw. Verhalten *unterschiedliche Abstraktionsgrade* möglich und angemessen sind. Die Attribute stehen dabei häufig in einem hierarchischen Verhältnis, wie dies beispielsweise *Lancaster* bei den Konsumgütern und deren Charakteristika annimmt.

Im Verkehrsbereich werden bei den einstellungsorientierten Modellen häufig relativ konkrete Merkmale wie Sitzplatzangebot, Wartezeit etc. verwendet. Die Verwendung derartiger Merkmale bereitet für meinen Ansatz Probleme, da sie verkehrsmittelspezifisch sind (s. auch *Hauser* et. al. 1977, S. 11). Daneben ist zu berücksichtigen, daß viele einzelne Merkmale zur gleichen inhaltlichen Dimension gehören. Besonders deutlich wird dies an der Vielfalt von Charakteristika der Dimension Komfort und deren Verkehrsmittelspezifität: Sitzplatz, Bein- und Armfreiheit, Haltestellenkomfort, Wetterschutz, geringe Steigungen etc. (zum ÖPNV insbesondere *Weimer* 1978). Die Merkmale variieren zudem auch stark mit der technischen Entwicklung der Verkehrsmittel. Deshalb ist es sinnvoll, nicht isolierte Merkmale, sondern die zugrundeliegenden, relevanten Zieldimensionen auf einem mittleren Abstraktionsniveau zu erfassen. Die objektiven Merkmale sind diesen Dimensionen zuzuordnen.

b) Vergleichbarkeit:

Für die Bestimmung der verhaltensrelevanten Ziele ist es von zentraler Bedeutung, ob ein einheitliches Set von Zielen bzw. Zieldimensionen gleichermaßen für alle Verkehrsteilnehmer und Situationstypen besteht oder ob unterschiedliche Ziele relevant sind. Je stärker verschiedene Ziele verhaltensbestimmend sind, desto geringer ist die Vergleichbarkeit. Damit wird zugleich die empirische Praktikabilität der VIE-Theorie – und aller anderen multiattributen Ansätze – und deren praktische Anwendung erschwert. Daneben ist für meinen Untersuchungsgegenstand bedeutsam, ob für alle Arten von Alternativenbündeln gleiche Ziele relevant sind (Beispiel: PKW vs. ÖPNV und ÖPNV vs. Fahrrad). Unterschiede können daneben bei variierenden Situationstypen (Beispiel: verschiedene Fahrtzwecke) auftreten.

Aus den verkehrswissenschaftlichen Untersuchungen können nur wenig Hinweise in bezug auf die Verwendbarkeit eines einheitlichen Zielsets für Verkehrsmittelwahlstudien entnommen werden, da dies zumeist ohne Begründung oder Überprüfung vorausgesetzt wird (Ausnahme beispielsweise: *Stringer* 1981). Bei der Arbeit von *Thomas* (1976) wird betont, daß gemäß dem *Fishbein'schen* Ansatz und dessen Konzept der „Saliency" von jeder Person die für sie relevanten Attribute erhoben werden müssen (idiosynkratische Beliefs). Da diese strikt subjektivistische Sichtweise aber keine Vergleichbarkeit zuläßt, führen *Fishbein & Ajzen* (1975, S. 219) ein gemeinsames Set von relevanten Beliefs für eine gegebene Population ein. Die personenspezifisch erhobenen Attribute erbringen empirisch gesehen nicht immer bessere Ergebnisse als derartige gemeinsame Sets (*Trommsdorff* 1975, S. 58). Pragmatisch gesehen ist folgende Forderung ausreichend: die Gültigkeit eines gewissen Mindestmaßes an Übereinstimmung im relevanten Zielset ist zu überprüfen.

c) Bestimmungsgründe der Relevanz:

Die Zielrelevanz streut nicht zufällig, sondern es können *Vereinheitlichungstendenzen* angegeben werden, die auf die Auswahl aus der Vielzahl potentiell relevanter Ziele der umfassenden Motivstruktur einwirken:

– die Individuen leben nicht isoliert voneinander, sondern werden durch die Normen und Werte ihrer Gesellschaft, ihrer Zugehörigkeitsschichten und Klassen etc. geprägt. Diese Vereinheitlichung wird durch die baulichen Bedingungen und institutionellen Regelungen gestützt und teilweise erzwungen (*Heidemann* 1981). Beispiel: in den hochgradig arbeitsteilig organisierten Industriegesellschaften sind Zeiteinteilung und Leistungsstreben, individuelle Flexibilität etc. von stärkerer Bedeutung als in traditionellen Gesellschaften. Ebenso kann es innerhalb der Gesellschaft unterschiedliche Funktionsteilungen und Schichtungen geben, die in unterschiedlichen Wertekatalogen verschiedener Bevölkerungsgruppen teilweise widergespiegelt werden.
– bei einem bestimmten Verhalten und den dabei bestehenden Alternativen wird nur ein Teil der Motive angeregt. Es liegt also ein Zusammenhang zwischen dem Verhalten und der Befriedigung oder Frustrierung von Motiven vor. Beispielsweise besteht zwischen den Motiven nach Nahrungs- und Flüssigkeitsaufnahme und dem Verkehrsverhalten keine bzw. eine vernachlässigbar kleine Beziehung.

  Für die Erklärung der Verkehrsmittelnutzung über einen Zeitraum hinweg ist von Bedeutung, ob die Anregungsbedingungen so stabil sind, daß immer die gleichen Ziele angeregt werden.
– in der Auswahlsituation zwischen verschiedenen Alternativen kann daneben der Übereinstimmungsgrad der Merkmalsausprägungen einen Einfluß haben. Beispiel: mit der Verkehrsmittelnutzung ist stets eine Gefährdung verbunden. Diese streut – nach vorliegenden Ergebnissen zu schließen – subjektiv zwischen dem ÖPNV und dem PKW nicht sehr stark und ist hier nicht von vorrangiger Bedeutung. Wenn dagegen das Fahrrad als Alternative im Stadtverkehr erwogen wird, wird die Sicherheit zu einer bedeutsamen Zieldimension (6.2.6.).

Für die Vergleichbarkeit können daraus folgende *allgemeine Schlußfolgerungen* gezogen werden. Im einen Extremfall, in dem kaum gesellschaftliche Vereinheitlichungstendenzen auf die Individuen wirken und in dem interindividuell sehr unterschiedliche Anregungsbedingungen gegeben sind, besteht kaum Vergleichbarkeit in den für die Individuen relevanten Zielen. Diese müssen deshalb bei jeder Person erhoben werden. Im anderen Extremfall sind die Zielvorstellungen in so starkem Maße durch gesellschaftliche Normierungsprozesse vereinheitlicht und bestehen in dem jeweiligen Verhaltenstyp so ähnliche Anregungsbedingungen, daß relativ eindeutig ein einheitliches Zielset bestimmt werden kann. Diese Vereinheitlichung kann soweit gehen, daß auch die Evaluationen dieser Ziele sehr homogen sind. Eine individuelle Erhebung ist dann nicht erforderlich. Der *Vroom'sche* Ansatz zielt demnach auf eine *Zwischenstufe* ab, bei der ein relativ einheitliches Set von Zielen für alle Personen gleichermaßen in einem bestimmten Situationstyp charakteristisch ist und die Evaluationen dieser Ziele interindividuell streuen.

Für meinen Untersuchungsgegenstand läßt sich aus den angegebenen Bestimmungsgründen ableiten, daß der Grad der Vergleichbarkeit durch die Homogenität der Population beeinflußt wird (Altersgruppen, Geschlecht etc.). Daneben können aufgrund der Verschiedenartigkeit der Verkehrsmittel teilweise sehr unterschiedliche Ziele betroffen sein (ausführlich 6.2.6.).

d) Zahl:

Während *Vroom* noch von der kognitiven Abwägung „aller" Ergebnisse spricht, verweisen *Fishbein & Ajzen* (1975, S. 218) bei der Einführung des Konzepts der „Saliency" ausdrücklich darauf, daß nur eine relativ kleine Zahl von Beliefs einstellungs- und damit verhaltensrelevant sind. Sie betonen dabei die begrenzten kognitiven Kapazitäten des Individuums und geben – in Anlehnung an den inzwischen klassischen Beitrag von *Miller* (1956) – die Bandbreite von $7^{\pm}2$ an. Dieses Konzept bezieht sich jedoch ausdrücklich auf die ursprüngliche Fassung des *Fishbein'schen* Ansatzes mit einem Einstellungsobjekt bzw. einem einmaligen spezifischen Verhalten. Wenn jedoch Verhalten in einem bestimmten Zeitraum, Situationstyp etc. zu erklären ist, ist wiederum die Homogenität der Anregungsbedingungen von Bedeutung. Im Verkehrsbereich betrifft eine Variation der Anregungsbedingungen jedoch i.d.R. nicht völlig neue Zieldimensionen, sondern zumeist nur unterschiedliche Merkmale der gleichen Dimensionen. Beispiel: Einflüsse auf den Komfort durch das Wetter, das mitzuführende Gepäck, das Sitzplatzangebot etc.

Bisherige Untersuchungen in unterschiedlichsten Verhaltensbereichen belegen, daß tendenziell einige wenige Dimensionen vorrangig relevant sind. Dabei bestehen jedoch personenspezifische Unterschiede. Dies ist auch von der persönlichen Bedeutung und Reichweite des untersuchten Verhaltensbereiches abhängig. Bei der Einbeziehung zu vieler irrelevanter Ziele sinkt die Erklärungskraft häufig wieder ab. Das durch die Abfrage dieser zusätzlichen Ziele verursachte „Rauschen" kann den Zusammenhang der vorrangig determinierenden Ziele stören.

e) Unabhängigkeit:

Für den Ansatz ist es erforderlich, daß die relevanten Zieldimensionen voneinander unabhängig sind. Es ist jedoch unwahrscheinlich, daß die Individuen bei der Abwägung – soweit diese überhaupt explizit vorgenommen wird – die für sie relevanten Qualitätsdimensionen sauber in statistisch und inhaltlich unabhängige Dimensionen trennen. Dies ist deshalb vorrangig eine methodisch bedeutsame Voraussetzung (5.3.1.).

f) Inhaltliche Bestimmung:

Der *Vroom'sche* Ansatz enthält nur Hypothesen über die Art der Variablen und deren Verknüpfung, jedoch keine Aussagen über die inhaltlich relevanten Dimensionen. Deshalb wird er in den Diskussionen im Arbeitsbereich als Prozeßtheorie bezeichnet und den Inhaltstheorien gegenübergestellt (*Campbell & Pritchard* 1976). Diese inhaltliche Offenheit ist für die Übertragbarkeit in andere Verhaltensbereiche nützlich. Die ursprüngliche Eingrenzung auf extrinsische Ziele ist für die Anwendung des Ansatzes nicht erforderlich.

Für die *inhaltliche Bestimmung* der Ziele ist ein *doppeltes Vorgehen* zu empfehlen. Zum einen sind die vorliegenden Ergebnisse der Verkehrsforschung auszuwerten. Dabei sind insbesondere die wenigen Untersuchungen bedeutsam, die direkt bei den Betroffenen ansetzen. Zum anderen sind die Ergebnisse der Motivationsforschung heranzuziehen. Dies wurde in den bisherigen Arbeiten zur Verkehrsmittelwahl noch nicht gemacht. Deshalb wurde darauf in den Vorarbeiten zu meinen empirischen Studien ein Schwergewicht gelegt (6.2.).

5.1.3. Abgrenzung von Valenz und Instrumentalität

Die beiden Variablen, die für die affektive und kognitive Komponente stehen, sind durch die Zieldimensionen aufeinander bezogen. Da bei der Behandlung dieser Variablen im *Vroom'schen* Ansatz – und analog dazu bei *Fishbein* – grundsätzliche Aspekte ausgeklammert bleiben, muß die Problematik zunächst allgemein analysiert werden. Im Marketingbereich wurde in der Auseinandersetzung um den *Fishbein'schen* Ansatz eine größere Zahl empirischer Studien zu diesem Problemkreis durchgeführt (*Wilkie & Pessemier* 1973 und *Trommsdorff* 1975, S. 61 ff.). Deshalb wird hieran angeknüpft. Folgende *Abweichungen in der Operationalisierung* der Variablen sind von Bedeutung:

- statt einer Evaluation wurde fast durchgängig eine subjektive Gewichtung in Form einer Bedeutsamkeitsabfrage erhoben. Ähnlich wurde auch in einigen Untersuchungen im Arbeitsbereich verfahren.
- statt die Kognition als subjektive Wahrscheinlichkeit für das Vorliegen einer Eigenschaft zu operationalisieren, wurde i. d. R. die subjektive Wahrnehmung der mengenmäßigen Ausprägungen der Attribute erfaßt.
- in einigen Studien werden die beiden Variablen kombiniert und als kognitive Evaluation mit einer gemeinsamen Variablen erfaßt. Dies trifft insbesondere auf Untersuchungen zu, die auf den Überlegungen von *Sheth* (1970) aufbauen.

Die empirischen Studien ergaben relativ eindeutig, daß die Gewichtung mit subjektiven Bedeutsamkeiten bei der vermischten Erfassung einer „kognitiven Evaluation" keine zusätzliche Erklärungskraft bringt. Die Bedeutsamkeiten sind vermutlich bereits in starkem Maße in diesem kombinierten Maß enthalten. Die bei *Locke* (1969) und *Mobley & Locke* (1970) in bezug auf die Determinanten der Arbeitszufriedenheit durchgeführten Untersuchungen stützen diese Hypothese. Allgemein gesehen und in bezug auf meinen Gegenstandsbereich ist eine *analytische Trennung* von Evaluation und Kognition nützlich. In der Realität bestehen jedoch Übergänge, da auch mit Tatsachenaussagen mehr oder weniger stark evaluative Bedeutungen verbunden sein können.

Die Belief-Variable wird bei *Fishbein* als subjektive Wahrscheinlichkeit der Verbindung eines Objektes bzw. Verhaltens zu einem Attribut definiert. Im Gegensatz zum üblichen Sprachverständnis legt er fest, daß unter verschiedenen Merkmalsausprägungen unterschiedliche Attribute zu verstehen sind (*Fishbein & Ajzen* 1975, S. 54 ff.). Beispiel: hochinformativ und gemäßigt informativ bezeichnet er als eigenständige Konzepte. Sobald man nun seinen Ansatz von der Beurteilung eines Objektes/eines Verhaltensaktes auf alternative Objekte/Handlungen ausdehnt, wird dieses Verfahren problematisch. Bei den verschiedenen Alternativen treten zumeist unterschiedliche Merkmalsausprägungen auf, die nach dieser Festlegung getrennte Konzepte darstellen würden. Es ist deshalb nicht erstaunlich, daß in den Anwendungen im Marketingbereich häufig statt Wahrscheinlichkeitsmaßen die Wahrnehmung von mengenmäßigen Merkmalsausprägungen erfaßt werden (*Trommsdorff* 1975, S. 61 ff.).

Im Gegensatz zu der Festlegung *Fishbein's* sollten verschiedene Ausprägungsgrade einer Zieldimension und eines Attributs nicht als getrennte Konzepte aufgefaßt werden. Neben den Alternativen und Zieldimensionen/Attributen sind damit die *Ausprägungen* dieser Attribute in die Überlegungen einzubeziehen (*Aschenbrenner* 1977, S. 23). Sie sind gesondert oder kombiniert mit den *Auftretenswahrscheinlichkeiten* zu erfassen.

Im *Vroom'schen* Ansatz wird allgemein von Handlungsergebnissen gesprochen und nur selten wird auf deren Ausprägungsgrade eingegangen (Ausnahme beispielsweise *Dachler & Mobley* 1973, S. 402). Obwohl dies bei *Vroom* nicht näher ausgeführt wird, besteht die Vermutung, daß die Instrumentalität eine kombinierte Erfassung der Auftretenswahrscheinlichkeit und der subjektiven Wahrnehmung der Merkmalsausprägungen darstellt. Dies wird beispielsweise bei *Hansen* (1972, S. 221) explizit angenommen. Es ist zu vermuten, daß auch die Wahrscheinlichkeitsabfragen gemäß dem *Fishbein'schen* Konzept von den Befragten ähnlich interpretiert werden. Man überlege sich als Beispiel folgende Belief-Abfrage, die der *Fishbein'schen* Festlegung entspricht:

Die Nutzung des Verkehrsmittels "X"
ist <u>sicher</u>:

sehr wahr-scheinlich ... sehr unwahr-scheinlich

Es ist zu vermuten, daß viele Vpn bei einer derartigen Abfrage die Wahrscheinlichkeit und die Intensität der Gefährdung kombinieren. Diese Vermutung wird auch dadurch gestützt, daß bei einem Teil der Untersuchungen ein in der Vergangenheit liegendes Verhalten mit später erhobenen Einstellungen „erklärt" werden soll (ex-post Design). Dabei besteht objektiv gesehen keine Unsicherheit über die Attributausprägungen. Wenn die Befragten Wahrscheinlichkeitsabfragen dennoch relativ problemlos beantworten können, liegt die Vermutung nahe, daß sie diese im Sinne von Intensitäten der Merkmalsausprägungen interpretieren. Bei *Fishbein & Ajzen* (1975, S. 57 ff.) wird zugegeben, daß eine Vermischung beider Aspekte möglich ist. Ihre Erörterungen sind jedoch allgemeiner Natur und nehmen keinen Bezug zu den Wahrnehmungen und Interpretationen der Betroffenen.

Die ausdrückliche Berücksichtigung der Ausprägungsgrade der Attribute legt eine genauere Analyse der Art der Attribute nahe, die in den Studien zur kognitiven Motivationspsychologie zumeist nicht vorgenommen wird. Folgende *Unterscheidung der Attribute* ist adäquat (v. *Raaij* 1977, S. 11):

- Kontinuierliche Attribute: diese können theoretisch gesehen beliebig fein unterteilt werden (Beispiel: Zeit in Stunden, Minuten etc.).
- Diskrete Attribute: diese haben eine begrenzte Zahl von Merkmalsausprägungen (Beispiel: Zahl der Zylinder beim PKW).
- Dichotome Attribute: diese haben nur zwei Ausprägungen (Beispiel: ein Zug hat Raucher- und Nichtraucherabteile).

Diese Unterscheidung dient mehr heuristischen Zwecken, da ein diskretes Attribut nur einige wenige Ausprägungsgrade (Nähe zu dichotom) oder aber sehr viele haben kann (Nähe zu kontinuierlich). Die Beziehung zwischen den Attributausprägungen und den damit verbundenen Befriedigungswerten kann folgende *Funktionen* annehmen (a.a.O., S. 11 ff.):

- Monotone Funktion: je mehr von einem Attribut vorhanden ist, desto größer ist der damit verbundene Befriedigungswert (Beispiel: je sicherer ein Verkehrsmittel ist, desto positiver wird das bewertet).
- Eingipflige Funktion: eine bestimmte Attributausprägung vermittelt einen höheren Befriedigungswert als höhere oder niedrigere Ausprägungen (Beispiel: ein bestimmter Aufgabenschwierigkeitsgrad wird präferiert).

– Zwei- und mehrgipflige Funktionen: bei bestimmten Ausprägungen wird ein höherer Befriedigungswert vermittelt als bei den umliegenden Ausprägungen (Beispiel: eisgekühlter und heißer Tee wird von Kennern einem lauwarmen Tee vorgezogen).

Die Art der Funktion ist neben dem Variationsbereich der Merkmalsausprägungen von großer Bedeutung für die Entscheidungs- und Kombinationsregel (5.2.2.) und die methodischen Überlegungen (5.3.1.). Deshalb ist neben der adäquaten Auswahl der verhaltensrelevanten Zieldimensionen eine Analyse ihrer Art und des Funktionstyps sowie der Extremität der Merkmalsausprägungen erforderlich.

Bei der von *Levin* (1977) verwendeten *Theorie der Informationsintegration* werden die Merkmalsausprägungen in einem experimentellen Design systematisch variiert. Die mit dieser Theorie und der damit verbundenen Methode der funktionalen Messung gewonnenen Befunde weisen auf, daß die verwendeten Zieldimensionen (Zeit, Kosten, Haltestellenentfernung, Sicherheit etc.) in dem üblicherweise auftretenden Variationsbereich der Ausprägungen monoton – wenn auch nicht durchgängig linear – sind. Es ist zu vermuten, daß die für die Verkehrsmittelnutzung bedeutsamen Zieldimensionen im relevanten Bereich relativ durchgängig monoton sind. Bei einzelnen Merkmalen, die diesen Dimensionen zugrundeliegen, können jedoch eingipflige Funktionen auftreten. Beispielsweise wurde in der in Evanston durchgeführten Befragung folgendes Item verwendet, das auf eine eingipflige Funktion hinweist: „es ist mir häufig zu heiß oder zu kalt, wenn ich mit dem Bus (PKW etc.) fahre." (*Koppelman* et. al. 1977, Appendix A).

Zusammenfassend läßt sich feststellen, daß bei einer kombinierten Erfassung einer kognitiven Evaluation die subjektive Bedeutsamkeit bereits in starkem Maße in die Bewertung einfließt. Eine Gewichtung erbringt deshalb häufig kaum zusätzliche Erklärungskraft. Bei einer getrennten Erfassung müssen neben der Auftretenswahrscheinlichkeit explizit die Art der Ziele/Attribute und ihre mengenmäßigen Merkmalsausprägungen berücksichtigt werden. Für (annähernd) monotone Funktionstypen kann die Instrumentalität zur kombinierten Erfassung der subjektiven Wahrscheinlichkeit und der Wahrnehmung von Zielniveaus/Ausprägungsgraden dienen.

5.1.4. Stabilität der Situationsbedingungen

Die bisherigen Ausführungen dieses Kapitels beziehen sich vorrangig auf die Erklärung eines einmaligen Verhaltens in einer Situation. Häufig ist jedoch ein mehrfach auftretendes Verhalten in einem bestimmten Zeitraum zu erklären (*Fishbein* 1973). Beim letzteren stellt sich die Frage der Stabilität vs. Variabilität der Situationsbedingungen. Wenn eine starke Variation der Bedingungen auftritt, ergibt sich für den Befragten bei der Instrumentalitätseinstufung die Notwendigkeit der Durchschnittsbildung. Wenn die Voraussetzung *Fishbein's* erfüllt ist, daß die Messung der Verhaltensvariablen und der erklärenden Variablen mit dem gleichen Spezifizierungsgrad vorgenommen wird, erhält man bei einer interindividuellen Auswertung dennoch tendenziell zutreffende Befunde (ausführlicher *Held* 1980, S. 248 ff.). Praktisch gesehen stellen die in der Forschung häufig vorgenommenen Eingrenzungen auf Berufs- und Ausbildungsfahrten oder Wege in die Innenstadt zu den Einkaufszeiten etc. tendenziell sinnvolle Abgrenzungen dar, da damit eine *Homogenisierung der Bedingungen* bewirkt wird. Dabei ist wiederum der Grad der Wahlfreiheit bezüglich der Ortsveränderung an sich und deren Elemente Zielort, Ankunftszeiten, Regelmäßigkeit etc. von großer Bedeutung (*Boulanger* 1971).

5.2. Bewußte Entscheidung und gewohnheitsmäßiges Verhalten

5.2.1. Problemstellung

Dem *Vroom'schen* Ansatz liegt die Annahme zugrunde, daß das motivierte Verhalten durch eine subjektive Kalkulation von vor- und nachteilhaften Folgen und Begleitumständen alternativer Handlungen bestimmt wird. Dafür wird eine bestimmte Kombinations- und Entscheidungsregel postuliert. Bei der Umsetzung stellt sich die Frage, ob bei der Nutzung alternativer Verkehrsmittel eine *bewußte Abwägung* im Sinne einer echten Entscheidung stattfindet.

In der Psychologie wurde die Wirksamkeit einer Vielzahl von *vereinfachenden Mechanismen* ausgewiesen, die den Menschen von dem Zwang zu ständigem Entscheiden bezüglich aller Handlungsaspekte seines Alltagslebens entlasten und die zu verarbeitende Informationsmenge begrenzen. Folgende Beispiele sind für die Umsetzung der kognitiven Motivationstheorie auf meinen Untersuchungsgegenstand von Bedeutung:

- aus der Vielfalt der möglichen Umweltreize wird nur ein geringer Teil wahrgenommen und verarbeitet (zu den wahrnehmungstheoretischen Grundlagen *König* 1976 und zu den informationstheoretischen Grundlagen *Simon* 1979).
- vereinfachende Konzepte werden zur Abkürzung des vollständigen Entscheidungsprozesses verwendet. Beispiel: der Preis als vereinfachender Indikator für die Qualität eines Konsumobjektes (*Hansen* 1972, S. 216 f.).
- in komplexen Problemlösungssituationen wird nicht eine vollständige Evaluation aller möglichen Alternativen vorgenommen, sondern diese Alternativen werden gemäß dem Prinzip der Satisfizierung danach unterschieden, ob sie überhaupt akzeptabel sind oder nicht (Grundidee der Arbeiten von *Simon* 1957, 1959).

– bei häufig bzw. regelmäßig wiederkehrendem Verhalten tritt eine Automatisierung ein und das Verhalten wird gewohnheitsmäßig ohne vorherige bewußte Kalkulation ausgeführt (*Katona* 1960).

Diese Mechanismen schließen sich nicht gegenseitig aus, sondern sie sind in einem akzentuierenden Sinne zu verstehen. Beispielsweise kann der Grad der Automatisierung mehr oder weniger stark fortgeschritten sein, werden auch bei Gewohnheiten vereinfachende Konzepte zur Einordnung in das Verhaltensmuster verwendet etc. Der Aspekt der Selektion der Information ist in dem angepaßten Entwurf der kognitiven Motivationstheorie enthalten und verursacht für diese Version des subjektiven Kalküls keine grundsätzlichen Schwierigkeiten. Dagegen ergibt sich aus dem reduzierten Bewußtheitsgrad beim gewohnheitsmäßigen Verhalten ein Problem, da der Ansatz nicht für die Erklärung von gewohnheitsmäßigem Verhalten entworfen wurde. Die Verkehrsmittelnutzung im städtischen Verkehr ist in starkem Maße habitualisiert. Deshalb ist zu prüfen, für welche Bereiche des Verkehrsverhaltens der Ansatz als genügend genaue Annäherung verwendet werden kann.

Die folgenden Ausführungen sind nicht nur für die Anwendbarkeit der *Vroom'schen* Theorie, sondern durchgängig für alle in der Übersicht referierten Verkehrsmittelwahlansätze bedeutsam. Dies gilt in besonderem Maße für die disaggregierten, verhaltensorientierten (2.4.1.) und die einstellungsorientierten Ansätze (2.4.2.), da dort weitgehend ohne Diskussion eine bewußte Wahl vorausgesetzt wird.

5.2.2. Entscheidungs- und Kombinationsregeln

Wie bereits mehrfach angesprochen wurde, übernimmt *Vroom* ohne nähere Begründung die damals übliche linear-additive Verknüpfungsregel in Verbindung mit der Annahme der Nutzenmaximierung. Auch in den späteren Anwendungen seines Ansatzes im Bereich des Arbeitsverhaltens wird diese nicht empirisch überprüft. Auch in den Entscheidungstheorien dominierte lange Zeit die Annahme der Nutzenmaximierung bzw. -optimierung in Verbindung mit einer linear-additiven Kombinationsregel. Inzwischen wurde jedoch eine Vielzahl anderer Regeln aufgezeigt. Nahezu alle Modelle und Untersuchungen sind auf die Analyse von Entscheidungen und Problemlösen in einmaligen, eng umgrenzten Auswahlsituationen begrenzt. Bei den *Neuentwicklungen* sind zwei Schwerpunkte zu unterscheiden:

1. bei den *Input-Output-Modellen* steht die Erarbeitung und mathematische Präzisierung unterschiedlicher Regeln im Vordergrund, mit denen die Ergebnisse der Kombination der Attribute möglichst genau reproduziert werden können (*Aschenbrenner* 1977, S. 26 ff.). Die überwiegende Zahl dieser neuentwickelten Regeln ist in die Gruppe der nichtkompensatorischen Ent-

scheidungsmodelle einzuordnen. Besonders deutlich ist dieser Charakter bei der konjunktiven Regel ausgeprägt, bei der eine Alternative dann verworfen wird, wenn sie in irgendeinem der Attribute einen kritischen Wert unterschreitet. Dies kann nicht durch besonders positiv bewertete Ausprägungen in den übrigen Attributen kompensiert werden.

2. bei den *prozeßorientierten Ansätzen* ist das Interesse vorrangig auf die Erfassung des Prozesses gerichtet, mit dem die Individuen zu den Ergebnissen kommen (*Aschenbrenner* 1977, S. 38 ff.). Sie wurden in starkem Maße durch den Ansatz von *Simon* angeregt, der die Begrenztheit der kognitiven Kapazitäten als Ausgangspunkt seiner Überlegungen nahm. Sein Prinzip der Satisfizierung entspricht der konjunktiven Regel (ausführlicher in 5.2.3.). Bei den empirischen Untersuchungen ergab sich, daß die Individuen sehr unterschiedliche Strategien einschlagen und unter verschiedenen Bedingungen und den einzelnen Stufen des Entscheidungsprozesses unterschiedliche Regeln anwenden. Die Herausarbeitung des sequentiellen, stufenweisen Vorgehens wurde durch diese Ansätze vorgenommen.

Es ist zu fragen, was aus diesen neueren Entwicklungen der Entscheidungstheorien für die *Reichweite* der im *Vroom'schen* Ansatz enthaltenen *linear-additiven Regel* abzuleiten ist. Bei der folgenden, zusammenfassenden Darstellung des derzeitigen Erkenntnisstandes (Übersicht bei *Aschenbrenner* 1977) ist zu berücksichtigen, daß bisher die formale Ausarbeitung der neuen Modelle erheblich weiter als die empirischen Prüfungen vorangeschritten ist und bei den Ansätzen teilweise unterschiedliche Variablen verwendet werden:

- wie *Dawes & Corrigan* (1974) in einer allgemeinen, auf die formalen Charakteristika ausgerichteten Studie feststellen, ist der Funktionstyp von vorrangiger Bedeutung: wenn die Beziehung zwischen Merkmalsausprägungen und Evaluation monoton ist, ergibt eine lineare Regel eine relativ gute Annäherung. Das Modell ist bei diesem Funktionstyp relativ robust gegen Variationen in den „Gewichten". Wie *Campbell & Pritchard* (1976, S. 95) ausführen, werden im *Vroom'schen* Ansatz implizit monotone Beziehungen zwischen Valenz, Instrumentalität und Erwartung zu den zu erklärenden Variablen Handlungstendenz und Verhalten vorausgesetzt.
- aus den Befunden der prozeßorientierten Ansätze ergibt sich, daß zwar häufig nichtkompensatorische Strategien unterschiedlicher Art verwendet werden. Aber auch hier führt die additive Verknüpfung der Dimensionen zumeist zu ähnlichen Ergebnissen (v. *Raaij* 1977).
- generell ist zu sehen, daß alle Modelle nicht die realen Vorgänge wiedergeben, sondern nur eine mehr oder weniger genaue Reproduktion der Ergebnisse des Evaluations- und Kombinationsprozesses erbringen. Die alternativen Regeln führen in einem großen Teil der Bedingungen zu ähnlichen Prognoseergebnissen. Experimentelle Prüfungen der Annahmen, die eine eindeutige Zurückweisung oder vorläufige Bestätigung einer Regel gegen alternative erlauben, liegen noch kaum vor.

Bei den Untersuchungen von *Levin* ist eine Testung der Verknüpfungsregel möglich. Die bei ihm enthaltenen Attribute ergeben im Bereich der systematisch variierten Merkmalsausprägungen monotone Funktionen. Die linear-additive Verknüpfungsregel führt bei Ausprägungen, die im mittleren Bereich streuen, zu einer guten Annäherung an die Gesamturteile der Alternativen. Bei extremeren Ausprägungen sind dagegen nichtlineare, multiplikative Verknüpfungen adäquater (*Levin* 1977). Inhaltlich gesehen führt eine derartige multiplikative Verknüpfung zu ähnlichen Ergebnissen wie das nichtkompensatorische, konjunktive Entscheidungsmodell, da eine stark negative Ausprägung mit sehr großem Gewicht eingeht und deshalb nur schwer durch positive Ausprägungen kompensiert werden kann (*Aschenbrenner* 1977, S. 37).

Durch die Ergebnisse *Levin's* (1977) können die oben aufgeführten, allgemeinen Aussagen ergänzt und folgendermaßen *zusammengefaßt* werden: neben dem Funktionstyp ist die Extremität der Merkmalsausprägungen von Bedeutung. Bei der Auswahl zwischen Alternativen, deren Merkmalsausprägungen alle in einem mittleren Bereich mit akzeptablen Ausprägungen streuen und deren Ausprägungsvariationen in einer monotonen Beziehung zu ihrer Evaluation stehen, erbringt die linear-additive Regel adäquate Ergebnisse. Darüber hinaus führt sie bei extremeren Ausprägungen dann zu gleich guten Resultaten wie die konkurrierende, konjunktive Regel, wenn die Verhaltensalternativen mit nichtakzeptablen Ausprägungen in den sonstigen Attributen nicht wesentlich besser sind als die anderen Verkehrsmittel. Beispiel: eine ÖPNV-Verbindung, bei der man im Verhältnis zum PKW unzumutbar lange Zeit benötigt, die in den anderen relevanten Dimensionen wie Bequemlichkeit, Flexibilität etc. bestenfalls im Niveau mit dem PKW vergleichbar ist.

5.2.3. Akzeptanzschwellen

Aufgrund dieser Befunde könnte man die dem *Vroom*'schen Ansatz zugrundeliegenden Regeln als genügend genau akzeptieren, auch wenn dabei offen bleibt, wie die tatsächlichen Prozesse der Alternativenbewertung und -auswahl ablaufen. In den von mir durchgeführten explorativen Studien ergaben sich jedoch Hinweise, die es nahelegten, der Fragestellung nachzugehen, welche Bedeutung die nichtkompensatorische, konjunktive Entscheidungsregel für die Verhaltenserklärung hat: die Zieldimension Sicherheit erwies sich in diesen Untersuchungen in Übereinstimmung mit vorliegenden Befunden der Verkehrsnachfrageforschung als eine zwar relevante, aber nicht vorrangig bedeutsame Determinante der Nutzung alternativer Verkehrsmittel. Um so auffälliger war es deshalb, daß einige Teilnehmer der Intensivinterviews und Gruppendiskussionen das Fahrrad nicht als Verkehrsmittel im Stadtverkehr akzeptieren, da es nach ihrer Auffassung zu unsicher ist. Die gleichen Personen nutzten es jedoch teilweise im Bereich von Naherholungsgebieten. Für andere Teilnehmer war das Fahrrad jedoch auch unter den derzeitigen Bedingungen eine akzeptable und genutzte Alternative im Stadtverkehr.

Eine vertiefte Analyse der neueren Entscheidungsforschung erbrachte, daß die Individuen ein größeres Repertoire an Entscheidungsstrategien besitzen und teilweise auch innerhalb des Entscheidungsprozesses die Strategie wechseln. Es findet sich ein Personentypus, der tendenziell eine Optimierungsstrategie verwendet, und ein anderer Typus, der vorrangig eine Strategie gemäß dem – nicht-kompensatorischen – Befriedigungsprinzip *Simon's* verwendet (*Hansen* 1972, S. 256 ff. und *Gensch & Svestka* 1978). Neben den Optimierungsstrategien sind insbesondere Befriedigungsstrategien (*Simon* 1957 Part IV, 1959) von Bedeutung, bei denen potentielle Alternativen ausgeschlossen werden, wenn sie in relevanten Merkmalen bestimmte Mindestausprägungen, Akzeptanzschwellen unterschreiten.

Auch im Bereich der Verkehrsnachfrageforschung und -planung finden sich Hinweise auf die Bedeutung von Akzeptanzschwellen. So führt beispielsweise *Voigt* (1973, S. 109) Mindestaffinitäten ein und werden in der praktischen Planung in bezug auf die Zeit bestimmte Werte als Zumutbarkeits- bzw. Akzeptanzgrenzen verwendet (*Müller* 1971).

Bisher liegen weder im Bereich der Verkehrsforschung noch im Bereich der sozialwissenschaftlichen Entscheidungs- und Verhaltensforschung systematische Analysen zu dem Untersuchungsgegenstand Akzeptanzschwellen vor. Aufgrund der ersten Ergebnisse und Überlegungen (*Held* 1980, S. 257 ff.) empfiehlt sich die Ausbildung eines entsprechenden Forschungsschwerpunktes.

5.2.4. Gewohnheitsmäßiges Verhalten

Obwohl die Nutzung von Nahverkehrsmitteln in starkem Maße habitualisiert ist, gehen nahezu alle vorliegenden Ansätze von einer Entscheidung aus bzw. sie erklären das Verhalten mit den Wirkungen abgestufter Limitierungen. Dies wird bereits an dem gebräuchlichen Begriff „Verkehrsmittel*wahl*-Ansätze" deutlich (2.1.3.). Nur in sehr wenigen Beiträgen werden Aspekte der Gewohnheitsbildung und -stärke angesprochen. Diese sind zudem teilweise inadäquat, da sie weniger auf die Gewohnheiten als vielmehr auf die Bedeutung der PKW-Verfügbarkeit in autoorientierten Gesellschaften eingehen (Beispiel: *Banister* 1978).

Auch in der Psychologie gibt es eine unübersehbare Zahl von Arbeiten zu Entscheidungen und zum Problemlösen. Dagegen wurden die Gewohnheiten bisher in viel geringerem Maße untersucht. Die relevanten Beiträge sind im Gegensatz zu den Entscheidungstheorien nicht in einer eigenständigen Forschungsdiskussion zusammengefaßt. Sie finden sich vielmehr unter verschiedenen Stichworten wie Automatisierung von Verhalten, Bewußtheit, willentliche Kontrolle von Handlungen etc. (s. beispielsweise *Kimble & Perlmutter* 1970).

Im Bereich der Konsumenten- und allgemeiner der ökonomischen Psychologie findet sich aufbauend auf dem Werk von *Katona* (1960) eine idealtypische Unterscheidung des Konsumentenverhaltens (*Rüttinger* et. al. 1974, S. 137 ff.). Während bei der *echten Entscheidung* alle Stufen des Entscheidungsprozesses durchlaufen werden, entfallen beim *gewohnheitsmäßigen Verhalten* viele Phasen wie beispielsweise die bewußte Informationssuche. Vor der Ausführung eines Verhaltens wird kein Abwägen zwischen alternativen Handlungen vorgenommen. Beide Arten sind nur als idealtypische Extrempunkte auf einem Kontinuum anzusehen. *March & Simon* (1958, S. 139 f.) stellen analog dazu die völlig automatisierten, nach einem erworbenen Programm ablaufenden Reaktionen der problemlösenden Aktivität gegenüber. In der Realität herrschen die Zwischenformen vor.

Für die Anwendbarkeit des *Vroom*'schen Ansatzes ist nun folgende Überlegung wichtig: Obwohl bei Gewohnheiten vor dem Verhalten nur in geringem Maße eine bewußte Abwägung zwischen Handlungsalternativen stattfindet, sammelt das Individuum auch hier während und nach dem Verhalten ständig Erfahrungen. Es erlebt ebenso wie bei einem auf einer echten Entscheidung beruhenden Handeln positive und negative Konsequenzen. Die Informationsaufnahme geschieht jedoch nicht in der gezielten Art wie bei der bewußten Informationssuche. Die Informationen wirken in einem langsam ablaufenden Diffusionsprozeß. Sie stammen nicht nur aus dem direkten Erleben bei der Nutzung einer Alternative, sondern sie werden durch Beobachten anderer Verkehrsmittel, Berichte bekannter Personen und Medien etc. ergänzt. Auch beim gewohnheitsmäßigen Verhalten liegen Ziele zugrunde und werden Motive befriedigt bzw. frustriert.

Obwohl also die Verkehrsmittelnutzung im Bereich des Nahverkehrs in starkem Maße habitualisiert ist und nur selten eine umfassende Abwägung vorgenommen wird, besteht dennoch eine gewisse Bewußtheit bezüglich der wichtigsten (potentiellen) Alternativen. Der Ansatz ist prinzipiell anwendbar. Dies bestätigen auch die vorliegenden empirischen Untersuchungen (6.).

Die Erklärungskraft kann jedoch durch die von Gewohnheiten bewirkten Trägheiten und Verzögerungen – beispielsweise in der Wahrnehmung von und Reaktion auf Änderungen des Verkehrssystems – reduziert werden. Bei der Analyse des Verkehrsverhaltens ist es bedeutsam, daß die Gewohnheiten – ähnlich wie die Ziele – einen *unterschiedlichen Spezifizierungsgrad* aufweisen können. Beispielsweise kann ein Verkehrsteilnehmer gewohnheitsmäßig sämtliche Fahrten ab einer bestimmten Entfernung mit dem PKW vornehmen. Ein anderer weist dagegen ein differenzierteres Verhaltensmuster auf und hat je nach Zielort, Zweck etc. spezifische Gewohnheiten. Häufig dienen dabei bestimmte Konzepte und Merkmale zur Vereinfachung einer potentiell notwendigen Entscheidung (*Hansen* 1972, S. 216 f.) und zur Zuordnung in das Verhaltensmuster (Beispiele für vereinfachende Konzepte: Wetter, Dunkelheit,

Alkoholgenuß, Fahrtzweck, Zielort etc.). Häufig wirken diese Vereinfachungen in Kombination und ergeben damit ein relativ stabiles Verhaltensmuster (ausführlicher zum Themenkreis Gewohnheiten *Held* 1980, S. 265 ff.).

5.2.5. Bewußtheit

In den vorangegangenen Abschnitten sind bereits wichtige Hinweise auf die Voraussetzung der bewußten Abwägung enthalten. Im folgenden wird ausführlicher auf die Umsetzbarkeit des *Vroom'schen* Ansatzes im Hinblick auf diese Voraussetzung eingegangen. Die Charakterisierung des Begriffes Bewußtheit als „kognitive Präsenz" und als „präsentes Wissen von und um etwas" (*Pongratz* 1967 nach *Jungermann* 1976, S. 40) macht deutlich, daß damit ein sehr umfassendes Feld psychologischer Forschung berührt wird: wahrnehmen, speichern von Informationen im Kurz; und Langzeitgedächtnis, abrufen und verarbeiten von Informationen, Interferenzbildung, Sprache als Instrument etc. In dieser Arbeit ist es nicht möglich, näher auf die verschiedenen Elemente des kognitiven Prozesses einzugehen. Vielmehr werden in verkürzter Form nur die Argumente diskutiert, die für die Klärung der Verwendbarkeit des *Vroom*'schen Ansatzes unmittelbare Relevanz besitzen. Es ist jedoch darauf hinzuweisen, daß für die Ausschöpfung des Erklärungspotentials des in 4.5. dargelegten umfassenden Person-Umwelt-Interaktionsrahmens eine vertiefte Analyse der kognitiven Prozesse erforderlich ist.

Grundsätzliche Einwände gegen „subjektivistische" Ansätze und die dabei vorgenommene, direkte Abfrage von Verhaltensdeterminanten treffen auch den Ansatz *Vroom's.* Hierzu wird häufiger ein *grundsätzlicher Beitrag von Nisbett & Decamp Wilson* (1977) angeführt. Diese Arbeit, die zunächst den Anschein eines Frontalangriffes gegen die These der Bewußtheit und Verbalisierbarkeit der verhaltensbestimmenden Faktoren erweckt, führt bei eingehender Betrachtung zu recht interessanten Ergebnissen:

- es wird zwischen dem Prozeß des Denkens und dessen Ergebnissen und deren Inhalte unterschieden.
- die Prozesse mentaler Verarbeitung sind wenig bewußt. Insbesondere die Wirkungen formaler Aspekte und Verhaltensursachen, wie Anker- und Reihenstellungseffekte, sind zumeist nicht bewußt. Die referierten Befunde (alle in höchst unalltäglichen Laborsituationen gewonnen) weisen die Verhaltenswirksamkeit dieser nicht bewußten Effekte nach. Bei Bewußtheit ihres potentiellen Einflusses tritt ein Teil der Wirkungen nicht auf (a. a. O., S. 247).
- die Autoren untersuchen nicht die Bewußtheit der inhaltlichen Verhaltensgründe motivationaler Art. Sie gestehen zu, daß die Betroffenen darüber im Gegensatz zu den kognitiven Prozessen Bewußtheit haben können. Auch „Zwischenergebnisse" können bewußt sein (a. a. O., S. 255).

– der zentrale Aspekt der Arbeit besteht darin, die Tendenz zur Suche und Zuschreibung *plausibler Verhaltensgründe* herauszustellen. Abweichungen der subjektiv angegebenen Gründe von den experimentell erzeugten, tatsächlichen Ursachen treten dann auf, wenn diese Ursachen nicht in der a priori gebildeten, kausalen Theorie enthalten sind (s. auch *Thomae* 1965b, S. 89 ff.). Dabei wird das Augenmerk zumeist auf die inhaltlichen Determinanten und die qualitativen Charakteristika der Objekte gelegt, während die mehr formalen Aspekte zumeist nicht als Verhaltensursachen bekannt sind. Die subjektiv angegebenen Verhaltensursachen sind dann zutreffend, wenn die relevanten Stimuli verfügbar sind und plausible Gründe des Verhaltens darstellen, und keine bzw. wenige plausiblen Faktoren naheliegen, die unbedeutend sind (*Nisbett & Decamp Wilson* 1977, S. 253).

Aus diesen Befunden läßt sich *tendenziell die Anwendbarkeit des Vroom'schen Ansatzes ableiten:* im Gegensatz zu den höchst abstrakten und ungewohnten Effekten der Laborversuche sind die motivationalen Verhaltensdeterminanten direkt in ihren befriedigenden bzw. frustrierenden Konsequenzen erlebbar. Aufgrund der alltäglichen Erfahrungen können die Verkehrsteilnehmer deshalb relativ fundierte und zutreffende Aussagen über die Ursachen ihrer Verkehrsmittelnutzung treffen. Nach den vorliegenden Befunden kann es als gesichert gelten, daß die verhaltenslimitierenden und die qualitativen Determinanten, wie Zeit, Komfort, Unabhängigkeit etc., die tatsächlich verhaltensrelevanten Faktoren sind und nicht etwa vorrangig formale Mechanismen wie Ordnungseffekte etc. Dies sind zugleich die von den Betroffenen als plausibel und verhaltensbestimmend angesehenen Einflußgrößen (6.2.).

Es muß jedoch nochmals betont werden, daß die Verkehrsmittelnutzung in starkem Maße habitualisiert ist. Die Variablen des kognitiven Modells von *Vroom* können deshalb nicht als Abbildung des realen Prozesses, sondern nur als Konstrukte im Sinne einer Zusammenfassung der im Zeitablauf gewonnenen Einstellungen und Kognitionen verwendet werden.

Der *Bewußtheitsgrad* der verhaltenswirksamen Determinanten kann insbesondere dann *beeinträchtigt* werden, wenn potentiell eine größere Zahl von Zielen bedeutsam sind. Es ist dann möglich, daß der Betroffene sich eher die von ihm als sozial erwünscht angesehenen Ziele eingesteht und andere in den Hintergrund rückt (*v. Rosenstiel* 1975, S. 52 ff.). Beispielsweise können die gängigen Ziele wie Zeit und Bequemlichkeit betont werden und die Funktionslust, Aggressionen ausleben etc. weniger bewußt sein. Es ist aber zu vermuten, daß dies für die Erklärungskraft des *Vroom*'schen Ansatzes kaum Probleme schafft, da derartige Verkehrsteilnehmer die ungewünschten Verkehrsmittel (vermutlich) in den Zeit-, Bequemlichkeitsausprägungen etc. abwerten. Für die praktische Anwendung ist dies jedoch von Bedeutung: bei den einstellungsorientierten Ansätzen wird zumeist ihr diagnostischer Wert hervorgehoben. Wenn aber bedeutsame Dimensionen nicht bzw. weniger bewußt sind, sind die Angaben mit Vorsicht zu verwenden. Von dem hier angesprochenen Effekt der sozialen Erwünschtheit auf die Bewußtheit ist das methodische Problem der durch das Befragungsinstrument bewirkten Abweichungen zu unterscheiden.

5.3. Methodische Fragen

5.3.1. Voraussetzungen der linear-additiven Kombinationsregel

In 5.2.2. wurde bereits herausgearbeitet, daß die linear-additive Kombinationsregel eine gute Annäherung der Ergebnisse des Beurteilungsprozesses erbringt, wenn zwischen der Variation der Attributausprägungen und ihrer Evaluation eine monotone Beziehung besteht, und die Attributausprägungen in einem mittleren Variationsbereich streuen. Bei der empirischen Testung des Ansatzes ist zu prüfen, ob diese Voraussetzungen gegeben sind. Das Auftreten eingipfliger Funktionstypen kann evtl. bei der Item-Konstruktion berücksichtigt werden. Wenn jedoch systematisch monotone oder eingipflige Funktionen nebeneinander auftreten, ist es vermutlich günstiger, unterschiedliche Verfahren anzuwenden. Die Transformation der eingipfligen Funktionen kann dabei vom Forscher vorgenommen werden oder durch Erhebung eines idealen Punktes im Vergleich zum Ist-Zustand direkt bei den Vpn ermittelt werden (*Trommsdorff* 1975, S. 67 ff.).

In der von *Vroom* verwendeten Kombinationsregel wird unterstellt, daß das Gesamturteil durch die Addition der verschiedenen relevanten Ziele gebildet wird. Damit ergibt sich als weitere Voraussetzung die *Unabhängigkeit der Ziele.* Wenn die in der Untersuchung verwendeten Ziele zu stark überlappen, erhalten die entsprechenden Ziele ein zu starkes Gewicht, da sie doppelt gezählt werden. Deshalb sind die wesentlichen, möglichst weitgehend unabhängigen Zieldimensionen zu bestimmen. Von den derzeit zur Verfügung stehenden Verfahren ist die Faktorenanalyse am besten zur *statistischen Prüfung* der Unabhängigkeit der Zieldimensionen geeignet. Bei deren Anwendung muß berücksichtigt werden, daß die mit diesem Instrument ermittelbaren Faktoren von der Zahl und Art der vorgegebenen Items abhängig sind. Es kann vereinfacht gesprochen nur das herauskommen, was man hineinsteckt.

Es empfiehlt sich, bei der Vorauswahl der relevanten Ziele die *inhaltlich* bedeutsamen Dimensionen zu bestimmen und deren statistische Unabhängigkeit in einer Vortestung der Items zu prüfen. Zur Kontrolle kann dann bei der Auswertung der Hauptuntersuchung nochmals eine Faktorenanalyse durchgeführt werden, um die Stabilität der ursprünglich ermittelten Faktoren zu testen. In den vorliegenden Studien wird nicht diskutiert, an welcher Variable die Unabhängigkeit der Ziele zu prüfen ist. Üblicherweise wird die

Faktorenanalyse bei den Evaluationen oder den Bedeutsamkeiten und nur in sehr seltenen Ausnahmen (Beispiel: *Weinberg* et. al. 1978, S. 15 f.) an der Instrumentalitätsvariable durchgeführt. Dieser Aspekt bedarf noch einer vertieften Diskussion und empirischer Untersuchungen (näher *Kompa* 1981).

Für die *Anwendbarkeit* des *Vroom'*schen Ansatzes ist es nicht erforderlich, daß die verwendeten Ziele völlig voneinander unabhängig sind. Es ist jedoch bedeutsam, daß die Ziele in der Tendenz möglichst unabhängig sind. *Aschenbrenner* (1977, S. 34 f.) führt zwei empirische Befunde an, bei denen zwar signifikante Interaktionen zwischen den Attributen auftreten, deren Berücksichtigung jedoch die Korrelation nur um maximal 0.03 erhöhte. Die Signifikanz von Interaktionen kann deshalb nicht allein als das wesentliche Kriterium verwendet werden, sondern bedeutsamer ist die absolute Höhe des Zusammenhangs (Beispiel: *Trommsdorff* 1975, S. 50 ff.).

Ähnlich verhält es sich mit der Vielzahl anderer Voraussetzungen. Für die Erklärungskraft und die empirische Anwendbarkeit des Ansatzes ist es nicht erforderlich, daß die daraus ableitbaren methodischen Forderungen in Reinform erfüllt sind. Dies ist beim derzeitigen Kenntnisstand der empirischen Sozialforschung nicht in allen Fällen möglich. Vielmehr ist es bedeutsam, die wichtigsten Voraussetzungen zu kennzeichnen und zu prüfen, daß sie in der Tendenz gegeben sind. Diesen Standpunkt sehe ich als *Mittelweg* zwischen dem *methodischen Purismus* und der rein *pragmatischen Orientierung am besten „Fit"* an. Das erstere führt zur Konsequenz, daß ein großer Teil sozialwissenschaftlicher Forschung einschließlich der Verwendung des *Vroom'*schen Ansatzes hinfällig wird, obwohl eine Verletzung der methodischen Forderungen bei Vorliegen bestimmter Voraussetzungen teilweise nur minimale Auswirkungen auf die Erklärungskraft hat. Die zweite Richtung soll zum besseren Verständnis mit einem kurzen Zitat illustriert werden, das sich auf die methodischen Einwände gegen die SEU- und Erwartungs-Wert-Theorien bezieht: „. . . and, if it works, use it and do not get caught up in the subtleties." (*Mitchell & Beach* 1977, S. 210). Dabei ist jedoch zu bedenken, daß ein guter Fit noch lange nichts über die inhaltliche Gültigkeit der zugrunde liegenden Annahmen besagt.

Die multiplikative Verknüpfung der Valenz, Instrumentalität und Erwartung setzt deren Unabhängigkeit voraus. Bei zu starker Korrelation der erklärenden Variablen können ihre Verknüpfungen gegenüber der Verwendung einer einzelnen Variablen nur wenig oder keine Verbesserung der Erklärungskraft bewirken (*Campbell & Pritchard* 1976, S. 94). Wenn man zweimal den gleichen Sachverhalt mit hoch korrelierten Variablen erfaßt, kann man damit zwar – ähnlich wie bei der Verwendung mehrerer Items je Zieldimension – die Meßgenauigkeit erhöhen, aber es ist keine wesentliche Verbesserung der Erklärungskraft zu erwarten. Da im *Vroom'*schen Ansatz Kognition und Evaluation getrennt erfaßt werden, müssen die entsprechenden Variablen so operationalisiert werden, daß sie möglichst weitgehend unabhängig sind. Die empirischen Befunde zur Gewichtungskontroverse deuten beispielsweise darauf hin, daß bei der kombinierten Erfassung einer kognitiven Evaluation die subjektiven Bedeutsamkeiten häufig bereits in relativ starkem Maße enthalten sind.

Aus der multiplikativen Verknüpfung folgt als weitere Voraussetzung, daß die Variablen auf dem *Ratioskalenniveau* gemessen werden müssen (*Campbell & Pritchard* 1976, S. 94; allgemein zum Skalenniveau *Siegel* 1976, S. 22 ff.). Bei der angepaßten Erwartungsvariablen ist eine Multiplikation nicht unbedingt erforderlich, sofern die Zuordnung in einzelnen Situationen relativ eindeutig in möglich – nicht möglich vorzunehmen ist. Diese Voraussetzung ist zu prüfen. Die Verknüpfung kann dann nach der entscheidungslogischen Regel durchgeführt werden: das präferierte Verkehrsmittel wird gemäß dem Anteil seiner Verfügbarkeit genutzt. Dieser Anteil ist wohl auch durch direkte Abfragen zumindest in der ungefähren Größenordnung einigermaßen zuverlässig erhebbar.

Die multiplikative Verknüpfung der Valenzen und Instrumentalitäten ist inhaltlich gesehen plausibel: wenn beispielsweise ein Attribut für die Beurteilung und Alternativenauswahl keine Bedeutung hat (analog dazu bei der Evaluation eine neutrale Einstufung vorgenommen wird), hat dieses Attribut unabhängig von dessen Ausprägung und Auftretenswahrscheinlichkeit vermutlich kaum Verhaltensrelevanz. Bei einer additiven Kombination würde dagegen unterstellt, daß dennoch eine Wirkung auftreten kann. Deshalb handelt es sich wohl vorrangig um ein methodisches Problem bezüglich der hohen Anforderungen an das Skalenniveau.

Es stellt sich die Frage, wie stark der Einfluß von Abweichungen im Skalenniveau auf die Erklärungskraft durchschlägt (*Campbell & Pritchard* 1976, S. 95). Zur Beantwortung dieser Frage muß man sich die Variablen und ihre Operationalisierung inhaltlich genauer ansehen (formale Analyse bei *Schmidt* 1973). Die subjektive Wahrscheinlichkeit ist zwar nicht im methodisch exakten Sinne als Ratioskala erfaßbar, man kann aber vermuten, daß der von den Betroffenen angegebene Nullpunkt (Überzeugung, daß Attribut sicher nicht auftritt) in etwa mit dem natürlichen Nullpunkt übereinstimmt. Dies gesteht auch der sonst ausschließlich formal argumentierende *Schmidt* (1973, S. 247) zu. Analog dazu ist vermutlich die Einstufung der subjektiven Bedeutsamkeit als „völlig bedeutungslos", „keine Bedeutung" etc. eindeutig als der Pol des Bedeutsamkeitskontinuums aufzufassen, der dem natürlichen Nullpunkt nahekommt. Dabei ist jedoch darauf zu achten, daß die beiden Skalenendpunkte nicht als polares Begriffspaar (Beispiel: unwichtig – wichtig) und der mittlere Skalenwert nicht als Indifferenzpunkt (Beispiel: weder wichtig noch unwichtig) gekennzeichnet werden. In beiden Fällen ist also zwar der absolute Nullpunkt nicht exakt bestimmbar, aber dennoch kann man angeben, welche der formal möglichen Transformationen inhaltlich eindeutig inadäquat sind. Es ist zu vermuten, daß aufgrund der inhaltlich eindeutigen Tendenzen aus den dennoch auftretenden Abweichungen keine wesentliche Verringerung der Erklärungskraft resultiert.

Das Problem besteht nun darin, daß die subjektiven Wahrscheinlichkeiten allein nicht ausreichen, sondern die Attributausprägungen in ihrer subjektiven Repräsentation ebenfalls erfaßt werden müssen. Deshalb wird bei *Vroom* die Variable Instrumentalität verwendet, die von förderlich bis hinderlich reicht. Ebenso wird sowohl im *Fishbein*'schen wie im *Vroom*'schen Ansatz nicht die Bedeutsamkeit, sondern die Evaluation erhoben, die negative und positive Bewertungen enthalten kann. Damit ist die Adäquatheit des Skalen-Nullpunktes bedeutsam. Hierzu ist es nützlich, eine entsprechende verbale und graphisch-numerische Verankerung des Indifferenzpunktes vorzunehmen (beispielsweise *Galbraith & Cummings* 1967, S. 248 f.). Beispiele:

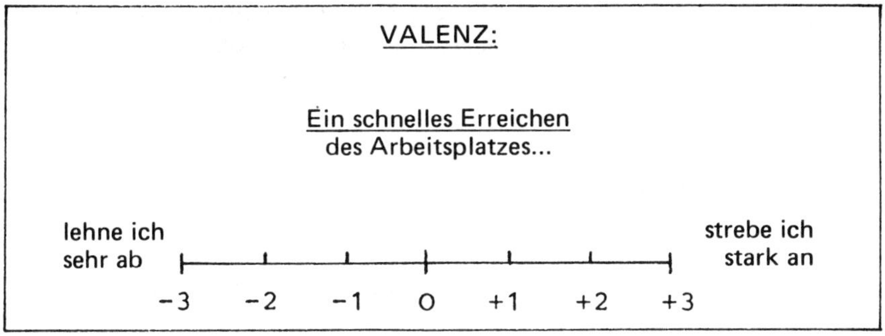

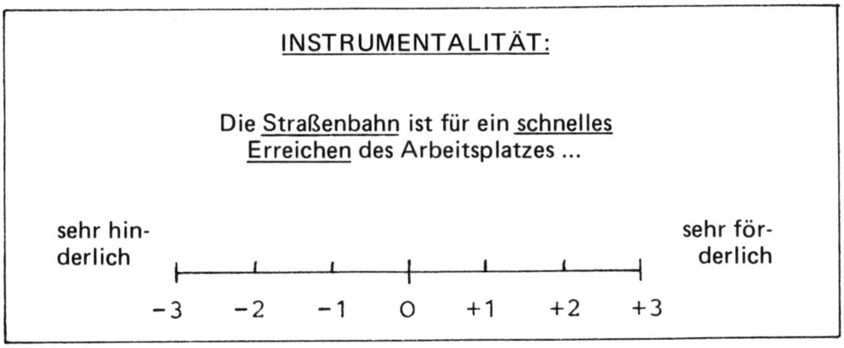

Die multiplikative Verknüpfung ist besonders dann genauer zu prüfen, wenn beide Variablen negative und positive Werte annehmen können, wie dies in der *Vroom*'schen Fassung der Fall ist: die Kombination einer negativen Valenz mit einer negativen Instrumentalität übt danach einen gleichen Effekt auf das Verhalten aus wie die Verknüpfung zweier positiver Werte mit gleichem absoluten Betrag (*Wahba & House* 1974, S. 136 ff.). Dies betrifft die psychologisch generell bedeutsame Frage der Symmetrie bzw. Asymmetrie von Vermeidungs- und Aufsuchungstendenzen (s. beispielsweise Untersuchungen zur Leistungsmotivation: Hoffnung auf Erfolg und Furcht vor Mißerfolg). Zu dieser Problematik und generell der Frage der Adäquatheit der Indifferenzpunkte sollten die vorliegenden Befunde eingehender analysiert und empirische Prüfungen vorgenommen werden.

Zusammenfassend läßt sich sagen, daß die Voraussetzung des Ratioskalenniveaus bei der direkten Abfrage kaum in Reinform erfüllbar ist. Dennoch kann durch die entsprechende Skalengestaltung die Vielzahl der formal möglichen Transformationen stark eingegrenzt werden. Für die Erklärungskraft ist es vorrangig bedeutsam, daß die Tendenzen stimmen und nicht beispielsweise ein Attribut, das gegen eine Alternative spricht, positiv in deren Gesamtscore eingeht. Praktisch gesehen ist eine derartige Gefahr vorrangig dann gegeben, wenn beide Variablen positive und negative Werte annehmen können. Auf die ebenfalls erforderliche Prüfung der Voraussetzung gleicher Abstände (Intervallskala) wird hier nicht ebenso ausführlich eingegangen. Diese kann zusammen mit den Vortests zur Itemselektion gemacht werden (ausführlich *Kompa* 1981).

Aufgrund der Probleme, die möglicherweise bei den Voraussetzungen der Skaleneigenschaften auftreten, erscheint es nützlich zu sein, eine *getrennte Auswertung der Instrumentalitäten je Zieldimension* vorzunehmen. Da dieser Auswertungsschritt vor der Kombination zu einem Gesamtscore erfolgt, ist die diskutierte Frage des adäquaten Indifferenzpunktes hier noch ohne Belang.

Mit diesem Auswertungsschritt sind bereits wichtige inhaltliche Tendenzen zu diagnostizieren. Er ermöglicht jedoch noch nicht die Testung der Grundhypothesen des *Vroom*'schen Ansatzes. Hierzu ist eine Bildung der Gesamtscores je Person und Alternative vorzunehmen. Der *Vroom'sche* Ansatz wurde ursprünglich für *intra-* und nicht für *interindividuelle* Erklärungen konzipiert (*Held* 1980, S. 285 ff.).

5.3.2. Untersuchungsdesign und Kausalität

In den bisherigen Ausführungen wurde die Problematik der Kausalität der Beziehungen zwischen dem Verhalten und den subjektiven Variablen weitgehend ausgeklammert (allgemein *Selltiz* et. al. 1972a, S. 97 ff.). In den einstellungsorientierten Verkehrsmittelwahlmodellen wird das Verhalten üblicherweise durch Angaben der Verkehrsteilnehmer selbst ermittelt, und diese Verhaltensmaße werden nahezu durchgängig in einer Befragung zusammen mit den erklärenden Variablen erhoben. Bei dieser Art von Untersuchung handelt es sich um ein *ex-post Design,* da das zu erklärende Verhalten vor der Messung der erklärenden Variablen stattfand. Dieses Design ist i. d. R. mit korrelativen bzw. regressionsanalytischen Auswertungsverfahren verknüpft. Deshalb kann bei den entsprechend durchgeführten Untersuchungen – entgegen den üblichen Darstellungen der betreffenden Autoren – nichts eindeutig über das Ursachen-Wirkungsverhältnis ausgesagt werden (*Golob* et. al. 1979).

Als *erster Schritt* empfiehlt es sich für Feldstudien, die erklärenden Variablen zu einem Zeitpunkt t_1 zu messen, und dann das Verhalten in einem Zeitpunkt t_2 zu erfragen. Noch günstiger ist es, wenn das Verhalten über einen zu definierenden Zeitraum hinweg (1 Woche, 1 Monat etc., bezogen auf den interessierenden Situationstyp) von den Betroffenen in einem Fahrtenbuch protokolliert wird (5.3.3.). Dies wurde bisher erst in einer einzigen Verkehrsmittelwahlstudie gemacht, bei der die Vpn die Einkaufsfahrten in das Stadtzentrum in der Woche nach der Befragung in ein Fahrtenbuch eintrugen (*Thomas* 1976).

In einer vertiefenden Studie im Bereich des Arbeitsverhaltens wurde die Frage der Kausalität zwischen dem Verhalten und den subjektiven Kognitionen und Evaluationen mit einem „*cross-lagged correlational model*" untersucht (*Lawler* 1968). Bei diesem Verfahren werden das Verhalten und die subjektiven Variablen zweimal zu einem jeweils identischen Zeitpunkt gemessen. Aus den Korrelationsmaßen kann man sowohl etwas über die Stabilität der beiden Variablenarten wie etwas über die wechselseitigen Beeinflussungen entnehmen:

Darstellung 17
Cross-lagged correlational model

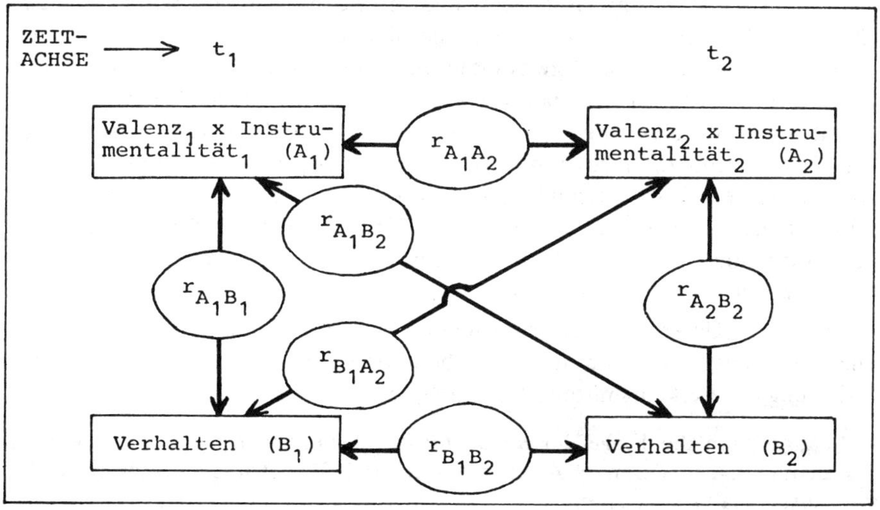

Aus dem *Vroom*'schen Ansatz ist abzuleiten, daß die Einstellungen zum Zeitpunkt t_1 das Verhalten zum Zeitpunkt t_2 verursachen ($r_{A_1B_2}$). Es wurde jedoch bereits darauf hingewiesen, daß die Kognitionen und Evaluationen ihrerseits durch die bereits vorhandenen Nutzungserfahrungen geprägt sind. Neben methodischen Voraussetzungen und der Frage des adäquaten Zeitintervalls zwischen den beiden Messungen ist die Kontrolle der evtl. Verursachung der Korrelation durch dritte Variablen eines der wichtigen Probleme des Ansatzes.

Bei den Verkehrsmittelwahluntersuchungen wurde dieses Panel-Design bisher in einer neueren Studie verwendet (*Tischer & Phillips* 1979). Da die Autoren andere subjektive Variablen (ein Belief-Maß je Verkehrsmittel/Attribut, das Evaluation und Kognition kombiniert) erfassen, als dies im *Vroom*'schen Ansatz erforderlich ist, ist eine direkte inhaltliche Verwendung der Befunde nicht möglich. Bei der Auswertung ergab sich, daß die Methode für das car-pooling nicht angewandt werden konnte, da sich die kausale Struktur aufgrund wesentlicher objektiver Veränderungen zu stark gewandelt hatte.

Die bei dieser Untersuchung gegebenen Bedingungen hätten eine *Feldstudie mit quasi-experimentellem Charakter* möglich gemacht (*Friedrichs* 1973, S. 339 ff.). Vereinfacht gesagt wird bei einem Feldexperiment das Wissen um „natürliche" Abläufe verwendet, um quasi-experimentelle Bedingungen zu haben (Beispiel: *Siegel & Siegel* 1972). Für Verkehrsmittelwahluntersuchungen ist dies möglich, da durch die Planungen beabsichtigte systematische Änderungen der Umwelt bekannt sind. Zugleich besteht durch die einzuhaltenden Fristen und Planungsvorläufe Zeit, die Untersuchung zu konzipieren. Hierzu bieten sich beispielsweise die Eröffnung neuer Verkehrsmittel ebenso an wie die Erschließung eines bisher nicht versorgten Stadtteils mit einer Buslinie. Es empfiehlt sich, ähnlich wie bei Laborexperimenten eine Kontroll-„Gruppe" heranzuziehen, die der Population der Experimentalgruppe und deren verkehrsrelevanten Bedingungen zum Zeitpunkt t_1 möglichst ähnlich ist, bei der aber keine Veränderungen des Verkehrssystems geplant sind. Bei dieser Gruppe ist ebenfalls zu den Zeitpunkten der Vorher- und der Nachherbefragung der Experimentalgruppe jeweils eine Erhebung durchzuführen. Dieses Grundschema ist sowohl in zeitlicher Hinsicht durch Erhebungen zu weiteren Zeitpunkten (Betonung des Panel-Charakters) wie die Aufnahme unterschiedlicher Experimentalgruppen erweiterbar, bei denen systematisch variierte Maßnahmen durchgeführt werden (s. Darstellung 18).

Derartige Untersuchungen sind sowohl für die praktisch bedeutsamen Maßnahmenevaluationen wie für eine theoretische Fundierung und Weiterentwicklung der Verkehrsmittelwahlmodelle geeignet:

– damit kann die Frage der *Kausalität* der Beziehungen zwischen objektiven Bedingungen, deren Wahrnehmungen und Bewertungen und dem Verhalten analysiert werden.

Darstellung 18
Vereinfachtes Untersuchungsdesign für ein Feldexperiment

Zeit-Achse / Untersuchungseinheiten	t_o	t_1	t_2
Experimentalgruppe	Vorerhebung	Veränderungen im Verkehrssystem	Nacherhebung
Kontrollgruppe	Vorerhebung		Nacherhebung

– es bietet die Möglichkeit zur Prüfung der *Konstruktvalidität* der Meßinstrumente der subjektiven Variablen: die Konstrukte Valenz, Instrumentalität und Erwartung werden durch Indikatoren repräsentiert, die mit einer direkten Abfrage gemessen werden. Zwischen diesen Konstrukten und den objektiv meßbaren Bedingungen bestehen systematische Beziehungen, die jedoch aufgrund einer Vielzahl von Determinanten (Attributierungs-, Beeinflussungsspielräume etc.) nicht eindeutig fixiert sind. Deshalb ist eine Validierung durch einen Vergleich zu einem Zeitpunkt ohne exakte Kenntnisse dieser Einflußgrößen schwierig. Bei einem experimentellen Design kann dies jedoch gemacht werden, da es hier nicht auf die absoluten Größen, sondern auf die Veränderungen ankommt: wenn sich die Richtungen der objektiven Veränderungen je Verkehrsmittel und Attribut in den Tendenzen der Veränderungen der subjektiven Angaben niederschlagen, kann dies als Beleg für die Validität der Meßinstrumente gelten (Beispiel: Sensitivität der Belief-Maße auf objektive Veränderungen bei *Thomas* 1976, S. 807 f.).

– zugleich wird damit eine Analyse der *Dynamik* von Evaluationen und Kognitionen ermöglicht, da bei der Kontrollgruppe keine direkten verkehrsrelevanten Änderungen stattfinden. Damit wird bei genügend langen Analysezeiträumen erkennbar, inwieweit öffentliche Diskussionen und Probleme ihren Niederschlag in den individuellen Nutzungsüberlegungen finden. Beispielsweise müßte man in den letzten Jahren eine veränderte Einstellung zum Radfahren feststellen können und bei einer noch kleinen Minderheit eine starke Bedeutung umweltrelevanter Aspekte (6.2.5.).

Der zuletzt genannte Aspekt ist aufgrund der im Bereich der Verkehrsnachfrageforschung dominanten Forschungsrichtungen sehr bedeutsam. Die Dynamik wird bisher ganz überwiegend verengt auf die Verhaltensanpassungen bezüglich einschränkender Veränderungen untersucht, während die Veränderungen von Qualitäten, Wertwandel etc. ausgeklammert bleiben (2.4.4.). Die Studien zu den einstellungsorientierten Modellen haben dagegen fast durchgängig statischen Charakter.

Daneben sind eng umgrenzte *Laborexperimente und -simulationen* von Nutzen, wie sie von *Levin* und seinen Kollegen durchgeführt werden. Sie sind zu dem hier dargelegten feldexperimentellen Design komplementär, da sich ihr Vorteil vorrangig in der Kontrollierbarkeit der Laborsituation gründet, während ihre Eingrenzung in den vielen Vorgaben des Forschers und der damit bewirkten Entfernung vom alltäglichen Verhalten liegt.

5.3.3. Operationalisierung der Variablen

Bei den Überlegungen zur Operationalisierung der Variablen wird nur auf die zentralen Variablen des *Vroom*'schen Ansatzes eingegangen. Die bereits angesprochenen allgemeinen Aspekte, wie beispielsweise die grundsätzliche Festlegung des Untersuchungsgegenstandes auf ein einmaliges Verhalten in einer eng umgrenzten Situation, bleiben ausgeklammert, und es werden vorrangig die Methoden und Operationalisierungen der Variablen diskutiert. Bevor nun auf die einzelnen Variablen eingegangen wird, ist ein *allgemeiner Grundsatz* voranzustellen, der dabei generall zu berücksichtigen ist: die zu erklärende und die erklärenden Variablen sind auf dem gleichen Niveau der Konkretisierung bzw. Allgemeinheit zu erfassen. *Fishbein & Ajzen* (1975, S. 292 ff.) stellen hierzu folgende Elemente des Spezifizierungsgrades heraus:

1. Art des Verhaltens (Verkehrsverhalten, generatives Verhalten etc.);
2. Zielobjekte, auf die das Verhalten ausgerichtet ist (verschiedene Verkehrsmittel);
3. Situation, in der das Verhalten ausgeführt wird (verschiedene Quell- und Zielorte, Umfeld der Verkehrswege etc.);
4. Zeit, in der das Verhalten ausgeführt wird (bestimmte Uhrzeit an einem bestimmten Tag, spezifischer Zeitraum von beispielsweise einer Woche etc.).

a) Die zu erklärende Variable Verhalten:

In der Übersicht zu den vorliegenden empirischen Befunden zum *Vroom*'schen Ansatz (4.3.3.) wurde herausgestellt, daß die mangelhafte Erfassung der abhängigen Variablen eine der zentralen Schwächen vieler Untersuchungen im Arbeitsbereich darstellt, die die kognitive Motivationstheorie verwenden. *Ajzen & Fishbein* (1977) zeigen in einem Übersichtsartikel auf, daß auch in der Forschung zur Beziehung Einstellung–Verhalten das Verhalten häufig inadäquat erhoben wurde. Der Zusammenhang der beiden Variablen war bei Studien mit ungenauen Verhaltensmaßen eindeutig niedriger als bei adäquat erhobenen Angaben.

Prinzipiell gesehen ist eine objektive Messung der Verkehrsmittelnutzung wünschenswert und möglich. Die Probleme stecken aber in der praktischen

Realisierung, da damit ein sehr großer Aufwand an Kosten und Personal verbunden ist. Zwar sind Verkehrszählungen als Querschnittserhebungen üblich (s. die Richtlinien der *Forschungsgesellschaft für das Straßenwesen* 1970), doch ist eine gleichzeitige ausführliche Befragung zur Erhebung der anderen Variablen nur schwer durchführbar. Die methodisch gesehen adäquate Lösung der Beobachtung der Einzelpersonen im entsprechenden Zeitabstand nach ihrer Befragung erfordert ebenfalls einen zumeist nicht vertretbaren Aufwand. Dies wurde in keiner der vorliegenden Verkehrsmittelwahluntersuchungen vorgenommen.

Vorschlag: aufgrund des erforderlichen hohen Aufwandes sollte die objektive Messung des interessierenden, alltäglichen Verkehrsverhaltens nur zur Validierung von selbstberichteten Maßen durchgeführt werden. Vorrangiger ist es, die Erhebung der Angaben der Befragten möglichst zuverlässig zu gestalten. Hierfür eignet sich die Ermittlung mit Hilfe von validierten Fahrtenbüchern (praktisches Beispiel: KONTIV-Erhebungsbögen).

b) Die erklärenden Variablen Valenz und Instrumentalität:

Bei der Valenz und der Instrumentalität handelt es sich um *Konstrukte,* die aufgrund ihres subjektiven Charakters nicht unmittelbar beobachtbar sind. Damit stellt sich die Frage, ob indirekte Verfahren zur Verfügung stehen, mit denen Indikatoren für diese Konstrukte gewonnen werden können und ob durch direkte Abfrage valide Indikatoren ermittelbar sind. Es wurde bereits mehrfach darauf verwiesen, daß man in Laborsimulationen mit Hilfe der funktionalen Messung Maße für die Bedeutungsgewichtung und Wahrnehmung von Merkmalsausprägungen ohne direkte Abfrage ermitteln kann (*Levin* 1977). Aber auch bei diesem indirekten Verfahren kann nicht auf subjektive Angaben verzichtet werden. Vielmehr wird die für das Verfahren zentrale Variable Verhaltensintention ebenfalls durch eine Befragung ermittelt.

In den Ausführungen zur Bewußtheit (5.2.5.) wurde dargelegt, daß eine direkte Abfrage von Werten und Wahrnehmungen prinzipiell gesehen möglich ist, da diese dem Erleben des Individuums zugänglich sind. Es sind aber nicht von vorneherein problemlos valide Angaben der Betroffenen zu erwarten, da unterschiedliche Grade der Bewußtheit und Verbalisierbarkeit auftreten können. Deshalb wird folgender *Vorschlag* gemacht: die Variablen Valenz und Instrumentalität werden, wie dies bei der Anwendung des *Vroom'*-schen Ansatzes allgemein üblich ist, durch Indikatoren repräsentiert, die in direkter Abfrage ermittelt werden. Zur Prüfung der Validität dieser Indikatoren sind Vergleiche mit den Befunden von Laborsimulationen durchzuführen. Daneben empfiehlt sich insbesondere eine Konstruktvalidierung in quasi-experimentellen Feldstudien (5.3.2.).

Im Gegensatz zu den operationalen Festlegungen *Fishbein's* ist für alle, im Detail variierenden Operationalisierungen von Valenz und Instrumentalität Voraussetzung, daß die *Valenz alternativenunspezifisch* und die *Instrumentalität alternativenspezifisch* abgefragt werden. Dies bedeutet, daß die Valenz je Zieldimension (mit der entsprechenden Anzahl von Items) in bezug auf die umfassende Auswahlsituation erhoben wird, während die Instrumentalität gesondert für jede Alternative zu erfassen ist (s. die Operationalisierungsbeispiele in 5.3.1.).

Eine wichtige Voraussetzung für die Erklärungskraft des *Vroom'schen* Ansatzes ist die – möglichst weitgehende – Unabhängigkeit der erklärenden Variablen Valenz und Instrumentalität. Aus der Gewichtungskontroverse kann der Hinweis entnommen werden, daß bei einer die evaluativen und kognitiven Aspekte verknüpfenden Abfrage die subjektive Gewichtung teilweise bereits eingeht. Es ist also vorrangig darauf zu achten, daß bei der Instrumentalität möglichst ausschließlich kognitive Aspekte erfaßt werden. Die Abfrage der Instrumentalität wird üblicherweise mit einer „hinderlich-förderlich" Skala vorgenommen. Dies stellt die kombinierte Erfassung der zwei kognitiven Aspekte Wahrnehmung der Merkmalsausprägungen und deren subjektiven Auftretenswahrscheinlichkeiten dar. Es ist in methodisch ausgerichteten Untersuchungen zu prüfen, ob dies auch von den Befragten in diesem Sinne interpretiert wird. In einer Studie von *Trommsdorff* (1975, S. 53 f.), bei der der Zusammenhang von Bedeutsamkeit und wahrgenommener Instrumentalität bezüglich des eigenen Berufes der Vpn geprüft wurde, ergaben sich zwar teilweise signifikante aber in der absoluten Höhe nicht sehr starke Zusammenhänge (maximale Korrelation 0.23).

Ebenso ist im Hinblick auf die Unabhängigkeit der beiden Variablen empirisch zu prüfen, ob die Valenz als subjektive Bedeutsamkeit oder als evaluative Bewertung, die positive und negative Werte annehmen kann, zu operationalisieren ist. Ein Beispiel für das letztere wurde im Abschnitt 5.3.1. angegeben. Die subjektive Bedeutsamkeit kann ebenfalls mit einer graphisch und verbal verankerten Skala („keine Bedeutung – sehr bedeutsam") erfaßt werden. Bei einer derartigen Operationalisierung ist darauf zu achten, daß die Items durchgehend positiv formuliert werden. Dies hat aber wiederum zur Voraussetzung, daß die Bewertung für die gesamte Population in die gleiche Richtung geht. Bei einzelnen Aspekten kann diese Voraussetzung verletzt sein.

c) Die erklärende Variable Erwartung:

Bei der Ermittlung der Variable Erwartung ist es bedeutsam, ob sie für ein einmaliges Verhalten in einer eng umgrenzten Situation oder einen zeitlich längeren Situationstyp zu erfassen ist. Im ersten Fall ist vermutlich eine einfache Unterteilung in „Alternative möglich – nicht möglich" ausreichend. Zur Erfassung in einem bestimmten Zeitraum ist jedoch damit zu rechnen, daß für einen Teil der Population bestimmte Verkehrsmittel zeitweilig zur Verfügung stehen und damit auch Zwischenwerte auftreten können. Gemäß der theoretischen Konzeption *Vroom's,* die in den vorliegenden Anwendungen aber nur in wenigen Fällen verwendet wurde, ist diese Variable in Form einer subjektiven Wahrscheinlichkeitseinschätzung zu erheben.

Beispiel:

> Der *Pkw* steht mir für Fahrten in die Innenstadt mit der Wahrscheinlichkeit von . . . % zur Verfügung.
>
> (Tragen Sie bitte die Angaben auf 10% Genauigkeit ein!
> Also beispielsweise *100%,* wenn Ihnen der Pkw für alle Fahrten zur Verfügung steht, *40%,* wenn Sie ihn in knapp der Hälfte der Fälle zur Verfügung haben!)

Möglicherweise kommt eine verbal verankerte Skala aber dem Verständnis der befragten Verkehrsteilnehmer näher. Beispiel:

Das Fahrrad ist für mich ...

nie verfügbar — ständig verfügbar

1 2 3 4 5 6 7

Generell kann vermutet werden, daß die Angaben zur Verfügbarkeit der Verkehrsmittel zuverlässiger sind als etwa Bedeutsamkeitseinstufungen. Dennoch ist es auch hier erforderlich, eine Konsistenzprüfung vorzunehmen. Dabei sind die Maße der limitierenden Determinanten (Führerscheinbesitz, objektive Entfernung der ÖPNV-Haltestelle etc.) heranzuziehen.

d) Allgemeine Aspekte von Befragungen:

Bei der Operationalisierung und Durchführung der Messung sind daneben eine Vielzahl weiterer Aspekte der empirischen Sozialforschung zu berücksichtigen. Zu nennen sind beispielsweise die Möglichkeit von Fehlerquellen in Form von methodisch bedingten Rationalisierungen und Einflüssen sozialer Erwünschtheit (*Held* 1980, S. 299 ff.). Da diese jedoch nicht für den *Vroom*'schen Ansatz spezifisch sind, wird hierauf nicht weiter eingegangen.

5.3.4. Vorgehen bei der empirischen Anwendung

Die Notwendigkeit der Durchführung und die Ausführlichkeit bestimmter Arbeitsschritte bei der empirischen Anwendung der kognitiven Motivationstheorie ist von der *Art und Reichweite der Zielsetzungen* abhängig. Beispielsweise ist bei Studien, bei denen die praktische Anwendung im Vordergrund steht, die Repräsentativität der Stichprobe für die Population des Untersuchungsgebietes von sehr großer Bedeutung. Bei mehr theoretischen Studien, bei denen die Zielsetzung auf die Testung bestimmter Hypothesen des Ansatzes ausgerichtet ist, kann dagegen die statistische Repräsentativität zugunsten eines experimentellen Designs in den Hintergrund gerückt werden. Bei der Testung ist deren „Umfang" zu berücksichtigen: soll sie einmalig durchgeführt werden oder ist auch die Dynamik der Entwicklung von Kognitionen und Evaluationen zu erfassen? Soll der Zusammenhang der subjektiven Variablen des Ansatzes mit dem Verhalten geprüft werden oder ist der umfassende Person-Umwelt-Interaktionsrahmen zu berücksichtigen etc.?

Aufgrund der Erfahrungen, die bei den Untersuchungen im Arbeitsbereich gewonnen wurden (*Campbell & Pritchard* 1976, S. 92 ff.), empfiehlt es sich, nicht vorrangig umfangreich angelegte Testungen des gesamten Ansatzes vorzunehmen, sondern Studien zu einzelnen Problembereichen und Hypothesen durchzuführen. Bei diesen speziellen Untersuchungen ist nur ein Teil der Arbeitsschritte erforderlich. Bei einer derartigen Forschungsstrategie ist jedoch darauf zu achten, daß diese Einzeluntersuchungen nicht isoliert bleiben, sondern in ein Konzept zur Anwendung des gesamten Ansatzes eingebettet sind. Auch wenn methodisch noch nicht alle Probleme im Sinne des methodischen Purismus „gelöst" sind, sollten parallel zu den Einzelstudien bereits umfassende empirische Testungen des Ansatzes vorgenommen werden. Häufig sind daraus ebenso bedeutsame Hinweise auf die empirische Anwendbarkeit des Ansatzes zu entnehmen wie aus Studien zu bestimmten Problembereichen. Beispielsweise kann bei dem dargelegten feldexperimentellen Design die Validität der Operationalisierungen der subjektiven Variablen geprüft werden.

Die aufgezeigte *Forschungsstrategie entspricht damit dem Baukastenprinzip,* bei dem einzelne Teile in abgetrennten Studien analysiert werden, die für sich allein genommen wichtig und verwertbar sind. Zugleich ergänzen sich diese jedoch und fügen sich in einen umfassenden Untersuchungsplan ein.

Im folgenden werden nun die *wichtigsten Arbeitsschritte* aufgelistet, die sowohl für die empirische Testung des Ansatzes wie für die mehr auf praktische Verwertbarkeit ausgerichteten Studien vorzunehmen sind (allgemein zur Forschungsplanung: *Selltiz* et. al. 1972a). Zur Vereinfachung werden die Überlegungen auf den Kern des Ansatzes, die Erklärung des Verhaltens durch die Variablen Valenz, Instrumentalität und Erwartung in einer einmaligen Situation bzw. in einem homogenen Situationstyp, eingegrenzt.

Die folgende Aufstellung der Arbeitsschritte (Darstellung 19) ist im Sinne einer *Checkliste* für das Vorgehen bei der empirischen Anwendung des *Vroom*'schen Ansatzes zu verstehen. Aufgrund des Forschungsstandes, der Zielsetzungen und forschungsökonomischer Überlegungen und Zwänge können die einzelnen Stufen und Arbeitsschritte eingehender oder verkürzt und zusammengefaßt vorgenommen werden. Dabei sind jedoch die Auswirkungen auf die Aussagekraft und Genauigkeit zu berücksichtigen. Es wurde der Versuch unternommen, die Reihenfolge entsprechend der in etwa einzuschlagenden Abfolge zu gestalten. Der Ablauf der Arbeitsschritte ist jedoch nicht eindeutig fixiert und es bestehen teilweise Wahlmöglichkeiten. Bestimmte Arbeitsschritte können zeitlich parallel durchgeführt werden, wie beispielsweise die Arbeiten und Untersuchungen zu den Alternativen und den verhaltensrelevanten Zielen.

5.4. Zusammenfassung

In diesem Kapitel werden sowohl die grundsätzlichen Aspekte der empirischen Anwendung des *Vroom*'schen Ansatzes wie die spezifischen Überlegungen zur Anpassung des Ansatzes an die Charakteristika meines Untersuchungsgegenstandes dargelegt. Bei der *Festlegung des zu erklärenden Verhaltensausschnittes* empfiehlt es sich, möglichst homogene Bedingungen zu gewährleisten. Dafür ist die Erklärung eines einmaligen Verhaltens in einer eng umgrenzten Situation oder eines Verhaltens in einem möglichst homogenen Situationstyp (bestimmter Zweck der Ortsveränderung etc.) geeignet. Bei der Bestimmung der Verhaltensalternativen treten keine wesentlichen Probleme auf, da die alternativen Handlungen relativ gut abgrenzbar und für die Verkehrsteilnehmer unterscheidbar sind. Die Limitierungen/Ermöglichungen sind dabei jedoch weniger starr und eindeutig, wie die übliche Einteilung in möglich – nicht möglich nahelegt. Vielmehr bestehen Übergänge in der Eindeutigkeit der Limitierungen aufgrund unterschiedlicher Sachzwänge und Akzeptanzschwellen (zeitliche Limitierungen etc.).

Bei der *Auswahl der verhaltensrelevanten Ziele* ist eine Vielzahl von Gesichtspunkten zu berücksichtigen: es ist die relativ kleine Zahl der möglichst weitgehend voneinander unabhängigen, den Merkmalen der Alternativen zugrundeliegenden, verhaltensrelevanten Zieldimensionen auf einem mittleren Abstraktionsniveau zu bestimmen. Der Grad der Vergleichbarkeit der relevanten Zieldimensionen wird in starkem Maße durch die Homogenität der Untersuchungspopulation und der möglichen Alternativen beeinflußt.

Darstellung 19

Checkliste für die empirische Anwendung des Vroom'schen Ansatzes

Untersuchungsstufen	*Arbeitsschritte*	*Erläuterungen und Beispiele zu den Arbeitsschritten*
Fragestellung (1)	Abklärung und Festlegung der Zielsetzungen der Untersuchung	Praktische Anwendung (Problembereiche, Planungsmaßnahmen); theoretisch ausgerichtete Testung (Ansatz, einzelne Hypothesen) etc.; Zielgruppen (Betroffene Bürger, Planer, Manager, Forscher etc.)
	Exakte Spezifizierung des zu untersuchenden Verhaltens	einmaliges Verhalten in eng umgrenzter Situation vs. Situationstyp, spezifischer Zweck/Zielort vs. Verhaltensmuster, etc.
	Festlegung des Untersuchungsgebietes und der -population	bestimmte Stadt, gesamt vs. ausgewählte Bezirke; Eingrenzung nach Alter, Merkmalen wie Berufstätigkeit etc.
	Entwurf des Grob-Konzeptes	Feldexperiment, Feldbefragung, Laborsimulation
Verhaltensalternativen (2)	Bestimmung des objektiven Alternativensets	Abklärung der überhaupt möglichen Alternativen; evtl. Eingrenzung durch Zielsetzung
	Ermittlung und Operationalisierung der Verhaltenslimitierungen	zeitliche Obergrenzen, Führerscheinbesitz etc.; Bestimmung der objektiven Möglichkeit je Person/Verkehrsmittel
	Operationalisierung und Vortestung der subj. mög. Alternativen	Festlegung der Erfassungsart und deren Testung; Vergleich mit objektiven Möglichkeiten
	Operationalisierung und Vortestung der subj. Verhaltenslimitierungen	analog; Vergleich mit objektiv limitierenden Determinanten und Konsistenzprüfung mit subjektiv möglichen Alternativen
	Operationalisierung und Vortestung der subjektiv infragekommenden Alternativen	Ermittlung der überhaupt in Betracht gezogenen Alternativen (evoked set); analog; Vergleich mit objektiv und subjektiv möglichen Alternativen
	Operationalisierung und Vortestung der Verhaltensmaße	Vergleich der Genauigkeit von Fahrtentagebüchern mit Erinnerungsangaben; evtl. Validierungstests durch Kontrollbeobachtungen

Untersuchungsstufen	*Arbeitsschritte*	*Erläuterungen und Beispiele zu den Arbeitsschritten*
Fortsetzung (2)	Analyse der objektiven Fixiertheit und deren subjektive Repräsentiertheit	Notwendigkeit der Ortsveränderung an sich, Zielort, Ankunftszeit etc.; Vergleich der objektiven Festlegung mit den subjektiven Vorstellungen
Verhaltensrelevante Ziele (3)	Inhaltliche Ermittlung der potentiell relevanten Ziele	Erstellung einer möglichst vollständigen Zielliste; Ordnung der Ziele nach der Trennschärfe (inhaltliche Unabhängigkeit)
	Bestimmung des relevanten Zielsets	Bestimmung der vorrangig verhaltensrelevanten Ziele; Prüfung, ob für alle Vpn ein einheitliches Zielset verwendet werden kann und ob dies vom Alternativenset unabhängig ist (Voraussetzung der Homogenität)
	Prüfung der statistischen Unabhängigkeit der Ziele	Faktorenanalyse der inhaltlich geordneten Ziele in bezug auf die statistische Unabhänigkeit
	Analyse der Funktionstypen	Analyse der Attributausprägungen für alle zu untersuchenden Alternativen; Prüfung der Voraussetzung der Monotonie
	Analyse der Art der Zieldimensionen und ihrer Attribute	dichotome, diskrete oder kontinuierliche Attribute
	Formulierung und Tests der Items je relevanter Zieldimension	Itemformulierung; Itemtest und -selektion (Trennschärfe etc.)
	Testung der Skalen von Valenz und Instrumentalität	verbale Verank ung, Skalenlänge, Verständlichkeit des Begleittextes; Prüfung der Indifferenzpunkte und der gleichen Abstände

Untersuchungsstufen	*Arbeitsschritte*	*Erläuterungen und Beispiele zu den Arbeitsschritten*
Untersuchungsplan	Präzisierung des Untersuchungsdesigns	anknüpfend an 1. Untersuchungsstufe Detailfestlegung des Designs einschließlich Methoden und zeitlichem Ablauf (um Rationalisierungen zu vermeiden, getrennte Erfassungen) etc.
und -durchführung (4)	Festlegung und Ermittlung der Stichprobe	Auswahlkriterien (Mindestwohndauer wegen Erfahrung etc.); Stichprobengröße; Ziehung der Stichprobe
	Durchführung der Untersuchung	
Auswertung (5)	Deskriptive Grundauswertung	Häufigkeiten, Mittelwerte, Verteilungsmaße
	Durchführung methodischer Kontrollen	Prüfung der Konsistenz der Angaben; Reliabilitätsberechnung; Erneute Faktorenanalyse zur Feststellung der Stabilität der Zieldimensionen; Korrelationsanalyse bzgl. Unabhängigkeit von Valenz und Instrumentalität; evtl. Vornahme von Transformationen
	Interindividuelle Auswertung je Zieldimension	Getrennte Auswertung der Zieldimensionen (vor Kombination zu Gesamtscore), Typenbildung – Profilvergleiche, Extremgruppenvergleiche als Tests, Kontrolle im Hinblick auf soziale Erwünschtheit
	Interindividuelle Auswertung nach *Vroom'scher* Regel	Bildung der Gesamtscores je Person/Alternative, Prüfung der *Vroom'schen* Hypothesen
	Intraindividuelle Auswertung nach *Vroom'scher* Regel	Prüfung der Korrektheit je Person; Signifikanztest korrekt prognostizierte Anteile vs. Zufallsverteilung und vs. tatsächl. Anteilen
	Auswertung weiterer interessierender Aspekte	(je nach Zielsetzung!) Beispiele: Zusammenhang von subjektiver Möglichkeit und Bewertung der Alternativen, Einflüsse von unterschiedlicher Wohnlage, -dauer etc.

Obwohl in der Realität Übergänge zwischen den *Evaluationen* und *Kognitionen* auftreten, ist eine *analytische Trennung nützlich,* wie sie bei *Vroom* vorgenommen wird. Bei der Kognition ist zwischen der subjektiven Erwartung der Auftretenswahrscheinlichkeit und der Wahrnehmung der Merkmalsausprägungen zu unterscheiden. In der Literatur und bei der empirischen Verwendung der Ansätze von *Fishbein, Vroom, Edwards* etc. wird diese Unterscheidung häufig aufgrund der Gleichartigkeit der formalen Strukturen und Verknüpfungsregeln übersehen. Die Operationalisierungen entsprechen in vielen Fällen nicht den zur theoretischen Fundierung verwendeten Ansätzen.

Beim *Vroom*'schen Ansatz wird unterstellt, daß das motivierte Verhalten durch eine Abwägung der vor- und nachteilhaften Folgen und Begleitumstände alternativer Handlungen bestimmt wird *(bewußte Entscheidung).* Die Verkehrsmittelnutzung ist jedoch in starkem Maße habitualisiert, und es findet nicht vor jeder einzelner Ortsveränderung eine Abwägung statt. Der Ansatz kann deshalb nur als *Annäherung an das Ergebnis der Beurteilung* dienen, das in einer zusammenfassenden Betrachtung der im Zeitablauf gewonnenen Eindrücke und Erfahrungen zustande kommt. Mit der linear-additiven Kombinationsregel erhält man dabei relativ gute Annäherungen, wenn folgende Voraussetzungen erfüllt sind:

- monotone Beziehung zwischen Variation der Merkmalsausprägungen und ihren Evaluationen;
- Streuung der Merkmalsausprägungen im mittleren Bereich akzeptabler Ausprägungen; aber auch bei extremeren Ausprägungen in vielen Fällen zutreffende Ergebnisse.

Durch die *Gewohnheitsbildung* können gewisse Abweichungen zu den mit dem *Vroom*'schen Ansatz prognostizierten Ergebnissen auftreten, da eine Trägheit zugunsten der bisher gewohnheitsmäßig genutzten Verkehrsmittel bestehen kann. Zugleich sind mit den Gewohnheiten jedoch auch positive Aspekte für die Anwendbarkeit des Ansatzes verbunden: der Verkehr und die Verkehrsmittel besitzen für die Verkehrsteilnehmer eine starke persönliche Bedeutung und sie verfügen über umfangreiche persönliche Erfahrungen. Aufgrund des öffentlichen Charakters des Verkehrs werden auch über die nichtgenutzten Verkehrsmittel Erfahrungen indirekter Art gesammelt. Es ist zwar keine Bewußtheit der exakten Merkmalsausprägungen bei jeder einzelnen Ortsveränderung gegeben, aber es sind die wichtigsten Dimensionen in ihren Tendenzen repräsentiert. Der Ansatz ist prinzipiell anwendbar.

Die linear-additive Verknüpfungsregel ist aufgrund ihrer Robustheit inhaltlich gesehen recht geeignet. Daraus ergeben sich aber relativ hohe *methodische Anforderungen,* da ein Ratioskalenniveau vorausgesetzt wird. Diese Voraussetzung ist nicht in Reinform erfüllbar. Durch eine entsprechende

Skalengestaltung ist dafür zu sorgen, daß die mit den Skalen gemessenen Indifferenzpunkte zumindest in der Tendenz den wahren Nullpunkten entsprechen. Die Voraussetzung der statistischen Unabhängigkeit der Zieldimensionen ist mit einer Faktorenanalyse zu testen. Die Prüfung der Unabhängigkeit der erklärenden Variablen und dabei insbesondere von Valenz und Instrumentalität ist mit einer Korrelationsanalyse vorzunehmen. Bei allen methodischen Voraussetzungen gilt, daß diese nicht in Reinform – sozusagen um ihrer selbst willen – erfüllt sein müssen. Vielmehr sind sie im Zusammenhang mit den Auswirkungen von graduellen Verletzungen auf die Erklärungskraft zu sehen.

Bei dem in den einstellungsorientierten Studien üblichen ex-post Design und den damit verbundenen korrelativen bzw. regressionsanalytischen Auswertungsverfahren ist keine Aussage über das *Ursache-Wirkungsverhältnis* der Variablen möglich. Es ist deshalb wichtig, das Untersuchungsdesign so zu gestalten, daß die Messung der zu erklärenden Variable Verhalten zeitlich nach der Messung der erklärenden Variablen erfolgt. Daneben wird zur Prüfung der Kausalität das aufwendigere Verfahren des „cross-lagged correlational model" dargelegt und ein feldexperimentelles Design ausgearbeitet.

Für das *Vorgehen* bei der *empirischen Anwendung* wird eine Checkliste zusammengestellt. Diese enthält eine Übersicht über die einzelnen Untersuchungsstufen und Arbeitsschritte, in der die wichtigsten Überlegungen dieses Kapitels zum Vorgehen zusammengefaßt sind (Darstellung 19). Die Ausführlichkeit, mit der die aufgeführten Schritte vorzunehmen sind, ist vom bestehenden Forschungsstand, den Untersuchungszielsetzungen und forschungsökonomischen Überlegungen abhängig. Aufgrund der im Bereich des Arbeitsverhaltens gesammelten Erfahrungen empfiehlt es sich nicht, eine schnelle einmalige Testung des umfassenden Ansatzes vorzunehmen. Statt dessen sollten zunächst Untersuchungen zu Einzelaspekten durchgeführt werden. Damit diese aber nicht isoliert bleiben, sollten sie gemäß dem Baukastenprinzip in ein umfassendes Forschungskonzept eingebettet sein.

Zusammenfassend ergibt sich aus diesem Kapitel für die Anwendbarkeit des *Vroom*'schen Ansatzes: einerseits ist eine Vielzahl von Voraussetzungen zu berücksichtigen, und es können dabei viele Probleme auftreten. Diese sind aber weitgehend nicht für den *Vroom*'schen Ansatz spezifisch, sondern hängen mit den Charakteristika des Untersuchungsgegenstandes zusammen (Beispiel: Frage der Kombinationsregel resultiert aus multithematischer Bestimmung des Verhaltens). Andererseits wird gezeigt, daß der Ansatz auf den Untersuchungsgegenstand anwendbar ist. Teilweise bestehen sogar günstigere Bedingungen als bei der Analyse des Verhaltens im Arbeitsbereich, da das zu erklärende Verhalten und die Handlungsalternativen eindeutiger abgrenzbar und bei den Befragten eher repräsentiert sind.

6. Empirische Untersuchungen

6.1. Untersuchungsziele und Methoden

Bei der Konzipierung dieser Arbeit im Jahre 1976 wurde zunächst geplant, die Anwendbarkeit und Erklärungskraft des *Vroom*'schen Ansatzes für die Analyse der Nutzung alternativer Verkehsmittel mit einer Untersuchung zu testen. Die im Bereich des Arbeits- und Organisationsverhaltens gewonnenen Erfahrungen legten es aber nahe, nicht eine einzige, beim derzeitigen Erkenntnisstand der VIE-Theorie notwendigerweise mit vielen Unzulänglichkeiten behaftete Testung vorzunehmen, sondern Studien zu einzelnen Aspekten des Ansatzes durchzuführen. Diese Überlegung wurde auch durch eine Literaturübersicht über den Stand der Verkehrsnachfrageforschung gestützt. Zwar existierte eine große Zahl von Untersuchungen, die eine Fülle von Einzelerkenntnissen erbrachte, doch die sozialwissenschaftlich fundierten Ansätze befanden sich gerade erst ganz im Anfangsstadium ihrer Entwicklung (2.3. und 2.4.). Deshalb konnte man für die erforderlichen Arbeitsschritte (Darstellung 19) nur in relativ geringem Maße auf bereits vorhandenes Wissen zurückgreifen.

Aufgrund dieser Überlegungen wurde folgende *grundsätzliche Festlegung* für die empirischen Untersuchungen getroffen: es wird nicht eine einmalige Testung der kognitiven Motivationstheorie angestrebt, sondern es werden einzelne Studien zu Teilaspekten durchgeführt, die sich gemäß dem Baukastenprinzip in eine umfassende Konzeption zur Anwendung des *Vroom*'schen Ansatzes einfügen sollen. Dabei soll die Exploration, die Suche nach den grundlegenden Determinanten der Nutzung alternativer Verkehrsmittel im Vordergrund stehen. Die Untersuchungen sind damit nicht auf die Generalisierbarkeit der Ergebnisse ausgerichtet.

Weitere Festlegungen, wie sie in der ersten Untersuchungsstufe vorzunehmen sind, wurden bereits in der Einführung bei der Eingrenzung der Thematik (privater Personenverkehr, Verkehr im Stadt- bzw. Nahbereich etc.) dargelegt. Insbesondere sollen die Studien nicht auf das Alternativenpaar ÖPNV vs. PKW eingegrenzt bleiben, sondern sie sollen umfassender die derzeit wichtigsten Stadtverkehrsmittel als Untersuchungsgegenstand verwenden.

Aufgrund des gegebenen Forschungsstandes und der zentralen Bedeutung für die Anwendung des *Vroom*'schen Ansatzes wurden mit den Untersuchungen *zwei Hauptzielrichtungen* verfolgt:

1. Bestimmung und Analyse der verhaltensrelevanten Ziele;
2. Bestimmung und Analyse der verhaltenslimitierenden Determinanten und möglichen Verhaltensalternativen.

a) Analyse der verhaltensrelevanten Ziele:

In den bisherigen Verkehrsmittelwahluntersuchungen werden die motivationalen Grundlagen der verhaltensbestimmenden Ziele und die Erkenntnisse der motivationspsychologischen Forschung kaum berücksichtigt. I. d. R. werden vom Forscher vorgegebene Attribute verwendet, und nur in seltenen Ausnahmefällen wird direkt bei den Betroffenen ermittelt, welche Ziele für sie persönlich bedeutsam sind. Als erste Hauptzielrichtung wurde deshalb festgelegt, eine eingehende Analyse der verhaltensbestimmenden Ziele der Nutzung alternativer Verkehrsmittel vorzunehmen. Dabei wurden im einzelnen folgende *Fragestellungen* angegangen, die den beiden ersten Arbeitsschritten der Untersuchungsstufe „verhaltensrelevante Ziele" (Darstellung 19) entsprechen:

1. Welche Ziele sind für die Nutzung alternativer Stadtverkehrsmittel potentiell relevant? (Erstellung einer umfassenden Zielliste);
2. Welche Tendenzen lassen sich unter den derzeit gegebenen Bedingungen in bezug auf die Relevanz dieser Ziele finden? (Set der vorrangig verhaltensbestimmenden Ziele);
3. Ist das Zielset homogen im Hinblick auf verschiedene planerisch relevante Situationstypen und im Hinblick auf verschiedene Alternativenbündel? (Homogenität des relevanten Zielsets).

Aufgrund des in der vorläufigen Literaturanalyse vorgefundenen Forschungsstandes wurden zur Beantwortung dieser Fragen folgende *Untersuchungen* durchgeführt:

1. Literaturanalyse (allgemeine Motivationspsychologie und spezifische Verkehrsmittelwahluntersuchungen);
2. Gruppendiskussion (Exploration I);
3. Intensivinterviews (Exploration II);
4. Expertenrating.

Für die Literaturanalyse erübrigt sich die *Begründung,* da diese die Grundlage für alle weiteren Untersuchungsschritte und den Interpretationsrahmen bildet. Die Verfahren Gruppendiskussion und Intensivinterview (zu den Verfahren s. *Friedrichs* 1973) wurden gewählt, da der explorative Charakter im Vordergrund der ersten Untersuchungen stehen sollte. In Studien mit ähnlichen Zielsetzungen, die etwa zur gleichen Zeit in England (*Stringer* 1981) und in USA (*Tybout* et. al. 1977b) durchgeführt wurden, wurden gleichartige Verfahrensweisen angewendet. Mit diesen Verfahren kann man direkt bei den Betroffenen ansetzen und deren verhaltensrelevante Ziele relativ unverfälscht ermitteln. Neben der Analyse der Ziele dienten diese beiden

Untersuchungen – gemäß der oben angegebenen, grundsätzlichen Festlegung – zur umfassenderen Exploration der grundlegenden Verhaltensdeterminanten und der Mechanismen der Entscheidungsfindung. Das Expertenrating (zum Verfahren s. *Selltiz* et. al. 1972a, S. 68 ff.) wurde ergänzend durchgeführt, um über die Tendenzen der Zielbedeutsamkeiten genauere quantitative Aussagen machen zu können.

Das *Vorgehen im zeitlichen Ablauf* wurde folgendermaßen gestaltet: die in der vorläufigen Literaturanalyse ermittelten Motive wurden in den Leitfaden der Gruppendiskussion eingearbeitet. Die qualitativen Befunde dieser Exploration wurden bei der Gestaltung des Interviewleitfadens berücksichtigt. Parallel zu diesen allgemeinen *Explorationen* wurde aufgrund der Befunde der Literaturanalyse eine vorläufige Zieltypologie des umfassenden Sets potentiell relevanter Ziele erstellt. Diese vorläufige Einteilung wurde durch die in einem ersten Analyseschritt aus den Explorationen gewonnenen Anregungen ergänzt und in eine endgültige, inhaltlich geordnete Form gebracht. Diese *umfassende Zielliste* wurde für eine quantitative, inhaltsanalytische Auswertung eines Abschnittes des Intensivinterviews und als Grundlage für das Expertenrating herangezogen. Diese quantitative Auswertung wurde zur Analyse des *vorrangig bedeutsamen Zielsets* und der *Homogenität des Zielsets* verwendet. Abschließend wurde eine vergleichende Interpretation mit den Befunden neuerer Studien der Verkehrsmittelwahlforschung vorgenommen.

Die Untersuchungen für die Analyse der verhaltensbestimmenden Ziele werden in der folgenden Darstellung *zusammengefaßt:*

Darstellung 20

Übersicht über Untersuchungen und Zielsetzungen zur Analyse der verhaltensbestimmenden Ziele

UNTERSUCHUNGEN / ZIEL-SETZUNGEN	Literatur-analyse	Gruppendis-kussion	Intensiv-interview	Experten-rating
Allgemeine Exploration		⊗	⊗	
Umfassende Zielliste	⊗	x	x	x
Vorrangig bedeutsames Zielset	⊗		⊗	⊗
Homogenität des Zielsets	x		⊗	x

⊗ = primäre Zielsetzungen
X = sekundäre Zielsetzungen

b) Analyse der Verhaltenslimitierungen und möglichen Alternativen:

Die Limitierungen stellen neben den motivationalen und kognitiven Variablen die zweite Art der zentralen Verhaltensdeterminanten dar, da sie den Verhaltensspielraum begrenzen, in dem diese Variablen das Verhalten bestimmen. Diese große Bedeutung wird in der Verkehrsnachfrageforschung allgemein erkannt. Es gibt bisher jedoch noch wenig Untersuchungen, die über einige wenige offensichtliche Einflußgrößen (PKW-Besitz, Führerschein etc.) hinausgehen und die möglichen Alternativen und deren zugrundeliegende Limitierungen/Ermöglichungen direkt als Untersuchungsgegenstand wählen. Das Verhältnis der objektiv bestehenden Limitierungen und deren subjektiver Wahrnehmung wurde ebenfalls noch kaum analysiert. Aufgrund der zentralen Bedeutung und des bestehenden Forschungsstandes wurde deshalb als zweite Hauptzielrichtung festgelegt, eine eingehende Analyse der Verhaltenslimitierungen und möglichen Alternativen vorzunehmen. Dabei wurden im einzelnen folgende *Fragestellungen* angegangen, die sich an den ersten Arbeitsschritten der Untersuchungsstufe „Verhaltensalternativen" (Darstellung 19) orientieren:

1. Welche Alternativen sind für den Verkehrsteilnehmer objektiv möglich und wie werden die Möglichkeiten von diesen subjektiv wahrgenommen? (Objektive Möglichkeiten und subjektive Wahrnehmung);
2. Welche limitierenden Determinanten grenzen den Verhaltensspielraum objektiv ein und wie werden diese einzelnen Komponenten von den Verkehrsteilnehmern wahrgenommen? (Objektive Limitierungen und ihre subjektive Wahrnehmung);
3. Welcher Zusammenhang besteht zwischen den subjektiv und objektiv möglichen Alternativen mit dem tatsächlichen Verhalten? (Mögliche Alternativen und Verkehrsmittelnutzung).

Diese Fragestellungen werden gemäß der ursprünglichen Konzeption des *Vroom*'schen Ansatzes auf die kurzfristigen Möglichkeiten eingegrenzt. Ebenso werden nicht umfassend alle den Verkehrsteilnehmern real zur Verfügung stehenden Alternativen (Ortsveränderung nicht vorzunehmen, Variation in Abfahrtszeiten etc.), sondern nur die alternativen Verkehrsmittel betrachtet, da meine gesamte Arbeit auf diesen Untersuchungsgegenstand begrenzt wurde.

Bei der Untersuchung dieser Fragestellungen besteht zum einen das Problem, daß die Erfassung der objektiven Gegebenheiten potentiell einen sehr großen Aufwand verursacht (s. als Beispiel: *Hensher & Mc Leod* 1977). Zum anderen wird der Vergleich der objektiven Bedingungen und ihrer subjektiven Wahrnehmung erschwert, wenn die verkehrsrelevanten Umweltbedingungen für die einzelnen Verkehrsteilnehmer in zu starkem Maße variieren und nur sehr unvollständig erfaßt werden können. Deshalb wurde der Erstellung des *Untersuchungsdesigns* folgende Idee zugrundegelegt: bei der Untersuchung soll eine weitestgehende Homogenisierung der verkehrsrelevanten Bedingungen erreicht werden, um damit die Vergleichbarkeit zu gewährleisten und den Aufwand für die Erfassung der objektiven Bedingungen in einem realisierbaren Rahmen zu halten. Deshalb wurde der Zielort vereinheitlicht (Innenstadt) und Vpn mit gleichem Wohnort aber selbständigen Haushalten (Einzelappartements in Wohnblock) ausgewählt. Die wenigen variierenden Determinanten (insbesondere Besitz bzw. Verfügbarkeit privater Verkehrsmittel) sind ohne großen Aufwand zu erheben. Diese erfaßbare Variation relevanter Merkmale eröffnet zudem die Möglichkeit differenzierter Auswertungen.

Da mit den Gruppendiskussionen und Intensivinterviews bereits genügend qualitatives Hintergrundmaterial auch in bezug auf die hier interessierenden Aspekte der möglichen Alternativen und der Limitierungen vorlag, bot sich ein *standardisiertes Interview* an (*Friedrichs* 1973, S. 207 ff. und *Scheuch* 1973). Es wurde festgelegt, alle oben angegebenen Fragestellungen in einer Studie anzugehen.

6.2. Analyse der verhaltensbestimmenden Ziele

6.2.1. Literaturanalyse

In einem ersten Untersuchungsschritt wurde eine *Analyse der verkehrswissenschaftlichen Literatur* vorgenommen. Ein großer Teil der empirischen Studien zur Verkehrsmittelwahl ist für die Ermittlung der verhaltensrelevanten Ziele uninteressant, da dabei von vorneherein eine Einschränkung auf die unmittelbar quantifizierbaren und vom Planer beeinflußbaren Determinanten vorgenommen wird. In diesen Arbeiten werden nicht die für die Verkehrsteilnehmer relevanten Motive ermittelt, sondern Attribute vorgegeben, die aus der Sicht und nach den Erfordernissen der Planer relevant sind. Daneben gibt es einige Untersuchungen, bei denen den Befragten mehrere Ziele vorgegeben und deren Bedeutsamkeit ermittelt werden, die nicht auf unmittelbar quantifizierbare Determinanten eingegrenzt sind (*Meyer* 1971). Hieraus lassen sich erste Hinweise auf die Zahl und Art der einzubeziehenden Ziele gewinnen.

Von besonderer Bedeutung sind aber die nur vereinzelt durchgeführten Untersuchungen, die unmittelbar bei den Betroffenen ansetzen und deren subjektiv-relevanten Ziele durch möglichst wenig beeinflussende Verfahren ermitteln. Als Beispiele hierfür sind insbesondere die Gruppendiskussionen einer Studie in Evanston (*Tybout* et. al. 1977b) und die Anwendung des Repertoy-Grid-Verfahrens bei *Stringer* (1981) zu nennen.

Die Befunde dieser direkt zur Fragestellung der Verkehrsmittelwahl durchgeführten Untersuchungen können durch Hinweise aus theoretischen und empirischen Arbeiten zu benachbarten Fragestellungen ergänzt werden. Beispiele: in verkehrssoziologischen Abhandlungen wird die herausragende Bedeutung des PKW's für die persönliche Autonomie und Flexibilität herausgestellt, wobei sich ein Teil der Betroffenen dabei teilweise der Illusion einer unbegrenzten Freiheit hingibt (*Reichardt* 1969). Bei Untersuchungen des Del Berg-Instituts zu den Erlebensdimensionen beim PKW-Fahren werden intrinsische Motivationen wie Freude an der technischen Beherrschung des Fahrzeugs ermittelt (*Berger* et. al. 1973, 1975). Die bei diesen Arbeiten gefundenen Hinweise wurden zusammen mit den Befunden der Verkehrsmittelwahluntersuchungen als Hintergrundmaterial für die weiteren Schritte verwendet.

Bei der Erarbeitung der ersten, noch vorläufigen Einteilung der Ziele aufgrund der Ergebnisse der *psychologischen Motivationsforschung* mußten zunächst die Kriterien für diese Klassifizierung ermittelt werden (Übersicht bei *Thomae* 1965c). Da in der Psychologie die Bildung von Motivkategorien aufgrund der zu Beginn des Jahrhunderts unternommenen Versuche, immer längere Motiv- bzw. Bedürfnislisten zu erstellen, in Mißkredit geraten war, liegen nur sehr wenige Systematisierungsansätze vor. Statt dessen dominieren die Untersuchungen zu einzelnen Motiven und Motivbereichen (Beispiele: Macht- und Leistungsmotivation). Die vorhandenen Systematisierungen beziehen sich fast durchgängig auf die sogenannten primären, körpernahen Motive (*Madsen* 1973, S. 689 f.). Sie sind deshalb nicht als Grundlage für meinen Untersuchungsgegenstand geeignet.

Trotz ihres beträchtlichen Alters erweist sich die *Liste der psychogenen Bedürfnisse von Murray* (1938, S. 144 ff.) als der adäquate *Ausgangspunkt* für eine Systematisierung der Ziele. Diese Klassifikation findet auch in anderen Arbeiten Verwendung. Beispielsweise wird sie in einer theoretischen Übersichtsstudie zu den Motiven des PKW-Fahrverhaltens bei *Hoyos & v. Pupka* (1976, S. 42 f.) herangezogen.

Diese Liste wurde zum einen durch Ziele ergänzt, wie sie sich aus den verschiedenen Wahrnehmungsfunktionen und den entsprechenden Fähigkeiten (*Murray* 1938, S. 229 f.) ergeben können (Beispiel: Vermeidung von Lärm). Zum anderen wurden neuere Befunde der Motivationsforschung (*Thomae* 1965c) berücksichtigt, die die intrinsischen Motive eingehender analysieren (Beispiele: Funktionslust und Freude an der technischen Meisterung des Fahrzeugs, Explorations- und Neugierverhalten). Die bei der verkehrswissenschaftlichen Literaturanalyse und den Explorationen gewonnenen Ergebnisse wurden zur Selektion der bei meinem Untersuchungsgegenstand potentiell relevanten Ziele aus dieser umfassenderen Liste verwendet. Zugleich wurde damit eine Spezifizierung der Ziele vorgenommen, da diese je nach Untersuchungsbereich unterschiedlich ausgeprägt und geformt sein können. Während sich das Streben nach Sicherheit beispielsweise im Bereich des Arbeitsverhaltens sowohl auf die körperliche Unversehrtheit wie auf die Arbeitsplatzsicherheit beziehen kann, steht im Verkehr die Vermeidung von Unfällen im Vordergrund.

Zur endgültigen Klassifizierung der Ziele wird das *Prinzip des mittleren Abstraktionsgrades* herangezogen. Die Konkretisierung dieser Ziele ist dann in einem späteren Arbeitsschritt bei der Itemkonstruktion vorzunehmen. Bei der Frage des Differenzierungsgrades ist ein Kompromiß notwendig, da aufgrund der Plastizität und des interpersonell unterschiedlichen Differenzierungsgrades der Motive eine für alle Personen gleichermaßen geeignete Unterteilung nicht möglich ist. Dies entspricht dem Vorgehen bei der Bestimmung der statistischen Unabhängigkeit. Dort werden ebenfalls die im Durchschnitt am besten geeigneten Beurteilungs- und Wahrnehmungsdimensionen über die Population oder Segmente hinweg ermittelt. Da die Motive durch die Umwelt und in der Auseinandersetzung mit der Umwelt geformt werden, ist keine feststehende, für alle Zeiten gültige Zielliste erstellbar. Für eine erste Einteilung der verhaltensrelevanten Ziele wird folgende heuristische Unterteilung herangezogen:

- vorrangig auf das Individuum selbst bezogene Motive;
- Motive, bei denen die soziale Umwelt einbezogen wird;
- auf Gesellschaft und natürliche Umwelt bezogene Motive.

Die weitere Ordnung wird aufgrund der vermuteten inhaltlichen Zusammenhänge vorgenommen, die aus der Motivationsforschung abgeleitet werden (Hinweise bei *Murray* 1938 und *Thomae* 1965c). Die Ergebnisse dieser Systematisierung werden in der *Darstellung 21* zusammengefaßt, die eine *umfassende Zielliste* der potentiell für die Verkehrsmittelnutzung relevanten Ziele enthält. Diese Klassifizierung wird für die inhaltsanalytische Auswertung der Intensivinterviews verwendet und erweist sich dabei relativ durchgängig als geeignete Grundlage. Nur bei den Zielen körperliche (Nr. 6) und technische Funktionslust (Nr. 7) ist eine Hinzunahme des negativen Aspektes der Anstrengung bzw. des Stresses und der Überforderung notwendig. Nur in sehr seltenen Ausnahmefällen sind Ergänzungen erforderlich, die sich durchgängig auf Orientierungsprobleme und während der Fahrt auszuübende Tätigkeiten beziehen. Auch bei dem Expertenrating ergibt sich, daß die Liste unter den gegebenen Bedingungen als *weitgehend vollständig* anzusehen ist.

6.2.2. Gruppendiskussion

a) Methode:

In der ersten empirischen Erhebung wurde das Verfahren der Gruppendiskussion verwendet (zur Methode ausführlich *Friedrichs* 1973, S. 246 ff.). Auf der Grundlage der Literaturanalyse und einigen Probeinterviews wurde

Darstellung 21

Umfassende Zielliste zur Verkehrsmittelwahl

Nr.	*Zielkategorie*	*Erläuterungen/Beispiele*
1.	Kosten	Kostenersparnis, Preisgünstigkeit, Fahrtkosten
2.	Zeit	Schnelligkeit, Zeitersparnis, -nutzung, Wartezeit
3.	Zuverlässigkeit	Pünktlichkeit, Sichverlassenkönnen, plangemäß
4.	Körperliche Bequemlichkeit	Körperliche Anstrengungen, Witterungseinflüsse, Gepäck, sitzen – stehen
5.	Erkundung/Neugierde	Erkunden unbekannter Stadtteile, Erleben neuer Dinge; Menschen und Dinge beobachten
6.	Körperliche Funktionslust	Bewegung, körperlich Tätigsein, Gesundheit
7.	Technische Funktionslust	Etwas lenken–beherrschen, Bedienung und Beherrschung der Technik
8.	Freude am Risiko	Gefahren eingehen und bestehen, Abenteuer
9.	Körperliche Sicherheit eigene Person	Vermeidung von Gefahren, Unfällen, Verletzungen
10.	Abgase meiden	Gestank und Abgase meiden
11.	Lärm meiden/angenehme Geräusche suchen	Straßenlärm, Türenschlagen, Motoren; angenehme Töne, Musik, Vogelgezwitscher, Wasserrauschen
12.	Optische Reize	Meiden unangenehmer Reize: Schmutz, Unordnung; Freude an Natur, Parks angenehmem Stadtbild und Straßenzügen
13.	Sozialer Kontakt	Gespräche, mit anderen zusammensein, andere Kennenlernen, Bekannte und Freunde treffen
14.	Wahrung der Privatsphäre	Bedürfnis alleinezusein, Vermeidung von Massen, Unwohlsein in überfüllten Verkehrsmitteln, persönliche Schutzzone
15.	Unabhängigkeit	Räumliche, zeitliche und soziale Unabhängigkeit: Ziele, Wege, Fahrpläne, Stoßzeiten, andere Personen
16.	Macht	Andere Personen beeinflussen und bestimmen können
17.	Unterordnung	Sich Regeln/Personen unterordnen: Schaffner, Polizist, Taxifahrer, Verkehrsregeln
18.	Aggression	Spaß an Behinderung anderer Personen, Gefährdung anderer, Vergnügen am Ärger anderer
19.	Leistungsmotivation	Konkurrieren, schneller sein als andere, sich selbst etwas beweisen

Nr.	*Zielkategorie*	*Erläuterungen/Beispiele*
20.	Geltung/Prestige	Status, hohes Ansehen, imagegerechtes Verhalten, Anerkennung durch andere
21.	Sicherheit für andere Personen	Vermeidung der Gefährdung anderer Personen, Rücksichtnahme
22.	Anderen Hilfe/Schutz gewähren	Kinder, Ältere, andere Personen transportieren
23.	Vermeidung der Belästigung anderer	Belästigung anderer Personen durch eigenes Verhalten wie Abgase und Lärm vermeiden
24.	Gesellschafts-/umweltbezogene Überleg.	Energiebedarf, Parkflächenbedarf, Stadtbild, Belastung durch Abgase und Lärm, Steuern

zunächst ein halbstrukturierter Gesprächsleitfaden erarbeitet. Der Aufbau dieses Leitfadens gibt die Strukturierung der Diskussion vor. Neben Umfeldfragen etc., die methodischen Zwecken dienen, ist die Diskussion in zwei eindeutig abgetrennte Bereiche unterteilt:

1. Assoziationen: der Diskussionsleiter gibt folgende verbale Stimuli vor: „Was fällt Ihnen ein, wenn Sie das Wort Omnibus (PKW, Fahrrad etc.) hören? Beispielsweise welche Begriffe, Eigenschaften, Tätigkeiten oder derartiges? Antworten Sie ganz spontan, was Ihnen dazu einfällt!" Die Verkehrsmittel werden vom Diskussionsleiter in zufälliger Reihenfolge (für jede Gruppe unterschiedlich) vorgegeben. Das Ziel ist die Erfassung der verhaltensrelevanten Motive der Verkehrsteilnehmer in einer möglichst unbeeinflußten Form.
2. Offenes Gespräch: hier werden vertieft die Bedeutung der grundlegenden Verhaltensdeterminenten, Mechanismen der Entscheidungen und Gewohnheiten ermittelt.

b) Stichprobe und Durchführung:

Aufgrund der explorativen Zielsetzung war für die Auswahl der Gruppen und der Diskussionsteilnehmer und für die Stichprobengröße keine Repräsentativität erforderlich. Aus methodischen Gründen wurden folgende Auswahlkriterien festgelegt:

– es soll eine möglichst große Homogenität innerhalb der Gruppen bestehen (sonst besteht Gefahr, daß gruppendynamische Effekte die Realisierung der Zielsetzung verhindern).
– zugleich soll eine möglichst große Streuung in verkehrsrelevanten Aspekten zwischen den Gruppen gegeben sein (um möglichst vielfältige Ansichten und Problembereiche zu erfassen).

Folgende neun Gruppen wurden ausgewählt:

- drei studentische Gruppen unterschiedlichster Fachrichtungen und Studiendauer (erstes Studienjahr bis zu Referendaren und gerade diplomierten Absolventen);
- zwei Automobilsportgruppen (die selbst an Rallyes teilnehmen);
- eine Gruppe älterer Bürger;
- eine Gruppe Hausfrauen;
- eine Gruppe Naturschützer (Bund Naturschutz);
- eine Gruppe Busfahrer (Städtische Verkehrsbetriebe).

Die nichtstudentischen Gruppen kannten sich bereits vorher aufgrund des Berufes oder der Mitgliedschaft in Vereinen und Klubs. Die studentischen Gruppen waren teilweise Studienkollegen. Die Reihenfolge der Diskussionen wurde so gewählt, daß mit den drei studentischen Gruppen begonnen wurde. Damit war für die Diskussionsleiter eine Übungsmöglichkeit gegeben. Der Gesprächsleitfaden erwies sich als brauchbar und konnte unverändert für die anderen Gruppen verwendet werden. Die Diskussionen wurden von zwei Leitern durchgeführt, die abwechselnd je eine Gruppe übernahmen. Aufgrund der in der Literatur genannten Befunde (a. a. O., S. 251 f.) wurde als Gruppengröße die Zahl von 4 bis 5 Personen gewählt. Bei einer Gruppe erschienen von den 5 angemeldeten Teilnehmern jedoch nur 3 Personen. Insgesamt nahmen 38 Personen teil. Die Diskussionen wurden in einer Umgebung durchgeführt, die den Teilnehmern vertraut war (Busfahrer im Aufenthaltsraum am Arbeitsplatz, Automobilsportgruppen im Nebenzimmer des Vereinslokals etc.). Sie dauerten etwa 2 bis 3 Stunden mit einer kurzen Kaffeepause. Bei der Durchführung entstanden keine Probleme. Insbesondere erwies sich die große Homogenität innerhalb der Gruppen als sehr förderlich für die Diskussion.

c) Qualitative Auswertung und Ergebnisse:

Die *qualitative Auswertung* wurde anhand der Tonbandaufzeichnungen gemeinsam von zwei Auswertern (identisch mit Gruppendiskussionsleitern) vorgenommen. Die Aussagen im ersten Teil (Assoziationen) wurden, wie bei den Zielsetzungen festgelegt, für die endgültige Erstellung und Klassifizierung der Zielliste verwendet (6.2.1.). Die Auswertungsergebnisse des zweiten Teils (offenes Gespräch) wurden – zusammen mit den Ergebnissen der qualitativen Auswertung der Intensivinterviews – in die gesamte Konzeption meiner Arbeit eingearbeitet.

6.2.3. Intensivinterview

a) Methode:

In der zweiten Explorationsstudie wurde das Verfahren des Intensivinterviews verwendet (*Friedrichs* 1973, S. 224 ff.). Auf der Grundlage der in den

Gruppendiskussionen gewonnenen Erfahrungen wurde ein Leitfaden entworfen und dieser in vier Probeinterviews getestet. Diese Probeinterviews und deren Tonbandaufzeichnungen wurden zugleich zum Interviewertraining herangezogen (*Banaka* 1971). Für die Interviewer wurde eine Anleitung zur Durchführung des Interviews erstellt. Das Interview wird durch den Leitfaden in folgende, inhaltlich relevante Bereiche unterteilt:

1. Assoziationen: analog zu den Gruppendiskussionen werden vom Interviewer nur die Begriffe der Verkehrsmittel vorgegeben, und der Befragte gibt weitgehend unbeeinflußt ihm hierzu einfallende Gedanken an. Die Verkehrsmittel werden in zufälliger Reihenfolge vorgegeben, die je Vp mit Hilfe von Zufallszahlen bestimmt werden.
2. Vertiefung von einzelnen Motivbereichen: in einem offenen Gespräch werden vom Befragten genannte Motivbereiche eingehender behandelt. Hierbei geht es nicht um eine vollständige Erfassung der Verhaltensursachen, sondern eine möglichst differenzierte Erfassung interessanter Motivbereiche.
3. Beziehung zu Verkehrsmitteln: in diesem Teil wird die emotionale Beziehung zu den Verkehrsmitteln erfaßt.
4. Verkehrsverhalten und sozioökonomische Daten: die verkehrsrelevanten sozioökonomischen Daten werden mit einem standardisierten Fragebogen erfaßt. Das Muster der Verkehrsmittelnutzung wird sehr detailliert erhoben, um ein möglichst umfassendes Bild über die Gewohnheiten und Entscheidungen zu erhalten.

Die einzelnen Teile des Interviews sind auf unterschiedlichen Stellen des Kontinuums von ganz offenen bis ganz geschlossenen Fragen anzusiedeln (*Atteslander* 1971, S. 82). Der letzte Teil liegt in der Nähe des Pols geschlossene Fragen, während die Vertiefung zu den einzelnen Motivbereichen und die emotionale Beziehung zu den Verkehrsmitteln in relativ offener Form ablaufen. Die Assoziationen nehmen eine Sonderstellung ein, da die Fragen des Interviewers und deren Reihenfolge eindeutig fixiert sind, die Befragten aber in ihren Antworten völlig frei sind und zu Assoziationen aller Art, die mit dem angesprochenen Frageimpuls zusammenhängen, angeregt werden. Dies ist beispielsweise mit dem in der Motivationsforschung bekannteren Verfahren des TAT vergleichbar.

b) Stichprobe und Durchführung:

Da die Zielsetzung in ihrem explorierenden Charakter den Gruppendiskussionen entspricht, ist wiederum keine Repräsentativität der Stichprobe erforderlich, sondern es wird eine Auswahl nach dem Grundsatz größtmöglicher Streubreite der Befragten in sechs verkehrsrelevanten Kriterien vorgenommen (*Friedrichs* 1973, S. 234). Da die Ausprägungen der Kriterien nicht gleichmäßig verteilt sind (Beispiel: ältere Personen mit mehr als einem PKW im Haushalt in der Innenstadt wohnend sind selten), wird keine strikte

Auswahl gemäß einer vollständigen Matrix durchgeführt. Sie dienen vielmehr dazu, eine möglichst umfassende Abdeckung der unterschiedlichen Lebensbereiche und verkehrsrelevanten Bedingungen der Vekehrsteilnehmer zu erreichen. Aus der Untersuchung ausgeschlossen wurden Kinder und Jugendliche unter 18 Jahren, die in ihrem Verhaltensspielraum noch in relativ starkem Maße von den Eltern abhängig sind, sowie Personen, die aus gesundheitlichen Gründen oder wegen ihres Alters nur noch sehr selten am Verkehr teilnehmen.

Zunächst wurde die Zahl von 30 Interviews angestrebt. Aufgrund des Beginns der Schulferien mußte die Untersuchung vorzeitig beendet werden, so daß nur 23 Interviews durchgeführt werden konnten. Diese verteilen sich folgendermaßen nach den Auswahlkriterien:

- PKW-Besitz: 10 kein PKW, 13 PKW vorhanden (davon in 4 Haushalten 2 PKW's);
- Haushalt: 7 Einpersonenhaushalte, 9 Mehrpersonenhaushalte ohne Kinder unter 16 Jahren, 7 Mehrpersonenhaushalte mit Kind(ern);
- Wohnlage: 8 Innenstadt Augsburg, 10 sonst Augsburg, 5 Vororte im unmittelbaren Einzugsbereich;
- Beruf: 12 berufstätig, 2 Teilzeit, 3 Ausbildung, 6 nicht berufstätig (Rentner, Hausfrauen);
- Alter: 11 zwischen 18 und 29 J., 7 von 30 bis 59 J., 5 über 60 J.;
- Geschlecht: 12 weiblich, 11 männlich.

Die Interviews wurden von den drei Interviewern nach vorheriger Termin- und Ortsvereinbarung in der Wohnung bzw. in Ausnahmefällen am Arbeitsplatz der Befragten durchgeführt. Die Dauer betrug 1 bis 2 Stunden.

c) Qualitative Auswertung und Ergebnisse:

In einer *qualitativen Auswertung* wurden die offenen, weniger strukturierten Teile ebenso wie die Gruppendiskussionen zur endgültigen Erstellung der Zielliste und als Exploration für die Konzipierung meiner Arbeit verwendet. Der stark strukturierte Teil diente dazu, die verkehrsrelevanten Charakteristika je Vp möglichst umfassend zu ermitteln. Neben den üblichen Indikatoren (Führerschein etc.) wurden beispielsweise auch detailliertere Angaben wie gesundheitliche Behinderungen erhoben: bei vier Vpn liegt eine verminderte Sehfähigkeit vor, die das PKW-Selbstfahren schwer behindert oder unmöglich macht.

Die detaillierte Erfassung des *Verhaltensmusters* diente zur Anregung der Analyse der Verkehrsmittelnutzertypen. Die Übersicht über die Einzelfälle macht dabei zum einen die starke Abhängigkeit von den bei vielen Vpn tageszeitlich schwankenden Verhaltenslimitierungen deutlich. Bei der Analyse der Typen ist deshalb auf jeden Fall der Verhaltensspielraum genauer zu erfassen. Zum anderen wurden die *Gewohnheiten* näher untersucht (5.2.4.). Dabei ergab sich, daß viele der Vpn für bestimmte Zwecke nicht ausschließlich ein Verkehrsmittel nutzen, sondern beispielsweise in Abhängigkeit vom Wetter entweder das Fahrrad oder öffentliche Verkehrsmittel nutzen. Das Wetter ist einer der besonders wichtigen Indikatoren, die im verkürzten Entscheidungsprozeß als *vereinfachende Konzepte* verwendet werden: von den 23 Vpn gaben 19 an, daß das Wetter einen Einfluß auf ihre Verkehrsmittelnutzung ausübt. Die Steigungen in Augsburg werden dagegen nur von 4 Personen als so stark angesehen, daß sie eine negative Wirkung auf die Radnutzung ausüben.

d) Quantitative Auswertung:

Das *Schwergewicht* wurde auf die *Auswertung der Assoziationen* gelegt. Hierzu wurde eine *quantifizierende Inhaltsanalyse* der je Verkehrsmittel angesprochenen Zieldimensionen durchgeführt (*Friedrichs* 1973, S. 314 ff.). Diesem Auswertungsschritt liegt folgende Überlegung zugrunde. Die Assoziationen sind der erste Teil des Interviews, bei dem die Befragten in ihren Aussagen vom Interviewer in keiner Weise durch inhaltliche Rückfragen etc. beeinflußt werden. Aus diesem Grunde scheint folgende *Hypothese* gerechtfertigt zu sein: je häufiger die entsprechenden Zielkategorien angesprochen werden, desto bedeutsamer sind sie tendenziell für die Nutzung bzw. Nichtnutzung des betreffenden Verkehrsmittels.

Die postulierte Beziehung besteht nur in der Tendenz, da für die Häufigkeit der Nennung auch die Breite der Kategorie, d. h. die Vielzahl der eingeschlossenen Aspekte, eine Rolle spielen.

Aufbauend auf den Kategorien der umfassenden Zielliste (Darstellung 21) wurde eine Kodierungsanleitung erstellt, in der die Kategorien und Analyseeinheiten operationalisiert werden (*Selltiz* et. al. 1972b, S. 191 ff. und *Ritsert* 1972). Es wurde dabei darauf verzichtet, zwischen positiven, neutralen und negativen Bewertungsaussagen der Befragten zu trennen, da das vorliegende Material hierzu nicht in allen Fällen genügend ausführlich war. Es wird nur ausgewertet, ob die Zielkategorie angesprochen wird oder nicht. Nach einem sehr intensiven Kodierungstraining der beiden Auswerter wurde zu zwei Zeitpunkten mit sechs Tagen Abstand ein Reliabilitätstest durchgeführt. Dabei wurden inhaltlich identische, aber sowohl in der Reihenfolge der Verkehrsmittel wie der Aussagen zu den jeweiligen Verkehrsmitteln nach Zufallszahlen variierte Texte verwendet. Es handelt sich damit um einen kombinierten Parallel- und Wiederholungstest, bei dem sowohl die zeitliche Stabilität je Kodierer wie die Übereinstimmung zwischen den Kodierern gemessen wird. Die sechs möglichen Reliabilitätsmaße werden nach der zufallsbereinigten Formel *Ritsert's* (1972, S. 63) berechnet. Es ergeben sich Werte zwischen

0.84 und 0.93. Diese ausgezeichnete Übereinstimmung ist vermutlich auf die brauchbare Anleitung und das intensive Training zurückzuführen.

Tabelle 4

Verkehrsmittelspezifische Häufigkeiten der Zielkategorien (N=21)

Zielkategorie / Verkehrsmittel	Strassenbahn	Omnibus	Taxi	Pkw	Rad	Fuß	Gesamt
1. Kosten	4	3	17	7	3	3	37
2. Zeit	9	7	9	7	3	9	44
3. Zuverlässigkeit	5	4	2	1	1	–	13
4. Bequemlichkeit	15	12	8	9	8	10	62
5. Erkundung	–	–	–	–	–	1	1
6. Körperl. Funktionslust	–	–	–	2	7	12	21
7. Techn. Funktionslust	–	–	–	5	3	–	8
8. Freude am Risiko	–	–	–	1	–	–	1
9. Eigene Sicherheit	3	4	2	7	10	3	29
10. Abgase meiden	–	6	–	1	2	4	13
11. Geräusche	5	3	1	2	–	1	12
12. Optische Reize	2	1	1	1	4	5	14
13. Sozialer Kontakt	3	3	4	3	1	3	17
14. Privatsphäre	9	13	1	7	–	3	33
15. Unabhängigkeit	5	10	6	16	4	1	42
16. Macht	2	–	2	–	–	–	4
17. Unterordnung	1	–	1	2	3	1	8
18. Aggression	–	–	–	–	–	–	–
19. Leistungsmotivation	–	–	–	–	–	–	–
20. Geltung/Prestige	1	–	3	5	2	–	11
21. Sicherheit and. Pers.	–	–	1	3	3	–	7
22. Hilfe gewähren	2	–	1	–	–	–	3
23. Belästigung and. Pers.	–	–	–	–	–	–	–
24. Umweltbez. Überlegung.	5	2	–	8	–	–	15
25. Sonstige	4	3	–	1	–	2	10

(ohne Bewertungsrichtung)

Die Auswertung wurde an den schriftlichen Protokollen der Tonbandaufzeichnung vorgenommen. Aus technischen Gründen (Pannen bei Tonbandaufzeichnungen) standen nur 21 Protokolle zur Verfügung.

e) Ergebnisse der quantitativen Auswertung:

Die Auswertungsergebnisse sind in der *Tabelle 4* als *absolute Häufigkeiten der Ziele je Verkehrsmittel* angegeben. Dabei wird in der Häufigkeitsmatrix für jedes pro Vp bei einem Verkehrsmittel angesprochene Ziel ein Punkt gegeben. Es sind also maximal 21 Punkte je Kategorie und Verkehrsmittel möglich, wenn diese Zielkategorie bei dem betreffenden Verkehrsmittel von allen Befragten angesprochen wird. Auf eine Wiedergabe der Häufigkeiten bei Mehrfachnennungen wird verzichtet, da sich hierdurch keine anderen Befunde ergeben.

Zur besseren Übersicht wird die absolute Zahl der Nennungen in ihrer *Gesamtrangfolge* dargestellt. Folgende sechs Zielkategorien stehen in der Gesamtübersicht der Nennungen an vorderer Stelle:

Tabelle 5
Gesamtrangfolge der Zielkategorien (N=6 x 21)

Rang	Zielkategorie	Nennungshäufigkeit
1.	Bequemlichkeit	62
2.	Zeit	44
3.	Unabhängigkeit	42
4.	Kosten	37
5.	Privatsphäre	33
6.	Eigene Sicherheit	29

Aufgeteilt nach den einzelnen Verkehrsmitteln ergeben sich folgende, *verkehrsmittelspezifische* Rangfolgen. Als Kriterium wird hierfür genommen, daß die Zielkategorie von mindestens einem Drittel der Befragten angesprochen wird. Beim PKW tritt ein insgesamt stärkeres Aktivierungsniveau auf:

Tabelle 6
Verkehrsmittelspezifische Rangfolge der Zielkategorien (N=21)

Zielkategorie / Verkehrsmittel	Rang 1	Rang 2	Rang 3	Rang 4
Straßenbahn	Bequemlichkeit (15)	Privatsphäre (je 9) Zeit		
Omnibus	Privatsphäre (13)	Bequemlichkeit (12)	Unabhängigkeit (10)	Zeit (7)
Taxi	Kosten (17)	Zeit (9)	Bequemlichkeit (8)	
Pkw	Unabhängigkeit (16)	Bequemlichkeit (9)	Umweltbezogene Überlegungen (8)	Sicherheit, Privatsphäre, Zeit, Kosten (je 7)
Fahrrad	Sicherheit (10)	Bequemlichkeit (8)	Körperliche Funktionslust (7)	
Zu Fuß	Körperliche Funktionslust (12)	Bequemlichkeit (10)	Zeit (9)	

6.2.4. Expertenrating

a) Methode:

Die dritte und im Rahmen der ersten Hauptzielrichtung abschließende Studie wurde in Form eines Expertenrating durchgeführt. Bei dieser Art der Befragung werden Personen ausgewählt, die aufgrund ihres Berufes oder sonstiger Funktionen ein vertieftes Wissen über den zu untersuchenden Gegenstand haben (*Selltiz* et. al. 1972a, S. 68 ff.). Es wurde festgelegt, die Erhebung mit einer schriftlichen Befragung vorzunehmen (*Friedrichs* 1973, S. 236 ff.). Aufgrund der Zielsetzung ist nur ein relativ einfach strukturierter, kurzer Fragebogen zu entwerfen, der keine mündliche Befragung erfordert. Bei diesem Verfahren stellen jedoch die niedrigen Rücklaufquoten ein Problem dar. Deshalb ist das Augenmerk besonders darauf zu richten, daß eine hohe Rücklaufquote erzielt wird.

Aufgrund der doppelten Zielsetzung – quantitative Aussagen über Tendenzen der Zielbedeutsamkeiten und Vollständigkeit der Zielliste – wurde folgender Ablauf entworfen:

1. In einem ersten Durchgang geht der Experte die Liste der vorgegebenen Zielkategorien durch und prüft, ob die Liste vollständig ist. Ist dies nicht der Fall, ergänzt er am Ende des Fragebogens in die dafür vorgesehenen freien Zeilen die von ihm zusätzlich als relevant angesehenen Ziele.
2. Im zweiten Durchgang bewertet er auf einer Bedeutsamkeitsskala die Relevanz der angegebenen (incl. der ergänzten) Ziele. Dabei wird er ausdrücklich darauf hingewiesen, daß er die Einstufung nicht nach seinen persönlichen Einstellungen, sondern in seiner Eigenschaft als Fachmann vornehmen soll.

Dieses Verfahren hat den methodischen Vorteil, daß der Befragte die Liste vor der Skalierung bereits vollständig durchgehen muß. Damit wird bei der nachfolgenden Einstufung der Zielkategorien die Gefahr des Übungseffektes verringert. Für den Fragebogenentwurf wurde die Zielliste als Vorlage verwendet. Es wurden keine spezifischen Items formuliert, da es ja nicht um die Erfassung von Einzelaspekten, sondern die Bedeutsamkeitstendenzen der breiten Zielkategorien geht. Aufgrund der Erfahrungen aus den Pretests wurden jedoch einige Formulierungen angepaßt, um die Vorgaben verständlicher zu machen. Es wurde eine graphisch und verbal verankerte 4-Punkteskala zur Erfassung der Bedeutsamkeit gebildet, die von „keine Bedeutung" bis „starke Bedeutung" reicht. Dabei wurde eine gerade Punktzahl gewählt, um die Gefahr der Verwendung eines mittleren Skalenpunktes im Sinne von „weiß nicht" zu verringern. Besondere Sorgfalt wurde auf den Entwurf des Begleitbriefes gelegt, da dieser für die Höhe des Rücklaufes sehr wichtig ist. Der Begleitbrief und der Fragebogenentwurf wurden vorgetestet und anschließend in sprachlicher Hinsicht überarbeitet.

Inhaltlich gesehen stellt der hohe Aggregationsgrad, der von den Experten eine starke Durchschnittsbildung erfordert, ein Problem dar. Aufgrund der Zielsetzung – und um ein möglichst einfaches Design zu gewährleisten – wurde auf eine differenzierte Erfassung zu verschiedenen Fahrtzwecken, Verkehrsmitteln etc. verzichtet. Statt dessen wurden nur die allgemeinen Tendenzen der Zielrelevanz bezogen auf den Personenstadtverkehr erhoben. Die bei der Mehrzahl der Ziele ermittelte gute Übereinstimmung der Experten zeigt auf, daß trotz des relativ hohen Abstraktionsgrades die Angaben für meine Zielsetzung verwendbar sind.

b) Stichprobe:

Die Auswahl der Experten beruhte auf folgenden Überlegungen: auch bei den Experten gibt es aufgrund unterschiedlicher Bezüge zum Untersuchungsgegenstand verschiedene Erfahrungstypen. Deshalb sollen unterschiedliche Typen ausgewählt werden (*Selltiz* et. al. 1972a, S. 69). Dies wurde so konkretisiert, daß mehrere Expertengruppen mit verschiedenem Hintergrund ausgewählt wurden. Am Grad der Übereinstimmung dieser Gruppen kann man dann ablesen, wie eindeutig die Bedeutsamkeitstendenzen vermutlich sind. Es wurden

Tabelle 7

Häufigkeiten der Einstufungen der Zielkategorien (N=54)

Ziele	G1 (N = 11) Skalenpunkt				G2 (N = 12) Skalenpunkt				G3 (N = 16) Skalenpunkt				G4 (N = 15) Skalenpunkt				Gesamt (N = 54) Skalenpunkt			
	1	2	3	4	1	2	3	4	1	2	3	4	1	2	3	4	1	2	3	4
1	0	3	4	4	0	4	8	0	0	2	11	3	0	6	6	3	0	15	29	10
2	0	0	1	10	0	0	0	12	0	0	0	16	0	1	3	11	0	1	4	49
3	0	0	3	8	0	0	3	9	0	1	2	13	0	3	7	5	0	4	15	35
4	1	1	2	7	0	0	3	9	0	1	3	12	0	0	1	14	1	2	9	42
5	5	3	2	1	4	7	1	0	7	6	2	1	6	6	3	0	22	22	8	2
6	4	4	1	2	0	8	4	0	0	8	7	1	1	4	10	0	5	24	22	3
7	1	2	4	4	0	4	6	2	6	2	5	3	0	6	7	2	7	14	22	11
8	10	1	0	0	5	6	1	0	10	6	0	0	8	7	0	0	33	20	1	0
9	0	4	3	4	0	5	5	2	1	7	4	4	2	11	2	0	3	27	14	10
10	2	3	2	3	0	7	5	0	3	9	4	0	3	6	5	0	8	25	16	3
11	4	5	1	1	4	6	1	1	5	9	1	1	7	6	1	1	20	26	4	4
12	2	3	3	3	0	6	6	0	4	6	5	1	1	11	2	1	7	26	16	5
13	1	7	3	0	2	8	2	0	3	10	3	0	3	8	3	1	9	33	11	1
14	1	4	1	5	0	0	10	2	1	3	8	4	0	1	5	9	2	8	24	20
15	0	1	0	10	0	0	0	12	0	0	2	14	0	0	2	13	0	1	4	49

Ziele	G1 (N = 11) Skalenpunkt				G2 (N = 12) Skalenpunkt				G3 (N = 16) Skalenpunkt				G4 (N = 15) Skalenpunkt				Gesamt (N = 54) Skalenpunkt			
	1	2	3	4	1	2	3	4	1	2	3	4	1	2	3	4	1	2	3	4
16	6	4	1	0	5	6	1	0	10	6	0	0	5	8	2	0	26	24	4	0
17	4	1	2	4	4	7	1	0	7	6	2	1	3	6	5	1	18	20	10	6
18	11	0	0	0	8	4	0	0	11	4	1	0	8	6	1	0	38	14	2	0
19	3	1	2	5	1	2	6	3	3	4	5	4	4	4	5	2	11	11	18	14
20	2	0	3	6	0	1	8	3	0	6	4	6	0	1	6	8	2	8	21	23
21	4	3	2	2	6	6	0	0	11	4	1	0	4	9	2	0	25	22	5	2
22	4	3	2	2	5	5	2	0	1	8	6	1	3	9	3	0	13	25	13	3
23	3	5	1	2	7	5	0	0	11	4	1	0	7	8	0	0	28	22	2	2
24	4	3	2	2	2	9	1	0	5	7	4	0	4	6	3	2	15	25	10	4

G1: Fahrlehrer
G2: Planer/Manager Augsburg
G3: Planer/Manager München
G4: Psychologen

1=keine, 2=geringe, 3=mittlere, 4=starke Bedeutung

folgende vier Gruppen ausgewählt:

1. Gruppe: Fahrschullehrer (Großraum Augsburg);
2. Gruppe: Verkehrsplaner und -manager (Großraum Augsburg);
3. Gruppe: Verkehrsplaner- und -manager (München);
4. Gruppe: Psychologen (Verkehrspsychologen TU München und ökonomische-/Wirtschaftspsychologen Uni Augsburg).

c) Durchführung:

Die Durchführung der schriftlichen Befragung wurde in Anpassung an die Besonderheiten der jeweiligen Gruppen vorgenommen, um eine größtmögliche Rücklaufquote zu erreichen. Bei den Fahrschullehrern wurde der im Original unterschriebene Begleitbrief, Fragebogen und der frankierte Antwortbrief an die jeweiligen Adressaten versandt. In Einzeltelefonaten wurde am Tage nach dem vermuteten Posteingang nochmals der Zweck der Untersuchung erläutert. Dabei wurde auf die zuvor eingeholte Unterstützung des Bezirksvorsitzenden des Fahrlehrerverbandes hingewiesen. Bei den Augsburger Psychologen wurden die Kuverts in die persönlichen Fächer gelegt und alle Befragten persönlich darauf angesprochen. Bei den anderen Personen wurde mit der jeweiligen Institution telefonisch Kontakt aufgenommen.

Die Rücklaufquoten waren bei den Gruppen unterschiedlich: bei den Fahrlehrern wurden von den 17 aufgegebenen Bögen 11 zurückgesandt. In der Gruppe 3 wurden dagegen 16 von 17 Exemplaren ausgefüllt. Insgesamt kamen 54 Fragebögen zurück. Die Rücklaufquote betrug im Gesamtdurchschnitt 81 % und schwankte dabei zwischen 65 % und 94 % je Gruppe.

d) Auswertung und Ergebnisse:

Auf die Auswertungsergebnisse in bezug auf die Frage der Vollständigkeit muß hier nicht mehr eingegangen werden, da sie bereits in 6.2.1. eingearbeitet wurden. Im folgenden geht es deshalb ausschließlich um die Auswertung der Bedeutsamkeitsabstufungen (vorgenommen auf der Anlage des Rechenzentrums der Universität Augsburg mit Programmen aus dem Programmpaket SPSS; *Nie* et. al. 1975). Alle eingegangenen 54 Bögen waren auswertbar. Nur bei 2 Befragten fehlte jeweils eine Angabe. In *Tabelle 7* sind die *Häufigkeiten der Skaleneinstufungen* für die Gruppen und die Gesamtheit angegeben. Die Ziele werden dabei in der in Darstellung 21 verwendeten Reihenfolge wiedergegeben.

Diese Ergebnisse sind bei einigen Zielen sehr schief verteilt bzw. an den Skalen-Randpunkten abgeschnitten. Diese Verteilungen treten nicht unerwartet auf, da sie in der Natur der Sache begründet sind. Es war zu erwarten, daß einige Ziele nahezu durchgängig für alle Experten sehr wichtig und andere durchgehend unwichtig sind. Durch eine längere Skala ist das nicht prinzipiell veränderbar, doch könnte dadurch die Verteilung vermutlich etwas gestreckt und der ceiling-Effekt etwas abgemildert werden. Diese Verletzung der Voraussetzung der Normalverteilung ist bei der weiteren Auswertung zu berücksichtigen. Dies harmonisiert mit der Skalenniveauvoraussetzung, da die verwendete Ratingskala nur Rangskalenniveau aufweist. Deshalb werden in *Tabelle 8* die *Mediane* je Gruppe und für die Gesamtheit und nicht die arithmetischen Mittel angegeben. Zur besseren Übersicht ist in dieser Tabelle zusätzlich die *korrigierte Rangfolge* der Zielbedeutsamkeiten für die Gesamtheit angegeben (bei gleichen Medianen werden die Rangplätze gemittelt).

Abschließend wurde der *Übereinstimmungsgrad* in den Einstufungen der *Gruppen* bestimmt. Hierzu wurden die mittleren Einstufungen je Zielkategorie (Mediane) der Gruppen in eine korrigierte Rangfolge gebracht. Aufgrund des Skalenniveaus und der Verteilungen wurden nonparametrische Korrelationen berechnet (*Siegel* 1976, S. 193 ff.) (s. Tabelle 9).

Aus Einfachheitsgründen werden nur die Korrelationen mit dem *Kendall'schen* tau angegeben, da diese für meine Daten besser als das *Spearman'sche* rho geeignet sind; bei letzterem werden implizit gleiche Abstände angenommen. Dort zeigt sich in der Struktur ein ähnliches Bild bei durchgäng höheren Korrelationen (zwischen 0.87 und 0.96). Da die Rangkorrelationen über alle Ziele hinweg ermittelt wurden, wurde zusätzlich je Zielkategorie der entsprechende nonparametrische Test über alle Gruppen hinweg (H-Test: *Siegel* 1976, S. 176 ff.) durchgeführt. Dabei ergaben sich nur bei drei der 24 Kategorien signifikante Abweichungen auf dem 5% Niveau.

In der *Gesamtbetrachtung* zeigt sich ein *sehr hohes Maß an Übereinstimmung* in den mittleren Bedeutsamkeitseinstufungen der Gruppen. Aufgrund der Unterschiedlichkeit der ausgewählten Gruppen können die ermittelten Tendenzen damit als zutreffend angesehen werden. In der *Detailbetrachtung* ist festzustellen, daß insbesondere die Gruppen 1 und 4 in einigen Fällen stärker abweichen. Dies liegt vermutlich daran, daß bei den Fahrlehrern (G1) teilweise eine Tendenz zur sozialen Erwünschtheit wirkt (Beispiele: Risiko und Aggression völlig unbedeutend, Leistungsmotivation und Sicherheit relativ hoch) und der PKW als „Anker"-Verkehrsmittel im Vordergrund steht. Bei den Psychologen (G4) sind aus den Daten keine derart naheliegenden Vermutungen abzuleiten.

6.2.5. Bedeutsamkeitsrangfolge der Ziele

Die Ergebnisse des Intensivinterviews und des Expertenratings können zur vorläufigen Beantwortung der zweiten Ausgangsfrage nach den Tendenzen der Zielbedeutsamkeiten herangezogen werden. Aus beiden Untersuchungen ergibt sich der *eindeutige Vorrang dreier Zielkategorien:* Zeit, Bequemlichkeit und Unabhängigkeit/Flexibilität. Bei den Assoziationen wird die Bequemlichkeit

Tabelle 8:
Mediane und Rangreihe der Zielkategorien (N=54)

Zielkategorie	Gruppe 1	Gruppe 2	Median Gruppe 3	Gruppe 4	Gesamt	Rangreihe Gesamt
1. Kosten	3.13	2.75	3.05	2.75	2.91	7
2. Zeit	3.95	4.00	4.00	3.89	3.95	1.5
3. Zuverlässigkeit	3.81	3.83	3.89	3.14	3.73	4
4. Bequemlichkeit	3.71	3.83	3.83	3.96	3.86	3
5. Erkundung	1.67	1.79	1.67	1.75	1.73	19
6. Körperl. Funktionslust	1.88	2.25	2.50	2.75	2.42	10
7. Techn. Funktionslust	3.13	2.83	2.50	2.71	2.77	9
8. Freude am Risiko	1.05	1.67	1.30	1.44	1.32	23
9. Eigene Sicherheit	3.00	2.70	2.50	2.00	2.39	11
10. Abgase meiden	2.50	2.36	2.06	2.17	2.22	13
11. Geräusche	1.80	1.83	1.83	1.58	1.77	18
12. Optische Reize	2.67	2.50	2.17	2.09	2.27	12
13. Sozialer Kontakt	2.14	2.00	2.00	2.06	2.05	15
14. Privatsphäre	3.00	3.10	3.00	3.67	3.21	6
15. Unabhängigkeit	3.90	4.00	3.93	3.92	3.95	1.5

Zielkategorie		*Median*				
	Gruppe 1	Gruppe 2	Gruppe 3	Gruppe 4	Gesamt	Rangreihe Gesamt
16. Macht	1.42	1.67	1.30	1.81	1.54	21
17. Unterordnung	2.75	1.79	1.67	2.25	1.95	17
18. Aggression	1.00	1.25	1.23	1.44	1.21	24
19. Leistungsmotivation	3.25	3.00	2.70	2.38	2.78	8
20. Geltung/Prestige	3.58	3.13	3.00	3.56	3.31	5
21. Sicherheit and. Personen	2.00	1.50	1.23	1.89	1.59	20
22. Hilfe gewähren	2.00	1.70	2.38	2.00	2.06	14
23. Belästigung and. Personen	2.00	1.36	1.23	1.56	1.46	22
24. Umweltbez. Überlegungen	2.00	1.94	1.93	2.08	1.98	16

Tabelle 9
Korrelationen der Expertengruppen (N=54)
(*Kendall's* tau; alle auf dem 1 ‰ Niveau sign.)

	Gruppe 1	Gruppe 2	Gruppe 3	Gruppe 4
Gruppe 1	1.00			
Gruppe 2	0.79	1.00		
Gruppe 3	0.76	0.89	1.00	
Gruppe 4	0.72	0.73	0.72	1.00

durch die größere Breite der Kategorie begünstigt, was die häufigeren Nennungen bewirkt.

Diese eindeutigen Tendenzen werden durch Ergebnisse aus anderen Studien gestützt. Beispielsweise wurde in einer im Raum Düsseldorf durchgeführten Befragung zur Zufriedenheit mit der Versorgungsqualität im ÖPNV der Zufriedenheitsgrad vorrangig durch solche Aspekte bestimmt, die diesen drei Zielkategorien zugeordnet werden können (*Pfaff* 1978, S. 124 ff.). Auch in ausländischen Studien in westlichen Industriestaaten haben diese Kategorien relativ durchgängig vorrangige Bedeutung. In englischsprachigen Untersuchungen ergibt sich nur die Besonderheit, daß zusätzlich eine Differenzierung in „convenience" (Betonung auf Praktikabilität, funktional-bequem) und „comfort" (Bequemlichkeit) vorgenommen wird, die in deutschen Untersuchungen keine Entsprechung hat (Beispiel einer englischen Studie: *Stringer* 1981). Damit wird bereits ein erster Hinweis auf kulturelle Abhängigkeiten gegeben, die sicherlich über formal-sprachliche Aspekte hinausgeht.

In der Verkehrsnachfrageforschung werden nahezu durchgängig die Bedeutsamkeitsabstufungen ausschließlich konstatiert, ohne nach den *Gründen* zu fragen. Deshalb sollen hier erste Hinweise auf mögliche Einflußgrößen gegeben werden. Diese hohe Übereinstimmung in der eindeutigen Vorrangigkeit der drei Zielkategorien wird verständlich, wenn man die allgemeinen *gesellschaftlichen Bedingungen und Entwicklungstendenzen* berücksichtigt. So nimmt die Kategorie Zeit – effektive Zeitausnutzung, Zeiteinsparung, Schnelligkeit an sich etc. – in den industrialisierten Staaten auf den verschiedensten Ebenen der Gesellschaft eine herausragende Stellung ein. Dies reicht von der subjektiven Bedeutung auf der Werteskala der Bürger bis zur Planung und Gestaltung umfangreicher Investitionsprogramme. Ebenso ist die Unabhängigkeit in ihren verschiedenen Komponenten – räumlich, zeitlich, sozial etc. – in den in starkem Maße durch das Konkurrenzprinzip geprägten Gesellschaften von überaus großer Wichtigkeit (auf die damit verbundenen Probleme kann in diesem Zusammenhang nicht eingegangen werden). Die Bequemlichkeit gewann im Zuge des zunehmenden materiellen Wohlstandes an Bedeutung. Immer mehr Menschen können sich die verschiedenartigsten „Annehmlichkeiten" leisten. Zudem war es auch der eindeutige Trend im Arbeitsbereich, körperliche Anstrengung durch technische Apparate zu substituieren und allgemein die Wirkungen der Unbilden der Natur zu verringern. Aufgrund der Explorationsergebnisse kann jedoch vermutet werden, daß bei einem Teil der Verkehrsteilnehmer der Spaß an körperlicher Aktivität zunehmend an Bedeutung gewinnt. Möglicherweise findet in diesem Bereich derzeit ein Wertwandel statt.

Daneben sind einige *weitere Ziele relevant,* die jedoch den zunächst genannten Kategorien eindeutig *nachgeordnet* sind. Die Zuverlässigkeit und Geltung/Prestige werden von den Experten als sehr bedeutsam eingestuft, sie werden jedoch bei den Assoziationen relativ selten genannt. Es liegt die Vermutung nahe, daß die Pünktlichkeit und Zuverlässigkeit der öffentlichen Verkehrsmittel im Stadtverkehr Augsburg's zum Erhebungszeitpunkt kein vorrangiges Problem darstellen. In bezug auf die Kategorie Geltung/Prestige läßt sich vermuten, daß eine Tendenz zur sozialen Erwünschtheit die Ursache für die geringe Zahl der Nennungen bei den Assoziationen ist. Darauf deutet auch hin, daß der größere Teil der betreffenden Aussagen projektiven Charakter hatte. In einer der Automobilsportgruppen wurde die wesentliche Bedeutung des höheren Sozialprestiges des PKW's (in der entsprechenden PS-Klasse) gegenüber dem ÖPNV deutlich herausgestellt. Die Aufrechterhaltung der Privatsphäre hat in beiden Studien übereinstimmend eine relativ hohe Bedeutung. Dieser Aspekt wird in der sonstigen Verkehrsnachfrageforschung häufig vernachlässigt.

Die Zielkategorie Kosten kann nach den Ergebnissen beider Studien zu den relevanten Zielen gerechnet werden, doch ist sie den drei zunächst genannten Zielen eindeutig nachgeordnet. Dies steht wiederum in Einklang mit den üblicherweise ermittelten Tendenzen.

In einer *vorläufigen Zusammenfassung* läßt sich sagen, daß bei den derzeit gegebenen Bedingungen die eindeutige Tendenz besteht, daß die Zielkategorien Zeit, Bequemlichkeit und Unabhängigkeit vorrangige Bedeutung besitzen. Daneben sind einige weitere Ziele ebenfalls in das Zielset einzubeziehen, die aber diesen Zielen in der Bedeutung tendenziell (nicht je Einzelperson) nachgeordnet sind.

Die Bedeutsamkeitstendenzen stehen in keinem eindeutig erkennbaren Zusammenhang zu den Kriterien, die für die Planer relevant sind (unmittelbare Quantifizierbarkeit, Beeinflußbarkeit etc.). Die zentrale Bedeutung der Zeit läßt verständlich werden, warum mit den disaggregierten Verkehrsmittelwahlmodellen trotz der starken Vereinfachungen dennoch passable Ergebnisse erzielbar sind. Mit einer Aufteilung der Zeit in Warte-, Fußweg-, Fahrtzeit etc. werden zusätzlich grobe Indikatoren für die ebenfalls sehr bedeutsame Bequemlichkeit einbezogen (2.4.1.).

6.2.6. Homogenität des relevanten Zielsets

Während die Ergebnisse bisher nur im Hinblick auf die allgemeinen, im Durchschnitt auftretenden Tendenzen der Zielbedeutsamkeiten diskutiert wurden, ist nun die dritte Fragestellung zu beantworten: besteht ein einheitliches, homogenes Set relevanter Ziele?

a) Verkehrsmittelspezifische Homogenität:

Aus den Tabellen 4 und 6 ergibt sich, daß von den relevanten Zielen nur die Zeit und die Bequemlichkeit relativ durchgängig bei allen Verkehrsmitteln angesprochen werden. Die anderen bedeutsamen Ziele werden bei den verschiedenen Verkehrsmitteln bzw. -arten zumeist in sehr unterschiedlichem Maße angesprochen.

Beim *Fahrrad* ist eindeutig das Ziel *Sicherheit* (bezogen auf die eigene Person) von herausragender Bedeutung. Dies kommt bei der Erfassung der Mehrfachnennungen noch sehr viel eindeutiger zum Ausdruck (20 Nennungen vs. 8 für den nachfolgenden PKW). Dies ist aufgrund der in Augsburg herrschenden Bedingungen im städtischen Verkehr verständlich, da tatsächlich große Gefährdungen auftreten. Bei gut ausgebautem Fahrradwegenutz und großflächigen verkehrsberuhigenden Maßnahmen (bezogen auf motorisierten IV), wäre dies sicherlich nicht der so eindeutig dominante Aspekt. Auffällig ist dabei, daß insbesondere Personen, die in der Stadt selbst nicht mehr radfahren (teilweise aber im Naherholungsbereich) den Gefährdungsaspekt hervorheben. Dies zeigt auf, daß die Zielbedeutsamkeiten nicht nur durch das eigene, tägliche Erleben, sondern auch durch das indirekte Erleben der anderen Verkehrsmittel bestimmt wird.

Beim *Zufußgehen* steht die Zielkategorie *körperliche Aktivität* eindeutig im Vordergrund. Diese ist ebenfalls für das Fahrrad von Bedeutung, während sie bei den anderen Verkehrsmitteln so gut wie nicht genannt wird. Diese Kategorie ist damit für eine bestimmte Art von Verkehrsmitteln bedeutsam, bei denen die Antriebsenergie durch eigene körperliche Anstrengung erbracht wird.

Bei den öffentlichen Verkehrsmitteln *Straßenbahn* und *Omnibus* tritt in den Hauptverkehrszeiten häufig eine Gefährdung des Zieles *Erhaltung einer angemessenen Privatsphäre* auf. Dies spiegelt sich deutlich an der hohen Zahl der Nennungen wider. Obwohl auch beim PKW-Verkehr starke Stauungen auftreten, wird dies dort dennoch nicht so sehr als Problem erlebt. Die Mehrzahl der Personen empfindet das Autogehäuse als Abschirmung der direkten Belästigung durch die Umwelt. Die Bedeutung der Kategorie Privatheit ist nicht spezifisch für die öffentlichen Verkehrsmittel, sondern für die Teilmenge Massenverkehrsmittel, bei denen ein unbegrenzter Zutritt möglich ist und in den Hauptverkehrszeiten häufig eine starke Überfüllung auftritt. Beim öffentlichen Verkehrsmittel *Taxi* ist dagegen die Zielkategorie *Kosten* absolut dominierend.

Beim *PKW* ist die Zielkategorie *Unabhängigkeit* von überragender Bedeutung (noch deutlicher bei Berücksichtigung von Mehrfachnennungen). Es handelt sich um ein selbstgesteuertes, in der privaten Verfügungsgewalt befindliches Verkehrsmittel, bei dem die Reichweite nicht wie etwa beim Zufußgehen stark eingeschränkt ist. Dieser für die Verkehrsmittelnutzung m.E. zentrale Attraktivitätsvorsprung gegenüber anderen Verkehrsmitteln ist in der weitgehenden Multifunktionalität des PKW's begründet (nahezu alle Zielorte, Abfahrtszeiten etc. stehen offen). Dies begünstigt die Nutzung auch für die Fahrten, bei denen objektiv gesehen günstigere Substitute vorhanden sind, die aber von dem Gewohnheitsnutzer zunächst gar nicht oder verzerrt wahrgenommen werden. Dieser Vorteil ist aber nicht naturnotwendig mit den spezifischen Eigenschaften des PKW's verknüpft, sondern er beruht darauf, daß die wichtigen Voraussetzungen für die PKW-Nutzung (3.4.2.) aufgrund der über viele Jahre hinweg PKW-zentrierten Planung nahezu durchgängig gewährleistet sind. Deshalb können sich die potentiellen Vorzüge stark entfalten, während dies bei den anderen Verkehrsmitteln nur eingeschränkt der Fall ist.

Vermutung: erst wenn diese *multifunktionale Verwendbarkeit* objektiv nicht mehr gegeben ist und dies von den Verkehrsteilnehmern subjektiv erfahren und gelernt wird, ist eine starke Veränderung der Verkehrsmittelanteile (modal split) zu erwarten. Beispiele für derartige objektive Änderungen im Stadtverkehr sind großflächige systematische Verkehrsberuhigungsmaßnahmen (BM BAU 1979) oder Maßnahmen zugunsten des ÖPNV ohne die übliche Parallelverbesserung für den motorisierten Verkehr (*Eckstein* et. al. 1976).

Wie die Gruppendiskussionen und Intensivinterviews gezeigt haben, ist die Kategorie Unabhängigkeit auch wichtig für die *Differenzierung in PKW-Selbst- und -Mitfahren.* Insbesondere die „eingefleischten" PKW-Fahrer empfinden das Mitfahren als starke Einbuße ihrer Unabhängigkeit. Auch der Aspekt der Gefährdung der eigenen Sicherheit wird beim PKW-Mitfahren viel stärker erlebt. Diese explorativen Befunde legen die Vermutung nahe, daß je nach dem Set der als Alternativen zur Verfügung stehenden Verkehrsmittel und deren jeweiliger Ausgestaltung unterschiedliche Ziele Vorrangigkeit besitzen. Beispiel: für Verkehrsteilnehmer, die zwischen dem ÖPNV und dem PKW zu wählen haben, können die Kosten tendenziell eine eher untergeordnete Bedeutung besitzen, während sie bei der Abwägung zwischen Straßenbahn/Bus und Taxi jedoch von vorrangiger Bedeutung sein können.

b) Interpersonelle Homogenität:

Für die Auswertung des Übereinstimmungsgrades der personenspezifischen Zielsets sind die bei der Auswertung der Assoziationen angegebenen Tabellen nicht ausreichend, da diese verkehrsmittelbezogen aufgegliedert sind. Deshalb werden die Ergebnisse in einer weiteren Tabelle personenbezogen dargestellt. Zur besseren Übersichtlichkeit werden dabei nur die am häufigsten genannten

Ziele verwendet und gemäß ihres Rangplatzes angeordnet. Für jede Vp wird ausgezählt, bei wievielen Verkehrsmitteln die jeweilige Kategorie angesprochen wird. Die Vp wird also von 0 (Kategorie gar nicht angesprochen) bis 6 (Kategorie bei jedem der 6 Verkehrsmittel angesprochen) eingeordnet. In der Häufigkeitsmatrix wird dann angegeben, wie viele Vpn das Ziel wie häufig angesprochen haben:

Tabelle 10

Personenspezifische Häufigkeiten der Zielkategorien (N=21)

Rang	Zielkategorie	Angesprochen bei						
		0VM	1VM	2VM	3VM	4VM	5VM	6VM
1	Bequemlichkeit	2	4	1	5	5	3	1
2	Zeit	3	5	5	5	2	–	1
3	Unabhängigkeit	3	6	5	4	1	2	–
4	Kosten	2	9	4	4	2	–	–
5	Privatsphäre	2	11	2	6	–	–	–
6	Sicherheit	3	9	7	2	–	–	–
7	Körperl. Funktionsl.	8	7	5	1	–	–	–
8	Soziale Kontakte	10	7	2	2	–	–	–
9	Umweltbez. Überleg.	12	5	2	2	–	–	–

Diese Tabelle zeigt sehr deutlich auf, daß die sechs zumeist genannten Ziele nahezu durchgängig von allen Personen bei mindestens einem Verkehrsmittel angesprochen werden. Es ergeben sich also in dieser zunächst vereinfachten Betrachtungsweise *relativ eindeutige Tendenzen für ein einheitliches Zielset.* Wenn man nun aber diese Angaben im Hinblick auf die zuvor aufgezeigten *verkehrsmittelspezifischen Effekte kontrolliert,* ergibt sich ein *anderes Bild.* Beispielsweise werden die Kosten von 9 Vpn gar nicht und von 6 Vpn nur bei einem Verkehrsmittel angesprochen, wenn das Taxi nicht berücksichtigt wird. Bei der Privatheit und der Sicherheit ist dies auch direkt an den absoluten Häufigkeiten in Tabelle 4 zu erkennen. Auch bei der Unabhängigkeit wird durch den PKW ein tendenziell ähnlicher Effekt bewirkt. Da aber der PKW derzeit für eine große Zahl der Verkehrsteilnehmer eine zentrale Bedeutung einnimmt, ist die vorrangige Relevanz der Unabhängigkeit zusammen mit den Kategorien Zeit und Bequemlichkeit plausibel (6.2.5.).

Die Tabelle macht zugleich auch deutlich, daß zwischen den Personen Unterschiede in der Bedeutsamkeit der Ziele bestehen. Beispielsweise wird die Bequemlichkeit von einer Vp durchgängig bei allen Verkehrsmitteln angesprochen, während mehrere Vpn sie nur ein- oder zweimal nennen. Diese Unterschiede sind für die Anwendung des *Vroom'schen* Ansatzes bei den Zielen unproblematisch, die zum Set der relativ durchgängig relevanten Ziele gehören. Wie es aufgrund allgemeiner psychologischer Überlegungen nicht anders zu erwarten war, gibt es aber auch bei den nicht durchgehend relevanten Kategorien *interindividuelle Unterschiede.* Beispielsweise haben gesellschafts-/umweltbezogene Überlegungen für einige Personen eine relativ starke Bedeutung, während für zwei andere Vpn die sozialen Kontakte bedeutsam sind. Dies wird an den hier nicht dargestellten Mehrfachnennungen noch deutlicher sichtbar. Es muß also damit gerechnet werden, daß neben den relativ durchgängig verhaltensrelevanten Zielen für einzelne Personen und -gruppen weitere Ziele bedeutsam sind. So wurde in der bereits mehrfach erwähnten Studie von *Stringer* (1981) die Kategorie Sicherheit nur von einer kleinen Minderheit der Befragten angesprochen. Diese Vpn stuften diese Kategorie in dem gesondert erhobenen Bedeutsamkeitsrating jedoch als sehr bedeutsam ein.

Insgesamt gesehen sind die explorativen Ergebnisse aufgrund allgemeiner psychologischer Überlegungen plausibel. Aufgrund der *starken vereinheitlichenden Bedingungen* lassen sich *eindeutige Tendenzen* zu durchgängig verhaltensrelevanten Zielen finden, jedoch streuen die Bedeutsamkeiten interindividuell. Bei *einigen Kategorien* kann es für die Homogenität des Zielsets *Probleme* geben, da sie für Teile der Verkehrsteilnehmer von großer Bedeutung sind und für die anderen dagegen nahezu irrelevant sind.

c) Interkulturell bedingte Unterschiede:

Die von mir durchgeführten Untersuchungen sind alle auf einen relativ eng umgrenzten Raum und eine Zeitstichprobe bezogen. Der mögliche Einfluß unterschiedlicher gesellschaftlicher Bedingungen und Entwicklungen auf die Zusammensetzung des relevanten Zielsets soll deshalb an einem vergleichenden Beispiel illustriert werden: in *amerikanischen* Verkehrsmittelwahlstudien werden bei der Kategorie Sicherheit relativ häufig zwei getrennte Aspekte, die Unfallgefährdung und die Gefahr von Raubüberfällen etc., als bedeutsame Determinanten herausgestellt (Beispiele: *Wallin & Wright* 1974 und *Tybout* et. al. 1977b). In der *deutschen* verkehrswissenschaftlichen Literatur taucht dagegen ausschließlich der Gefährdungsaspekt durch Unfälle auf. Auch in meinen explorativen Studien wurde der Aspekt der Gefährdung durch Überfall und persönliche Bedrohungen etc. nicht als relevante Einflußgröße angesprochen, während die Gefahr von unerwünschtem Anreden, der Aufdringlichkeit anderer Personen etc. von einigen wenigen Vpn erwähnt wurde. Dabei handelte es sich ausschließlich um Frauen. Unter den derzeit in der BRD herrrschenden Bedingungen ist dies also vorrangig ein geschlechtsrollenspezifisches Problem.

d) Zusammenfassende Überlegungen:

Die referierten Befunde machen die *starke Abhängigkeit der Zielrelevanz von den verkehrsrelevanten Bedingungen* deutlich. Insbesondere die unterschiedlichen Charakteristika der Verkehrsmittel bzw. -arten haben zur Folge, daß je nach dem Alternativenset verschiedene Ziele relevant sind. Dies wurde in der bisherigen Verkehrsmittelwahlforschung noch wenig berücksichtigt. Durch starke Veränderungen der verkehrsrelevanten Bedingungen kann sich ein Wandel im Set der verhaltensbestimmenden Ziele ergeben. Zugleich können aber auch ein Wertwandel bestimmter Gruppen oder gesamtgesellschaftliche Tendenzen auf das Verkehrsverhalten durchschlagen. Die dialektische Beziehung zwischen den Wirkungen von Planungsmaßnahmen und dem Verhalten und den Werten der Verkehrsteilnehmer ist genauer zu analysieren. Dabei können bisher irrelevante Ziele so an Bedeutung gewinnen, daß sie in das relevante Zielset aufzunehmen sind.

Zugleich zeigen die Ergebnisse aber auf, daß unter den *derzeit* in der BRD vorherrschenden Bedingungen ein *einheitliches Set an relativ durchgängig verhaltensbestimmenden Zielen besteht,* das für die Mehrzahl der Verkehrsteilnehmer relevant ist. Dabei bestehen in den relativen Bedeutsamkeitseinstufungen interindividuelle Unterschiede. Die verkehrsmittelspezifischen Ziele wie Wahrung der Privatsphäre bei den Massenverkehrsmitteln, Kosten beim Taxi etc. sind ebenfalls relativ durchgängig bei allen Verkehrsteilnehmern relevant. Insgesamt gesehen wirken derzeit so starke vereinheitlichende Tendenzen auf diese ein, daß für spezifische Alternativenbündel allgemein verwendbare Zielsets zu bestimmen sind, die eine gute Annäherung an die wichtigsten Ziele der Individuen erbringen und dennoch eine Generalisierbarkeit erlauben. Andererseits deutet sich ein möglicher Wertwandel im Bereich von umweltbezogenen Überlegungen an, da die damit verbundenen Aspekte für eine kleine Minderheit relativ große Bedeutung besitzen.

Es läßt sich also einerseits ein relativ *positives Fazit im Hinblick auf die Anwendbarkeit des Vroom'schen Ansatzes* ziehen, wenn die verkehrsmittelspezifischen Einflüsse berücksichtigt werden. Dies gilt für die Untersuchungen zu einem bestimmten Zeitpunkt. Wenn dagegen die Dynamik des Verkehrsverhaltens erklärt werden soll, muß die Wandelbarkeit der Werte und deren Abhängigkeit von sich ändernden Umweltbedingungen berücksichtigt werden. Statt der Suche nach einem feststehenden Zielset und eindeutigen, starren Koeffizienten sollten deshalb gezielte Untersuchungen zu einzelnen Zieldimensionen durchgeführt werden, die besonders wichtig oder für spezifische Fragestellungen interessant sind.

In Ergänzung zu den drei bisher behandelten Fragestellungen findet sich in der ausführlicheren Darstellung (*Held* 1980, S. 348 ff.) eine erste Auswertung zum nächsten Arbeitsschritt (Darstellung 19), der Prüfung der statistischen Unabhängigkeit der zunächst nach inhaltlichen Gesichtspunkten differenzierten Zielkategorien.

6.3. Analyse der Verhaltenslimitierungen und möglichen Alternativen

6.3.1. Untersuchungsplan des standardisierten Interviews

Wie in 6.1. dargelegt wurde, richtete sich die *zweite Hauptzielrichtung* meiner empirischen Untersuchungen auf die Bestimmung und Analyse der verhaltenslimitierenden Determinanten und möglichen Verhaltensalternativen. Hierzu wurde ein standardisiertes Interview durchgeführt.

a) Methode:

Aufgrund der grundsätzlichen Überlegungen zum Untersuchungsdesign sollte eine Quelle-Zielort Beziehung untersucht werden, bei der eine möglichst große *Vereinheitlichung der verkehrsrelevanten Bedingungen* für die Verkehrsteilnehmer gewährleistet ist und die zugleich von den Vpn genügend häufig genutzt wird. Da die Wohnung den wichtigsten Ausgangspunkt aller Ortsveränderungen darstellt, bietet sich ein geographisch eng umgrenztes Wohnareal mit dichter Bebauung an. Die Wege zur Arbeit und Ausbildung stellen einen hohen Anteil an der Gesamtheit der Ortsveränderungen dar. Es besteht dabei jedoch das Problem, daß die geographischen Ziele zumeist weit streuen. Diese Wege sind deshalb zur Vereinheitlichung des Zielortes nicht geeignet (Ausnahmen z. B. Werkswohnungen und Studentenwohnheime).

Die Innenstadt bietet sich als ein alternativer Zielort bzw. eng umgrenzter Zielraum an, der von einem großen Prozentsatz der Bevölkerung relativ häufig und regelmäßig aufgesucht wird. Bei der Untersuchung einer Wohnbevölkerung besteht dabei das Problem, daß ein größerer Prozentsatz die Arbeitsstelle bzw. den Ausbildungsplatz im Innenstadtbereich hat und dieser mit den sonstigen Bewohnern wiederum schwer vergleichbar ist. Deshalb wurde eine Augsburger Studentenpopulation als *Untersuchungseinheit* herangezogen, die in zwei direkt nebeneinander gebauten Wohnblocks mit jeweils abgetrennten Einzelappartements lokalisiert ist. Alle Bewohner sind aufgrund der Einzugsvoraussetzungen Studenten der Fachhochschule bzw. Universität. Da die Studenten geographisch unterschiedliche Ausbildungsplätze haben, wurde die Innenstadt als Zielbereich gewählt. Der Einfluß der in unterschiedlicher Nähe zur Innenstadt gelegenen Ausbildungsorte ist erfaßbar und überprüfbar. Durch die *einheitliche Wohnlage* und den *einheitlichen Zielort Innenstadt* wird eine Vielzahl von verkehrsrelevanten Bedingungen, wie ÖPNV-Erschließungsqualität, Distanzen, Art des Umfeldes und der Wege, vereinheitlicht, die in den sonst durchgeführten Untersuchungen streuen und nur zum geringen Teil und mit groben Indikatoren erfaßt werden. Die wichtigsten Elemente der Verkehrsbeziehung sind der Darstellung 22 zu entnehmen.

Allgemein sind die beiden Zielsetzungen Homogenität der Population (*Vergleichbarkeit)* und Repräsentativität (*Generalisierbarkeit)* als Pole eines Konti-

Darstellung 22

Maßstäbliche Skizze der untersuchten Verkehrsbeziehung

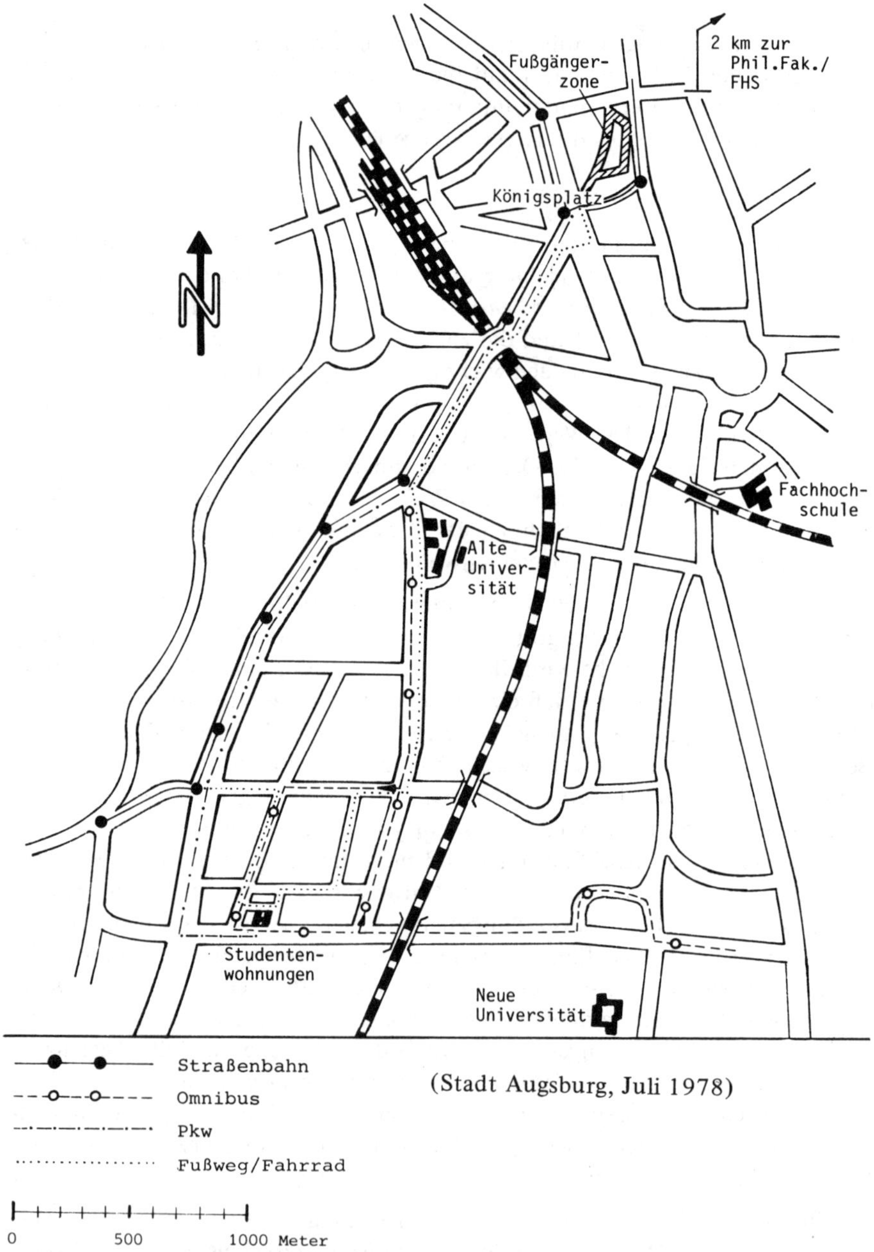

(Stadt Augsburg, Juli 1978)

nuums aufzufassen. Mit der Auswahl der Studentenpopulation wird das Schwergewicht stärker in Richtung Homogenisierung ausgerichtet. Dieses Untersuchungsdesign hat damit den Vorteil, daß eine gute Vergleichbarkeit gewährleistet ist und dennoch der Charakter einer Feldstudie erhalten bleibt. Zugleich wird die Generalisierbarkeit der Ergebnisse eingeschränkt, da die Untersuchungspopulation im Alter, Lebensstil etc. ein sehr eingegrenztes Segment der Gesamtbevölkerung darstellt.

Da es sich um eine *Feldstudie* handelt, variieren trotz des auf Homogenisierung angelegten Designs eine Reihe verkehrsrelevanter Bedingungen (insbesondere die geographisch unterschiedlichen Ausbildungsorte, s. Skizze). Daneben treten bei den objektiven Limitierungen Unterschiede im Besitz bwz. in der Verfügbarkeit von privaten Verkehrsmitteln und im Führerscheinbesitz auf. Neben diesen für die Studien vorrangig bedeutsamen Determinanten können weitere Differenzierungen ebenfalls einen gewissen Einfluß ausüben. Beispielsweise bestehen bei den Studenten Unterschiede zwischen Wochenendheimfahrern und ständig in Augsburg wohnenden Personen.

Nach der Festlegung des Untersuchungsdesigns wurde der *Fragebogen entworfen.* Der Aufbau und die erforderlichen Fragen waren dabei direkt aus den Fragestellungen der Untersuchung (6.1.) ableitbar. Er enthält deshalb folgende *Frageteile:*

1. Subjektive Verfügbarkeit von Verkehrsmitteln (aufgeteilt in infragekommende und subjektiv mögliche Verkehrsmittel);
2. Subjektive Wahrnehmung der einzelnen limitierenden Determinanten je Verkehrsmittel;
3. Angaben, die zur Bestimmung der objektiven Limitierungen erforderlich sind (privater Verkehrsmittelbesitz bzw. -verfügbarkeit einschließlich Leihmöglichkeit und Führerscheinbesitz);
4. Tatsächliche Nutzung der Verkehrsmittel (Verkehrsmittelanteile, Fahrthäufigkeiten, Fahrtkettenbildung etc.);
5. Relevante sozioökonomische Angaben einschließlich Kontrollfragen (Mindestwohndauer im Wohnheim, Ausbildungsort, berufliche Nebentätigkeiten etc.).

Für die ergänzenden Fragestellungen werden zusätzlich folgende Aspekte erhoben:

6. Verkehrsmittel-Nutzungspräferenzen (als Indikator für die subjektive Attraktivität der Alternativen);
7. Wahrnehmung von Fahrtzeit und -kosten je Verkehrsmittel (in physischen Einheiten Minuten und DM);
8. Persönlich verfügbares Einkommen.

Die Fragen werden nicht in der hier aufgeführten, nach inhaltlichen Gesichtspunkten geordneten Reihenfolge abgefragt, sondern entsprechend den methodischen Erfordernissen angeordnet. Bei 12 Vpn (alle Studenten) wurde ein erster Fragebogenentwurf vorgetestet, wobei bei einigen Fragen alternative Formulierungen verwendet wurden (zur Fragenformulierung s. *Atteslander* 1971, S. 88 ff.). Auf dieser Grundlage wurde der *endgültige Fragebogen* entworfen (s. Anhang). Bei den hierzu an Studenten des Wohnheims durchgeführten Probeinterviews (N=10) ergaben sich keine Probleme. Für diese endgültige Fassung wurde ein *Interviewprotokoll* angefertigt, in dem die technischen Daten des Interviews einzutragen sind (Zeitpunkt des Interviews, evtl. Verweigerungsgrund, Nichtantreffen der Vpn etc.). Zusätzlich wurde eine mehrseitige *Intervieweranleitung* entworfen, in der genaue Anweisungen zum Vorgehen, Hinweise zur Vermeidung von Interviewereinflüssen und zu der Kodierung der einzelnen Fragen enthalten sind.

b) Stichprobe:

Aufgrund methodischer Überlegungen konnten nicht alle Bewohner des Wohnheims (zwei Blöcke mit je 256 Bewohnern) in die Grundgesamtheit einbezogen werden. Insbesondere ist eine genügende praktische Erfahrung mit dem Untersuchungsgegenstand (Wege in die Innenstadt) erforderlich. Hierzu wurden die Kriterien Mindestwohndauer 3 Monate und Mindestfahrthäufigkeit durchschnittlich 1 Fahrt pro Woche in die Innenstadt festgelegt. Zum ersten Kriterium waren von der Hausverwaltung Angaben erhältlich, die aber möglicherweise unvollständig sind und deshalb in der Befragung zu kontrollieren sind. Die Angaben zum Kriterium Mindestfahrthäufigkeit waren dagegen vorher unbekannt. Deshalb mußte hierfür eine Ausfallquote einkalkuliert werden.

Daneben ist zu berücksichtigen, daß ein Teilbereich der Fachhochschule in einem Gebäude der Innenstadt untergebracht ist. Deshalb werden mit einem dritten Kriterium die Befragten aus der Grundgesamtheit ausgeschlossen, die dort studieren. Zugleich ist zu kontrollieren, ob Vpn im Zielgebiet eine berufliche Nebentätigkeit ausüben.

In den Wohnblöcken bestehen insgesamt nur 8-Doppelappartements. Deshalb lag es nahe, eine Eingrenzung auf 1-Personenhaushalte vorzunehmen, da die Doppelhaushalte zu selten sind, um Vergleiche vornehmen zu können. Diese Einengung der Grundgesamtheit erbrachte zum einen starke Vereinfachungen im Frageaufbau. Zum anderen fallen damit interessante Fragestellungen insbesondere im Bereich des gemeinschaftlichen Konsumverhaltens heraus. Aufgrund der vorher ermittelten Angaben konnte dann die *vorläufige Grundgesamtheit „Einpersonenhaushalte mit Mindestwohndauer 3 Monate"* bestimmt werden (s. Tabelle 11).

Da die finanziellen und personellen Ressourcen begrenzt waren, konnte *keine Totalerhebung* durchgeführt werden. Statt dessen mußte eine *Stichprobe* gezogen werden. Es wurde die Zahl von mindestens 120 auswertbaren Bögen festgelegt. Hierzu mußten neben den üblichen Ausfällen (Verweigerung, Abwesenheit) noch ein gewisser Schwund aufgrund der vorher nicht bzw. unvollstän-

Tabelle 11
Bestimmung der vorläufigen Grundgesamtheit

	Gesamtbewohnerzahl	512
Abzüglich:		
	Nach dem Stichtag zugezogene Personen	4
	Appartements mit Personenwechsel im Untersuchungszeitraum	11
	Doppelappartements	16
	Bei Vortests befragte Bewohner und ein Interviewer	16
	Vorläufige Grundgesamtheit	465

dig bekannten Ausschlußkriterien der Grundgesamtheit (Mindestfahrthäufigkeit, Mindestwohndauer, Ausbildungs- bzw. Arbeitsplatz in Innenstadt) eingerechnet werden. Deshalb wurde eine Stichprobe von einem Drittel (N=160) gezogen. Hierzu wurde die Auswahl aus den zu der vorläufigen Grundgesamtheit gehörenden Einzelappartements mit Zufallszahlen vorgenommen.

6.3.2. Durchführung und Grundauswertung

Die Interviews wurden in einem Zeitraum von zwei Wochen zum Abschluß des Sommersemesters 1978 durchgeführt. Die Zeitdauer betrug 15 bis 20 Minuten. Alle Interviews wurden in den Appartements der Befragten vorgenommen. Es standen insgesamt vier Interviewer zur Verfügung. Zu Beginn der Befragung wurden alle vier eingesetzt, um möglichst viele Vpn in kurzer Zeit zu erfassen. Dies ist für die Erfolgsquote bedeutsam und mindert zugleich mögliche Störeinflüsse durch Kommunikation der Studenten über die Befragung. In der zweiten Erhebungswoche wurden die vorher nicht Angetroffenen nur noch von mir selbst und einem anderen Interviewer aufgesucht.

Etwa zwei bis drei Tage vor dem Beginn der Erhebung wurde jeder Vp ein Ankündigungsschreiben in den Briefkasten geworfen. Alle Vpn wurden an mindestens vier verschiedenen Werktagen aufgesucht, um die Abwesenheitsrate möglichst gering zu halten. Bei einem Teil der Nichtangetroffenen (insgesamt 18 Vpn) waren Vermerke bezüglich einer vorzeitigen Abreise in die Ferien angebracht oder wurde dies von Zimmernachbarn berichtet. Deshalb stellen vermutlich einige der nichtangetroffenen Vpn qualitätsneutrale Ausfälle dar. Die überwiegende Zahl der Befragungen wurde beim ersten Antreffen, ein kleinerer Teil nach Terminvereinbarung vorgenommen. Bei 5 Vpn kam der vereinbarte Termin nicht zustande. 4 Vpn verweigerten das Interview, wobei dies zweimal mit Prüfungen, einmal mit bevorstehender Abreise und einmal mit grundsätzlicher Ablehnung von Befragungen begründet wurde.

Von den 160 gezogenen Vpn konnten insgesamt 133 interviewt werden. Nach Ablochung wurde eine erste Grundauswertung vorgenommen, um die für die Festlegung der Grundgesamtheit aufgestellten Kriterien zu überprüfen. Eine Vp war abweichend von den Angaben der Hausverwaltung erst knapp zwei Monate vor der Erhebung eingezogen. Eine Vp studierte an dem Fachbereich der Fachhochschule, die in der Innenstadt gelegen ist. Berufliche Nebentätigkeiten in der Innenstadt traten dagegen bei keiner der Vpn auf. 5 Vpn erreichten nicht die Mindestfahrthäufigkeit von 1 Fahrt pro Woche und mußten deshalb ebenfalls aus der Untersuchung ausgeschlossen werden. Insgesamt erfüllten 126 Vpn die Kriterien und konnten für die weitere Auswertung verwendet werden. Die *Ausschöpfung der Stichprobe* wird in Tabelle 12 zusammengefaßt.

Tabelle 12

Ausschöpfung der Stichprobe

Ursprüngliche Stichprobe	160	100 %
./. Kriterien der Grundgesamtheit nicht erfüllt	7	4 %
Korrigierte Stichprobe	153	100 %
./. nicht angetroffen	18	12 %
./. vereinbarter Termin kam nicht zustande	5	3 %
./. Interview verweigert	4	3 %
Auswertbare Interviews	126	82 %

In der folgenden Grundauswertung wurde zunächst eine *Überprüfung der Vollständigkeit der Daten* vorgenommen. Die Angaben zu den Variablen, die für die Fragestellungen vorrangig bedeutsam sind – Verhaltensangaben, subjektive Möglichkeit der Verkehrsmittelnutzung, Angaben zum Besitz von Verkehrsmitteln etc. – waren durchgehend vollständig. Bei den Angaben zu den einzelnen Limitierungen (Frage 2.3.) trat ein und bei den PKW-Ausleihmöglichkeiten (Frage 4.2.) traten sieben fehlende Werte auf (daneben einige Auslassungen bei den Zeit- und Kostenschätzungen).

Anschließend wurden die Häufigkeiten der verhaltensrelevanten Bedingungen ermittelt, die trotz der weitgehenden Homogenisierung variieren. Dabei ergaben sich bei dem *Besitz privater Verkehrsmittel* folgende Verteilungen:

Tabelle 13

Häufigkeiten des privaten Verkehrsmittelbesitzes (N=126)

1 Pkw	1 Rad	1 Moped	1 Motorrad	0 Pkw/ 0 Rad	0 Pkw/ 1 Rad	1 Pkw/ 0 Rad	1 Pkw/ 1 Rad
76	64	3	0	17	33	45	31

Diese Verteilungen sind für die Auswertung sehr vorteilhaft, da zwei Verkehrsmittel (nahezu) ganz wegfallen und bei den beiden anderen Verkehrsmitteln relativ große Gruppen bestehen. Damit können Einflüsse des PKW- und des Fahrradbesitzes analysiert werden. Erwartungsgemäß ist dagegen die Zahl der Personen ohne Führerschein sehr gering (N=7), so daß diesbezüglich keine Vergleiche durchgeführt werden können. Bei dem Ausbildungsplatz ergaben sich zwei relativ große Gruppen (Alte Uni N=55 und Neue Uni N=43) und eine weitere Gruppe, die evtl. in Vergleiche einbeziehbar ist (Fachhochschule N=16). Die weiteren Vpn (N=8) sind dagegen zu vernachlässigen, da sie in anderen Gebäuden untergebracht sind oder zu unterschiedlichen Standorten müssen.

6.3.3. Objektiv mögliche Alternativen und ihre Wahrnehmung

Aufbauend auf dieser Grundauswertung wurde die Auswertung zur Beantwortung der Untersuchungsfragestellungen (6.1.) vorgenommen. Die wichtigsten Ergebnisse werden im folgenden nach der dabei zugrundeliegenden Systematik geordnet dargestellt. In diesem Abschnitt wird auf die erste Fragestellung eingegangen:

a) Objektiv mögliche Alternativen:

Zur Bestimmung der objektiven Möglichkeit der Verkehrsmittelnutzung sind neben den Voraussetzungen, die den Individuen zuordenbar sind, eine Vielzahl von objektiven Bedingungen wie Entfernungen und Zeitdistanzen, Haltestellen im ÖPNV etc. von Bedeutung (Darstellung 22).

Für das *PKW-Selbstfahren* werden vorrangig der Besitz eines Führerscheins Klasse 3 und der Besitz bzw. die persönliche Verfügbarkeit eines PKW's als wesentliche Kriterien angesehen. Der Führerscheinbesitz ist objektiv bei der Einwohnermeldebehörde ermittelbar, doch dürften die Angaben der Betroffenen (mit Ausnahme bei vorübergehendem Entzug) als zuverlässige Indikatoren gelten. Danach haben nur 7 Vpn keinen PKW-Führerschein. Das Kriterium Besitz/Verfügbarkeit ist dagegen bereits viel problematischer, da das objektive, juristisch abgesicherte Kriterium des Eintrags der Wagenpapiere (Zulassung) – wie es beispielsweise *Infas* (1971, S. 53 f.) vorschlägt – nicht eindeutig die objektive Verfügbarkeit widerspiegelt. So gaben auf die Frage 3.1. 76 Vpn an, einen PKW zur privaten Nutzung zur Verfügung zu haben (davon nach Frage 3.3. 72 Vpn ausschließlich zur eigenen Nutzung). Von diesen 76 Vpn waren jedoch 32 mal (!) die Wagenpapiere nicht auf die Betroffenen, sondern auf andere Personen (zumeist die Eltern) ausgeschrieben. Das objektive Kriterium der Zulassung wäre also zumindest für die Studentenpopulation sehr ungeeignet. Wenn man die selbstberichteten Angaben über die persönliche Verfügbarkeit als Ersatzindikator heranzieht, steht 76 Vpn die objektive Möglichkeit des PKW-Selbstfahrens offen. Dabei ist noch nicht berücksichtigt, daß die Personen ohne PKW aber mit Führerschein zumindest für einen Teil der Fahrten einen PKW ausleihen können. Das Ausmaß dieser Möglichkeit ist vom Grad der Abgrenzung der Einzelhaushalte und damit der Eindeutigkeit dieser statistischen Trennungslinie abhängig. I. d. R. steht die Leihmöglichkeit nur für einen Teil der gewünschten Ortsveränderungen zur Verfügung (s. Befunde bei *Heggie* 1976a, S. 23 ff.).

Für das *PKW-Mitfahren* werden üblicherweise das Vorhandensein eines PKW's im Haushalt und mindestens ein fahrberechtigtes anderes Haushaltsmitglied als Voraussetzungen angenommen. Nach diesem Kriterium würde diese Alternative für die gesamte Stichprobe entfallen, da es sich um eindeutig abgegrenzte Einzelappartements und damit statistisch gesehen um 1-Personenhaushalte handelt. Dieses Kriterium ist aber unplausibel, da sicherlich für einen Teil der Vpn eine PKW-Mitfahrgelegenheit besteht, wenn auch vermutlich nicht für alle gewünschten Ortsveränderungen. Ein eindeutiges, objektives Kriterium hierfür ist nur schwer zu finden. Aufgrund der Untersuchungsbedingungen erscheint es plausibel zu sein, für alle Vpn eine Mitfahrgelegenheit zu unterstellen.

Das *Motorradfahren* kann vernachlässigt werden, da keine Vp ein Motorrad zur Verfügung hat. Das *Mopedfahren* ist ebenfalls von völlig untergeordneter Bedeutung, da nur 3 Vpn ein Moped besitzen. Für das *Fahrradfahren* steht wie für den PKW nur die selbstberichtete Aussage des persönlichen Besitzes bzw. der Verfügbarkeit als Ersatzindikator für ein eindeutiges, objektives Kriterium zur Verfügung. Wenn unterstellt wird, daß mit dem Besitz eines Fahrrads auch die anderen Voraussetzungen wie die Fähigkeiten/Fertigkeiten zum Fahrradfahren etc. vorliegen, dann besteht für 64 Vpn die objektive Möglichkeit der Radnutzung. Aus der Entfernung und Zeitdistanz ergibt sich für die Fahrt in das Stadtzentrum ebenfalls keine Limitierung. Ebenso wie beim PKW-Selbstfahren besteht für die Nicht-Besitzer für einen Teil der intendierten Ortsveränderungen eine Leihmöglichkeit.

Beim *Zufußgehen* gelten für alle Vpn die gleichen Bedingungen, da in der Stichprobe in keinem Fall gesundheitliche Behinderungen der Gehfähigkeit auftreten. Als vorrangiges Kriterium ist die Entfernung und zeitliche Limitierung zu berücksichtigen. Dabei ist die Festlegung des *Brög'schen* Institutes einer äußeren Grenze der akzeptablen bzw. zumutbaren Zeitdistanz nützlich, da sie das relationale Element der zeitlichen Limitierung berücksichtigt (*Brander* et. al. 1977, S. 84): die Gesamtzeit der Ortsveränderung ist entweder mehr als doppelt so lang oder um mehr als 15 Minuten länger wie mit dem schnellsten Verkehrsmittel. Das Zufußgehen übersteigt mit etwa 45 Minuten einfachem Weg sowohl gegenüber dem Fahrrad wie dem PKW mit jeweils durchschnittlich 15 Minuten beide Grenzen und überschreitet die Zeit für die Straßenbahn um gute 15 Minuten. Deshalb scheidet das Zufußgehen für alle Vpn aufgrund der zeitlichen Limitierung als Möglichkeit aus.

Beim *Taxi* bestehen keine zeitlichen Limitierungen. Bei Einrechnung einer durchschnittlichen Wartezeit von 10-15 Min. ist es etwa der Straßenbahn vergleichbar. Bei der Berechnung ohne die Zeit zwischen Anruf und Eintreffen des Taxis ist es sogar absolut das schnellste Verkehrsmittel. Aufgrund der hohen Kosten (einfache Fahrt etwa DM 7,50) stellt dies jedoch keine reguläre Möglichkeit, sondern nur eine Alternative für einige wenige, besondere Fahrten dar (zum Vergleich: Straßenbahn mit Streifenkarte DM 1,– oder bei Einzelfahrschein DM 1,50). Wenn man zudem die relativ niedrigen Beträge des freiverfügbaren Einkommens der meisten Vpn berücksichtigt, scheidet das Taxi aufgrund dieser finanziellen Limitierung als objektive Möglichkeit aus.

Bei der *Straßenbahn* bestehen für alle Vpn gleiche Bedingungen. Die Haltestelle ist etwa 10 Minuten Fußweg von den Wohnblocks entfernt und liegt damit innerhalb der üblich als erreichbar angesehenen Reichweite. Die durchschnittliche Gesamtreisezeit entspricht den oben dargelegten *Brög'schen* Kriterien. Die Straßenbahn stellt deshalb in den Betriebszeiten von 5.30 bis 24.00 Uhr für alle Vpn eine objektiv mögliche Alternative dar.

Daneben besteht eine *Buslinie,* die kombiniert mit der Straßenbahn ebenfalls für den Zielort Stadtzentrum geeignet ist. Die Haltestelle befindet sich direkt um die Ecke und erspart damit weitgehend den Fußweg zur Straßenbahnhaltestelle. Andererseits ist ein Umsteigevorgang erforderlich. Das Problem besteht vorrangig darin, daß die Fahrtfrequenz teilweise einstündig und teilweise halbstündig ist. Eine über die Abfahrtszeiten informierte Vp hat also objektiv gesehen die Möglichkeit der Nutzung. Bei der üblichen Berechnung der Gesamtfahrtzeit wird jedoch die Hälfte des Fahrttaktes als durchschnittliche Wartezeit veranschlagt. Nach dieser Berechnung scheidet der Bus (kombiniert mit der Straßenbahn) aufgrund der zeitlichen Limitierung als objektive Möglichkeit aus.

Weitere *Verkehrsmittelkombinationen* wie Park + Ride und Bike + Ride sind aufgrund der Untersuchungsbedingungen nicht zu berücksichtigen. Diese Auffassung wurde auch dadurch gestützt, daß in keinem einzigen Fall bei Frage 2.2. eine zusätzliche Kombination als möglich angegeben wurde.

b) Subjektiv mögliche Alternativen:

In einigen wenigen theoretischen Beiträgen wird die Bedeutung der wahrgenommenen Verfügbarkeit von Alternativen für die Erklärung der Nutzung alternativer Verkehrsmittel hervorgehoben (insbesondere *Golob* et. al. 1979). In empirischen Studien wurde dies bisher jedoch weitgehend außer acht gelassen. Eine der wenigen Ausnahmen stellt eine Arbeit von *Tardiff* (1976) dar, bei der jedoch ausschließlich Personen aus Haushalten mit PKW-Besitz nach ihrer subjektiven Busverfügbarkeit gefragt wurden.

Die subjektive Sicht der Verkehrsmittelverfügbarkeit wurde aufgrund der theoretischen Überlegungen (5.1.1.) mit zwei unterschiedlichen aber benachbarten Konzepten erfaßt: zum einen wird abgefragt, welche Verkehrsmittel für den Befragten tatsächlich als *Alternative infragekommen* (Frage 2.1.). Dies entspricht der Variable „evoked set". Zum anderen wird ein vereinfachtes Maß für die *subjektive Möglichkeit der Alternative* erhoben, bei dem nur zwischen möglich und nicht-möglich unterschieden wird (Frage 2.2.). Dies entspricht der Erwartungsvariable *Vroom's*, wobei jedoch keine Wahrscheinlichkeitsabstufungen, sondern nur ein binäres Maß mit E=1 (möglich) und E=0 (nicht-möglich) verwendet wurde. Da die Untersuchung nicht auf die Erklärung eines einmaligen Verhaltens in einer Situation eingegrenzt war, erwies sich diese Vereinfachung teilweise als inadäquat. Beispiele für die daraufhin entwickelten, präziseren Operationalisierungen finden sich im Abschnitt 5.3.3. Die Ergebnisse werden in der Tabelle 14 wiedergegeben:

Tabelle 14
Häufigkeiten der infragekommenden und subjektiv möglichen Verkehrsmittelalternativen (N=126)

Verkehrsmittel	infragekommend	subjektiv möglich
Pkw-Selbstfahren	79 (63 %)	83 (66 %)
Pkw-Mitfahren	61 (48 %)	101 (80 %)
Fahrrad	42 (33 %)	68 (54 %)
Zufußgehen	19 (15 %)	58 (46 %)
Taxi	1 (1 %)	18 (14 %)
Straßenbahn	72 (57 %)	112 (89 %)
Bus (mit Umsteigen)	34 (27 %)	79 (63 %)
Motor. Zweiräder	2 (2 %)	5 (4 %)

c) Vergleich der objektiv und subjektiv möglichen Alternativen:

Beim Vergleich der objektiv möglichen Alternativen mit der subjektiven Wahrnehmung der Alternativenverfügbarkeit besteht ein Problem darin, daß die für die eindeutige Bestimmung der objektiven Möglichkeiten erforderlichen Daten nur teilweise verfügbar sind und beispielsweise beim PKW-Selbstfahren auf subjektiven Angaben der Vpn beruhen. Die folgende Darstellung sollte deshalb nicht dahingehend interpretiert werden, daß die subjektiven Angaben eine verzerrende bzw. verengte Wahrnehmung von den „richtigen", objektiven Möglichkeiten widerspiegeln.

Für das *PKW-Selbstfahren* und das *Radfahren* können die Angaben über die persönliche PKW- bzw. Radverfügbarkeit als Indikatoren für ihre objektiven Möglichkeiten herangezogen werden. Der Vergleich mit den beiden subjektiven Variablen ist in Tabelle 15 wiedergegeben, wobei die vier Vierfeldertafeln aus Vereinfachungsgründen in einer Tabelle zusammengefaßt sind:

Tabelle 15
Vergleich der objektiven und subjektiven Pkw- und Radfahrmöglichkeiten (N=126)

Subjektive Alternativen \ objektive Alternativen			Pkw-Verfügbarkeit 0Pkw	1Pkw			Rad-Verfügbarkeit 0Rad	1Rad
infragekommend. Verkehrsmittel (evoked set)	Pkw-S.	nicht infr.	45	2	Rad	nicht infr.	59	25
		infr.	5	74		infr.	3	39
subj. mögliches Verkehrsmittel (vereinf. E)	Pkw-S.	nicht mögl.	42	1	Rad	nicht mögl.	50	8
		mögl.	8	75		mögl.	12	56

Die Tabelle 15 zeigt auf, daß bei beiden Verkehrsmitteln jeweils ein eindeutiger und enger Zusammenhang zwischen dem objektiven Indikator und den beiden subjektiven Variablen besteht (Chi-Quadrat Test jeweils auf dem 1%-Niveau signifikant, s. Tabelle 18). Dennoch besteht erwartungsgemäß keine völlige Übereinstimmung. Beim Fahrrad fällt auf, daß eine relativ große Minderheit der Vpn mit persönlicher Radverfügbarkeit dieses nicht bei den infragekommenden Verkehrsmitteln nennt. Immerhin 8 von 64 Vpn mit Rad geben es auch nicht bei den möglichen Verkehrsmitteln an. Während beim Fahrrad ein größerer Unterschied zwischen den beiden subjektiven Variablen besteht, ergibt sich beim PKW-Selbstfahren ein stabileres Bild. Dies ist plausibel, da der PKW-Besitz vermutlich viel eindeutiger mit der Nutzung verbunden ist, als dies beim Fahrrad im Stadtverkehr der Fall ist. Bei allen anderen Verkehrsmitteln ergibt sich ebenso wie beim Fahrrad ein größerer Unterschied zwischen den beiden subjektiven Variablen. Aus der Tabelle 14 können die Vergleichsangaben zu den anderen Verkehrsmitteln entnommen werden.

Die bisherigen Ausführungen stellen die Ergebnisse rein deskriptiv auf das jeweilige Verkehrsmittel bezogen dar. Im folgenden ist zu analysieren, welche *Ursachen* die *interindividuelle Variation* in den subjektiven Variablen trotz gleicher objektiver Bedingungen und damit die Abweichungen der subjektiven Angaben von den objektiven Möglichkeiten bewirken. Dabei ist vorrangig die *Gesamtstruktur der objektiven Möglichkeiten* zu nennen: die subjektive Möglichkeit der Nutzung eines Verkehrsmittels hängt nicht ausschließlich von den objektiven Bedingungen bei diesem Verkehrsmittel selbst, sondern zugleich von den Nutzungsmöglichkeiten der anderen Verkehrsmittel ab. Der Einfluß eines anderen Verkehrsmittels ist dabei umso größer, je attraktiver es ist.

Da bei der Straßenbahn, dem Bus und dem Zufußgehen für alle Vpn objektiv gleiche Bedingungen vorliegen, kann damit keine Differenzierung bei den verbleibenden Verkehrsmitteln bewirkt werden. Beim PKW-Mitfahren bestehen möglicherweise aufgrund unterschiedlich enger sozialer Kontakte signifikante Unterschiede in den objektiven Bedingungen. Da dafür aber kein zuverlässiges, eindeutiges Unterscheidungskriterium vorliegt, kann dies nicht überprüft werden. Deshalb verbleiben der PKW und das Fahrrad, bei denen die Angaben über die persönliche PKW- bzw. Radverfügbarkeit als Indikatoren für die objektive Möglichkeit herangezogen werden können und die beide die Stichprobe gut differenzieren (Tabelle 13).

In der Auswertung wurden die Kontingenzkoeffizienten für beide Verkehrsmittel bezogen auf die beiden subjektiven Variablen (infragekommend und subjektiv möglich) berechnet. Der Kontingenzkoeffizient ist ein Maß, das die Enge des Zusammenhangs zweier Variablen wiedergibt und für die vorliegenden Daten geeignet ist. In Abweichung zu den Korrelationskoeffizienten kann er jedoch nicht den maximalen Wert 1.0 annehmen, sondern der maximale Wert ist in diesem Falle 0.707 (*Siegel* 1976, S. 192). Zur Prüfung der statistischen Signifikanz der Zusammenhänge wird der Chi-Quadrat Test für zwei unabhängige Stichproben vorgenommen (a.a.O., S. 191). Da der Koeffizient nur das Ausmaß des Zusammenhangs angibt, wird in der *Tabelle 16* jeweils zusätzlich die Richtung ergänzt. Dabei wird ein Pluszeichen verwendet, wenn die persönliche Verfügbarkeit des PKW's oder Fahrrads die Wahrscheinlichkeit des Infragekommens bzw. der subjektiven Möglichkeit des jeweiligen Verkehrsmittels erhöht und ein Minuszeichen eingetragen, wenn es diese Wahrscheinlichkeit verringert.

Die Ergebnisse machen deutlich, daß zwischen der *persönlichen Fahrradverfügbarkeit* und den subjektiven Angaben zu den anderen Verkehrsmitteln bei beiden Variablen kaum ein Zusammenhang besteht (kein einziger signifikanter Zusammenhang). Die geringere Prägungskraft der Fahrradverfügbarkeit im Vergleich zum PKW wird noch dadurch unterstrichen, daß die Kontingenzkoeffizienten beim Fahrrad selbst etwas geringer sind als die Kontingenzmaße der PKW-Verfügbarkeit beim PKW-Selbstfahren und sowohl negative wie positive Vorzeichen auftreten (s. die Ergebnisse zu den Nutzungspräferenzen in 6.3.6.).

Tabelle 16

Zusammenhang von objektiver Pkw- und Radfahrmöglichkeit mit den infragekommenden und subjektiv möglichen Verkehrsmittelalternativen (N=126)

	Pkw-Verfügbarkeit						Rad-Verfügbarkeit					
	Infragekommend			Subjektiv möglich			Infragekommend			Subjektiv möglich		
	K	R	S	K	R	S	K	R	S	K	R	S
Pkw-Selbstf.	(0.66	+	1 ‰)	(0.65	+	1 ‰)	0.17	–	ns	0.17	–	ns
Pkw-Mitf.	0.30	–	1 ‰	0.23	–	5 %	0.00	0	ns	0.03	+	ns
Fahrrad	0.31	–	1 ‰	0.16	–	ns	(0.51	+	1 ‰)	(0.56	+	1 ‰)
Zufußgehen	0.20	–	5 %	0.22	–	5 %	0.03	–	ns	0.01	–	ns
Straßenbahn	0.50	–	1 ‰	0.18	–	ns	0.08	+	ns	0.16	+	ns
Bus	0.30	–	1 ‰	0.06	–	ns	0.13	+	ns	0.06	+	ns

K: Kontingenz
R: Richtung
S: Signifikanz

Bei der *persönlichen PKW-Verfügbarkeit* ist dagegen relativ durchgängig ein enger und in der Richtung eindeutiger Zusammenhang mit den subjektiven Angaben zu den anderen Verkehrsmitteln festzustellen. Dabei ergeben sich zwischen den Angaben zu den infragekommenden und zu den subjektiv möglichen Verkehrsmitteln deutliche Unterschiede: die Kontingenzmaße sind mit Ausnahme des Zufußgehens bei den infragekommenden Verkehrsmitteln deutlich höher, wobei insbesondere die starken Unterschiede bei der Straßenbahn und dem Bus hervortreten. Der Besitz bzw. die persönliche Verfügbarkeit eines PKW's verringert die Wahrscheinlichkeit in starkem Maße, daß die anderen Verkehrsmittel subjektiv infragekommen. Auf die kognitive Repräsentation dieser Verkehrsmittel hat es dagegen einen geringeren Einfluß. Dennoch variiert auch die subjektive Möglichkeit je nach der persönlichen Verfügbarkeit eines PKW's. Es ist zu vermuten, daß diese anderen Verkehrsmittel zwar weitgehend kognitiv repräsentiert sind (im einfachen Sinne „diese Möglichkeit gibt es auch", ohne unbedingt über die relevanten Bedingungen im einzelnen Bescheid zu wissen), daß aber durch den PKW-Besitz eine interpersonelle Variation der Akzeptanzschwellen bewirkt wird. Eine Vp ohne eigenen PKW wird beispielsweise das PKW-Mitfahren eher als Möglichkeit akzeptieren, als eine Vp, die selbst mit dem PKW fahren kann. Auf diesen Aspekt der interpersonellen Variation der Akzeptanzgrenzen wird im nächsten Abschnitt näher eingegangen, da dies die einzelnen Verhaltenslimitierungen betrifft.

Zur Überprüfung dieser Befunde wurden in einer vertiefenden Auswertung weitere Vergleiche vorgenommen. Zum einen wurden dabei die Gruppen der Vpn mit 1 Fahrrad/0 PKW (N=33) der Gruppe der Vpn mit 1 Fahrrad/1 PKW (N=31) gegenübergestellt. Zum anderen wurde ein Vergleich der Gruppe der Vpn mit 1 PKW/0 Fahrrad (N=45) mit der Gruppe mit 1 Fahrrad/1 PKW (N=31) vorgenommen. Die Ergebnisse dieser Gruppenvergleiche bestätigen eindeutig, daß der PKW starke Auswirkungen auf die subjektiven Angaben der anderen Verkehrsmittel hat, während dies beim Fahrrad nicht festzustellen ist. Der PKW-Besitz „überdeckt" zum Teil die persönliche Verfügbarkeit eines Fahrrads.

d) Zusammenfassung:

Diese Ergebnisse lassen sich in einer vorläufigen *Beantwortung der ersten Fragestellung* zusammenfassen: die Unterscheidung in infragekommende und subjektiv mögliche Verkehrsmittel ergibt bei allen Verkehrsmitteln mit Ausnahme des PKW-Selbstfahrens deutliche Unterschiede. Die Übereinstimmung zwischen objektiven und subjektiven Möglichkeiten variiert bei den Verkehrsmitteln. Sie ist beim PKW-Selbstfahren, aber auch beim Fahrrad relativ groß, während sie etwa beim Zufußgehen oder beim Bus geringer ausgeprägt ist. Die Ergebnisse deuten darauf hin, daß interpersonelle Unterscheide in den äußeren Grenzen des noch als zumutbar akzeptierten bestehen, die diese Abweichungen der subjektiven Angaben von den objektiven Möglichkeiten bewirken. Diese interpersonelle Variation wird insbesondere durch die persönliche PKW-Verfügbarkeit beeinflußt, während die Verfügbarkeit eines Fahrrads bei den spezifischen Untersuchungsbedingungen keine signifikante Wirkungen hat.

6.3.4. Objektiv limitierende Determinanten und ihre Wahrnehmung

a) Objektive Limitierungen:

Trotz der großen Bedeutung der limitierenden Determinanten zur Bestimmung der Verkehrsmittelnutzung gibt es in der verkehrswissenschaftlichen Literatur noch kaum Untersuchungen, die diese direkt zu ihrem Untersuchungsgegenstand haben. Eine Ausnahme stellen die Studien des *Brög'schen* Institutes zum Modell abgestufter Wahlmöglichkeiten (2.4.3.) dar. Aber auch dort wird keine umfassende Analyse vorgenommen, da die Untersuchungen auf das Alternativenpaar ÖPNV vs. PKW eingegrenzt sind.

In diesem Abschnitt ist es nicht erforderlich, nochmals näher auf die *Festlegungen der Limitierungen* einzugehen. Zum einen wurde hierzu bei der sozioökonomischen Analyse der Nutzung alternativer Verkehrsmittel (3.4.2.) eine umfassende allgemeine Diskussion geführt. Zum anderen wurde bei der Festlegung der objektiven Möglichkeiten auf die bei der vorliegenden Befragung wesentlichen Limitierungen bereits ausführlich eingegangen (6.3.3.). Deshalb werden nur knapp einige *wesentliche Kennzeichen zusammenfassend* dargelegt.

Durch das Untersuchungsdesign wurde eine große Zahl von relevanten Merkmalen für alle Vpn vereinheitlicht, die ohne Rückfragen bei den Vpn bekannt sind. Damit handelt es sich um eindeutig objektive, nicht bei den Vpn erhobene Daten (Vorhandensein Straßenbahn und Bus, Haltestellen etc.). Daneben werden in der Befragung einige Merkmale bei den Vpn ermittelt, die relativ eindeutig objektivierbar sind und bei denen nur ein relativ kleiner Interpretationsspielraum besteht (Führerscheinbesitz, abgeschwächt auch persönlicher Besitz/Verfügbarkeit von Fahrrad und PKW etc.). Teilweise sind aber subjektive Aussagen der Vpn als Ersatzindikatoren für objektive Merkmale heranzuziehen, die nur mit großem Aufwand oder gar nicht objektiv erfaßbar sind (Angaben zur Möglichkeit des PKW-Mitfahrens, Leihmöglichkeit eines Fahrrads etc.).

b) Subjektive Limitierungen:

Während die subjektive Wahrnehmung und Bewertung der sogenannten Service-Charakteristika der Verkehrsmittelalternativen in den letzten Jahren verstärkt als eigenständiger Untersuchungsgegenstand angegangen wurde (s. insbesondere die einstellungsorientierten Ansätze in 2.4.2.), liegen zur subjektiven Wahrnehmung der einzelnen Limitierungen bisher noch kaum Untersuchungen vor.

In der Untersuchung werden nur die Vpn, denen das Verkehrsmittel subjektiv nicht zur Verfügung steht bzw. dessen Nutzung ihnen subjektiv nicht möglich ist (Frage 2.2.), nach den Gründen gefragt, warum das nicht möglich ist. Damit werden fiktive Angaben vermieden, deren Aussagegehalt schwer abschätzbar ist (Folge jedoch teilweise geringe Fallzahlen). Es wurde eine standardisierte Vorgabe der „Gründe" gewählt, um die Vergleichbarkeit der Aussagen zu gewährleisten. Zusätzlich wurde je Verkehrsmittel eine offene Antwortkategorie für sonstige Gründe aufgenommen.

In *Tabelle 17* sind die Ergebnisse in Form von absoluten und prozentualen *Häufigkeiten der subjektiven Limitierungen je Verkehrsmittel* zusammengefaßt. Dabei wird bei den Verkehrsmitteln die jeweilige Fallzahl der Vpn angegeben. Beim Zufußgehen tritt ein fehlender Wert auf (s. Grundauswertung in 6.3.2.). Aus Platzgründen wird bei der Kennzeichnung der Limitierungen teilweise nur eine Kurzform der Items angegeben. Da Mehrfachnennungen möglich waren, übersteigt die Zahl der zutreffenden Limitierungen die Fallzahlen je Verkehrsmittel.

c) Vergleich der objektiven und subjektiven Limitierungen:

Beim *PKW-Selbstfahren* und beim *Fahrrad* stimmen die subjektiven Wahrnehmungen der Limitierungen weitgehend mit den objektiven Kriterien überein. Vorrangig ist dabei die persönliche PKW- bzw. Fahrrad-Verfügbarkeit. Beim Fahrrad kommt jedoch hinzu, daß immerhin 10 Vpn (17 %) das Fahrradfahren im Großstadtverkehr als zu gefährlich empfinden und deshalb das Rad als Möglichkeit ausscheidet. Das war bei einer Studentenpopulation nicht von vornherein zu erwarten. Wenn bereits ein Teil der Studenten das Fahrrad als zu gefährlich betrachtet, dürfte dies in anderen Altersgruppen in noch stärkerem Maße der Fall sein. Dies unterstützt die Ergebnisse der Intensivinterviews (6.2.3.).

Beim *Taxi* besteht bei den Vpn, die es als nicht möglich ansehen, eine nahezu völlige Übereinstimmung (106 von insgesamt 108 Vpn) mit der objektiven Festlegung der Limitierung durch zu hohe Kosten. Das Taxi ist das einzige Verkehrsmittel, bei dem der normative Aspekt überhaupt als Limitierung genannt wurde, wenn auch nur von 3 Vpn. Auch beim *Zufußgehen* ergibt sich eine fast vollständige Übereinstimmung (64 von insgesamt 67 Vpn) mit der objektiven Festlegung der Limitierung durch eine zu lange Zeitdauer. Unterstützend wird noch von 14 Vpn der damit verbundene Aspekt der zu großen Beschwerlichkeit angeführt.

Bei *Straßenbahn* und *Omnibus* bestehen nach den objektiven Kriterien keine Begrenzungen des Handlungsspielraums (beim Bus abgeschwächt durch

Tabelle 17
Häufigkeiten der subjektiven Limitierungen je Verkehrsmittel (N=126)

Verkehrsmittel	Kennzeichnung der Limitierung	Limitierung Zutreffend	Limitierung nicht zutref.
Pkw-Selbstfahren (N=43)	1. Kein Führerschein	8 (19 %)	35 (81 %)
	2. Zu unsicher im Großstadtverk.	– (0 %)	43 (100 %)
	3. Kein Pkw verfügbar	40 (93 %)	3 (7 %)
	4. Keine Ausleihmöglichkeit	10 (23 %)	33 (77 %)
	5. Andere Gründe	– (0 %)	43 (100 %)
Pkw-Mitfahren (N=25)	1. Keine Mitfahrgelegenheit	9 (36 %)	16 (64 %)
	2. Zu beschwerlich/umständlich	12 (48 %)	13 (52 %)
	3. Dauert zu lange	3 (12 %)	22 (88 %)
	4. Andere Gründe	4 (16 %)	21 (84 %)
Fahrrad (N=58)	1. Zu unsicher im Großstadtverk.	10 (17 %)	48 (83 %)
	2. Kann nicht radfahren	– (0 %)	58 (100 %)
	3. Schief angesehen werden	– (0 %)	58 (100 %)
	4. zu weit/dauert zu lange	8 (14 %)	50 (84 %)
	5. Besitze kein Fahrrad	47 (81 %)	11 (19 %)
	6. Nicht möglich wegen Kleidung	1 (2 %)	57 (98 %)
	7. Andere Gründe	7 (12 %)	51 (88 %)
Zufußgehen (N=67)	1. Aus gesundheitlichen Gründen	– (0 %)	67 (100 %)
	2. Zu weit/dauert zu lange	64 (96 %)	3 (4 %)
	3. Zu beschwerlich	14 (21 %)	53 (79 %)
	4. Andere Gründe	4 (6 %)	63 (94 %)
Taxi (N=108)	1. Schief angesehen werden	3 (3 %)	105 (97 %)
	2. Dauert zu lange	4 (4 %)	104 (96 %)
	3. Zu teuer	106 (98 %)	2 (2 %)
	4. Andere Gründe	5 (5 %)	103 (95 %)
Straßenbahn (N=14)	1. Nichtauskennen im System	2 (14 %)	12 (86 %)
	2. Schief angesehen werden	– (0 %)	14 (100 %)
	3. Zu beschwerlich/umständlich	10 (71 %)	4 (29 %)
	4. Dauert zu lange	6 (43 %)	8 (57 %)
	5. Keine geeignete Linie vorh.	6 (43 %)	8 (57 %)
	6. Andere Gründe	1 (7 %)	13 (93 %)
Omnibus (N=47)	1. Keine geeignete Linie vorh.	25 (53 %)	22 (47 %)
	2. Nicht auskennen im System	19 (40 %)	28 (60 %)
	3. Schief angesehen werden	– (0 %)	47 (100 %)
	4. Dauert zu lange	7 (15 %)	40 (85 %)
	5. Zu beschwerlich/umständlich	13 (28 %)	34 (72 %)
	6. Andere Gründe	3 (6 %)	44 (94 %)

evtl. Informationsprobleme). Einige Vpn geben dagegen an, daß diese Verkehrsmittel aufgrund der zu langen Fahrtdauer und der damit verbundenen Beschwerlichkeiten subjektiv nicht möglich sind. Dies trifft analog auch auf das *PKW-Mitfahren* zu. Beim Omnibus treten daneben noch häufiger die Aussagen auf, daß keine geeignete Buslinie vorhanden ist (25 Vpn) bzw. daß sich die Vp im System nicht auskennt (19 Vpn). Die erste Aussage ist insofern berechtigt, da keine direkte Buslinie in das Stadtzentrum besteht. Die vorhandene Linie mit Umsteigenotwendigkeit zur Straßenbahn wird von vielen nicht als eigenständige Alternative wahrgenommen.

Wenn man die Beziehung der objektiven und subjektiven Limitierungen nicht nur deskriptiv darstellt, sondern die Gründe der Übereinstimmungen bzw. Abweichungen analysieren will, ist es nützlich, näher auf die Art der Limitierungen einzugehen.

d) Art der Verhaltenslimitierungen:

In den Sozialwissenschaften wird üblicherweise vereinfacht eine Unterteilung vorgenommen in Determinanten, die den Handlungsspielraum begrenzen, und in Determinanten, die innerhalb des verbleibenden Handlungsspielraums die Auswahl der Alternativen bestimmen. Mit den limitierenden Determinanten beschäftigt man sich kaum eingehender, da diese als relativ problemlos angesehen werden. Die Angaben der Vpn zu den Verhaltenslimitierungen (Tabelle 17) legen hierzu folgende *analytische Unterscheidung* der limitierenden Determinanten nahe:

1. direkte Limitierungen, die das Verhalten physisch eindeutig eingrenzen.
2. Akzeptanzlimitierungen, bei denen das Verhalten zwar theoretisch möglich ist (Alternative objektiv vorhanden und verfügbar), bei denen aber die theoretische Möglichkeit aufgrund der sehr ungünstigen Bedingungen subjektiv begrenzt wird.

Diese Unterteilung soll mit einem einfachen *Beispiel* illustriert werden: in einer Stadt ohne Straßenbahn ist eine Nutzung dieses Verkehrsmittels selbst für den Straßenbahnfan eindeutig unmöglich (direkte Limitierung). In einer anderen Stadt gibt es dagegen ein Straßenbahnnetz, doch dauert die Fahrt mit der Straßenbahn für die zu untersuchende Ortsveränderung extrem länger als mit verfügbaren konkurrierenden Verkehrsmitteln und scheidet deshalb als Alternative aus (Akzeptanzlimitierung).

Diese Unterscheidung ist analytischer Natur, da in der Realität Übergänge auftreten können. Beispielsweise können im zweiten Fall des angegebenen Beispiels die Verhältnisse für die Straßenbahn so ungünstig sein, daß dies von einem Teil der Betroffenen wie auch der Planer als „keine Linie vorhanden" interpretiert wird, während es ebenso als eine Begrenzung durch Verletzung der Akzeptanzschwelle betrachtet werden kann. Auch bei den direkten Limitierungen wie beispielsweise fehlenden Fahrfähigkeiten kann die Voraussetzung vollständig oder nur in einem bestimmten Ausmaß verletzt sein. Diese graduelle Abstufung der Fähigkeiten/Fertigkeiten in Beziehung zur Aufgabenschwere und den entsprechenden Erfordernissen liegt der *Vroom'schen* Verwendung der Variable Erwartung zugrunde.

Man kann nun diese Unterscheidung zur Analyse der *Gründe der Übereinstimmungen und Diskrepanzen* von objektiven und subjektiven Limitierungen heranziehen. Beim PKW-Selbstfahren und dem Fahrrad wirken direkte Limitierungen, die die Vpn selbst unmittelbar erleben. Deshalb besteht eine nahezu durchgängige Übereinstimmung zwischen objektiven und subjektiven Limitierungen. Beim Taxifahren liegt eine Akzeptanzlimitierung durch zu hohe Kosten vor, die bei der Studentenpopulation und den vorliegenden Untersuchungsbedingungen so eindeutig wirkt, daß evtl. vorhandene interindividuelle Unterschiede in der Wahrnehmung und Bewertung kaum durchschlagen können. Deshalb besteht ebenfalls eine relativ hohe Übereinstimmung. Auch beim Zufußgehen sind die zeitlichen Zumutbarkeitslimitierungen relativ eindeutig überschritten, jedoch nicht in so gravierender Weise, wie dies beim Taxi bei den Kosten der Fall ist. Deshalb wird das Zufußgehen von mehr Vpn als möglich angesehen (knappe Hälfte). Bei den Vpn, für die das Zufußgehen subjektiv nicht möglich ist, ergibt sich aber eine nahezu vollständige Übereinstimmung mit der objektiven Festlegung der zeitlichen Limitierung.

Bei Straßenbahn und Bus bestehen aufgrund der objektiven Bedingungen für alle Vpn keine direkten oder Akzeptanzlimitierungen. Diese Bedingungen sind jedoch nicht so eindeutig positiv, daß diese Verkehrsmittel von allen Vpn als möglich angesehen werden. Hier können die interindividuellen Wahrnehmungs- und Bewertungsvariationen so durchschlagen, daß für einen Teil der Vpn die Verkehrsmittel inakzeptabel werden, während bei dem anderen, größeren Teil der Vpn diese Schwankungen im qualitativen Bereich innerhalb des subjektiven Handlungsspielraums auftreten.

Die inhaltliche Nähe der Akzeptanzlimitierungen zu den in 5.2.3. diskutierten Akzeptanzschwellen und den Arbeiten von *Simon* ist unübersehbar. Die in dieser Untersuchung gewonnenen Daten können jedoch nur erste Hinweise auf die Bedeutung dieser Art von Limitierungen und deren Übergänge zu den motivationalen Determinanten geben.

e) Zusammenfassung:

Mit diesen Überlegungen kann die *Beantwortung der zweiten Fragestellung* vorgenommen werden: es ist analytisch zwischen direkten, physisch eindeutig wirkenden und Akzeptanzlimitierungen zu unterscheiden. Der Übereinstimmungsgrad zwischen objektiven und subjektiven Limitierungen ist von folgenden Gesichtspunkten abhängig:

– direkte Limitierungen wirken bei den gegebenen Untersuchungsbedingungen i. d. R. so eindeutig, daß das nahezu von allen Befragten wahrgenommen und bei der Befragung wiedergegeben wird. Damit ist eine hohe Übereinstimmung zu erwarten (Beispiele bei vorliegender Studie: Führerschein, persönliche PKW- und Radverfügbarkeit).

- wenn die Grenzen des noch Akzeptierbaren sehr eindeutig verletzt werden, ist dies ebenfalls für alle Vpn erkennbar und etwaige interindividuelle Schwankungen dieser Grenzen können nicht durchschlagen. Damit ist ebenfalls eine hohe Übereinstimmung zu erwarten (Beispiel: Kosten beim Taxi).
- wenn dagegen die Bedingungen weniger ungünstig aber nicht eindeutig positiv sind, können interindividuelle Unterschiede der Akzeptanzschwellen wirksam werden. In diesen Fällen treten gehäuft Unterschiede zwischen den subjektiven und den objektiven Limitierungen auf (Beispiel: Beschwerlichkeit beim PKW-Mitfahren und Bus).

Diese Überlegungen sind auch direkt für die *Beantwortung der ersten Fragestellung* verwendbar, da die einzelnen Limitierungen direkt die subjektiven und objektiven Möglichkeiten und damit die Enge des Zusammenhangs von objektiven und subjektiven Möglichkeiten bestimmen.

6.3.5. Mögliche Verhaltensalternativen und tatsächliche Verkehrsmittelnutzung

Die dritte Fragestellung der Untersuchung (6.1.) zielt darauf ab, den Zusammenhang der subjektiv bzw. objektiv möglichen Alternativen mit der tatsächlichen Verkehrsmittelnutzung näher zu analysieren. Da bei dieser Studie die Verhaltenslimitierungen und die möglichen Alternativen als Untersuchungsgegenstand im Vordergrund des Interesses stehen, wurden die Verhaltensmaße wie allgemein üblich mit selbstberichteten Angaben ermittelt (Fragen 7.1. – 7.7.). Die in den methodischen Überlegungen aufgestellten Anforderungen (5.3.3.) sind damit noch nicht erfüllt. Hierzu wäre ein gesonderter Arbeitsschritt erforderlich, bei dem eine genauere Operationalisierung und Vortestung der Verhaltensmaße vorzunehmen ist (s. die Checkliste der Arbeitsschritte in Darstellung 19). Die Angaben zum tatsächlichen Verhalten wurden jedoch mit dem gleichen Grad der Spezifizierung wie die bisher dargelegten Variablen ermittelt.

Ebenso wurde das Verhalten ex post ermittelt, da mit einer Erhebung des Verhaltens zu einem späteren Zeitpunkt und der damit erforderlichen Zweiteilung der Befragung ein sehr viel größerer Aufwand erforderlich gewesen wäre. Die Ergebnisse zeigen deshalb nur den Grad des Zusammenhangs der Variablen und nicht deren Wirkungsrichtung an. Gemäß den Fragestellungen der Untersuchung werden damit die Verhaltensangaben in der Funktion von äußeren *Validierungskriterien* herangezogen.

a) Tatsächliche Verkehrsmittelnutzung:

Mit der Frage 7.1. wurden die *Verkehrsmittelnutzungsanteile* für die Wege in das Stadtzentrum mit 10%iger Genauigkeit ermittelt. Die Angaben mußten sich dabei zu 100% ergänzen:

Tabelle 18

Nutzungsanteile der Verkehrsmittel (N=126)

Verkehrsmittel	Häufigkeiten der Nutzungsanteile											Arithm. Mittel	Rang
	0 %	10 %	20 %	30 %	40 %	50 %	60 %	70 %	80 %	90 %	100 %		
Pkw-Selbstf.	44	7	6	6	2	12	9	6	13	11	10	0.40	1.
Pkw-Mitfahr.	28	26	23	18	8	12	3	3	3	2	–	0.24	2.
Fahrrad	87	10	6	6	3	5	4	4	1	–	–	0.11	4.
Zufuß	112	12	2	–	–	–	–	–	–	–	–	0.01	6.
Taxi	125	1	–	–	–	–	–	–	–	–	–	0.00	8.
Straßenbahn	67	12	13	6	8	3	10	3	3	–	1	0.17	3.
Bus	103	11	1	2	3	2	–	1	3	–	–	0.06	5.
Moped	124	–	–	–	–	–	1	1	–	–	–	0.01	7.
Pkw (gesamt)	8	8	12	11	4	5	9	6	9	11	43	0.64	–
ÖPVN	58	12	12	6	8	6	6	9	7	1	1	0.23	–

Aus der Tabelle 18 geht die eindeutige Dominanz des PKW-Selbstfahrens hervor. Das PKW-Mitfahren hat den zweithöchsten durchschnittlichen Anteil und liegt damit sogar noch etwas höher als der ÖPNV insgesamt. Zugleich tritt hier die geringste Quote von Vpn auf, die diese Alternative gar nicht in Anspruch nehmen (nur 22 % der Vpn). Um die *Zusammenhänge* zwischen der *Nutzung der verschiedenen Verkehrsmittel* etwas näher zu analysieren, wurde eine Korrelationsmatrix der Nutzungsanteile der am häufigsten genutzten Verkehrsmittel berechnet. Da die Verteilungen stark von der Normalverteilung abweichen, ist dafür der Rangkorrelationskoeffizient nach *Spearman* geeignet (*Siegel* 1976, S. 193 ff.):

Tabelle 19

Korrelationsmatrix der Verkehrsmittelnutzungsanteile

(*Spearman's* rho) (N = 126)

	Pkw-Selbstfahren	Pkw-Mitfahren	Straßenbahn	Fahrrad
Pkw-Selbstfahren	1.00			
Pkw-Mitfahren	– 0.34 b)	1.00		
Straßenbahn	– 0.63 b)	+ 0.01	1.00	
Fahrrad	– 0.42 b)	– 0.26 a)	+ 0.13	1.00

a) = 1 % sign.
b) = 1 ‰ sign.

Auf eine weitergehende Analyse der Angaben zum Verhalten in Richtung einer Typologisierung der Verkehrsmittelnutzer wird verzichtet, da die Nutzung nicht im Vordergrund der Untersuchungsinteressen steht.

65 Vpn geben zur Frage 7.4. an, daß bei ihnen Unterschiede in den Verkehrsmittelanteilen zwischen *Tag und Abend/Nacht* auftreten. Diese situativ bedingten Variationen (5.1.4.) zeigen sich insbesondere bei der Abhängigkeit des Fahrradfahrens von der Tageszeit bzw. Dunkelheit: abends wird von den Vpn sehr viel weniger bzw. gar nicht radgefahren. Auch viele der Vpn, die die Straßenbahn nutzen, fahren abends seltener oder gar nicht Straßenbahn. Beim PKW-Selbstfahren gleichen sich die Anteile der Vpn, die das abends häufiger oder ausschließlich tun, mit den Vpn weitgehend aus, die abends selbst weniger mit dem PKW fahren. Das PKW-Mitfahren wird dagegen abends von vielen Vpn häufiger bzw. ausschließlich genutzt. Dies bewirkt u. a. auch den sehr hohen durchschnittlichen Anteil des PKW-Mitfahrens und die eher geringen Anteile der Straßenbahn und des Radfahrens.

Bei den Angaben zu den *Nutzungshäufigkeiten* (Frage 7.6. und 7.7.) wurde überprüft, ob – wie häufig behauptet wird – die Verfügbarkeit eines PKW's die Mobilität erhöht. Entgegen dieser These ergab sich weder für die Häufigkeiten der am Tag noch der am Abend und in der Nacht zurückgelegten Wege ein signifikanter Zusammenhang (*Kendall's* tau –0.04 bzw. 0.09 und in der Gesamthäufigkeit 0.04; s. vergleichbar *Hautzinger & Kessel* 1977, S. 40 ff.).

b) Zusammenhang der subjektiv möglichen und der infragekommenden Alternativen mit der tatsächlichen Verkehrsmittelnutzung:

Für die Fragestellung der Untersuchung ist es bedeutsam, ob ein enger und eindeutiger Zusammenhang zwischen der *Variable „subjektiv mögliche Alternative"* und der tatsächlichen Nutzung der Verkehrsmittel besteht. Diese Variable ist eine vereinfachte Operationalisierung der *Vroom'schen* Erwartungs-Variable. Der Ansatz enthält die Hypothese, daß bei E = 0 (hier operationalisiert: Alternative subjektiv nicht möglich) das betreffende Verkehrsmittel nicht genutzt wird. Er enthält jedoch keine Aussage darüber, daß bei E = 1 (hier operationalisiert: Alternative subjektiv möglich) die Alternative tatsächlich genutzt wird. Dies ist von den Valenzen und Instrumentalitäten dieses und der konkurrierenden Verkehrsmittel mit E = 1 abhängig. Ergänzend zu der *Vroom'schen* Variable kann der Zusammenhang der *Variable „infragekommende Alternative"* mit der tatsächlichen Nutzung untersucht werden.

In der Auswertung wurden die Verkehrsmittelanteile analog zu der Vereinfachung der *Vroom'schen* Erwartungsvariable in Nutzung vs. Nichtnutzung unterschieden. Zur deskriptiven Analyse des Zusammenhangs dieser vereinfachten Nutzungsvariable mit den subjektiv möglichen und den infragekommenden Alternativen wurden Vierfeldertafeln erstellt. Die Stärke des Zusammenhangs wurde mit Kontingenzkoeffizienten ermittelt und dazu mit dem Chi Quadrat-Test die Signifikanz ermittelt. Da die methodischen Voraussetzungen (Mindestzellenbesetzungen) beim Taxi und den motorisierten Zweirädern nicht erfüllt sind, entfallen diese statistischen Maße in der folgenden *Tabelle 20,* in der die Ergebnisse dieses Auswertungsschrittes zusammengefaßt dargestellt werden. Auf eine Richtungsangabe (analog zur Tabelle 16) wird verzichtet, da die Koeffizienten einheitlich in die gleiche positive Richtung gehen.

Die Aussage des *Vroom'schen* Ansatzes, daß bei *E = 0 diese Alternative nicht genutzt* wird, trifft für das Fahrrad, das Taxi und die motorisierten Zweiräder exakt zu. Beim Zufußgehen, der Straßenbahn, dem Bus und dem PKW-Selbstfahren gibt es nur bei sehr wenigen Vpn Abweichungen. Bei der detaillierteren Auswertung der prozentualen Verkehrsmittelanteile dieser Vpn ergibt sich, daß die Anteile jeweils nur 10 % bzw. bei einer Vp beim PKW-Selbstfahren 20 % betragen. Es ist bedeutsam, daß dies auch bei den Verkehrsmitteln zutrifft, deren Nutzung durch Akzeptanzlimitierungen begrenzt wird. Dieses

Tabelle 20
Zusammenhang der subjektiv möglichen und der infragekommenden Alternativen mit der tatsächlichen Nutzung (N=126)

		subj. Alternative			subj. Möglichkeit		
		nicht infr.	infr.	Kont./ Sign.	nicht mögl.	mögl.	Kont./ Sign.
Pkw-Selbstfahren	Nichtnutzung	41	3	0.65	40	4	0.66
	Nutzung	6	76	1 ‰	3	79	1 ‰
Pkw-Mitfahren	Nichtnutzung	20	8	0.21	11	17	0.25
	Nutzung	45	53	5 %	14	84	1 %
Fahrrad	Nichtnutzung	80	7	0.63	58	29	0.53
	Nutzung	4	35	1 ‰	0	39	1 ‰
Zufuß	Nichtnutzung	104	8	0.53	67	45	0.32
	Nutzung	3	11	1 ‰	1	13	1 ‰
Taxi	Nichtnutzung	125	0	–	108	17	–
	Nutzung	0	1	–	0	1	–
Straßenbahn	Nichtnutzung	51	16	0.58	13	54	0.27
	Nutzung	3	56	1 ‰	1	58	1 %
Bus	Nichtnutzung	87	16	0.48	45	58	0.27
	Nutzung	5	18	1 ‰	2	21	1 %
Moped	Nichtnutzung	124	0	–	121	3	–
	Nutzung	0	2	–	0	2	–

Ergebnis kann aufgrund der bereits angesprochenen Eingrenzungen zwar nicht als Prüfung der Kausalität interpretiert werden, doch kann es als ein *Hinweis* auf eine *hohe Konsistenz* und damit vermutlich eine *befriedigende Validität* der subjektiven Wahrnehmung der Möglichkeit aufgefaßt werden.

Beim PKW-Mitfahren ergeben sich dagegen sehr viel mehr Vpn-Abweichungen. Einige dieser Vpn nutzen das PKW-Mitfahren auch mit einem höheren prozentualen Anteil (1 Vp mit 50 %, 3 Vpn mit 30 % und 4 Vpn mit 20 %). Es ist zu vermuten, daß diese Abweichungen u.a. durch die zu starke Vereinfachung der *Vroom'schen* Erwartungsvariable bedingt sind. Das PKW-Mitfahren ist bei den betreffenden Vpn vermutlich zumeist nicht möglich, in einigen Situationen aber möglich. Damit besteht eine *Situationsabhängigkeit der Limitierung* (5.1.4.), die bei dieser Verhaltensalternative am stärksten auftritt.

c) Zusammenhang der objektiv möglichen Verhaltensalternativen mit der tatsächlichen Nutzung:

Wie in 6.3.3. bereits ausführlich dargelegt wurde, sind bei den *objektiv möglichen Alternativen* nur für das PKW-Selbstfahren und das Fahrrad differenzierende Indikatoren vorhanden. Deshalb wurden zunächst der Zusammenhang der persönlichen PKW-Verfügbarkeit – als Indikator für die objektive Möglichkeit – mit der Nutzung des PKW-Selbstfahrens und analog dazu die Fahrradverfügbarkeit ausgewertet. Diese beiden Indikatoren sind jedoch nicht nur Indikatoren für die objektive Möglichkeit des entsprechenden Verkehrsmittels: sie sind vielmehr zugleich durchgehend für die Nutzung auch der anderen Verkehrsmittel prägend, da sie die Zusammensetzung des objektiv zur Verfügung stehenden Alternativensets bestimmen (6.3.3.). Die Ergebnisse dieses Auswertungsschrittes sind in der *Tabelle 21* enthalten. Dabei werden neben den Kontingenzkoeffizienten zusätzlich die Richtungen der Zusammenhänge angegeben, da diese nicht einheitlich sind:

Diese Befunde zeigen plausible Zusammenhänge zwischen der persönlichen Verkehrsmittelverfügbarkeit und der Nutzung auf. Bei der Fahrradverfügbarkeit bestehen keine signifikanten Bezüge zu der Nutzung der anderen Verkehrsmittel. Die PKW-Verfügbarkeit ist dagegen stark negativ mit den öffentlichen Verkehrsmitteln korreliert. Zugleich überdeckt sie teilweise den Einfluß der Fahrradverfügbarkeit. Diese Ergebnisse geben erneut Hinweise auf eine gute interne Konsistenz der Daten. Dies wird insbesondere bei einem Vergleich mit den in Tabelle 16 wiedergegebenen Befunden deutlich: bei der PKW- bzw. Fahrradverfügbarkeit ergeben sich sowohl in der Richtung wie in der Höhe gleichlaufende Zusammenhänge mit den Einschätzungen der subjektiven Möglichkeiten bzw. der infragekommenden Alternativen und mit der tatsächlichen Nutzung. Diese Zusammenhänge der subjektiven und objektiven Variablen mit der tatsächlichen Verkehrsmittelnutzung als Außenkriterium können als Beleg für eine *befriedigende Validität* der Konstruktmessung dienen.

Ebenso wie der *Vroom'sche* Ansatz die Aussage enthält, daß bei E=0 diese Alternative nicht genutzt wird, sollte bei den entsprechenden objektiven Indikatoren keine Nutzung vorkommen. Beim Fahrrad treten nur bei 2 von 39 Vpn Abweichungen auf, während beim PKW-Selbstfahren immerhin 9 von 82 Vpn keinen PKW persönlich verfügbar haben und dennoch teilweise diese Alternative benutzen (davon 2 Vpn mit 40 %). Das bedeutet, daß nicht nur die PKW-Zulassung bei der Studentenpopulation ein sehr ungeeignetes Kriterium ist, sondern neben der persönlichen PKW-Verfügbarkeit auch das Leihen eine gewisse Rolle spielt. Ähnlich wie beim PKW-Mitfahren ist es jedoch wahrschein-

Tabelle 21

Zuammenhang von objektiver Pkw- und Radfahrmöglichkeit mit der tatsächlichen Verkehrsmittelnutzung (N=126)

		Pkw-Verfügbarkeit					Rad-Verfügbarkeit				
		0	1	K	R	S	0	1	K	R	S
Pkw-Selbstfahren	Nichtnutzung	41	3	0.63	+	1 ‰	17	27	0.15	–	ns
	Nutzung	9	73				45	37			
Pkw-Mitfahren	Nichtnutzung	10	18	0.04	–	ns	13	15	0.03	–	ns
	Nutzung	40	58				49	49			
Fahrrad	Nichtnutzung	25	62	0.32	–	1 ‰	60	27	0.51	+	1 ‰
	Nutzung	25	14				2	37			
Zu Fuß	Nichtnutzung	43	69	0.07	–	ns	53	59	0.11	–	ns
	Nutzung	7	7				9	5			
Strassenbahn	Nichtnutzung	9	58	0.50	–	1 ‰	37	30	0.13	+	ns
	Nutzung	41	18				25	34			
Bus	Nichtnutzung	32	71	0.35	–	1 ‰	53	50	0.09	+	ns
	Nutzung	18	5				9	14			

K : Kontingenz
R : Richtung
S : Signifikanz

lich, daß diese Leihmöglichkeit nur für einen Teil der Ortsveränderungen zur Verfügung steht.

Bei den sonstigen Alternativen wurden aufgrund von Zumutbarkeitslimitierungen das Taxi und das Zufußgehen für alle Vpn als objektiv nicht möglich gekennzeichnet. Wie die Angaben in Tabelle 18 aufzeigen, wird das Taxi tatsächlich bei dieser Population für die Wege in das Stadtzentrum nicht verwendet. Dagegen gehen wider Erwarten immerhin 14 Vpn zu Fuß, wenn auch mit einem sehr geringen Anteil. Eine vertiefende Auswertung erbrachte dabei ein *interessantes Ergebnis:* 12 dieser 14 Vpn haben ihren Ausbildungsort an der Alten Universität. Diese liegt direkt am günstigsten Fußweg von den Wohnblocks zur Innenstadt und teilt die Wegstrecke etwa in zwei Hälften (s. Darstellung 22). Damit kommt diese Alternative bei Bildung von Wegeketten objektiv in den Bereich des Möglichen. Zudem wird dadurch der lange Weg auch subjektiv unterteilt und damit eher akzeptabel.

e) Zusammenfassung:

Mit den Ergebnissen und Überlegungen dieses Abschnitts kann die *Beantwortung der dritten Fragestellung* vorgenommen werden. Dabei ist zu berücksichtigen, daß aufgrund des Untersuchungsdesigns und der Operationalisierung der Verhaltensmaße die Aussagen nicht im Sinne eines Ursache-Wirkungs-Verhältnisses zu interpretieren sind.

- die Angaben zur subjektiven Möglichkeit der Alternativennutzung decken sich relativ durchgängig mit den Aussagen des *Vroom'schen* Ansatzes: nur sehr wenige Vpn nutzen ein Verkehrsmittel, obwohl es für sie subjektiv nicht möglich ist. Das gilt nicht nur für die Verkehrsmittel mit einer eindeutigen direkten Limitierung, sondern auch für solche Verkehrsmittel, bei denen Akzeptanzlimitierungen dominant sind. Nur beim PKW-Mitfahren tritt eine größere Zahl von Abweichungen auf. Dies ist vermutlich auf die situativ variierende Verfügbarkeit dieser Alternative zurückzuführen.
- die Variable „objektive Möglichkeit der Alternativen" ist bei meinen Untersuchungsbedingungen für einige Verkehrsmittel ungünstiger als die subjektive Einschätzung der Möglichkeit, da damit die Vpn nicht differenziert werden können. Beim PKW-Selbstfahren und beim Fahrradfahren ergeben sich etwas mehr Abweichungen zur Nutzung als bei der subjektiven Variable. Praktisch gesehen sind die Unterschiede aber nicht bedeutsam.
- die beiden subjektiven Variablen „subjektiv mögliche" und „infragekommende Alternative" differenzieren recht gut. Die Ergebnisse sind plausibel und die Zusammenhänge zur Nutzung liegen in der erwarteten Richtung.
- insgesamt sprechen die gefundenen Zusammenhänge zwischen der Nutzung einerseits und der subjektiven bzw. der objektiven Möglichkeit sowie den infragekommenden Alternativen andererseits für eine *befriedigende Validität* der Operationalisierungen.

6.3.6. Verkehrsmittel-Nutzungspräferenzen

In Ergänzung zu den Variablen, die für die Fragestellungen dieser Untersuchung vorrangig bedeutsam sind, wurden noch einige zusätzliche Aspekte erhoben (s. die Übersicht in 6.3.1.).

Mit einer vereinfachten Operationalisierung wurde ein Indikator für die Nutzungspräferenzen der einzelnen Verkehrsmittel gewonnen. Theoretisch gesehen entspricht dieser *in etwa* der Valenz 1. Ebene im *Vroom'schen* Modell, doch wird dieser Indikator nicht durch die Einzelabfrage der Valenzen 2. Ebene und deren Instrumentalitäten, sondern durch eine globale Abfrage je Alternative ermittelt. Diese Abfrage wird zudem ebenso wie beim Verhalten ex post vorgenommen. Eine Testung des *Vroom'schen* Ansatzes ist damit entsprechend den methodischen Voraussetzungen nicht adäquat vorzunehmen und ist auch gemäß den Fragestellungen dieser Untersuchung nicht beabsichtigt. Dieser Indikator soll vielmehr als Maß für die *subjektive Attraktivität der Alternativen* dienen.

Die Nutzungspräferenzen wurden nicht im Sinne von allgemeinen Einstellungen zu den Verkehrsmitteln abgefragt, sondern ebenso wie das Verhalten und die subjektive Möglichkeit auf die Ortsveränderungen in die Innenstadt bezogen (zum Grundsatz des gleichen Spezifizierungsgrades ausführlich *Held* 1981b). Die Präferenzen waren unabhängig davon anzugeben, ob die Alternative persönlich verfügbar ist oder nicht.

Die Angaben wurden mit einem Rangreihen-Verfahren erhoben. Dabei war jeweils eine Bindung zugelassen, da die Vortestungen ergeben hatten, daß der PKW nicht von allen Befragten in Selbst- und Mitfahren unterteilt wird und ebenso der ÖPNV für einige Vpn ein einheitliches Konzept darstellt. Tatsächlich geben 26 Vpn beim PKW-Selbstfahren und -Mitfahren und 28 Vpn beim Omnibus und der Straßenbahn einen gleichen Rangplatz an. Zwischen anderen Verkehrsmittel-Paaren gibt es dagegen sehr viel weniger Bindungen (Taxi-Zufuß immerhin noch bei 13 Vpn, sonst nur sehr wenige). Das deutet darauf hin, daß für einen Teil der Vpn die Verkehrsmittel nicht entsprechend der *in dieser Studie festgelegten* Alternativen repräsentiert sind, sondern ein geringerer Differenzierungsgrad vorliegt. An dieser Stelle müßten vertiefende Untersuchungen ansetzen, die noch näher an die realen Abläufe herangehen und in denen ermittelt wird, was aus der *Sicht der Verkehrsteilnehmer* die wesentlichen Handlungsalternativen sind.

In der folgenden Tabelle 22 werden die Häufigkeiten der Rangplätze je Verkehrsmittel und deren Mediane in der Reihenfolge ihrer durchschnittlichen Präferenz dargestellt. Durch die Bindungen ergeben sich bei den Rangplätzen unterschiedliche Gesamthäufigkeiten.

Die Nutzungspräferenzen stimmen in der Gesamttendenz mit den Nutzungsanteilen der Verkehrsmittel (s. Tabelle 18) überein. Bei einer interindividuellen Auswertung des Zusammenhangs der Präferenzen mit den fünf am meisten genutzten Verkehrsmitteln – bei den anderen differenzieren die Nutzungsanteile zu schwach – ergeben sich durchgehend auf dem 1%-Niveau signifikante Korrelationskoeffizienten (nach *Spearman*) zwischen 0.49 beim Fahrrad und 0.35 beim Bus.

In einer anschließenden Auswertung wurde dieser Zusammenhang für die Vpn gesondert berechnet, für die die jeweilige Alternative subjektiv möglich ist (E=1). Wiederum treten durchgehend auf dem 1%-Niveau signifikante Koeffizienten auf, die insbesondere beim Fahrrad mit 0.56 und beim PKW-Selbstfahren mit 0.52 deutlich höher liegen als die Werte für alle Vpn. Dies belegt die in 6.3.5. dargelegte naheliegende Vermutung, daß die Höhe der Abweichungen, bei denen Vpn die Alternative als subjektiv möglich ansehen und sie dennoch

Tabelle 22
Nutzungspräferenzen der Verkehrsmittel (N=126)

Verkehrsmittel \ Präferenzen	Rangplätze 1.	2.	3.	4.	5.	6.	7.	Median
Pkw-Selbstfahren	64	28	9	12	6	7	–	1.48
Pkw-Mitfahren	55	44	12	7	5	2	1	1.68
Fahrrad	21	24	29	25	24	3	–	3.12
Straßenbahn	10	26	34	27	22	6	1	3.29
Bus	1	17	33	35	19	16	5	3.84
Zufuß	1	2	3	13	22	50	35	5.94
Taxi	1	1	3	10	13	35	63	6.50
Summe	153	142	123	129	111	119	105	

nicht nutzen (Tabelle 20), von der subjektiven Attraktivität der Verkehrsmittel abhängig ist.

Aus den Auswertungsbefunden der Vpn, für die die Alternative subjektiv nicht möglich ist (E=0), lassen sich *unterstützende Hinweise* auf die in Abschnitt 6.3.4. *zur Unterscheidung der limitierenden Determinanten* in direkte und Akzeptanzlimitierungen angestellten Überlegungen ableiten. Die Verkehrsmittel, deren Nutzung eindeutig durch Akzeptanzlimitierungen eingeschränkt wird, wie das Taxi oder das Zufußgehen, erhalten fast durchgängig sehr negative Nutzungspräferenzen. Beim PKW-Selbstfahren gibt es dagegen eine relativ große Gruppe von Vpn (N=17), die diese Alternative mit dem 1. Rang bewertet, obwohl diese Alternative für sie subjektiv nicht möglich ist und sie auch objektiv nicht über einen PKW verfügen können. Bei dieser Alternative dominieren eindeutig die direkten Limitierungen. Auch beim Fahrradfahren gibt es 6 Vpn mit subjektivem E=0 und ohne Fahrradverfügbarkeit, die das Fahrrad dennoch auf den 1. Rangplatz einstufen. Bei den anderen Alternativen, die vorrangig durch Zumutbarkeitslimitierungen begrenzt werden, treten dagegen entweder gar kein 1. Rang (Bus) oder nur jeweils zwei 1. Ränge (PKW-Mitfahren und Straßenbahn) auf.

Diese, insbesondere beim PKW-Selbstfahren deutlichen Ergebnisse, belegen die Nützlichkeit der Unterscheidung in direkte und Akzeptanzlimitierungen. Wenn auch die Nutzung eines Verkehrsmittels ausschließlich durch direkte Limitierungen eingegrenzt wird, kann diese Alternative dennoch eine sehr hohe Attraktivität besitzen. Eine Eingrenzung durch die Verletzung von Akzeptanzschwellen ist dagegen mit einer relativ geringen subjektiven Attraktivität verbunden. Es bestehen *Übergänge* zwischen den *Akzeptanzlimitierungen* und den *motivationalen Determinanten.*

Diese Befunde sollen noch mit einer weiteren Tabelle beispielhaft verdeutlicht werden. Die Mehrzahl der in meiner Untersuchung relevanten Alternativen werden entweder eindeutig durch direkte oder eindeutig durch Akzeptanzlimitierungen dominiert. Beim *Fahrrad* treten jedoch *beide Arten von Limitierungen* auf. Deshalb können bei dieser Alternative die Vpn danach unterschieden werden, aufgrund welcher Art der Limitierung sie subjektiv die Alternative nicht nutzen können (Tabelle 17). In der Tabelle 23 wird dies vergleichend für zwei Zumutbarkeitslimitierungen („zu unsicher" und „zu weit/zu lange dauernd") und eine direkte Limitierung („besitze kein Fahrrad") dargestellt:

Tabelle 23

Nutzungspräferenzen beim Fahrrad in Abhängigkeit der Limitierungen (N=58)

(Vpn Fahrrad subjektiv nicht möglich)

Limitierungen / Präferenzen	„zu unsicher im Großstadtverk."		„zu weit/dauert zu lange"		„besitze kein Rad"	
	zutreffend	nicht zutref.	zutreffend	nicht zutref.	zutreffend	nicht zutref.
1. Rang	–	6	–	6	6	–
2. Rang	–	7	–	7	7	–
3. Rang	–	10	1	9	10	–
4. Rang	3	14	4	13	16	1
5. Rang	6	10	3	13	8	8
6. Rang	1	1	–	2	–	2
Summe	10	48	8	50	47	11

Diese Ergebnisse stellen die *eindrucksvollste empirische Stützung* meiner Untersuchung für die Unterscheidung der Limitierungen und der damit verbundenen Thesen dar. Es muß jedoch betont werden, daß diese Befunde nur explorierenden Charakter haben. In weiteren Untersuchungen müssen die Hypothesen gezielt unter variierenden Bedingungen getestet werden.

Die Ergebnisse zu den Wahrnehmungen der Zeiten und Kosten in physischen bzw. monetären Einheiten (Minuten und DM) finden sich bei *Held* (1980, S. 397 ff.). Dabei werden insbesondere aus dem Vergleich der objektiven und subjektiven Werte die Einflüsse der Attribuierungs- und Beeinflussungsspielräume verdeutlicht.

6.4. Zusammenfassung

Es wurde nicht eine einmalige Testung des *Vroom'schen* Ansatzes vorgenommen, sondern es wurden einzelne Studien zu Teilaspekten durchgeführt, die sich gemäß dem Baukastenprinzip in eine umfassende Konzeption zur Anwendung des *Vroom'schen* Ansatzes einfügen. Dabei sollte die *Exploration,* die Suche nach den grundlegenden Determinanten der Nutzung alternativer Verkehrsmittel im Vordergrund stehen (Untersuchungen nicht auf Generalisierbarkeit ausgerichtet). Diese Festlegung spiegelt sich sowohl in der Verwendung qualitativer Verfahren, den teilweise geringen Fallzahlen als auch der Auswahl der Vpn wider.

Im Rahmen dieser allgemeinen Festlegungen wurden mit den Untersuchungen *zwei Hauptzielrichtungen* verfolgt, die der zweiten und der dritten Untersuchungsstufe der von mir erarbeiteten Checkliste für die empirische Anwendung des *Vroom'schen* Ansatzes entsprechen (s. Darstellung 19):

1. Bestimmung und Analyse der verhaltensrelevanten Ziele;
2. Bestimmung und Analyse der verhaltenslimitierenden Determinanten und möglichen Verhaltensalternativen.

Die *spezifischen Fragestellungen* lassen sich jeweils direkt aus den beiden ersten Arbeitsschritten dieser Untersuchungsstufen ableiten.

Für die Beantwortung der Fragestellung zur *Bestimmung und Analyse der verhaltensrelevanten Ziele* wurden eine Literaturanalyse (Verkehrswissenschaften und Motivationspsychologie), eine Gruppendiskussion als Exploration I (9 Gruppen; N=38), ein Intensivinterview als Exploration II (N=23) und ein Expertenrating in Form einer schriftlichen Befragung (N=54) durchgeführt (Übersicht in Darstellung 20).

Die Ergebnisse der *qualitativen Auswertung* der beiden explorativen Studien wurden zum einen direkt als Anregungen in die Konzeption der vorangehenden Kapitel eingearbeitet. Zum anderen wurden diese Ergebnisse in Ergänzung zu der parallel dazu durchgeführten Literaturanalyse für die endgültige Erstellung und inhaltliche Klassifizierung der umfassenden Liste der potentiell verhaltensrelevanten Ziele verwendet. Als Ausgangspunkt dieser Zielliste wurde aufgrund der motivationspsychologischen Literaturanalyse die *Liste der psychogenen Bedürfnisse von Murray* herangezogen. Die in Darstellung 21 abgebildete *„umfassende Zielliste"* verdeutlicht die Vielfalt der Ziele, die tatsächlich oder potentiell – bei entsprechenden Bedingungen – die Verkehrsmittelwahl im Rahmen des Handlungsspielraumes bestimmen.

Aus der quantitativen inhaltsanalytischen Auswertung eines Teilbereichs des Intensivinterviews und den Ergebnissen des Expertenratings können die Tendenzen der Zielbedeutsamkeiten abgeleitet und damit das *Set der vorrangig verhaltensbestimmenden Ziele* bestimmt werden. Dabei ergibt sich unter den derzeit gegebenen Bedingungen aus beiden Untersuchungen der *eindeutige Vorrang dreier Zielkategorien:* Zeit, Bequemlichkeit und Unabhängigkeit. Aus den gesellschaftlichen Bedingungen und Entwicklungstrends können Hinweise auf die *Gründe dieser Vorrangigkeit* abgeleitet werden. Daneben sind einige weitere Ziele, wie die Zuverlässigkeit, Aufrechterhaltung der Privatsphäre („crowding") und Kosten etc. (s. Tabellen 4 und 8), verhaltensrelevant. Diese sind jedoch den drei zunächst genannten Kategorien in ihrer Bedeutung tendenziell (nicht je Einzelperson) eindeutig nachgeordnet.

Bei einer detaillierten Analyse dieser durchschnittlich auftretenden Tendenzen der Zielbedeutsamkeiten wird die *starke Abhängigkeit der Zielrelevanz von den Anregungsbedingungen* deutlich. Insbesondere bei den Verkehrsmitteln sind sehr unterschiedliche Ziele vorrangig: unter den bestehenden Bedingungen dominiert beim Fahrrad die Sicherheit, beim Omnibus die Wahrung der Privatsphäre, beim Taxi die Kosten, beim PKW die Unabhängigkeit und beim Zufußgehen die Kategorie körperliche Funktionslust (Tabelle 6). Dies ist in bezug auf den bestehenden Forschungsstand das *herausragende Ergebnis* der Studien zur ersten Hauptzielrichtung, da in den bisherigen Verkehrsmittelwahluntersuchungen diese Abhängigkeit von den Anregungsbedingungen noch nicht systematisch berücksichtigt wird.

Die Ergebnisse zeigen jedoch zugleich auf, daß aufgrund der in starkem Maße *vereinheitlichenden Bedingungen* eindeutige Tendenzen für ein einheitliches Set an relativ durchgängig verhaltensbestimmenden Zielen vorliegen. Auch die verkehrsmittelspezifischen Ziele sind ebenfalls relativ durchgängig bei allen Verkehrsteilnehmern relevant. In den relativen Bedeutsamkeitsabstufungen treten jedoch interindividuelle Unterschiede auf, die in den Valenzen 2. Ebene erfaßt werden. Für Untersuchungen, die sich auf einen Zeitpunkt oder kurzen Zeitraum beziehen, läßt sich also bezüglich eines vergleichbaren, einheitlichen Zielsets ein relativ positives Fazit für die Anwendbarkeit des *Vroom'schen* Ansatzes ziehen.

Für die Beantwortung der Fragestellungen der zweiten Hauptzielrichtung, *Analyse der Verhaltenslimitierungen und möglichen Alternativen,* wurde eine Untersuchung in Form eines standardisierten Interviews durchgeführt. Durch das Design und die Auswahl der Untersuchungspopulation sollte eine möglichst weitgehende Homogenisierung der verkehrsrelevanten Bedingungen erreicht werden, um die Vergleichbarkeit zu gewährleisten und den Aufwand für die Erfassung der objektiven Bedingungen in einem realisierbaren Rahmen zu halten. Deshalb wurde als *Untersuchungseinheit* eine Studentenpopulation mit einheitlichem Wohnstandort (Einzelappartements in Studentenwohnblöcken) und die Innenstadt als einheitlichem Zielort herangezogen. Insgesamt erfüllten 126 Vpn die Kriterien der Grundgesamtheit bei einer Ausschöpfung der Stichprobe von 82 %.

Bei der Analyse zur ersten Fragestellung werden die Probleme der *Bestimmung der objektiv möglichen Alternativen* deutlich aufgezeigt: so ist beispielsweise bei der Studentenpopulation die PKW-Zulassung kein geeignetes Kriterium für das PKW-Selbstfahren, steht für das PKW-Mitfahren bei 1-Personenhaushalten kein eindeutiges objektives Kriterium zur Verfügung etc. Bei den subjektiven Variablen wird zwischen den Variablen *„infragekommende"* und *„subjektiv mögliche Alternative"* (vereinfachte Variante der *Vroom'schen* Variable Erwartung) unterschieden, deren Ergebnisse recht gut differenzieren (Tabelle 14). Die Übereinstimmung zwischen den *objektiven und subjektiven Möglichkeiten* ist beim PKW-Selbstfahren und auch dem Fahrrad relativ groß. Bei den anderen Verkehrsmitteln bestehen dagegen größere Unterschiede. Diese interpersonelle Variation der Wahrnehmung der subjektiven Möglichkeit der anderen Alternativen wird insbesondere durch die persönliche PKW-Verfügbarkeit beeinflußt, während bei den gegebenen Untersuchungsbedingungen die Fahrradverfügbarkeit keine signifikanten Wirkungen hat.

Im nächsten Analyseschritt wurden die *einzelnen limitierenden Determinanten,* die den Handlungsspielraum eingrenzen, eingehender untersucht. Dabei wurde die subjektive Wahrnehmung der Limitierungen je Verkehrsmittel differenziert erfaßt (Tabelle 19). Eine Analyse dieser subjektiven Limitierungen und ein Vergleich der objektiven und subjektiven Limitierungen legt folgende *analytische Unterscheidung der Verhaltenslimitierungen* nahe:

1. direkte Limitierungen (Verhalten wird physisch eindeutig eingegrenzt);
2. Akzeptanzlimitierungen (Limitierung aufgrund sehr ungünstiger Bedingungen).

Mit dieser Unterscheidung können die *Gründe des Übereinstimmungsgrades* zwischen objektiven und subjektiven Limitierungen analysiert werden: direkte Limitierungen wirken i. d. R. so eindeutig, daß sie nahezu von allen Vpn wahrgenommen und bei der Befragung angegeben werden. Dies bewirkt eine hohe Übereinstimmung (Beispiel: PKW-Verfügbarkeit beim PKW-Selbstfahren). Wenn Akzeptanzschwellen sehr eindeutig verletzt werden, ist dies ebenfalls für alle Vpn erkennbar und interindividuelle Schwankungen dieser Grenzen können nicht durchschlagen. Damit ist ebenfalls eine hohe Übereinstimmung zu erwarten (Beispiel: Kosten beim Taxi). Wenn dagegen die Bedingungen weniger ungünstig aber nicht eindeutig positiv sind, können interindividuelle Unterschiede der Akzeptanzschwellen wirksam werden. In diesen Fällen treten gehäuft Unterschiede zwischen den subjektiven und den objektiven Limitierungen auf (Beispiel: Beschwerlichkeit beim Omnibus).

Diese analytische Unterscheidung der Verhaltenslimitierungen stellt das *herausragende Ergebnis* dieser Untersuchungen dar, da damit aufgezeigt wird, daß zwischen den Limitierungen und den innerhalb des verbleibenden Handlungsspielraums wirkenden motivationalen Determinanten *Übergänge* bestehen. Dies wird durch einen Untersuchungsbefund bezüglich der Nutzungspräferenzen (Indikator für die subjektive Attraktivität der Verkehrsmittel) sehr eindeutig gestützt: da beim Fahrrad beide Arten von Limitierungen auftreten, konnte hier ein Vergleich der Nutzungspräferenzen vorgenommen werden. Bei den Vpn mit direkter Limitierung ergeben sich eindeutig positivere Präferenzen als bei den Vpn, für die das Fahrrad aufgrund einer Akzeptanzlimitierung nicht möglich ist (Tabelle 23).

Die Angaben der Vpn zur *tatsächlichen Verkehrsmittelnutzung* dienten vorrangig als Außenkriterium zur Validierung der Operationalisierung der Konstrukte. Die Ergebnisse geben Hinweise auf eine befriedigende Validität der Operationalisierungen der subjektiven Variablen. Der Zusammenhang zwischen den Verkehrsmittel-Nutzungsanteilen und der subjektiven Möglichkeit ist beim PKW-Selbstfahren und dem Fahrrad etwas günstiger als der Zusammenhang mit den Kriterien der objektiven Möglichkeit. Praktisch gesehen sind die Unterschiede aber nicht bedeutsam.

Zusammenfassend betrachtet, wird an den Ergebnissen erneut die Unterschiedlichkeit der Verkehrsmittel sowohl im Hinblick auf die motivationalen wie die limitierenden Determinanten deutlich. Mit den Untersuchungen wurden einige der Arbeitsschritte ausgeführt, wie sie in der Checkliste für die empirische Anwendung des *Vroom'schen* Ansatzes aufgeführt sind. Auf diesen Ergebnissen kann in weiteren Untersuchungen aufgebaut werden.

7. Perspektiven

7.1. Stellenwert der Ergebnisse

7.1.1. Beantwortung der Ausgangsfragestellung

In *theoretischer Hinsicht* besteht der wichtigste Beitrag meiner Arbeit in einer Systematisierung der Verkehrsmittelwahlansätze der Verkehrsnachfrageforschung, der damit verbundenen Einordnung der verschiedenen Variablen (-arten) und dem Aufzeigen der Problembereiche der bestehenden Ansätze:

- bei der Analyse der Verkehrsmittelwahl steht die *Nutzung* im Mittelpunkt der Betrachtung. Bei den konsumtheoretisch fundierten Verkehrsmittelwahlansätzen wird dagegen die Nutzung alternativer Verkehrsmittel vereinfacht als *Kauf*verhalten betrachtet. Das Kaufverhalten ist jedoch nur ein Teil des gesamten Konsumprozesses. Wenn man dagegen die Verkehrsmittelnutzung in ihrer ganzen Komplexität (Stellung in den verschiedenen Phasen des Konsumprozesses, Arten der Konsumobjekte etc.) analysiert, wird deutlich, daß zwischen ökonomischen und sozialwissenschaftlichen Ansätzen kein Gegensatz besteht, sondern nur unterschiedliche Analyseschwerpunkte vorliegen.
- die Unterteilung in objektiv meßbare und nicht quantifizierbare Determinanten als „subjektivem Rest" behindert die adäquate Analyse der Verkehrsmittelwahl, da die Mechanismen der Wirkungen objektiver Bedingungen in ihrer Vermittlung über den Organismus der Person damit nicht erfaßbar sind. Die Unterscheidung in *subjektive* und *objektive Variablen* gilt sowohl für limitierende wie motivationale Determinanten.
- der Begriff *„Situation"* darf weder mit den Verhaltenslimitierungen noch mit der *Umwelt* gleichgesetzt werden. Die Situation kennzeichnet vielmehr umfassend Person und Umwelt in einer eingegrenzten Raum-Zeit-Einheit.
- die theoretische Unterscheidung in *limitierende Determinanten,* die den Handlungsspielraum eingrenzen, und in *motivationale Determinanten,* die das Verhalten innerhalb des verbleibenden Handlungsspielraums bestimmen, muß bei der empirischen Anwendung berücksichtigt werden. So können beispielsweise nicht einfach PKW- und Führerscheinbesitz etc. zu den anderen Variablen wie Zeit und Kosten addiert werden, wie dies in Anwendungen von disaggregierten verhaltensorientierten Modellen vorkommt. Gewichtungskoeffizienten von Personen ohne reale Wahlmöglichkeit können nicht ohne weiteres mit Gewichten von Personen mit Auswahlmöglichkeit verglichen werden.
- werden analytisch *Evaluation* (Bewertung) und *Kognition* (Wahrnehmung,

Antizipation etc.) unterschieden, so muß dies bei den empirischen Untersuchungen entsprechend berücksichtigt werden. Bei kombinierter Erfassung (kognitive Evaluation, wahrgenommene Befriedigung etc.) ist die subjektive Bedeutsamkeit bereits weitgehend enthalten. Deshalb kann eine zusätzliche Erfassung einer subjektiven Gewichtung von Attributen bzw. Zieldimensionen keine nennenswerte Erhöhung der Erklärungskraft bewirken.

Daneben werden die in der Verkehrsnachfrageforschung bisher weitgehend vernachlässigten *motivationalen Grundlagen des Verhaltens* systematisch dargelegt und erörtert. Bei der ausgewählten kognitiven Motivationstheorie werden zugleich die kognitiven Komponenten in den motivationalen Prozeß einbezogen. Die subjektiven Variablen des *Vroom'schen* Ansatzes, mit denen Handlungstendenz und Auswahl unter Alternativen erklärt werden sollen, werden nicht isoliert analysiert, sondern sie werden in den umfassenden *Interaktionsprozeß von Person und Umwelt* eingeordnet (Darstellung 16). Damit wird aufgezeigt, daß das menschliche Verhalten in der Auseinandersetzung von Person und Umwelt zustandekommt. Der Mensch ist zugleich ein *passives,* durch die Umwelt begrenztes und beeinflußtes und ein *aktives,* die Umwelt gestaltendes Wesen. Für meinen Untersuchungsgegenstand läßt sich daraus ableiten, daß alle Maßnahmen von Verkehrsplanern und -managern die verkehrsrelevante Umwelt der (potentiellen) Verkehrsteilnehmer beeinflussen. Eine reine Anpassungsplanung kann es deshalb nicht geben. Zugleich aber wird auch verdeutlicht, daß der Verkehrsteilnehmer nicht völlig passiv in der Art eines Automaten auf Veränderungen reagiert. Er ist nicht beliebig beeinflußbar.

Die ausführliche Diskussion der VIE-Theorie und deren Umsetzung ist nicht nur für die Verkehrsnachfrageforschung, sondern auch für die *angewandte psychologische Forschung* verwertbar. In den bisher vorliegenden empirischen Anwendungen wurden viele der aufgezeigten Aspekte übersehen bzw. nicht genügend genau beachtet. Auch die Darlegung der Beziehungen zu strukturähnlichen Ansätzen der Einstellungs- und Entscheidungstheorien ist für die psychologische Forschung relevant, da die Bereiche in starkem Maße nebeneinander her entwickelt werden. In der praktischen Anwendung werden die Ansätze teilweise inadäquat vermischt, da die Ähnlichkeiten und Unterschiede nicht genügend berücksichtigt werden.

Die *methodischen Überlegungen und Vorschläge* sind ebenfalls für die empirische Anwendung im Bereich der Verkehrsmittelwahl wie verschiedenste andere Verhaltensbereiche verwendbar. Es wird aufgezeigt, daß ein Teil der diskutierten Problemfelder nicht für den *Vroom'schen* Ansatz spezifisch sind, sondern daß diese durch bestimmte Charakteristika des Untersuchungsgegenstandes bedingt sind. Beispielsweise ist für die Nutzung alternativer Verkehrsmittel nicht nur eine Zieldimension verhaltensrelevant, sondern die Verkehrsmittelwahl wird durch mehrere Ziele beeinflußt (multithematisch bestimmtes Verhalten). Damit stellt sich aber unvermeidlich die Frage, wie diese Ziele kombiniert werden. Aufgrund der Vielzahl der diskutierten Fragen und der im Arbeitsbereich gewonnenen Erfahrungen empfiehlt es sich, nicht vorrangig umfassende Testungen des gesamten Ansatzes vorzunehmen, sondern Studien zu einzelnen Problembereichen und Hypothesen durchzuführen. Da bei derartigen Einzeluntersuchungen die Gefahr der Isolierung besteht, wird eine *Forschungsstrategie* aufgezeigt, die dem Baukastenprinzip entspricht: die einzelnen Studien erbringen dabei für sich allein genommen verwertbare Ergebnisse. Sie sind jedoch zugleich Arbeitsschritte eines umfassenderen Untersuchungsplans.

Die gemäß dieser Strategie durchgeführten *empirischen Untersuchungen* zu einzelnen Arbeitsschritten können als Bestätigung der Vorteilhaftigkeit dieser Vorgehensweise dienen. Die empirischen Befunde stellen bereits direkt verwertbare Ergebnisse dar (beispielsweise zu den Tendenzen der Zielrelevanz etc.). Zugleich können sie als Ausgangsbasis für weitere Einzelstudien und sich daran anschließende umfassende Testungen des *Vroom'schen* Ansatzes dienen. Für die Verkehrsmittelwahlforschung ist die starke *Abhängigkeit* der Zielrelevanz von den *verkehrsrelevanten Bedingungen* eines der allgemein bedeutsamen Ergebnisse der Untersuchungen zur Analyse der verhaltensbestimmenden Ziele, da dies bisher noch zu wenig systematisch berücksichtigt wird. Da die Untersuchungen als Querschnittsanalyse durchgeführt wurden, wird diese Abhängigkeit vorrangig an den Unterschieden der Zielrelevanz bei den Verkehrsmitteln deutlich, für die teilweise sehr verschiedenartige Verkehrsbedingungen herrschen. Die Untersuchungsergebnisse der Analyse der Verhaltenslimitierungen zeigen auf, daß die *objektiven Limitierungen* und deren *subjektive Wahrnehmung* keine gegensätzlichen Erklärungsfaktoren darstellen. Sie können vielmehr beide als verhaltenserklärende Variablen herangezogen werden, wobei bei den verschiedenen Verkehrsmitteln unterschiedlich enge Zusammenhänge mit der tatsächlichen Nutzung bestehen.

Obwohl der *Vroom'sche* Ansatz nicht umfassend empirisch getestet wurde, lassen sich aus den Untersuchungen dennoch *Aussagen zu der Ausgangsfragestellung* meiner Arbeit, nach dem Erklärungsbeitrag der kognitiven Motivationstheorie zur Nutzung alternativer Verkehrsmittel ableiten: beim standardisierten Interview bestehen für die Befragten objektiv relativ attraktive Bedingungen für das PKW-Selbstfahren im Vergleich zum ÖPNV (Straßenbahn und Omnibus). Die Ergebnisse zeigen deutlich die Dominanz des PKW's bei den Nutzungsanteilen und dessen Abhängigkeit von der persönlichen PKW-Verfügbarkeit. Bei entsprechend eindeutigen Bedingungen zugunsten des PKW's und der Eingrenzung der Fragestellung auf die Nutzung ÖPNV vs. PKW (-Selbstfahren) kann man mit den üblicherweise in disaggregierten Modellen verwendeten objektiv gemessenen Variablen PKW-Besitz (Limitierung) und Zeit und Kosten (Service-Qualitäts-Variablen) einen hohen Erklärungsanteil erzielen. Für derart einfache Fragestellungen mit eindeutigen Bedingungen reichen objektive Indikatoren aus. Interindividuelle Unterschiede, beispielsweise in der Wahrnehmung und Bewertung der Zeit und Kosten, können nur in geringem Ausmaß auf das Verhalten durchschlagen und deshalb kaum eine erhöhte Erklärungskraft gegenüber den objektiven Indikatoren bewirken. Wie die Ergebnisse aber belegen, kann mit den subjektiven Variablen – hier aufgezeigt an subjektiven Limitierungen – tendenziell eine in etwa gleich hohe Erklärungskraft erzielt werden.

Aber wenn man nun, wie dies bei meiner Untersuchung geschehen ist, die Fragestellungen auf andere Verhaltensalternativen ausweitet, sind die Bedingungen nicht mehr so eindeutig: beispielsweise entstehen beim Fahrradfahren nahezu keine Kosten. Die durchschnittliche Zeitdauer entspricht etwa der des PKW-Selbstfahrens. Dennoch wirkt der Fahrradbesitz nicht so eindeutig auf die Nutzung wie dies beim PKW-Besitz der Fall ist. Demzufolge müssen zur Erklärung weitere Determinanten einbezogen werden und es können sich interindividuelle Bewertungs- und Wahrnehmungsunterschiede stärker auswirken. Damit sind allgemein gesehen für die Art der Erklärungsansätze die relativen *Bedingungen* der Verkehrsmittelalternativen von vorrangiger Bedeutung. Diese sind in starkem Maße von den jeweiligen *Fragestellungen* (insbesondere der Einbeziehung verschiedener Verkehrsmittelarten) abhängig. Zu unterscheiden sind Bedingungen, die den Handlungsspielraum limitieren und Bedingungen, die das Verhalten innerhalb des Handlungsspielraumes bestimmen.

Mit diesen Ergebnissen und Überlegungen kann die *Ausgangsfragestellung beantwortet* werden:

1. bei sehr vereinfachten Fragestellungen und eindeutigen Bedingungen kann die kognitive Motivationstheorie keine zusätzliche Erklärungskraft gegenüber Modellen mit einigen wenigen objektiven Indikatoren erbringen. Sie müßte jedoch tendenziell den gleichen Erklärungsbeitrag leisten.
2. wenn die Bedingungen dagegen nicht eindeutig zugunsten eines Verkehrsmittels bestehen und die Fragestellungen auf unterschiedliche Verkehrsmittel erweitert werden, reichen die konventionellen objektiven Indikatoren (Zeit, Kosten, PKW-Besitz bzw. Einkommen) nicht aus und es müssen weitere Determinanten einbezogen werden. Die Berücksichtigung interindividueller Bewertungs- und Wahrnehmungsunterschiede müßte die Erklärungskraft tendenziell erhöhen.
3. der Erklärungsbeitrag vereinfachter objektiver Indikatoren ist von der Eindeutigkeit der zugrundeliegenden Abgrenzungskriterien abhängig. Beispielsweise kann die Brauchbarkeit der objektiven PKW-Verfügbarkeit je Haushalt durch enge soziale Bindungen zwischen den Haushalten vermindert werden. Dadurch werden subjektive Erklärungsgrößen erforderlich, wie sie in der kognitiven Motivationstheorie enthalten sind.

Diese Aussagen beziehen sich zunächst auf die *Reichweite der kognitiven Motivationstheorie,* wie sie ursprünglich konzipiert wurde: kurzfristiges individuelles Verhalten in einer Entscheidungssituation. Inwieweit die Theorie auch darüberhinaus gute Annäherungen an die Nutzung alternativer Verkehrsmittel erbringen kann, ist abzuklären. In einem ersten Schritt wurden in meiner Arbeit die subjektiven Variablen des *Vroom'schen* Ansatzes in den umfassenden Person-Umwelt-Interaktionsrahmen eingefügt.

7.1.2. Relevanz für Verhaltenstheorien

Aufgrund des explorativen Charakters der empirischen Untersuchungen wurden neben den Ergebnissen zu den ersten Arbeitsschritten der Anwendung des *Vroom'schen* Ansatzes darüber hinausgehende Hinweise auf die *Verhaltensrelevanz von Akzeptanzschwellen* gefunden, die m. E. von gleichrangiger Bedeutung für die Verkehrsnachfrage- und die psychologische Forschung sind:

- bei der qualitativen Auswertung der Gruppendiskussion und des Intensivinterviews (1. Hauptzielrichtung) ergab sich, daß das Fahrrad von einigen Vpn nicht als Verhaltensalternative im Stadtverkehr akzeptiert wird, da es nach ihrer Auffassung zu unsicher ist. Dies gilt unabhängig von den sonstigen Vor- und Nachteilen (nahezu keine Kosten, relativ schnell und unabhängig etc.).
- die Ergebnisse der Analyse der Verhaltenslimitierungen (2. Hauptzielrichtung) legen eine analytische Unterteilung in direkte und Akzeptanzlimitierungen nahe. Damit lassen sich die Ursachen der Unterschiede zwischen den objektiven Limitierungen und ihrer subjektiven Wahrnehmungen genauer angeben.
- diese Unterteilung zeigt auf, daß zwischen den Verhaltenslimitierungen und den innerhalb des Handlungsspielraums wirkenden motivationalen Determinanten Übergänge bestehen. Diese Übergänge bestehen darin, daß die Zieldimensionen der motivationalen Determinanten nicht nur innerhalb des Handlungsspielraums wirken, sondern sie können diesen auch begrenzen, wenn Mindeststandards bezüglich der Merkmalsausprägungen verletzt sind.
- Da bei dem standardisierten Interview beim Fahrrad sowohl direkte wie Akzeptanzlimitierungen auftreten, konnte diese These des Übergangs zwischen Limitierungen und motivationalen Determinanten empirisch geprüft werden. Die Ergebnisse stellen einen ersten Beleg dar, der die These stützt (Tabelle 23).

Diese Überlegungen sind für die Verkehrs*praktiker* nicht neuartig. So werden beispielsweise bei der Planung und dem Betrieb des ÖPNV's bereits seit längerer Zeit maximal zumutbare Zeitdistanzen und Grenzen der Haltestellenerreichbarkeiten verwendet. Dagegen ist in der Verkehrsnachfrage*forschung* die einfache Unterteilung in Limitierungen und Service-Qualitäts- bzw. Einstellungs-Variablen üblich. Als Ausnahme ist im *Brög'schen* Ansatz abgestufter Wahlmöglichkeiten die zeitliche Limitierung einbezogen, ohne daß darauf theoretisch näher eingegangen wird. Meine Ergebnisse belegen, daß nicht nur die Zeit, sondern potentiell alle verhaltensrelevanten Zieldimensionen bei Verletzung von Akzeptanzgrenzen limitierend wirken können.

Diese explorativen Ergebnisse und die daraus abgeleiteten theoretischen Folgerungen sind für die *Verhaltens- bzw. Handlungstheorien* allgemein von Bedeutung (auf die Problematik der Unterscheidung von Verhalten und Handeln kann hier nicht eingegangen werden; s. *Kaufmann-Mall* 1978, S. 11): Ausgangspunkt ist die grundsätzliche analytische Unterteilung der Verhaltensdeterminanten in Limitierungen des Handlungsspielraums und innerhalb des Handlungsspielraums wirkende Determinanten, wie sie allen Handlungs-, Motivations- und Entscheidungstheorien etc. einschließlich des *Vroom'schen* Ansatzes zugrundeliegt. Bei *Rüttinger* et. al. (1974, S. 99) werden diese beiden Determinantenkomplexe anschaulich als die Bereiche des „Könnens" und „Wollens" umschrieben. Die jeweiligen Variablen, Fähigkeiten und Fertigkeiten etc. für die Limitierungen und verschiedene Zieldimensionen für die motivationalen Determinanten (in den verschiedenen Forschungsrichtungen mit unterschiedlichen Begriffen bezeichnet), werden als unabhängig betrachtet. Nach meinen Überlegungen werden die Limitierungen in einem zweiten Schritt analytisch in direkte und Akzeptanzlimitierungen unterteilt. Damit werden die Zieldimensionen, die in der ursprünglichen Fassung nur innerhalb des Verhaltensspielraums relevant sind, potentiell auch als Limitierungen verhaltenswirksam. Zugleich wirken sie bei akzeptablen Attributsausprägungen innerhalb des Handlungsspielraums. Bei dieser Konzeption sind die motivationalen und limitierenden Determinanten also nicht mehr voneinander unabhängig, sondern es können Übergänge auftreten. In Darstellung 23 wird dieses Ausgangs- und das erweiterte Grundschema der Handlungstheorien übersichtsartig zusammengefaßt.

Diese Grundvorstellung des Übergangs der Verhaltensdeterminanten deutet darauf hin, daß die bei *Simon* und den prozeßorientierten Ansätzen der Entscheidungstheorien betonte Vorauswahlfunktion der Akzeptanzschwellen („was sind akzeptable, in die engere Auswahl einzubeziehende Alternativen") im Vordergrund steht. Im Gegensatz zu *Simon* stelle ich jedoch die These auf (*Held,* 1980, S. 257 ff.), daß die Akzeptanzschwellen nicht nur aufgrund der kognitiven Grenzen der Informationsverarbeitungskapazitäten, sondern generell verhaltenswirksam sind.

Die Überlegungen zu den Übergängen zwischen Limitierungen und motivationalen Determinanten und zu der Bedeutung der Akzeptanzschwellen sind unvermeidlicherweise noch sehr allgemein und explorativ, da in meiner Arbeit die Übertragung des *Vroom'schen* Ansatzes auf den Untersuchungsgegenstand Nutzung alternativer Verkehrsmittel im Vordergrund stand.

Darstellung 23
Übliches und erweitertes Grundschema der Handlungstheorien

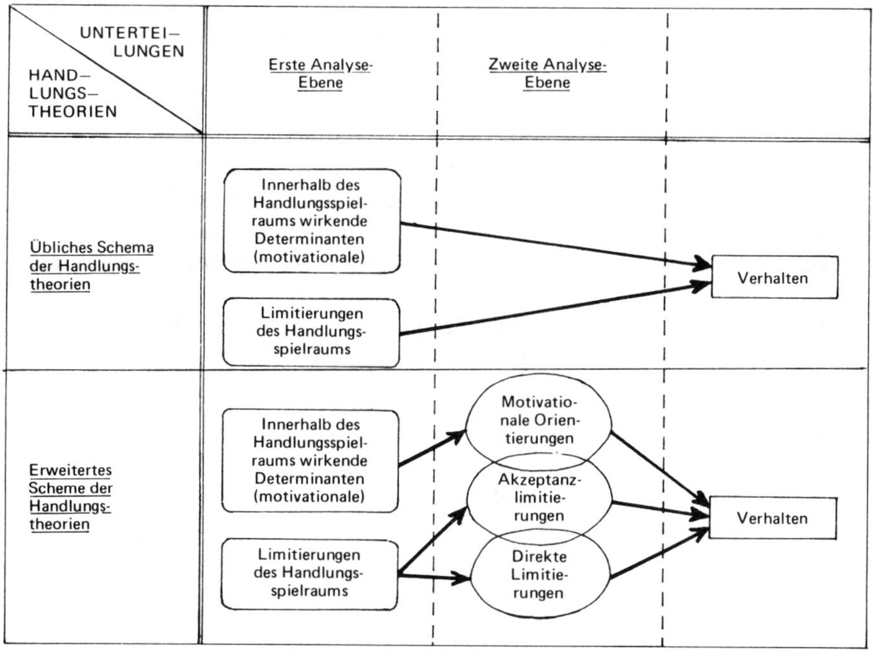

7.2. Vorschläge für die weitere Forschung

Das weitere empirische Vorgehen zur *Anwendung der kognitiven Motivationstheorie* ist durch die Arbeitsschritte der Checkliste (Darstellung 19) bereits vorgezeichnet. Aufbauend auf den in dieser Arbeit durchgeführten Untersuchungen empfehlen sich weitere Studien zu einzelnen Aspekten des Ansatzes, wie beispielsweise die Operationalisierung und Vortestung der Verhaltensmaße und die Operationalisierung der Variablen Valenz und Instrumentalität etc. Erst im Anschluß daran sollten Untersuchungen zur umfassenden Testung des *Vroom'schen* Ansatzes durchgeführt werden. Wie der Untersuchungsstufe „Auswertung" der Checkliste zu entnehmen ist, sollten diese umfassenden Untersuchungen nicht ausschließlich auf die Auswertung der nach der linear-additiven Kombinationsregel zusammengefaßten Gesamtscores und die prozentualen Erklärungsanteile fixiert sein. Vielmehr sind getrennte Auswertungen je Zieldimension (bei denen viel geringere methodische Probleme bestehen), Typenbildungen und Extremgruppenvergleiche je Zieldimension vorzunehmen. Allgemein entspricht dies der Betonung des *Verstehens* der Verhaltens- und Entscheidungsprozesse gegenüber dem bisher zumeist dominierenden Streben nach einem möglichst hohen *„Fit"* in Studien mit ex-post Design.

Diese Untersuchungen sollten nicht auf Laborexperimente und Befragungen zu einem Zeitpunkt begrenzt bleiben, sondern es sollten in verstärktem Maße *Feldstudien* mit quasi-experimentellem Charakter sowie *Zeitreihenerhebungen* durchgeführt werden. Dies ist einerseits aus methodischen Gründen zur Konstruktvalidierung und Analyse des Ursache-Wirkungs-Verhältnisses bedeutsam (5.3.2.). Zum anderen sind Untersuchungen dieser Art in stärkerem Maße praktisch verwertbar. Dies gilt insbesondere für Studien, in denen Veränderungen im Verkehrssystem evaluiert werden. Sowohl in theoretischer wie praktischer Hinsicht sind *vergleichende Untersuchungen mit systematisch variierten Bedingungen* durchzuführen, mit denen ermittelt werden kann, unter welchen Bedingungen welche Arten von Determinanten in welchem Maße bedeutsam sind. Hierzu kann der Person-Umwelt-Interaktionsrahmen herangezogen werden.

Neben der Anwendung der kognitiven Motivationstheorie werden in meiner Arbeit weitere Aspekte der Verkehrsmittelwahl behandelt. Daraus sind *Vorschläge für Schwerpunkte der Verkehrsnachfrageforschung* abzuleiten:

- Akzeptanzschwellen: Prüfung der Adäquatheit der analytischen Unterscheidung der Limitierungen und der These des Übergangs von motivationalen und limitierenden Determinanten;
- Verkehrsmittelnutzer-Typenbildung: Untersuchung der Verkehrsmittelnutzung je Person in der Gesamtbetrachtung und darauf aufbauende Typenbildung (Ableitung aus Diskussion der Stabilität der Situationsbedingungen, 5.1.4.);
- Elemente des Handlungsspielraums: Analyse der Elemente des Handlungsspielraums (Fixiertheitsgrad der Ankunftszeiten, Zielorte etc.) und deren Zusammenhänge mit der Verfügbarkeit der Verkehrsmittel und den primären Aktivitäten der Ortsveränderung;
- Gewohnheitsmäßiges Verhalten (5.2.4.): insbesondere Untersuchung der Aspekte, die sich aus der Dynamisierung von Ansätzen ergeben, die ursprünglich zur Erklärung von kurzfristigem Verhalten konzipiert wurden.

Bei diesen Vorschlägen für die weitere Forschung ist zu beachten, daß die *Reichweite* der jeweiligen Ansätze genauer analysiert wird und damit zugleich die *Bezüge der verschiedenen Forschungslinien* aufgezeigt werden. Damit sollen zum einen fruchtlose Debatten über – nicht vorhandene – „Gegensätze" vermieden werden, wie sie in der Verkehrsnachfrageforschung bereits aufgetreten sind (Beispiel: Diskussion um Erklärungsanteile „konventioneller objektiver" Variablen vs. „weicher subjektiver" Variablen). Zum anderen soll damit die Sammlung einer Vielzahl unverbundener Einzelergebnisse (ad-hoc Theorien) vermieden werden, wie dies in verschiedensten Anwendungsbereichen der Sozialwissenschaften geschieht.

Es ist selbstverständlich, daß in der zukünftigen Verkehrsnachfrageforschung neben der Durchführung dieser Vorschläge für empirische Untersuchungen mit verschiedenen Stoßrichtungen die *Entwicklung relevanter Richtungen der Sozialwissenschaften* (Entscheidungstheorien, Theorien der Informationsverarbeitung, umweltpsychologische Theorien etc.) einzubeziehen ist.

7.3. Praktische Umsetzung

Die Ergebnisse und Überlegungen meiner Arbeit sind für die praktische Anwendung von Bedeutung, da sie ein umfassendes Verständnis der Determinanten der Verkehrsnachfrage im Teilbereich Verkehrsmittelwahl vermitteln (sollen). Beispielsweise wird durch die Einbettung der *Vroom'schen* Variablen in den Austauschprozeß von Person und Umwelt und durch die empirischen Befunde zur Abhängigkeit der Verhaltensdeterminanten von den verkehrsrelevanten Bedingungen aufgezeigt, daß es eine reine „Anpassungsplanung" nicht geben kann. Wäre dies den Verkehrsplanern bewußt gewesen und hätten sie dies bei ihren Planungen adäquat berücksichtigt, hätte man sich enorme Unkosten und einen Teil der durch den und im Verkehr verursachten Probleme ersparen können.

Die Differenzierung der Verkehrsnachfragedeterminanten in verschiedene Variablen eröffnet unterschiedliche Ansatzpunkte für Beeinflussungsstrategien und Maßnahme-Wirkungsanalysen: derartige Strategien können beispielsweise die Veränderung der objektiven Systemcharakteristika bewirken, sie können jedoch auch an den Wahrnehmungen der Verkehrsteilnehmer und an ihren Bewertungen ansetzen etc. (ausführlich *Held* et. al. 1981).

Sehr bedeutsam ist es, bei der Anwendung des *Vroom'schen* Ansatzes sowie aller sozialwissenschaftlicher Theorien den *Geltungsbereich zu berücksichtigen,* für den sie konzipiert wurden. Ein großer Teil der Probleme – beispielsweise der disaggregierten verhaltensorientierten Verkehrsmittelwahlmodelle – resultieren aus einer inadäquaten Übertragung in außerhalb der Reichweite liegende Anwendungsbereiche. Dies schließt nicht aus, daß damit Varianzanteile erklärt werden können, da die Theorien oft annäherungsweise auch für diese anderen Bereiche gelten. Für die kognitive Motivationstheorie sind drei *Eingrenzungen der Reichweite* vorrangig zu berücksichtigen:

1. Verhalten unabhängiger Individuen: daraus leitet sich die Frage ab, welche Aspekte bei der *Aggregation* zusätzlich zu berücksichtigen sind.
2. Einmaliges kurzfristiges Verhalten bzw. kurzfristiges Verhalten in einem umgrenzten einheitlichen Situationstyp mit konstanten Bedingungen: welche Abweichungen treten in *dynamischer Betrachtungsweise* auf? Welche Aspekte sind dabei zusätzlich zu berücksichtigen?
3. Verhalten beruht auf Entscheidung (Entscheidungssituation): welche Konse-

quenzen haben *Verkürzungen des Entscheidungsprozesses* durch vereinfachende Konzepte und Gewohnheitsbildungen?

Die praktische Bedeutung dieser Eingrenzungen der Reichweite für die Verkehrsnachfrageforschung liegen auf der Hand, da die Praktiker nicht an Einzelfällen und statischen Momentaufnahmen, sondern an Kenntnissen wahrscheinlicher Wirkungen von Maßnahmen auf Gruppen und größere Einheiten von Verkehrsteilnehmern im Zeitablauf interessiert sind. Da in meiner Arbeit die Übertragung des *Vroom'schen* Ansatzes auf den Gegenstandsbereich Nutzung alternativer Verkehrsmittel im Vordergrund stand, enthält sie nur wenige Überlegungen zur *Ausweitung der Reichweite.* Ansatzpunkte für eine Dynamisierung finden sich beispielsweise in der Diskussion der Entstehung, Beibehaltung und Veränderung von Gewohnheiten (*Held* 1980, S. 265 ff.). Daneben kann die Einarbeitung der Variablen des *Vroom'schen* Ansatzes in den Interaktionsprozeß von Person und Umwelt, hier noch auf eine eng umgrenzte Situationseinheit bezogen, als Ausgangspunkt für eine Analyse dynamischer Prozesse verwendet werden. In den empirischen Untersuchungen wurde bei einer Querschnittsanalyse die Abhängigkeit der Verhaltensrelevanz der Ziele von den Bedingungen am Beispiel der Verkehrsmittel belegt. Diese Ergebnisse können auf Längsschnittanalysen übertragen werden.

Im folgenden wird in *beispielhafter* und *thesenartiger* Form dargelegt, welche Aspekte bei einer Anwendung auf aggregierter Ebene in dynamischer Betrachtung zu berücksichtigen sind. Diese Überlegungen betreffen weitgehend nicht nur die Anwendung der kognitiven Motivationstheorie, sondern sie sind ebenso bei den einstellungs- und verhaltensorientierten Verkehrsmittelwahlansätzen zu berücksichtigen, da diese Ansätze ebenfalls für einen entsprechend eingregrenzten Geltungsbereich konzipiert wurden:

a) Überlegungen zur aggregierten und dynamischen Analyse:

An einem Beispiel soll die Bedeutung der Abhängigkeit der Zielrelevanz von den Bedingungen für Längsschnittanalysen aufgezeigt werden. In den empirischen Studien ergab sich für die Zieldimension Sicherheit beim ÖPNV eine nur sehr geringe Bedeutung. Daraus könnte man nun für die Planung und den zukünftigen Betrieb des ÖPNV's ableiten, daß die Sicherheit gegenüber anderen Fahrtcharakteristika wie Pünktlichkeit, kurze Fahrttakte etc. zu vernachlässigen ist. Wenn man aber die hohe Bedeutung berücksichtigt, die die Sicherheit derzeit bezüglich der Nutzung des Fahrrads im Stadtverkehr einnimmt, ist es sehr wahrscheinlich, daß bei einer ähnlichen Vernachlässigung wie in der Vergangenheit beim Fahrrad, die Sicherheit auch beim ÖPNV schnell an Bedeutung gewinnen würde:

1. Die Hierarchie der verhaltensrelevanten Ziele ist nicht autonom vorgegeben, sondern ist von den verkehrsrelevanten Bedingungen aber auch sonstigen gesellschaftlichen Entwicklungstendenzen abhängig. Deshalb sind bei Prog-

nosen die potentiellen Wirkungen der geplanten Maßnahmen neben sonstigen Wirkungen wahrscheinlicher Veränderungen auf die Verhaltensrelevanz der Ziele zu berücksichtigen.

Für die Anwendung sind ergänzend zu der Analyse der individuellen Verkehrsmittelnutzung die *Interdependenz der Verkehrsmittelnutzung* zu berücksichtigen und damit die Verkehrsnachfrager in ihrer Gesamtheit bezogen auf das interessierende, zeitlich und geographisch abgegrenzte Verkehrsnetz zu analysieren. Beispielsweise kann eine eindeutige Verbesserung im ÖPNV einen Wechsel von bisherigen PKW-Nutzern im ÖPNV bewirken. Wenn diese Veränderung relativ stark ausfällt, verbessern sich damit aber die Bedingungen für die verbleibenden PKW-Nutzer. Durch diese indirekt bewirkte, relative Verbesserung der Bedingungen für den PKW werden möglicherweise neue PKW-Nutzer angezogen bzw. die Abwanderung weiterer verhindert. In der Gesamtheit betrachtet verhalten sich die Verkehrsteilnehmer wie ein dynamisches *lernendes System (Heidemann* nach *Menke* 1975, S. 52):

2. Bei der Anwendung von kurzfristig konzipierten Verkehrsmittelwahlansätzen ist zu berücksichtigen, daß durch die direkten Wirkungen von geplanten Maßnahmen zu einem Verkehrsmittel aufgrund der Interdependenzen der Verkehrsmittelnutzung indirekt die Bedingungen der anderen Verkehrsmittel verändert werden können *(Wirkungsketten).* Je geringfügiger geplante Maßnahmen sind, desto eher können mit statisch konzipierten Ansätzen akzeptable Annäherungswerte an die tatsächlichen Veränderungen erreicht werden.

Neben diesen indirekten Interdependenzen sind die direkten Wirkungen der Verkehrsmittel untereinander bei der Anwendung von Verkehrsmittelwahlansätzen zu berücksichtigen: die Verkehrsmittelnutzung bringt für den Verkehrsteilnehmer selbst Vor- und Nachteile verschiedenster Art mit sich. Zugleich können damit *externe Effekte* auf die anderen Verkehrsteilnehmer – und die hier nicht berücksichtigten Anwohner etc. – verbunden sein. Bei den anderen Verkehrsteilnehmern sind Personen mit Nutzung des gleichen und mit Nutzung eines anderen Verkehrsmittels zu unterscheiden. Ein sogenannter *„Teufelskreis"* entsteht dann, wenn die Nutzung eines Verkehrsmittels individuell für den Verkehrsteilnehmer vorteilhaft ist (Beispiel: PKW), jedoch direkt stark negative Auswirkungen auf die Nutzung anderer Verkehrsmittel hat (Beispiel: Fahrrad). Dies kann eine Abnahme der Nutzung dieser anderen Verkehrsmittel zugunsten des ersteren bewirken: durch diese Zunahme beim Verkehrsmittel mit den negativen externen Effekten werden die Bedingungen für die verbleibenden Nutzer des anderen Verkehrsmittels weiter veschlechtert etc.

Das Verhalten zu einem Zeitpunkt und die zugrundeliegenden subjektiven Bewertungen und Wahrnehmungen sind immer auf die jeweils gegebenen Bedingungen bezogen. Möglicherweise wünscht sich jedoch ein Teil der Verkehrsteilnehmer andere Bedingungen, in denen sie ihre Wünsche dann realisieren könnten. Da immer nur ein Verkehrssystem zu einem Zeitpunkt zu realisieren ist, sind die Auswahlmöglichkeiten eingegrenzt. Durch das Wirken von Teufelskreisen können Planungen sich selbst erfüllen, ohne daß die Planer zunächst am Verhalten der Verkehrsteilnehmer ablesen können, ob die Veränderungen den Wünschen der verschiedenen Gruppen der Verkehrsteilnehmer entsprechen:

3. Die Annahme der Unabhängigkeit der Individuen ist zu relativieren, da von der Nutzung eines Verkehrsmittels direkte Wirkungen auf die Nutzung anderer Verkehrsmittel ausgehen können. Für die praktische Anwendung ist dabei insbesondere die Unterschiedlichkeit der Verkehrsmittel in ihren jeweiligen Vor- und Nachteilen für den Nutzen und die von ihrer Nutzung ausgehenden externen Effekte bedeutsam.

Die Komplexität des Verkehrsverhaltens und dessen enge Zusammenhänge mit der Gesamtheit der raumrelevanten menschlichen Aktivitäten rechtfertigt die analytische Abtrennung des Teilbereichs Nutzung alternativer Verkehrsmittel. Bei der Anwendung der Verkehrsmittelwahlansätze ist jedoch bei der Analyse von Maßnahmewirkungen zu berücksichtigen, daß die (potentiellen) Verkehrsteilnehmer in der Realität zumeist vielfältige Reaktionsmöglichkeiten besitzen, die nicht auf die Auswahl zwischen Verkehrsmittelalternativen begrenzt sind. Deshalb ist die Analyse der Freiheitsgrade des Handlungsspielraums für die Anwendung von großer Bedeutung:

4. Je eindeutiger die anderen Elemente der Ortsveränderungen (Zielort, Ankunftszeit etc.) zwingend vorgegeben sind, desto eher bekommt man mit der ausschließlichen Verwendung von eingegrenzten Verkehrsmittelwahlansätzen gute Annäherungen an die tatsächlichen Verhaltensweisen, die als Reaktionen auf die geplanten Veränderungen auftreten.

In der kurzfristigen Betrachtungsweise kann man wichtige Aspekte, wie insbesondere den Wohn-, Arbeitsstandort und die Verfügbarkeit individueller Verkehrsmittel, als gegeben annehmen. Bei einer Analyse der dynamischen Prozesse sind dagegen die Determinanten, die diese Aspekte bestimmen, zu berücksichtigen. Die Verkehrsmittel und ihre Vor- und Nachteile können zwar beispielsweise in die Überlegungen und Entscheidungen bezüglich des Wohnstandorts mit eingehen, doch sie sind nur ein Entscheidungskriterium neben anderen (*Eckstein* et. al. 1976):

5. In dynamischer Betrachtung sind neben der Verkehrsmittelwahl eine Vielzahl anderer verkehrsrelevanter Entscheidungen und deren Determinanten zu berücksichtigen. Bezüglich der Prognose von wahrscheinlichen Wirkungen geplanter Maßnahmen ist hierbei mit umfassenden Wirkungsketten zwischen den verschiedenen Teilbereichen zu rechnen (BM Bau 1978b).

b) Normative Aspekte:

Neben diesen Überlegungen zu Aspekten, die über die ursprünglich konzipierte Reichweite der kognitiven Motivationstheorie und der einstellungs- und verhaltensorientierten Verkehrsmittelwahlansätze hinausgehen, ist für die praktische Anwendung auch die Frage der *normativen Grundlagen* bedeutsam. Hierzu wurde in meiner Arbeit mehrmals der enge Zusammenhang zwischen den jeweiligen Fragestellungen und den dazu entwickelten Ansätzen aufgezeigt (Darstellung 8):

- aggregierte Ansätze eignen sich vorrangig für umfassende Straßen-Planungen etc. (Verkehrsplanung);
- disaggregierte verhaltensorientierte Ansätze sind vorrangig auf Gesamtverkehrsplanungen zugeschnitten, bei denen ausschließlich das Alternativenpaar ÖPNV vs. PKW berücksichtigt wird (Verkehrsplanung);
- einstellungsorientierte Modelle werden dagegen viel stärker zur Konzipierung von Marketing-Konzepten für Betreiber des ÖPNV's sowie für differenziertere Fragestellungen wie PKW-Fahrgemeinschaften etc. herangezogen (vorrangig Verkehrs-Management).

Diese Ausrichtung der Ansätze auf bestimmte Fragestellungen ist in normativer Hinsicht relevant, da damit eine Eingrenzung auf die Interessenorientierung bestimmter Anwendergruppen verbunden ist. Dadurch wurde gleichzeitig die Entwicklung systematischer Erklärungsansätze behindert, die für die Fragestellungen verschiedenster potentieller Anwendergruppen geeignet sind. Die Eingrenzung auf einige wenige Fragestellungen, die ausschließlich auf die Anbieterseite ausgerichtet waren, und die damit verbundene Eingrenzung der Erklärungsansätze hatte damit – von vielen Forschern sicherlich nicht direkt beabsichtigt – einen ideologischen, die Forderungen der Verkehrsteilnehmer und vom Verkehr Betroffenen abwehrenden Charakter.

Meine Arbeit sollte dazu dienen, den Untersuchungsgegenstand Nutzung alternativer Verkehrsmittel so umfassend und systematisch anzugehen, daß die Ergebnisse *auch* für andere Anwendergruppen, wie Bürgerinitiativen und sonstige Vereinigungen von Bürgern sowie die Verbraucherpolitik öffentlicher Güter, verwendbar sind. Aufgrund des vorgegebenen Forschungsstandes und der wissenschaftlichen, auf Systematisierung ausgerichteten Zielsetzung meiner Arbeit geschah dies sicherlich noch in einer sehr allgemeinen Form. Für die direkte Anwendung sind fortführende Untersuchungen, insbesondere Feldstudien und Evaluationen von Veränderungsmaßnahmen erforderlich.

ANHANG

ÖKONOMISCHE PSYCHOLOGIE
WISO-FB, UNI AUGSBURG
PROJEKT VERKEHRSMITTELWAHL

Augsburg, Juni 1978
Martin Held

STANDARDISIERTES INTERVIEW

Wie in dem Ankündigungsbrief bereits ausgeführt wurde, handelt es sich bei unserer Befragung um eine wissenschaftliche Untersuchung zu der Nutzung von Verkehrsmitteln bei Studenten. Ich stelle Dir dabei die uns interessierenden Fragen und Du sagst mir bitte, was bei Dir jeweils zutreffend ist. Berücksichtige bei Deinen Antworten bitte, daß auch das Zufußgehen eine Fortbewegungsart ist und damit als eines der Verkehrsmittel zu berücksichtigen ist. Unterscheide beim Auto bitte in PKW-Selbstfahren und PKW-Mitfahren.

Selbstverständlich wird die Verarbeitung und Auswertung der gegebenen Auskünfte keinen Rückschluß auf die Befragten gestatten. Du kannst Dich also auf die Vertraulichkeit verlassen.

Und nun wollen wir mit der Befragung beginnen.
(kurze Pause: abwarten ob Vp evtl. Fragen hat)

NR.	FRAGEN	ANTWORTEN	CODIERUNG
1.	Zunächst bitten wir Dich um einige Angaben, die Deine Person betreffen:		Karte 1
1.1.	Seit wann wohnst Du hier im Studentenwohnheim? Gib bitte das Jahr und den Monat Deines Einzugs an:	(falls erst im Mai 1978 oder später eingezogen: Interview hier beenden)	
1.2.	Seit wann wohnst Du in Augsburg? (es zählt auch der Zweitwohnsitz)	1=bis zu einem Jahr 2=1 bis 2 Jahre 3=3 bis 4 Jahre 4=mehr als 4 Jahre	7
1.3.	Fährst Du an den Wochenenden und in den Trimesterferien regelmäßig nach Hause oder wohnst Du ständig in Augsburg? ‖VZ: wenn 1 direkt zu 1.5.‖	1=ständig in Augsburg 2=regelmäßig nach Hause 3=unterschiedlich	8
1.4. ↓	Wo ist das? Wie groß ist die einfache Entfernung von diesem Ort nach Augsburg?	Ort: .... 1=A. Umgebung(bis 20km) 2=20-50km Entfernung/A. 3=50-200km Entfernung/A. 4=entfernter als 200km 5=entfällt	9
1.5.	In welchem Teil der Universität bzw. der Fachhochschule studierst Du? Wenn Du regelmäßig an mehreren, räumlich getrennten Fachbereichen studierst, nenne mir bitte alle für Dich zutreffenden:	1=Uni Alter Postweg 2=Uni Memminger./Eichlei. 3=kombiniert 1 und 2 4=FHS Baumgartner Str. 5=FHS Maximilian Str. 6=FHS/Uni Schill-Str. 7=	10
1.6.	Übst Du neben Deinem Studium berufliche Nebentätigkeiten bzw. einen Vollerwerbsberuf aus? ‖VZ: bei 2 direkt zu 1.8.‖	1=ja 2=nein	11
1.7. ↓	Wo befindet sich der Arbeitsort? (in Augsburg bitte auch Straße)	1=außerhalb Augsburgs 2=A./Außerhalb Innenstadt 3=A./Innenstadt 4=entfällt	12

NR.	FRAGEN	ANTWORTEN	CODIERUNG
1.8.	Könntest Du mir bitte Dein Alter angeben:	1=18 - 20 Jahre 2=21 - 22 Jahre 3=23 - 24 Jahre 4=25 - 29 Jahre 5=30Jahre und älter	13
1.9.	(Geschlecht der Vp - nicht fragen)	1=männlich 2=weiblich	14
2.	Es folgen jetzt einige Fragen, die den Weg vom Studentenwohnheim in die Innenstadt Augsburgs betreffen:		
2.1.	Welche Verkehrsmittel kommen für Dich persönlich für den Weg von Deinem Appartement in die Innenstadt in Frage? Nenne bitte alle Verkehrsmittel, die für Dich in Betracht kommen: (Zeit zum Nachdenken lassen) Waren das alle Verkehrsmittel, die für Dich dorthin in Frage kommen?	je Spalte: 1=ja/genannt 2=nein/nicht genannt	
		1. PKW-Selbstfahren	15
		2. PKW-Mitfahren	16
		3. Fahrrad	17
		4. Zu Fuß	18
		5. Taxi	19
		6. Straßenbahn	20
		7. Bus (kombi mit Straba)	21
		8. Motorisierte Zweiräder	22
2.2.	Du hast jetzt die für Dich persönlich in Frage kommenden Verkehrsmittel genannt. Welche Möglichkeiten bestehen für Dich derzeit objektiv darüberhinaus, um dorthin zu gelangen?	je Spalte: 1=ja/genannt 2=nein/nicht genannt 3=vergessen, doch möglich (2.3.)	
		1. PKW-Selbstfahren	23
		2. PKW-Mitfahren	24
		3. Fahrrad	25
		4. Zu Fuß	26
		5. Taxi	27
		6. Straßenbahn	28
		7. Bus (kombi mit Straba)	29
		8. Motorisierte Zweiräder	30
2.3. ↓	(Vergleich mit Kartenset 1) Ich habe hier eine Liste, auf der weitere Verkehrsmittel neben den von Dir angegebenen aufgeführt sind. Gib mir bitte für jedes der im folgenden genannten Verkehrsmittel die Gründe an, warum Du es bei den für Dich objektiv möglichen Verkehrsmitteln nicht genannt hast. Beginnen wir mit .... (1. Karte von KS/1 überreichen; Namen VM ergänzen) Nenne mir bitte alle für Dich zutreffenden Gründe; wenn bei Dir noch weitere, auf der Karte nicht aufgeführte Gründe bedeutsam sind, erläutere mir diese bitte:	je Spalte: 1=trifft zu 2=trifft nicht zu 3=entfällt	
		1. PKW-SELBSTFAHREN:	
		a) kein Führerschein	31
		b) im Großstadtv. zu unsicher	32
		c) kein PKW verfügbar	33
		d) keine Ausleihmöglichkeit	34
		e) andere Gründe:	35
		2. PKW-MITFAHREN:	
		a) keine Mitfahrgelegenheit	36
		b) zu beschwerlich/umständlich	37
		c) dauert zu lange	38
		d) andere Gründe:	39

NR.	FRAGEN	ANTWORTEN	CODIERUNG
		3. FAHRRAD:	
		a) im Großstadtv. zu unsicher	40
		b) kann nicht radfahren	41
		c) Freunde/Bek. schief ansehen	42
		d) zu weit/dauert zu lange	43
		e) besitze kein Fahrrad	44
		f) nicht möglich wegen Kleidung	45
		g) andere Gründe:	46
		4. ZU FUSS:	
		a) aus gesundheitlichen Gründen	47
		b) zu weit/dauert zu lange	48
		c) ist zu beschwerlich	49
		d) andere Gründe:	50
		5. TAXI:	
		a) Freunde/Bek. schief ansehen	51
		b) dauert zu lange	52
		c) ist mir zu teuer	53
		d) andere Gründe:	54
		6. STRASSENBAHN:	
		a) kenne mich nicht aus/System	55
		b) Freunde/Bek. schief ansehen	56
		c) zu beschwerlich/umständlich	57
		d) dauert zu lange	58
		e) keine geeignete Linie vorh.	59
		f) andere Gründe:	60
		7. OMNIBUS (incl. kombi):	
		a) keine geeignete Buslinie	61
		b) kenne mich nicht aus/System	62
		c) Freunde kein Verständnis	63
		d) dauert zu lange	64
		e) zu beschwerlich/umständlich	65
		f) andere Gründe:	66
3.			
3.1.	Welche <u>Verkehrsmittel</u> hast Du im <u>Besitz</u>? Hierzu zählen auch Verkehrsmittel, die auf andere Personen oder eine Firma zugelassen sind, wenn sie zu Deiner privaten Nutzung zur Verfügung stehen. Nenne bitte die Anzahl:	jeweilige Anzahl eintragen:	
		Fahrrad	67
		Mofa/Moped	68
		Motorrad/Roller	69
		PKW	70
	VZ: bei 0 Räder entfällt 5.1. bei 0 Pkws direkt zu 4.1.		
3.2. ↓	Von welchem <u>Baujahr</u> ist dieser PKW und wieviel <u>PS</u> hat er?	1= - 34 PS 2=35 - 45 PS 3=46 - 60 PS 4=61 - 75 PS 5=über 75 PS 8=entfällt	71
		1=1976 - 1978 2=1973 - 1975 3=1970 - 1972 4=älter als 1970	72

NR.	FRAGEN	ANTWORTEN	CODIERUNG
3.3. ↓	Steht dieser PKW ständig zu Deiner Verfügung? ‖VZ: wenn 1 direkt zu 3.5.‖	1=ja 2=nein 8=entfällt	73
3.4. ↓	Mit wem teilst Du Dir den PKW? Wie wird die Teilung vorgenommen, nach bestimmten Tagen oder bestimmten Fahrtzwecken, Fahrtzielen (innerhalb - außerhalb Augsburgs) usw.? ‖VZ: bei allen Antworten direkt zu 3.6.‖	Person: .... Art:	
3.5. ↓	Leihst Du diesen PKW in Augsburg manchmal an außerhalb Deines Haushalts lebende Personen - beispielsweise Bekannte, Studienkollegen, Verwandte - aus? (Antwortkarte KS/2 vorlegen)	1=leihe nie aus 2=leihe gelegentlich aus 3=leihe häufig aus 8=entfällt	74
3.6. ↓	Ist dieser PKW auf Dich persönlich zugelassen? (bzw.: "Ist mindestens einer dieser PKW's auf ..... ") ‖VZ: wenn 1 direkt zu 4.1.‖	1=ja 2=nein 8=entfällt	75
3.7. ↓	Auf wen ist dieser PKW zugelassen?	Person/Firma etc.:	76
4. 4.1.	Für welche Fahrzeugklassen besitzt Du einen Führerschein? ‖VZ: wenn kein Pkw-Führerschein direkt zu 4.3.‖	1=kein Führerschein 2=Klasse 1 3=Klasse 3 4=Klassen 4 und 5 5=Klassen 1 und 3	77
4.2. ↓	Kannst Du gelegentlich in Augsburg von anderen Personen - Freunden, Studienkollegen usw. - einen PKW ausleihen? (Antwortkarte KS/3 vorlegen)	1=ist nicht möglich 2=wäre möglich/tue ich nicht 3=leihe mir gelegentlich aus 4=leihe mir häufig PKW aus 8=entfällt	78
4.3.	Kannst Du in Augsburg bei anderen Personen im Auto mitfahren? (Antwortkarte KS/4 vorlegen)	1=ist nicht möglich 2=wäre möglich/tue ich nicht 3=fahre gelegentlich mit 4=fahre häufig im PKW mit	79
5. 5.1. ↓	(für Vpn mit mindestens 1 Rad) Leihst Du dieses Fahrrad in Augsburg an andere Personen - wie Bekannte oder Studienkollegen - aus? (Antwortkarte KS/5 vorlegen)	1=leihe Fahrrad nie aus 2=leihe es gelegentlich aus 3=leihe es häufig aus 8=entfällt	Karte 2 7
5.2.	Kannst Du in Augsburg gelegentlich von anderen Personen ein Fahrrad ausleihen? (Antwortkarte KS/6 vorlegen)	1=ist nicht möglich 2=wäre möglich/tue ich nicht 3=leihe gelegentlich aus 4=leihe mir häufig aus	8

NR.	FRAGEN	ANTWORTEN	CODIERUNG
6.	Und nun nochmals einige Fragen zu dem Weg von Deinem Appartement in die Innenstadt:		
6.1.	(zunächst mögliche VM nennen) Wie lange dauert es bei Dir für den einfachen Weg, um vom Studentenwohnheim in die Innenstadt zu kommen? Gib mir für jedes Verkehrsmittel Deine bestmögliche Schätzung des durchschnittlich notwendigen Zeitaufwands in Minuten an, wobei Du bitte auch die Zeiten für Parkplatzsuche, Wartezeiten und Fußwege usw. mit einbeziehst. Beginnen wir mit .... (falls Pkw bzw. Rad nicht verfügbar, zusätzliche Erläuterung:) Schätze bitte auch die wahrscheinlich notwendige Zeit für den PKW (das Rad), obwohl Du selbst dieses Verkehrsmittel nicht zur Verfügung hast:	Zeit wird je 5Min. eingetragen (ab 3, 8 Min etc. aufrunden): 05=55 Min. 10=10 Min. 15=15 Min. etc.; falls >95 Min. genaue Zahl angeben:	
		PKW	9 10
		Fahrrad	11 12
		Zu Fuß	13 14
		Taxi	15 16
		Bus (kombi mit Straba)	17 18
		Straßenbahn	19 20
6.2.	Wieviel kostet eine einfache Fahrt für eine Person vom Studentenwohnheim in die Innenstadt? Gib bitte für jedes der angegebenen Verkehrsmittel Deine bestmögliche Schätzung der tatsächlich anfallenden Kosten an: (falls Pkw nicht verfügbar) Schätze bitte auch die für einen Mittelklassewagen anfallenden Kosten, obwohl Du selbst dieses Verkehrsmittel nicht zur Verfügung hast:	Kosten werden je 0.10DM eingetragen: 01=0.10 DM 02=0.20 DM etc.; falls >9.90 DM genaue Zahl angeben:	
		PKW (S.)	21 22
		Taxi	23 24
		Bus (kombi mit Straba)	25 26
		Straßenbahn	27 28
6.3.	Welche Einstellungen hast Du in bezug auf die Nutzung der verschiedenen Verkehrsmittel für den Weg in die Innenstadt? Stelle Dir bitte vor, Daß Dir ein Fahrrad, ein PKW zum Selbstfahren, eine PKW-Mitfahrgelegenheit, ein Taxi, die Straßenbahn und ein Omnibus (Linie 41)/kombiniert mit der Straßenbahn als Möglichkeiten zur Verfügung stehen würden: (Antwortkarten KS/7 übergeben) Ordne die Kärtchen bitte auf dieser Skala so an, daß Du diejenigen Verkehrsmittel, deren Nutzung von Dir positiv bewertet wird, in das Feld 1 oder evtl. auch Feld 2 legst, diejenigen dagegen, deren Nutzung Du sehr negativ bewertest bzw. stark ablehnst in das Feld 7 oder in das Feld 6.	Codieren entsprechend Skalenwert des Rangplatzes:	
		PKW-Selbstfahren	29
		PKW-Mitfahren	30
		Fahrrad	31
		Zu Fuß	32
		Taxi	33
		Straßenbahn	34
		Bus (kombiniert mit Str.)	35

NR.	FRAGEN	ANTWORTEN	CODIERUNG
	Versuche bitte, die Verkehrsmittelkärtchen über möglichst viele Felder der Skala zu verteilen. Du darfst dabei höchstens 2 Kärtchen in ein Feld legen.		
7. 7.1.	Welche Verkehrsmittel nutzt Du tatsächlich für Deine Wege in die Innenstadt? (Antwortekarte KS/8 übergeben) Gib mir bitte für die aufgeführten Verkehrsmittel auf dieser Skala an, in welchem Maße Du sie gebrauchst. Du mußt alle Deine Fahrten auf die Verkehrsmittel so aufteilen, daß es zusammen 100% ergibt. Wenn Du ein Verkehrsmittel ganz selten - beispielsweise einmal im letzten Jahr usw. - verwendest, lasse das außer acht.	Codierung gemäß Prozentzahl, um 1 Dezimalstelle gekürzt: 00= 0% bis 10=100%:	
		PKW-Selbstfahren	36 37
		PKW-Mitfahren	38 39
		Fahrrad	40 41
		Zu Fuß	42 43
		Taxi	44 45
		Straßenbahn	46 47
		Bus (kombi mit Straba)	48 49
		Motorisierte Zweiräder	50 51
7.2.	Fährst Du allein in die Innenstadt oder zusammen mit anderen Personen?	1=immer allein 2=gelegentl. zusammen m.a. 3=etwa halb - halb 4=überwiegend mit anderen 5=immer mit anderen	52
7.3.	Fährst Du immer direkt von Deinem Appartement aus in die Innenstadt und direkt zurück oder kommt es häufiger vor, daß Du verschiedene Ziele verbindest?	1=immer direkt 2=zumeist direkt 3=etwa halb - halb 4=zumeist von and. Zielen 5=immer von anderen Zielen	53
7.4.	Besteht bei Dir ein Unterschied in der tatsächlichen Nutzung der Verkehrsmittel, wenn Du während des Tages - bis so etwa 18.00/19.00 Uhr - oder abends/nachts in die Innenstadt fährst? ‖VZ: wenn 2 direkt zu 7.6.‖	1=ja/es besteht Unterschied 2=nein/kein Unterschied	54
7.5. ↓	Welche Verkehrsmittel werden abends bzw. nachts von Dir häufiger genutzt als tagsüber? In welchem Ausmaß ist das der Fall?	je Verkehrsmittel abends/nachts: 1=ausschließlich 2=häufiger 3=gleich 4=weniger 5=gar nicht 6=generell nicht genutzt 7=entfällt	
		PKW-Selbstfahren	55
		PKW-Mitfahren	56
		Straßenbahn	57
		Fahrrad	58

NR.	FRAGEN	ANTWORTEN	CODIERUNG
7.6.	Wie häufig bist Du durchschnittlich tagsüber - bis etwa 18.00/ 19.00 Uhr - während dieses Trimesters in die Innenstadt gekommen? (Antwortkarte KS/9 übergeben)	1=nie 2=etwa 1 mal im Monat 3=etwa 2 oder 3 mal im Mon. 4=etwa 1 mal wöchentlich 5=etwa 2 - 3 mal wöchentl. 6=häufiger als 3 mal wöch.	59
7.7.	Wie häufig bist Du in diesem Trimester durchschnittlich abends/ nachts in die Innenstadt gefahren? (gleiche Karte)	1=nie 2=etwa 1 mal im Monat 3=etwa 2 oder 3 mal im Mon. 4=etwa 1 mal wöchentlich 5=etwa 2 - 3 mal wöchentl. 6=häufiger als 3 mal wöch.	60
8.	Abschließend bitten wir Dich um Angaben zu Deinem Einkommen:		
8.1.	Wie hoch ist Dein persönliches Einkommen? Ich meine, welcher Betrag steht Dir monatlich netto nach Abzug von Steuern und Sozialversicherung zur Verfügung? Rechne hierzu bitte auch eine evtl. Ausbildungsbeihilfe, regelmäßige Zahlungen von Verwandten usw. mit ein:	monatlich: .... DM	61 62
8.2.	Welche regelmäßigen Leistungen wie beispielsweise Miete, KFZ-Steuer und Versicherung, Abonnements etc. werden von den Eltern bzw. anderen Verwandten übernommen? War das bereits in Deiner vorangehenden Einkommensangabe enthalten? Wie hoch ist der Betrag monatlich in DM?	O keine weiteren Leistungen O Miete O KFZ-Steuern O KFZ-Versicherung O andere Versicherungen O Abonnements O Sonstiges monatlich: .... DM in 8.1. enthalten:	63 64
8.3.	Hast Du neben den regelmäßigen Einkünften noch weitere Mittel zum Verbrauch zur Verfügung? Ich meine Einkommen aus Gelegenheitsjobs, Ferienarbeit, unregelmäßige Zuwendungen der Eltern usw. Wieviel waren das in den letzten 12 Monaten in etwa?	in letzten 12 Monaten: ...... DM Art:	65 66
8.4. ↓	(nur für Vpn mit Pkw) Wie ist es Dir bei Deinen derzeitigen Einkommens- und Vermögensverhältnissen möglich, einen PKW zu besitzen? (Antwortkarte KS/10 übergeben)	1=selbst genügend Einkom. 2=möglich/Zuwendungen v.a. 3=möglich/Eigenreparaturen 4=möglich/großer Anteil von Einkommen für PKW 5=sonstiges:	67
8.5. ↓	(nur für Vpn ohne Pkw) Könntest Du Dir bei Deinen derzeitigen Einkommens- und Vermögensverhältnissen einen PKW leisten? (Antwortkarte KS/11 übergeben)	1=nein, zu teuer 2=nur möglich wenn anderes stark einschränken 3=wäre möglich 4=möglich/überlege PKW-Anschaffung 5=möglich/im nächsten Vierteljahr Anschaffung gepl. 6=sonstiges:	68

HERZLICHEN DANK FÜR DEINE BEREITSCHAFT, MIR DIE FRAGEN ZU BEANTWORTEN!!

LITERATURVERZEICHNIS

Adler T.J. 1981: Disaggregate Models for Decisions Other than Travel-Mode Choices. In: *P.R. Stopher, A.H. Meyburg* and *W. Brög* (Eds.) 1981, 695-699.

Ajzen I. and *M. Fishbein* 1973: Attitudinal and Normative Variables as Predictors of Specific Behaviors. Journal of Personality and Social Psychology. 27, 1, 41-57.

– 1977: Attitude-Behavior Relations: A Theoretical Analysis and Review of Empirical Research. Psychological Bulletin, 84, 5, 888-918.

Albert H. 1965: Zur Theorie der Konsumnachfrage. Jahrbuch für Sozialwissenschaft, 16, 2, 139-198.

Allport G.W. 1937: Personality: A Psychological Interpretation. New York: Holt, Rinehart & Winston.

Altman I. 1975: The Environmental and Social Behavior. Privacy, Personal Space, Territory, Crowding. Monterey Cal.: Brooks-Cole.

Apel D. 1973: Kraftverkehr und Umweltqualität von Stadtstraßen. Stuttgart: Kohlhammer.

Aschenbrenner K.M. 1977: Komplexes Wahlverhalten: Entscheidungen zwischen multiattributen Alternativen. In: *K.D. Hartmann* und *K. Köppler* (Hrsg.): Fortschritte in der Markpsychologie. Band 1. Frankfurt/M: Fachbuchhandlung für Psychologie, 21-52.

Atkinson J.W. (Ed.) 1958: Motives in Fantasy, Action, and Society. Princeton N.J.: Van Nostrand.

Atteslander, P. 1971²: Methoden der empirischen Sozialforschung. Berlin: de Gruyter.

Banaka W.H. 1971: Training in Depth Interviewing. New York: Harper & Row.

Banister D. 1978: The Influence of Habit Formation on Modal Choice. A Heuristic Model. Transportation, 7, 5-18.

Barker R.G. 1960: Ecology and Motivation. In: *M.R. Jones* (Ed.): Nebraska Symposium on Motivation 1960. Lincoln: University of Nebraska Press, 1-49.

– 1968: Ecological Psychology. Stanford Cal.: Stanford University Press.

Baron P. 1977: Einheitliche Begriffsbestimmungen im Verkehrswesen. Internationales Verkehrswesen, 29, 1, 35-37 und 2, 106-108.

Ben-Akiva M. 1977: Passenger Travel Demand Forecasting: Applications of Disaggregate Models and Directions for Research. Cambridge Mass.: Paper presented at the World Conference on Transport Research, Rotterdam 1977.

Ben-Akiva M. and *S.R. Lerman* 1979: Disaggregate Travel and Mobility Choice Models and Measures of Accessibility. In: *D.A. Hensher* and *P.R. Stopher* (Eds.) 1979a, 654-679.

Berger H.-J., G. Bliersbach und *R.G. Dellen* 1973: Macht und Ohnmacht auf der Autobahn. Frankfurt/M.:Tetzlaff.

– 1975: Fahrformen und Erlebensentwicklungen bei der Teilnahme am Straßenverkehr. Köln: Arbeits- und Forschungsgemeinschaft für Straßenverkehr und Verkehrssicherheit, Universität Köln.

BM Bau (Hrsg.) 1978a: Fahrrad im Nahverkehr. Bonn-Bad Godesberg: Schriftenreihe Städtebauliche Forschung des Bundesministers für Raumordnung, Bauwesen und Städtebau 03.066.

– 1978b: Schnellbahn und Siedlungsstruktur. Bonn-Bad Godesberg: Schriftenreihe Städtebauliche Forschung des Bundesministers für Raumordnung, Bauwesen und Städtebau 03.068.

– 1979: Verkehrsberuhigung. Ein Beitrag zur Stadterneuerung. Bonn-Bad Godesberg: Schriftenreihe Städtebauliche Forschung des Bundesministers für Raumordnung, Bauwesen und Städtebau 03.071.

Bolles R.C. 1974: Cognition and Motivation: Some Historical Trends. In: *B. Weiner* (Ed.): Cognitive Views of Human Motivation. New York: Academic Press, 1-20.

Boulanger H. Le 1971: Research into the Urban Traveller's Behaviour. Transportation Research, 5, 2, 113-125.

Boulding K.E. und *M. Pfaff* 1972: Transferwirtschaft Regelungstheorie der Wirtschafts- und Sozialpolitik. Wirtschaftswoche 8.9.1972, 36, 35-42.

Brander S., D. Heuwinkel, H.-J. Roters und *W. Schwerdtfeger* 1977: Ermittlung der für den städtischen Personenverkehr relevanten Verhaltensmuster von Haushalten (Abschlußbericht). München: unveröffentl. Forschungsbericht, Sozialforschung Brög.

Brög W. 1976: Überlegungen zur Bildung von verkehrswissenschaftlichen Modellen aus der Sicht der empirischen Sozialforschung. München: unveröffentl. Beitrag für den 1. Workshop der DVWG, Gießen 1976.

Brög W. and *W. Schwerdtfeger* 1977: Considerations on the Design of Behavioural Oriented Models from the Point of View of Empirical Social Research. München: Paper presented at the World Conference on Transport Research, Rotterdam 1977.

Buchanan, C. 1964: Verkehr in Städten. Essen: Vulkan Verlag.

Campbell J.P. and *R.D. Pritchard* 1976: Motivation Theory in Industrial and Organizational Psychology. In: *M.D. Dunette* (Ed.): Handbook of Industrial and Organizational Psychology. Chicago: Rand Mc Nally, 63-130.

Chiesa M.D., H.-P. Meier und *R. Müller* 1974: Gesellschaft und Verkehrswesen. Zürich: Unveröffentl. Forschungsbericht, Universität Zürich.

Craik K.H. 1973: Environmental Psychology. Annual Review of Psychology, 24, 403-422.

Dachler H.P. and *W.H. Mobley* 1973: Construct Validation of an Instrumentality-Expectancy-Task-Goal Model of Work Motivation: Some Theoretical Boundary Conditions. Journal of Applied Psychology Monograph, 58, 3, 397-418.

Daganzo C.F. 1981: Calibration and Prediction with Random-Utility Models: Some Recent Advances and Unresolved Questions In: *P.R. Stopher, A.H. Meyburg* and *W. Brög* (Eds.) 1981, 35-53.

Dalvi Q. 1978: Economic Theories of Travel Choice. In: *D.A. Hensher* and *Q. Dalvi* (Eds.): Determinants of Travel Choice. Westmead: Saxon House, 66-99.

Daly A. 1981: Some Issues in the Application of Disaggregate Choice Models. In: *P.R. Stopher, A.H. Meyburg* and *W. Brög* (Eds.) 1981, 55-72.

Dautel P. 1977: Eigentransport oder Fremdtransport. Zeitschrift für Verkehrswissenschaft, 48, 1, 16-32.

Dawes R.M. and *B. Corrigan* 1974: Linear Models in Decision Making. Psychological Bulletin, 81, 2, 95-106.

De Donnea F.X. 1971: The Determinants of Transport Model Choice in Dutch Cities. Rotterdam: University Press.

Der Spiegel 1978: Mehr Straßen, weniger Wohlfahrt. Heft 14, 41-57.

Dickey J.W. 1975: Metropolitan Transportation Planning. New York: Mc Graw-Hill.

Diedrich H. 1977: Verkehrsbetriebslehre. Wiesbaden: Gabler.

Dobson R. and *M.L. Tischer* 1977: Comparative Analysis of Determinants of Modal Choices by Central Business District Workers. Transportation Research Board, No. 649, 7-14.

– 1978: A Perceptual Market Segmentation Technique for Transportation Analysis. Cambridge Mass.: unpubl. paper presented at the 1978 TRB meeting.

Domencich T.A. and *D. Mc Fadden* 1975: Urban Travel Demand. Amsterdam: North-Holland.

Earp J.H., R.D. Hall and *M. Mc Donald* 1976: Modal Choice Behaviour and the Value of Travel Time: Recent Empirical Evidence. In: *I.G. Heggie* (Ed.): Modal Choice and the Value of Travel Time. Oxford: Clarendon. 48-84.

Eckstein W., H. Bremer, R. Romaus and *U. Schramm* 1976: Einfluß der Verkehrsinfrastruktur auf das Verkehrsverhalten der Bevölkerung am Beispiel der Münchner S-Bahn (S-Bahn Studie). München: Landeshauptstadt München.

Edwards W. 1954: The Theory of Decision Making. Psychological Bulletin, 51, 4, 380-417.

– 1957: The Social Desirability Variable in Personality Assessment and Research. New York: Holt, Rinehart & Winston.

– 1961: Behavioral Decision Theory. Annual Review of Psychology, 12, 473-498.

Eurostat 1977: Sozialindikatoren für die Europäische Gemeinschaft. Luxemburg: Statistisches Amt der Europäischen Gemeinschaft.

Fahrenholtz, C., R. Willeke und *W. Hartenstein* 1971: Innenstädtischer Verkehr Heute und Morgen. Frankfurt/M.: Schriftenreihe des VDA, Nr. 12.

Festinger L. 1957: A Theory of Cognitive Dissonance. Evanston Ill.: Row Petersen.

– 1958: The Motivating Effect of Cognitive Dissonances. In: *G. Lindzey* (Ed.): Assessment of Human Motives. New York: Grove Press, 65-86.

Feyerabend P. 1976: Wider den Methodenzwang Skizze einer anarchistischen Erkenntnistheorie. Frankfurt/M.: Suhrkamp.

Fishbein M. (Ed.) 1967a: Readings in Attitude Theory and Measurement. New York: Wiley.

– 1967b: A Behavior Theory Approach to the Relations between Beliefs about an Object and the Attitude Toward the Object. In: *M. Fishbein* (Ed.) 1967a, 389-400.

– 1967c: Attitude and the Prediction of Behavior. In: *M. Fishbein* (Ed.) 1967a, 477-492.

– 1973: The Prediction of Behaviors from Attitudinal Variables. In: *C.D. Mortenson* and *K.K. Sereno* (Eds.): Advances in Communication Research. New York: Harper & Row, 3-31.

Fishbein M. and *I. Ajzen* 1975: Belief, Attitude, Intention and Behavior: An Introduction to Theory and Research. Reading Mass.: Addison-Wesley.

Foerster J.F. 1979: Mode Choice Decision Process Models: A Comparision of Compensatory and Non-Compensatory Structures. Transportation Research, 13A, 1, 17-28.

Forschungsgesellschaft für das Straßenwesen (Hrsg.) 1970: Richtlinien für Verkehrserhebungen. Köln: Forschungsgesellschaft.

Franke D. 1976: Das Experiment Fast-Null-Tarif – Die Auswirkungen eines Billig-Tarifs auf die Nutzung öffentlicher Nahverkehrsmittel. Transportation and Motoring, 229-244.

Fried, M., J. Havens and *M. Thall* 1977: Travel Behavior – A Synthesized Theory (Final Report). Chestnut Hills Mass.: unpubl. research report, Boston College.

Friedrichs J. 1973: Methoden empirischer Sozialforschung. Reinbek: Rowohlt.

Fuchs R. 1976: Ansätze, Methoden und wissenschaftstheoretische Grundlagen der Handlungsforschung. In: *A. Thomas* (Hrsg.): Psychologie der Handlung und Bewegung. Meisenheim: Hain, 171-255.

Galbraith J. and *L.L. Cummings* 1967: An Empirical Investigation of the Motivational Determinants of Task Performance: Interactive Effects between Instrumentality-Valence and Motivation-Ability. Organizational Behavior and Human Performance, 2, 3, 237-257.

Garbrecht D. 1981: Walking – Facts, Assertions, and Propositions. In: *W. Molt, H.A. Hartmann* and *P. Stringer* (Eds.) 1981, 403-412.

Gensch D.H. and *J.A. Svestka* 1978: An Exact Hierarchical Algorithm for Determining Aggregate Statistics from Individual Choice Data. Milwaukee Wis.: unpubl. paper, University of Wisconsin.

Georgopoulos B.S., G.M. Mahoney and *N.W. Jones* 1957: A Path-Goal Approach to Productivity. Journal of Applied Psychology, 41, 6, 345-353.

Golob T.F. 1973: Resource Paper on Attitudinal Models. Transportation Research Board, Special Report No. 143, 130-146.

Golob T.F. and *R. Dobson* 1974: Assessment of Preferences and Perceptions

Toward Attributes of Transportation Alternatives. Transportation Research Board, Special Report No. 149, 58-81.

Golob T.F., A.D. Horowitz and *M. Wachs* 1979: Attitude-Behavior Relations in Travel Demand Modeling. In: *D.A. Hensher* and *P.R. Stopher* (Eds.) 1979a, 739-757.

Golob T.F. and *W.W. Recker* 1976: Mode Choice Prediction Using Attitudinal Data: A Procedure and some Results. Warren Mich.: General Motors Research Publication, GMR-2223R.

Goodwin P.B. and *D.A. Hensher* 1978: The Transport Determinants of Travel Choices: An Overview. In: *D.A. Hensher* and *Q. Dalvi* (Eds.): Determinants of Travel Choice. Westmead: Saxon House, 1-65.

Graen G. 1969: Instrumentality Theory of Work Motivation: Some Experimental Results and Suggested Modifications. Journal of Applied Psychology Monograph, 53, 2, 1-25.

Graumann C.-F. 1956: Social Perception. Die Motivation der Wahrnehmung in der neueren amerikanischen Literatur. Zeitschrift für experimentelle und angewandte Psychologie, 3, 605-661.

– 1969: Einführung in die Psychologie Band I Motivation. Frankfurt/M.: Akademische Verlagsgesellschaft.

– 1976: Die ökologische Fragestellung – 50 Jahre nach Hellpachs Psychologie der Umwelt. In: *G. Kaminski* (Hrsg.): Umweltpsychologie Perspektiven – Probleme – Praxis. Stuttgart: Klett, 21-25.

GVK – CH 1974: Ziel- und Meßsystem. Bern: Stab der Eidg. Kommission für die Schweizerische Gesamtverkehrskonzeption, Arbeitsunterlage Nr. 16.

– 1975: Zielpräferenzen GVK-CH. Bern: Stab der Eidg. Kommission für die Schweizerische Gesamtverkehrskonzeption, Arbeitsunterlage Nr. 17.

Gwilliam K.M. and *D.J. Banister* 1977: Patterns of Car Usage and Restraint Modelling. Transportation, 6, 345-363.

Habermas J. 1971a²: Nachtrag zu einer Kontroverse (1963): Analytische Wissenschaftstheorie und Dialektik. In: *J. Habermas:* Zur Logik der Sozialwissenschaften. Frankfurt/M.: Suhrkamp, 9-38.

– 1971b²: Eine Polemik (1964): Gegen einen positivistisch halbierten Rationalismus. In: *J. Habermas:* Zur Logik der Sozialwissenschaften. Frankfurt/M.: Suhrkamp, 39-70.

Hacker W. 1978²: Allgemeine Arbeits- und Ingenieurspsychologie. Bern: Huber.

Hägerstrand T. 1970: People in Regional Science. Papers of the Regional Science Association, 24, 7-21.

– 1974: Der Einfluß des Verkehrs auf die Lebensqualität. In: CEMT (Hrsg.): Fünftes Internationales Symposium über Theorie und Praxis in der Verkehrswirtschaft. Paris: OECD.

Hansen F. 1971: Consumer Choice Behavior. New York: Free Press.

Hanson S. and *P. Burnett* 1981: Understanding Complex Travel Behavior: Measurement Issues. In: *P.R. Stopher, A.H. Meyburg* and *W. Brög* (Eds.) 1981, 207-230.

Hartgen D.T. 1970: Mode Choice and Attitudes: A Literature Review. Albany

N.Y.: unpubl. research report, New York State Department of Transportation.

– 1974: Attitudinal and Situational Variables Influencing Urban Mode Choice: Some Empirical Findings. Transportation, 3, 377-392.

Hartgen D.T. and *G.H. Tanner* 1970: Individual Attitudes and Family Activities: A Behavioral Model of Traveler Mode Choice. High Speed Ground Transportation Journal, 4, 439-467.

– 1971: Investigations of the Effect of Traveler Attitudes in a Model of Mode-Choice Behavior. Highway Research Record, 369, 1-14.

Hartmann H.A. 1978: Ökonomisch-Psychologische Überlegungen zum Problem des Individualverkehrs. Problem und Entscheidung, 22, 1-57.

Hauser J.R. and *F.S. Koppelman* 1976: Designing Transportation Services: A Marketing Approach. Evanston Ill.: unpubl. working paper, Northwestern University.

Hauser J.R., A.M. Tybout and *F.S. Koppelman* 1977: Consumer Oriented Transportation Service Planning: Consumer Analysis and Strategies Final Report. Evanston Ill.: Report 1 of Research into Consumer Oriented Transportation Service Planning, Transportation Center, Northwestern University.

Hautzinger H. 1978: Disaggregierte verhaltensorientierte Verkehrsmodelle – Theorie und praktische Anwendung. Zeitschrift für Verkehrswissenschaft, 49, 1, 27-54.

Hautzinger H. und *P. Kessel* 1977: Determinanten der Verkehrsmobilität. Bonn-Bad Godesberg: Kirschbaum.

Havens J.J. 1981: New Approaches to Understanding Travel Behavior: Role, Life-Style, and Adaption. In: *P.R. Stopher, A.H. Meyburg* and *W. Brög* (Eds.) 1981, 269-287.

Heckhausen H. 1963: Hoffnung und Furcht in der Leistungsmotivation. Meisenheim: Hain.

– 1977: Motivation: Kognitionspsychologische Aufspaltung eines summarischen Konstruktes. Psychologische Rundschau, 28, 175-189.

– 1978: Fortschritte der Motivationsdiagnostik und der Motivationstheorie. Mainz: Beitrag zur 2. Fachkonferenz für Markt- und Kommunikationspsychologie, Mainz 1978.

Heggie I.G. 1976a: A Pilot Survey of Urban Travel Behaviour in Oxford. Oxford: Working Paper No. 21, TSU University of Oxford.

– 1976b: Consumer Choice and Urban Travel Demand. A Revised Theory. Oxford: Working Paper No. 4, TSU University of Oxford.

– 1977a: Consumer Response to Public Transport Improvements and Car Restraint: Some Practical Findings. Policy and Politics, 5, 4, 47-69.

– 1977b: Putting Behaviour into Behavioural Models of Travel Choice. Journal of Operational Research Society, 29, 541-550.

– 1978: Behavioural Dimensions of Travel Choice. In: *D.A. Hensher* and *Q. Dalvi* (Eds.): Determinants of Travel Choice. Westmead: Saxon House, 100-125.

Heggie I.G. and *P.M. Jones* 1978: Defining Domains for Models of Travel Demand. In: *Institute de Recherche des Transports* (Ed.) 1978, 31-44.

Heidemann C. 1981: Spatial-Behavior Studies: Concepts and Contexts. In: *P.R. Stopher, A.H. Meyburg* and *W. Brög* (Eds.) 1981, 289-315.

Held J.M. 1976: Der Beitrag des bedürfnistheoretischen Ansatzes zur Erklärung des Konsumverhaltens. Augsburg: unveröffentl. Diplomarbeit, Universität Augsburg.

– 1978: Anwendungsbezogene Theorie der Bedürfnissteuerung: Bericht über den Stand der Arbeit des Augsburger Forschungsprojektes. In: *W. Molt* und *L. v. Rosenstiel* (Hrsg.) 1978, 155-170.

– 1980: Verkehrsmittelwahl der Verbraucher. Augsburg: unveröffentl. Dissertation, Universität Augsburg.

– 1981a: The Motivation of Using Alternative Modes of Transportation in Urban Areas. In: *W. Molt, H.A. Hartmann* and *P. Stringer* (Eds.) 1981, 383-398.

– 1981b: Some Thoughts about the Individual's Choice among Alternative Travel-Modes and its Determinants. In: *P.R. Stopher, A.H. Meyburg* and *W. Brög* (Eds.) 1981, 155-169.

Held M. und *A. Kompa* 1976: Bedürfnis- und Motivationstheorien: Eine knappe Übersicht. Augsburg: unveröffentl. Manuskript, Universität Augsburg.

Held M., H. Verron und *L. von Rosenstiel* 1981: Verkehrsmittel. In: *H. Haase* und *W. Molt* (Hrsg.): Handbuch der angewandten Psychologie Band 3 Markt und Umwelt. Landsberg: verlag moderne industrie, 386-409.

Henderson J.M. and *R.E. Quandt* 1970²: Mikroökonomische Theorie. Berlin: Vahlen.

Heneman H.G. and *D.P. Schwab* 1972: Evaluation of Research on Expectancy Theory Predictions of Employee Performance. Psychological Bulletin, 78, 1, 1-9.

Hensher D.A. and *P.B. Mc Leod* 1977: Towards an Integrated Approach to the Identification and Evaluation of the Transport Determinants of Travel Choice. Transportation Research, 11, 2, 77-93.

Hensher D.A., P.B. Mc Leod and *J.K. Stanley* 1975: Usefulness of Attitudinal Measures in Investigating the Choice of Travel Mode. International Journal of Transport Economics, II, 2, 51-75.

Hensher D.A. and *P.R. Stopher* 1977: Third International Behavioural Travel Modelling Conference. Australian Road Research, 7, 3, 40-46.

– 1979: Behavioural Travel Modelling. In: *D.A. Hensher* and *P.R. Stopher* (Eds.) 1979a, 11-51.

– (Eds.) 1979a: Behavioural Travel Modelling. London: Croom Helm.

Hillman M., I. Henderson and *A. Whalley* 1976: Transport Realities and Planing Policy. London: Political and Economic Planning, XLII, No. 567.

Hillmann K.-H. 1971: Soziale Bestimmungsgründe des Konsumentenverhaltens. Stuttgart: Enke.

Hoepfner F.G. 1975: Beeinflussung des Verbraucherverhaltens. München: Goldmann.

Hondrich K.O. 1973: Bedürfnisorientierungen und soziale Konflikte. Zur theoretischen Begründung eines Forschungsvorhabens. Zeitschrift für Soziologie, 2, 3, 263-281.

– 1975: Menschliche Bedürfnisse und soziale Steuerung. Reinbek: Rowohlt.

Horowitz A.D. and *J.N. Sheth* 1977: Ridesharing to Work: A Psychosocial Analysis. Warren Mich.: General Motors Research Publication, GMR-2216R.

Höttler R. 1978: Engineers Must Learn to Add Thought, Social Scientists Must Learn to Act. Augsburg: unpubl. paper, 3rd European Colloquium on Economic Psychology.

– 1981: Some Issues of Policy Sensitivity in Behavioral Travel Models. In: *P.R. Stopher, A.H. Meyburg* and *W. Brög* (Eds.) 1981, 399-412.

Howard J.A. and *J.N. Sheth* 1969: The Theory of Buyer Behavior. New York: Wiley.

Hoyos C. Graf 1974: Arbeitspsychologie. Stuttgart: Kohlhammer.

Hoyos C. Graf und *M. v. Pupka* 1976: Motivorientierte Aspekte der Verkehrspsychologie. Köln: Bundesanstalt für Straßenwesen, Unfall- und Sicherheitsforschung Straßenverkehr, Heft 7.

Infas 1970: Die Wahl des Verkehrsmittels. Bonn-Bad Godesberg: unveröffentl. Forschungsbericht.

– 1971: Verkehrsmittel im Berufsverkehr. Frankfurt/M.: VDA.

Infratest 1973: Verkehrsprobleme und -systeme im öffentlichen Bewußtsein. Repräsentative Breitenerhebung. München: unveröffentl. Untersuchungsbericht.

– 1974: Verkehrsprobleme und -systeme im öffentlichen Bewußtsein 2. Erhebung Analyse. München: unveröffentl. Untersuchungsbericht.

– 1977: Die Einstellung zu Automobil und Verkehr. München: unveröffentl. Untersuchungsbericht.

Inifes 1979: Der Einfluß verbraucherpolitischer Instrumente bei staatlichen Anbietern. Zwischenbericht. Leitershofen: unveröffentl. Forschungsbericht.

Institute de Recherche des Transports (Ed.): Mobility in Urban Life. Archueil: Research Conference Proceedings.

Jacoby J. 1976: Consumer Psychology: An Octennium. Annual Review of Psychology, 27, 331-358.

Johnson M.A. 1975: Psychological Variables and Choices between Auto and Transit Travel: A Critical Research Review. Berkely Cal.: Working Paper No. 7509, Travel Demand Forecasting Project, University of California.

– 1977: The Influence of Basic Preference Attitudes on Choices between Auto and Transit Travel. Berkely Cal.: Working Paper No. 7701, Urban Travel Demand Forecasting Project, University of California.

Jungermann H. 1976: Rationale Entscheidungen. Bern: Huber.

Katona G. 1960: Das Verhalten der Verbraucher und Unternehmer. Tübingen: Mohr.

– 1964: Rational Behavior and Economic Behavior. In: *W.J. Gore* and *J.W. Dyson* (Eds.): The Making of Decisions. London: Collier-Macmillan, 51-63.

Kaufmann-Mall K. 1978: Kognitiv-hedonistische Theorie menschlichen Verhaltens. Bern: Huber.

Kelley G.A. 1971[7]: Der Motivationsbegriff als irreführendes Konstrukt. In: *H. Thomae* (Hrsg.): Die Motivation menschlichen Verhaltens. Köln: Kiepenhauer & Witsch, 498-509.

Kessel P. o.J.: Motivationen für Charakteristische Verhaltensformen und Mögliche Entwicklungstendenzen im Stadtverkehr. Stadt Region Land, 20, 1-22.

Kimble G.A. and *L.C. Perlmutter* 1970: The Problem of Volition. Psychological Review, 77, 5, 361-384.

Kindt V. 1971: Die Tarifelastizität der Nachfrage im öffentlichen städtischen Personenverkehr. Göttingen: Vandenhoeck & Ruprecht.

Klatt S. 1965: Die ökonomische Bedeutung der Qualität von Verkehrsleistungen. Berlin: Duncker & Humblot.

Kleinbeck U. und *K.-H. Schmidt* 1976: Die Analyse leistungsbezogener Verhaltenssequenzen: Der Instrumentalitätsaspekt. In: *H.-D. Schmalt* und *W.-U. Meyer* (Hrsg.): Leistungsmotivation und Verhalten, Stuttgart: Klett, 61-80.

Kob J. 1966: Werkzeug, Konsumgut, Machtsymbol Zur Soziologie des Automobils. In: *H.-D. Ortlieb* und *B. Molitor* (Hrsg.): Hamburger Jahrbuch für Wirtschafts- und Gesellschaftspolitik. Tübingen: Mohr, 184-192.

Kolms H. 1959: Konsum. In: *E. v. Beckerath* et.al. (Hrsg.): Handwörterbuch der Sozialwissenschaften 6. Band. Stuttgart/Tübingen/Göttingen: Fischer/ Mohr/Vandenhoeck & Ruprecht, 142-149.

Kompa A. 1981: Sozioökonomie der gesunden Lebensweise. Eine empirische Untersuchung am Beispiel von Tabak- und Alkoholkonsum, Ernährung und Bewegung. Augsburg: unveröffentl. Dissertation, Universität Augsburg.

König H. 1976: Die Wahrnehmung der Transportqualität im öffentlichen Personenverkehr (ÖPNV). Augsburg: unveröffentl. Diplomarbeit, Universität Augsburg.

König K. 1977: Statistisches Jahrbuch der Stadt Augsburg 1977. Augsburg, Stadt Augsburg.

Koppelman F.S., J.R. Hauser and *A.M. Tybout* 1977: Preliminary Analysis of Perceptions, Preferences, Beliefs, and Usage of Transportation Services for Travel to Downtown Evanston. Evanston Ill.: Report 4 of Research into Consumer Oriented Transportation Service Planning, Transportation Center, Northwestern University.

Koppelman F.S. and *E.I. Pas* 1980: Models of Consumer Travel Choice Behavior. Evanston Ill.: Paper prepared for presentation at the 59th Annual Meating of the TRB, Washington 1980.

Korman A.K., J.H. Greenhaus and *I.J. Badin* 1977: Personnel Attitudes and Motivation. Annual Review of Psychology, 28, 175-196.

Krämer-Badoni T., H. Grymer und *M. Rodenstein* 1971: Zur sozioökonomischen Bedeutung des Automobils. Frankfurt/M.: Suhrkamp.

Krishnan K.S. and *T.F. Golob* 1977: Using Focus Group Interviews and Workshops to Develop Transportation Concepts. Warren Mich.: General Motors Research Publication, GMR-2428.

Kroeber-Riel W. 1973: Theoretische Konstruktionen und empirische Basis in mikroökonomischen Darstellungen des Konsumentenverhaltens. In: *W. Kroeber-Riel* (Hrsg.): Konsumverhalten und Marketing. Opladen: Westdeutscher Verlag, 21-30.

Kuhn S. 1977: Die Entstehung des Neuen. Frankfurt/M.: Suhrkamp.

– 1978³: Die Struktur wissenschaftlicher Revolutionen. Frankfurt/M.: Suhrkamp.

Kutter E. 1972: Demographische Determinanten städtischen Personenverkehrs. Veröffentlichungen des Instituts für Stadtbauwesen TU Braunschweig, 9.

– 1975: Probleme der Mobilität. In: *Deutsche Industrieaustellung* (Urheber): Verkehr. Teil 1: Verkehr in Ballungsräumen. Berlin: Colloquium Verlag, 64-76.

Kutter E., H. Holzapfel und *G. Martens* 1979: Ermittlung von Variablen und Parametern möglicher Gesamtmodelle für Verkehrsanalyse und Verkehrsprognose auf der Grundlage der amtlichen Statistik. Berlin: unveröffentl. Forschungsbericht, TU Berlin.

Lancaster K.J. 1966: A New Approach to Consumer Theory. The Journal of Political Economy, LXXIV, 2, 132-157.

– 1971: Consumer Demand. A New Approach. New York: Columbia University Press.

Lawler E.E. 1968: A Correlational-Causal Analysis of the Relationship between Expectancy Attitudes and Job Performence. Journal of Applied Psychology, 52, 6, 462-468.

Lenntorp B. 1978: Physical Movement as Part of Life: A Conceptual Framework for Analyzing the Distribution of Movement Possibilities in a Population. In: *Institute de Recherche des Transports* (Ed.) 1978, 147-164.

Levin I.P. 1977: Information Integration in Transportation Decisions. In: *M.F. Kaplan* and *S. Schwartz* (Eds.): Human Judgement and Decision Processes. New York: Academic Press. 58-81.

– 1981a: Laboratory Simulation of Transportation Mode Choice: Methods, Models, and Validity Tests. In: *W. Molt, H.A. Hartmann* and *P. Stringer* (Eds.) 1981, 357-366.

– 1981b: New Applications of Attitude Measurement and Attitudinal Modeling Techniques in Transportation Research. In: *P.R. Stopher, A.H. Meyburg* and *W. Brög* (Eds.) 1981, 171-188.

Lewin, K. 1963: Psychologische Ökologie. In: *K. Lewin:* Feldtheorie in den Sozialwissenschaften. Bern: Huber, 206-222.

Locke E.A. 1969: What is Job Satisfaction? Organizational Behavior and Human Performance, 4, 4, 309-336.

– 1975: Personnel Attitudes and Motivation. Annual Review of Psychology, 26, 457-480

Louviere J.J. 1981: Some Comments on Premature Expectations Regarding Spatial, Temporal, and Cultural Transferability of Travel-Choice Models. In: *P.R. Stopher, A.H. Meyburg* and *W. Brög* (Eds.) 1981, 653-663.

Luce R.D. and *H. Raiffa* 1957: Games and Decisions. New York: Wiley.

Mäcke P.A., D. Hölsken und *P. Kessel* o.J.: Wahl des Verkehrsmittels, Verhaltensmuster – Meinungen – Motive. Stadt Region Land, 25, 1-36.
– 1973: Reisemittelwahl in Hamburg. Aachen: Ingenieurgruppe IVV.
Madsen K.B. 1968[4]: Theories of Motivation. Kent Oh.: Kent State University Press.
– 1973: Theories of Motivation. In: *B. Wolman* (Ed.): Handbook of General Psychology. Englewood Cliffs N.J.: Prentice-Hall, 673-706.
– 1974: Modern Theories of Motivation. Copenhagen: Munksgaard.
Manheim M.L. 1976: Ein Überblick über einige Aspekte neuerer Verkehrsnachfrageforschung. Der Öffentliche Sektor, 2/3, 52-79.
March J.G. and *H.A. Simon* 1958: Organizations. New York: Wiley.
Martens G. und *H. Verron* 1979: Interdisziplinäres Forschungsprojekt Akzeptanz von Nahverkehrssystemen. Berlin: unveröffentl. Forschungsbericht, TU Berlin.
Maslow A.H. 1954: Motivation and Personality. New York: Harper & Row.
Matalon B. 1978: Using Social Sciences Methodologies in Mobility Studies. In: *Institute de Recherche des Transports* (Ed.) 1978, 201-204.
Mc Fadden D. 1974: Conditional Logit Analysis of Qualitative Choice Behavior. In: *P. Zarembka* (Ed.): Frontiers in Econometrics. New York: Academic Press, 105-142.
Menke R. 1975: Stadtverkehrsplanung. Stuttgart: Kohlhammer.
Merckens R. und *J. Sparmann* 1978: Verkehrsmittelwahl im Berufsverkehr Bedeutung personenbezogener Merkmale. Internationales Verkehrswesen, 1, 26-33.
Meyburg A.H. 1976: Forschungen in den USA über moderne Prognoseverfahren in der Verkehrsplanung. München: Schriftenreihe des Instituts für Verkehrsplanung und Verkehrswesen der TU München, 13.
Meyer L. 1971: Abschätzung des Verkehrsaufkommens im öffentlichen Personenverkehr in Wohngebieten. Bonn: Bundesminister für Verkehr Abt. Straßenbau, Straßenbau und Straßenverkehrstechnik, 120.
Michon J.A. and *M. Benwell* 1981: Traveler's Attitudes and Judgements: Application of Fundamental Concepts of Psychology. In: *P.R. Stopher, A.H. Meyburg* and *W. Brög* (Eds.) 1981, 189-203.
Miller G.A. 1956: The magical number seven, plus or minus two: Some limits on our capacity for processing information. Psychological Review, 62, 81-97.
Miller G.A., E. Galanter and *K.H. Pribram* 1973: Strategien des Handelns. Pläne und Strukturen des Verhaltens. Stuttgart: Klett.
Miner J.B. and *H.P. Dachler* 1973: Personnel Attitudes and Motivation. Annual Review of Psychology, 24, 379-402.
Mitchell T.B. and *L.R. Beach* 1977: Expectancy Theory, Decision Theory, and Occupational Preference and Choice. In: *M.F. Kaplan* and *S. Schwartz* (Eds.): Human Judgement and Decision Process in Applied Settings. New York: Academic Press, 203-226.
Mitchell T.B. and *A. Biglan* 1971: Instrumentality Theories: Current Uses in Psychology. Psychological Bulletin, 76, 6, 432-454.
Mobley W.H. and *E.A. Locke* 1970: The Relationship of Value Importance to

Satisfaction. Organizational Behavior and Human Performance, 5, 5, 463-483.
Molt W. 1977: Preiswahrnehmung komplexer Güter am Beispiel der PKW-Nutzung. Zeitschrift für Verbraucherpolitik, 1, 4, 325-338.
– 1978: Kritik des Zielfindungsprozesses politischer Planungspraxis im Verkehrsbereich aus der Perspektive der Ökonomischen Psychologie. In: *W. Molt* und *L. v. Rosenstiel* (Hrsg.) 1978, 91-112.
Molt W., G. Epple, M. Neun und *T. Pensler* 1977: IABELMO – Befragung der Anlieger von städtischen Straßen zur subjektiven Belastung durch den Straßenverkehr. Augsburg: unveröffentl. Forschungsbericht, Universität Augsburg.
Molt W., H.A. Hartmann and *P. Stringer* (Eds.) 1981: Advances in Economic Psychology. Heidelberg: Meyn.
Molt W. und *L. v. Rosenstiel* (Hrsg.) 1978: Bedarfsdeckung oder Bedürfnissteuerung. Berlin: Duncker & Humblot.
Monheim H. 1979: Verkehrsberuhigung – Von verkehrstechnischen Einzelmaßnahmen zum städtebaulichen Gesamtkonzept –. In: *BM Bau* (Hrsg.) 1979, 19-47.
Moran A.J. and *W.H. Jones* 1975: The Formulation of Marketing Strategy in Urban Public Transport. Transportation, 4, 209-229.
Müller P. 1971: Fußgängerverkehr in Wohnsiedlungen. Bonn: Bundesminister für Verkehr Abt. Straßenbau, Straßenbau und Straßenverkehrstechnik, 121.
Mullen P. 1975: Estimating the Demand for Urban Bus Travel. Transportation, 4, 231-252.
Murray H.A. 1938: Explorations in Personality. Oxford: Oxford University Press.

Neuberger O. 1974a: Theorien der Arbeitszufriedenheit. Stuttgart: Kohlhammer.
– 1974b: Messung der Arbeitszufriedenheit. Stuttgart: Kohlhammer.
– 1978: Motivation und Zufriedenheit. In: *A. Mayer* (Hrsg.): Organisationspsychologie. Stuttgart: Poeschel, 201-235.
Nicolaidis G.C. 1975: Quantification of the Comfort Variable. Transportation Research, 9, 1, 55-66.
Nie N.H., C.H. Hull, J.G. Jenkins, K. Steinbrenner and *D.H. Bent* 1978[2]: SPSS Statistical Package for the Social Sciences. New York: McGraw-Hill.
Nisbett R.E. and *T. Decamp Wilson* 1977: Telling More Than We Can Know: Verbal Reports on Mental Processes. Psychological Review, 84, 3, 231-259.
Noortman and *Van Es* 1978: Travel as Part of Human Activities: Towards an Integrated Behavioural Approach. In: *Institute de Recherche des Transports* (Ed.) 1978, 7-29.

Paine F.T., A.N. Nash, S.J. Hille and *G.A. Brunner* 1967: Consumer Conceived Attributes of Transportation: An Attitude Study. College Park: unpubl. research report, University of Maryland.

– 1969: Consumer Attitudes Toward Auto vs. Public Transport Alternatives. Journal of Applied Psychology, 53, 6, 472-480.

Partzsch D. 1970²: Daseinsgrundfunktionen. In: *Akademie für Raumforschung und Landesplanung* (Hrsg.): Handwörterbuch der Raumforschung und Raumordnung I. Band. Hannover: Jänecke, 424-430.

Peak H. 1955: Attitude and Motivation. In: *M.R. Jones* (Ed.): Nebraska Symposium on Motivation. Lincoln Nebr.: University of Nebraska Press, 149-188.

Pegrum D.F. 1973³: Transportation Economics and Public Policy. Homewood Ill.: Irwin.

Pfaff M. 1978: Qualität des Lebens und Qualität der Versorgung. Zur Konstruktion empirischer Wohlfahrtsindizes auf subjektiver Basis. In: *F. Böltken, J. Franke, K. Hoffmann* und *M. Pfaff*: Lebensqualität in neuen Städten. Göttingen: Vandenhoeck & Ruprecht, 91-132.

Popper K.R. 1969³: Logik der Forschung. Tübingen: Mohr.

Porter L.W. and *E.E. Lawler* 1968: Managerial Attitudes and Performance. Homewood Ill.: Dorsey.

Pudenz E. 1974: Die Qualität der Verkehrsbedienung. Göttingen: Vandenhoeck & Ruprecht.

Quandt R.E. (Ed.) 1970: The Demand for Travel: Theory and Measurement. Lexington Mass.: Heath.

Quandt R.E. and *W.J. Baumol* 1966: The Demand for Abstract Transport Modes: Theory and Measurement. Journal of Regional Science, 6, 2, 13-26.

Quarmby D.A. 1967: Choice of Travel Mode for the Journey to Work. Journal of Transport Economics and Policy, 1, 3, 273-314.

Raaij W.W. v. 1977: Consumer Choice Behavior: An Information-Processing Approach. Tilburg: unpubl. Dissertation, Tilburg University.

Recker W.W. and *T.F. Golob* 1976: An Attitudinal Modal Choice Model. Transportation Research, 10, 5, 299-310.

Reichardt R. 1969: Möglichkeiten einer Soziologie des Kraftverkehrs. In: *L. Rosenmayr* und *S. Höllinger* (Hrsg.): Soziologie. Forschung in Österreich. Wien: Böhlaus, 185-198.

Retzko H.-G. 1970²: Verkehrsplanung. In: *Akademie für Raumforschung und Landesplanung* (Hrsg.): Handwörterbuch der Raumforschung und Raumordnung III. Band. Hannover: Jänecke, 3555-3566.

Richards M.G. and *M. Ben-Akiva* 1975: A Disaggregate Travel Demand Model. Westmead: Saxon House.

Ritsert J. 1972: Inhaltsanalyse und Ideologiekritik. Ein Versuch über kritische Sozialforschung. Frankfurt/M.: Athenäum.

Rommerskirchen S. 1977: Sozioökonomische Analyse der Bestimmungsfaktoren des Nahverkehrs und Ableitung gesellschaftlicher Zielvorstellungen für bestehende und geplante Nahverkehrssysteme. Bonn: Gesellschaft für wirtschafts- und verkehrswissenschaftliche Forschung.

Rosenberg M.J. 1956: Cognitive Structure and Attitudinal Affect. Journal of Abnormal and Social Psychology, 53, 367-372.

Rosenstiel L. v. 1975: Die motivationalen Grundlagen des Verhaltens in Organisationen, Leistung und Zufriedenheit. Berlin: Duncker & Humblot.

– 1977: Die Motivation des generativen Verhaltens. München: unveröffentl. Forschungsantrag, Universität München.

– 1978: Zur Motivation des generativen Verhaltens. Theoretische Konzepte und Untersuchungsansätze. Zeitschrift für Bevölkerungswissenschaft, 4, 2, 161-175.

Rosenstiel L. v. und *G. Ewald* 1979: Marktpsychologie. Band I: Konsumverhalten und Kaufentscheidung. Stuttgart: Kohlhammer.

Rosenstiel L. v., G. Oppitz und *M. Fitz* 1979: Die Motivation des generativen Verhaltens. Eine sozioökonomische Analyse unter dem Aspekt des Wandels der Werthaltungen. In: *R. Mackensen* (Hrsg.): Empirische Untersuchungen zum generativen Verhalten. Berlin: Soziologische Arbeitshefte, 17, 89-102.

Ruske W. 1973: Verkehrserzeugungsmodelle – Möglichkeiten und Grenzen ihrer Anwendung. Veröffentlichungen des Instituts für Stadtbauwesen der TU Braunschweig, 12, 17-55.

Rüttinger B., L. v. Rosenstiel und *W. Molt* 1974: Motivation des wirtschaftlichen Verhaltens. Stuttgart: Kohlhammer.

Sachverständigenkommission über eine Untersuchung von Maßnahmen zur Verbesserung der Verkehrsverhältnisse der Gemeinden 1964: Bericht. Bonn: Bundestagsdrucksache IV/2661.

Sax 1918²: Die Verkehrsmittel in Volks- und Staatswirtschaft 1. Band. Berlin: Springer.

– 1920²: Die Verkehrsmittel in Volks- und Staatswirtschaft 2. Band. Berlin: Springer.

Schaechterle K. 1978: Vorgehen und Probleme der Praxis einer integrierten Verkehrsplanung. In: *W. Molt* und *L. v. Rosenstiel* (Hrsg.) 1978, 69-87.

Scherhorn G. 1959: Bedürfnis und Bedarf. Berlin: Duncker & Humblot.

– 1969: Soziologie des Konsums. In: *R. König* (Hrsg.): Handbuch der empirischen Sozialforschung, Zweiter Band. Stuttgart: Enke, 834-862.

Scheuch E.K. 1973³: Das Interview in der Sozialforschung. In: *R. König* (Hrsg.): Handbuch der empirischen Sozialforschung Band 2: Grundlegende Methoden und Techniken Erster Teil. Stuttgart: Enke, 66-190.

Schmalt H.-D. und *W.-U. Meyer* (Hrsg.) 1976: Leistungsmotivation und Verhalten. Stuttgart: Klett.

Schmidt F.L. 1973: Implications of a Measurement Problem for Expectancy Theory Research. Organizational Behavior and Human Performance, 10, 2, 243-251.

Schroiff F.J. 1970²: Verkehrspolitik. In: *Akademie für Raumforschung und Landesplanung* (Hrsg.): Handwörterbuch der Raumforschung und Raumordnung III. Band. Hannover: Jänecke, 3566-3582.

Schwerdtfeger W. 1974: Wirtschaftsverkehrsaufkommen und Warenauslieferung großer Einzelhandelsbetriebe. Veröffentlichungen des Instituts für Stadtbauwesen TU Braunschweig, 14, 141-184.

Schwerdtfeger W., O.G. Förg, H. Jansen und *A. Marfels* 1977: KONTIV 77 –

Endbericht –. München: unveröffentl. Forschungsbericht, Sozialforschung Brög.

Schwonke M. 1974: Kommunikation in städtischen Gemeinden. In: *W. Pehnt* (Hrsg.): Die Stadt. Stuttgart: Reclam, 45-63.

Scope 1975: Haushaltsbefragung über den Werktagsverkehr (Kommentar). Luzern: unveröffentl. Forschungsbericht.

Sells S.B. 1963: An Interactionist Looks at the Environment. American Psychologist, 18, 696-702.

Selltiz C., M. Jahoda, M. Deutsch und *S.W. Cook* 1972a: Untersuchungsmethoden der Sozialforschung Teil I. Neuwied: Luchterhand.

– 1972b: Untersuchungsmethoden der Sozialforschung Teil II. Neuwied: Luchterhand.

Sheth J.N. 1970: An Investigation of Relationships Among Evaluative Beliefs, Affect, Behavioral Intention and Behavior. University Park PA: Working Series in Marketing Research, 7, Pennsylvania State University.

– (Ed.) 1974: Models of Buyer Behavior. New York: Harper & Row.

Siegel S. 1976: Nichtparametrische statistische Methoden. Frankfurt/M.: Fachbuchhandlung für Psychologie.

Siegel A.E. and *S. Siegel* 1972: Bezugsgruppen, Zugehörigkeitsgruppen und Einstellungsänderung. In: *C. Rohr* (Hrsg.): Verhaltensänderung. München: Nymphenburger Verlagshandlung, 265-275.

Simon H.A. 1957: Models of Man. New York: Wiley.

– 1959: Theories of Decision-Making in Economics and Behavioral Science. The American Economic Review, XLIX, 3, 253-283.

– 1979: Information Processing Models of Cognition. Annual Review of Psychology, 30, 363-396.

Simon H.A. and *A.C. Stedry* 1969^2: Psychology and Economics. In: *G. Lindzey* and *E. Aronson* (Eds.): The Handbook of Social Psychology. Vol. Five Applied Social Psychology. Reading Mass.: Addison-Wesley, 269-314.

Slovic P., B. Fischhoff and *S. Lichtenstein* 1977: Behavioral Decision Theory. Annual Review of Psychology, 28, 1-39.

Sozialforschung Brög 1976a: Verkehrsmittelwahl, Berufs- und Ausbildungsverkehr (Kurzfassung des Endberichts). München: unveröffentl. Forschungsbericht.

– 1976b: Verkehrsmittelwahl, Geschäfts- und Dienstreiseverkehr (Kurzfassung des Endberichts). München. unveröffentl. Forschungsbericht.

– 1977: KONTIV 1977 Wiederholungserhebung Endbericht. München: unveröffentl. Forschungsbericht.

Stokols D. 1978: Environmental Psychology. Annual Review of Psychology, 29, 253-295.

Stopher P.R. 1978: Research on Mobility in Urban Life. A U.S. Viewpoint. In: *Institute de Recherche des Transports* (Ed.) 1978, 207-217.

Stopher P.R. and *A.H. Meyburg* 1974a: The Effects of Social and Economic Variables on Choice of Travel Mode for the Work Trip. In: *D.J. Buckley* (Ed.): Transportation and Traffic Theory. New York: Elsevier, 685-713.

– 1974b: Behavioural Demand Modelling and Valuation of Travel Time. Transportation Research Board, Special Report No. 149.

– 1975: Urban Transportation Modelling and Planning. Lexington Mass.: Heath.
– 1976a: Behavioral Travel-Demand Models. In: *P.R. Stopher* and *A.H. Meyburg* (Eds.): Behavioral Travel-Demand Models. Lexington Mass.: Heath, 3-53.
– 1976b: A Summary of the Conference Findings and Recommendations. In: *P.R. Stopher* and *A.H. Meyburg* (Eds.): Behavioral Travel-Demand Models. Lexington Mass.: Heath, 317-326.
Stopher P.R., A. H. Meyburg and *W. Brög* (Eds.) 1981: New Horizons in Travel-Behavior Research. Lexington Mass.: Heath.
Streissler M. 1974: Theorie des Haushalts. Stuttgart: Fischer.
Stringer P. 1981: Time, Cost and other Factors in Inter-Urban Travel Mode Choice. In: *W. Molt, H.A. Hartmann* and *P. Stringer* (Eds.) 1981, 367-381.

Tardiff T.J. 1976: Perception of the Availability of Transportation Alternatives for Various Trip Purposes. Transportation Research Record, 592, 12-16.
Tehan C. and *M. Wachs* 1972: The Role of Psychological Needs in Mass Transit. Springfield VA: NTIS.
Thomae H. (Hrsg.) 1965: Handbuch der Psychologie 2. Band: Allgemeine Psychologie II. Motivation. Göttingen: Hogrefe.
– 1965a: Die Bedeutungen des Motivationsbegriffes. In: *H. Thomae* (Hrsg.) 1965, 3-44.
– 1965b: Zur allgemeinen Charakteristik des Motivationsgeschehens. In: *H. Thomae* (Hrsg.) 1965, 45-122.
– 1965c: Das Problem der Motivarten. In: *H. Thomae* (Hrsg.) 1965, 415-464.
Thomas K. 1976: A Reinterpretation of the „Attitude" Approach to Transport Mode Choice and an Exploratory Empirical Test. Environment and Planning A., 8, 7, 793-810.
Thomas K., H.C. Bull and *J.M. Clark* 1977: Attitude-Measurement in Forecasting Off-Peak Travel Behaviour. In: *P. Bonsall, Q. Dalvi* and *P.J. Hills* (Eds.): Urban Transportation Planning. Tunbridge Wells: Abacus, 305-325.
Thomson J.M. 1978: Grundlagen der Verkehrspolitik. Bern: Haupt.
Tischer M.L. and *R.V. Phillips* 1979: The Relationship between Transportation Perceptions and Behavior over Time. Transportation, 8, 21-36.
Townes B.D., L.R. Beach, F.L. Campbell and *D.C. Martin* 1977: Birth Planning Values and Decisions: The Prediction of Fertility. Journal of Applied Social Psychology, 7, 1, 73-88.
Train K.T. 1979: A Comparison of the Predictive Ability of Mode Choice Models with Various Levels of Complexity. Transportation Research, 13 A, 11-16.
Trommsdorff V. 1975: Die Messung von Produktimages für das Marketing, Grundlagen und Operationalisierung. Köln: Heymanns.
Tybout A.M., J.R. Hauser and *F.S. Koppelman* 1977a: Consumer Oriented Transportation Planning: An Integrated Methodology for Modeling Consumer Perceptions, Preferences, and Behavior. Advances in Consumer Research, 5.
Tybout A.M., F.S. Koppelman and *J.R. Hauser* 1977b: Consumer Views of

Transportation in Evanston: A Report Based on Focus Group Interviews. Evanston Ill.: Report 2 of Research into Consumer Oriented Transportation Service Planning, Transportation Center, Northwestern University.

Ugorji R.U. and *N. Achinuvu* 1977: The Significance of Bicycles in a Nigerian Village. The Journal of Social Psychology, 102, Aug., 241-246.

Voigt F. 1973: Verkehr. Erster Band Erste Hälfte Die Theorie der Verkehrswirtschaft. Berlin: Duncker & Humblot.

Voigt F., M. Zachcial und *F. Solzbacher* 1976: Determinanten der Nachfrage nach Verkehrsleistungen Teil 1: Personenverkehr. Opladen: Westdeutscher Verlag.

Vroom V.H. 1964: Work and Motivation. New York: Wiley.

Wahba M.A. and *R.J. House* 1974: Expectancy Theory in Work and Motivation: Some Logical and Methodological Issues. Human Relations, 27, 2, 121-147.

Wallin R.J. and *P.H. Wright* 1974: Factors which Influence Modal Choice. Traffic Quarterly, 28, Apr., 271-289.

Warner S.L. 1962: Stochastic Choice of Mode in Urban Travel: A Study in Binary Choice. Evanston III.: Northwestern University Press.

Watson P.L. 1974: The Value of Time; Behavioral Models of Mode Choice. Lexington Mass.: Heath.

Weimer K.-H. 1978: Qualitätsbezogene Betriebsvergleiche im öffentlichen Personennahverkehr Nordrhein-Westfalens. Opladen: Westdeutscher Verlag.

Weinberg P., G. Behrens und *R. Schneider* 1978: Bericht über das Forschungsprojekt Messung der Qualität von Produkten. Paderborn: unveröffentl. Forschungsbericht, GHS Paderborn.

Weiner B. (Ed.) 1974: Achievement Motivation and Attribution Theory. New York: General Learning Press.

Weiner E. 1969: Modal Split Revisited. Traffic Quarterly, 23, 1, 5-28.

Wermuth M.J. 1978: Structure and Calibration of a Behavioural and Attitudinal Binary Mode Choice Model Between Public Transport and Private Car. München: Paper presented at P.T.R.C. Summer Annual Meeting, Warwick 1978.

Beiträge zur Verhaltensforschung

Herausgegeben von Prof. Dr. Dr. h. c. G. Schmölders

Seit 1964 sind erschienen:

5. **Wirtschaftliche Entwicklung als menschliches Verhalten.** Von B. Strümpel. 117 S. 1964. DM 22,60
6. **Die Meinungslosen.** Von L. Leverkus-Brüning. 200 S. 1966. DM 39,80
7. **Berufsausbildung und Arbeitseinkommen.** Von G. Brinkmann. 158 S. 1967. DM 35,80
8. **Der Berufserfolg als Motivationsphänomen.** Von G. Stückmann. 147 S. 1968. DM 39,80
9. **Das Verhalten der Kleinaktionäre in seiner Bedeutung für die Eigentumspolitik.** Von J. Ch. Leverkus. 279 S. 1969. DM 56,80
10. **Der Umgang mit Geld im privaten Haushalt.** Von G. Schmölders in Zusammenarbeit mit G. Scherhorn und G. Schmidtchen. 210 S. 1969. DM 42,80
11. **Wirtschaftstheorie als Verhaltenstheorie.** Ein Symposium der Forschungsstelle für empirische Sozialökonomik. 117 S. 1969. DM 29,60
12. **Der Beitrag der privaten Haushalte zum wirtschaftlichen Wachstum.** Von B. Biervert. 145 S. 1969. DM 35,80
13. **Produktivität und Expansion.** Von M. Dierkes. 231 S. 1971. DM 48,—
14. **Das Sparverhalten der privaten Haushalte in der Bundesrepublik Deutschland.** Von D. Fricke. 159 S. 1972. DM 33,60
15. **Entscheidungsprozesse in den Aufsichtsräten der Montanindustrie.** Von D. Brinkmann-Herz. 179 S. 1972. DM 39,60
16. **Sozialökonomische Verhaltensforschung.** Ausgewählte Aufsätze von G. Schmölders. 224 S. 1973. DM 48,60
17. **Der Beitrag empirisch erhobener Antizipationsvariablen zur konjunkturrellen Kurzfristprognose.** Von H.-J. Niessen. 395 S. 1974. DM 48,—
18. **Die Mobilität von Führungskräften der Wirtschaft.** Von W. Rippe. 356 S. 1974. DM 44,60
19. **Sozialverhalten bei Mensch und Tier.** Hrsg. von G. Schmölders und G. Brinkmann. 268 S. 1975. DM 48,60
20. **Das Selbstbild deutscher Unternehmer.** Von R. Koehne. 273 S. 1978. DM 58,—
21. **Bestimmungsgründe für die Verbreitung von neuen Technologien.** Von H.-W. Mohr. 184 S. 1978. DM 56,—
22. **Ausbildungsgrad und Beschäftigung.** Hrsg. von G. Brinkmann. 136 S. 1978. DM 48,—
23. **Wirtschaftstheorie als Verhaltenstheorie.** Hrsg. von W. Rippe und H.-P. Haarland. 206 S. 1980. DM 68,—
24. **Bestimmungsgründe der Innovationsbereitschaft und des Innovationserfolges.** Von W. Biehl. XII, 332 S. 1981. DM 48,—
25. **Führungskräfte kleinerer Unternehmen.** Von G. Brinkmann, B. Knoth und W. Krämer. XX, 553 S. 1982. DM 78,—

D U N C K E R & H U M B L O T / B E R L I N